Hybride Metropolen

Herausgegeben von
O. Kühne, Freising, Deutschland
A. Schönwald, Saarbrücken, Deutschland

Weitere Bände in dieser Reihe
http://www.springer.com/series/11749

Die Metropolisierung der Welt hat in den vergangenen Jahrzehnten rasant zugenommen. Doch zugleich sind diese Metropolen immer weniger eindeutig fassbar geworden: Sie bilden weder städtebaulich noch sozial eine einheitlich fassbare Ganzheit, vielmehr zerfallen sie in unterschiedliche Quartiere, gebildet von Personen mit ungleicher Ausstattung an symbolischen Kapital und unterschiedlichster kultureller wie ethnischer Selbst- und Fremdzuschreibung, sie bilden Suburbien, die sich in die jeweiligen Umländer erstrecken, gliedern sich in unterschiedliche Subzentren oder entwickeln sich jenseits bekannter Zentralisierungstendenzen. Als ihr wesentliches Merkmal lässt sich also ihre Hybridität beschreiben. Mit der Reihe „Hybride Metropolen" im Verlag Springer VS sollten die Aspekte der unterschiedlichen Entwicklungspfade von der jeweils von spezifischen Hybriditäten geprägten Metropolen dargestellt werden. Auf diese Weise entsteht ein Überblick über die unterschiedlichen Metropolisierungs- und räumlichen Hybridisierungsprozesse in verschiedenen Teilen der Welt.

Herausgegeben von

Olaf Kühne
Hochschule Weihenstephan-Triesdorf
Freising Deutschland
Deutschland

Antje Schönwald
Universität des Saarlandes
Saarbrücken

Florian Weber · Olaf Kühne (Hrsg.)

Fraktale Metropolen

Stadtentwicklung zwischen Devianz, Polarisierung und Hybridisierung

Herausgeber
Florian Weber
Hochschule Weihenstephan-Triesdorf
Freising, Deutschland

Olaf Kühne
Hochschule Weihenstephan-Triesdorf
Freising, Deutschland

Hybride Metropolen
ISBN 978-3-658-11491-6 ISBN 978-3-658-11492-3 (eBook)
DOI 10.1007/978-3-658-11492-3

Die Deutsche Nationalbibliothek verzeichnet diese Publikation in der Deutschen Nationalbibliografie; detaillierte bibliografische Daten sind im Internet über http://dnb.d-nb.de abrufbar.

Springer VS

Lektorat: Cori Antonia Mackrodt, Kerstin Hoffmann

Gedruckt auf säurefreiem und chlorfrei gebleichtem Papier

Springer Fachmedien Wiesbaden ist Teil der Fachverlagsgruppe Springer Science+Business Media
(www.springer.com)

Inhaltsverzeichnis

Vorwort

Vor rund zehn Jahren, im Oktober und November 2005, wurde Frankreich von einer Welle von Ausschreitungen erschüttert. Nach dem Tod zweier Jugendlicher in einem Umspannwerk entzündeten sich in Clichy-sous-Bois, einer Vorstadt östlich von Paris, Unruhen, die sich zu einem Flächenbrand über ganz Frankreich ausbreiteten. Mediales und auch wissenschaftliches Interesse seitens deutscher Forscherinnen und Forscher wurde auf Ursachen, Zusammenhänge, stadtpolitische Ansätze und Lösungsversuche zugunsten der ‚*banlieues*', der Bereiche um die Stadtzentren, gelenkt. Aus deutscher Sicht war es zwischenzeitlich ruhiger um die *banlieues* geworden. Doch mit den Anschlägen rund um das Satiremagazin Charlie Hebdo im Januar 2015 rückten diese wieder stärker in den Mittelpunkt, als über die Herkunft der Attentäter und Großwohnsiedlungen in den *banlieues* als ‚Wiege' für Terrorismus diskutiert wurde. Hierbei handelt es sich aber keinesfalls um ein rein ‚französisches' Phänomen. Bis heute wird beispielsweise mit Bezug auf die USA häufig auf Ausschreitungen, *riots*, in Los Angeles im Jahr 1992 rekurriert, doch auch hier handelt es sich nicht um einen singulären Vorfall, wie unter anderem die *Baltimore riots* im Frühjahr 2015 zeigen.

Wir nehmen diese Ereignisse zum Anlass, um Prozesse der Devianz, Fragmentierung und Hybridisierung in der Stadtentwicklung in den Mittelpunkt zu rücken. Zum einen legen wir einen Schwerpunkt auf Entwicklungen in Frankreich. Hierbei lassen wir besonders auch französische Wissenschaftlerinnen und Wissenschaftler durch Übersetzungen ihrer Artikel ins Deutsche zu Wort kommen, die – aufgrund der Sprachbarriere – in Deutschland bisher wenig rezipiert werden, in Frankreich aber den wissenschaftlichen Diskurs mit prägen. Zum anderen fächern wir die

Diskussion um die Bruchstückartigkeit von Metropolen durch internationale Beispiele auf, um so ein umfassenderes, kontrastreicheres Bild zu erhalten.

Wir wünschen den Leserinnen und Lesern spannende neue Einblicke und hoffen, mit unserem Band das Interesse für unser Nachbarland Frankreich sowie für die anderen Kontexte, Herangehensweisen und Überlegungen zu wecken. Wir danken herzlich Cori Mackrodt und dem Verlag Springer VS für die Möglichkeit zur Publikation, Kerstin Hoffmann für die Projektbegleitung seitens Springer VS, Brigitte Weber für die Unterstützung bei der Übersetzungsarbeit, Corinna Jenal für die wie gewohnt kompetente Begleitung unseres Projekts, den Autorinnen und Autoren für die gute Zusammenarbeit und besonders Sibylle Berger und Friedericke Weber sowie unseren Familien für die treue und gleichzeitig kritische Begleitung an unserer Seite.

Florian Weber und Olaf Kühne
im Sommer 2015

Thematischer Einstieg

Fraktale Metropolen: Stadtentwicklung zwischen Devianz, Polarisierung und Hybridisierung

Eine Einführung und ein Ausblick

Florian Weber und Olaf Kühne

1 Veränderungsprozesse in Metropolen: Perspektiven für die wissenschaftliche Forschung

Die wissenschaftliche, politische und öffentliche Kommunikation über Metropolen – Siedlungen mit großer wirtschaftlicher, politischer und kultureller Bedeutung, eingebunden in Innovationsprozesse und mit symbolischer Strahlkraft versehen – ist gegenwärtig von einer starken Ambiguität geprägt: Gelten sie doch „als urbanes Zentrum wirtschaftlicher und sozialer Modernisierung auf der einen Seite und als chaotischer und grausamer Moloch, charakterisiert durch Armut, Kriminalität und Fragmentierung" auf der anderen (Schwentker 2006, S. 15). Einerseits findet sich eine bauliche wie lebensweltliche Hybridisierung von städtischen und ländlichen Räumen zu ‚Stadt-Land-Hybriden' mit fließenden Übergängen (Kühne 2012), andererseits entstehen in diesen hybriden Räumen Teilräume, die von selektiver Zugänglichkeit und geringer gestalterischer wie sozialer Integration in ihre Umgebung geprägt sind, wie *Shopping Malls* und *Gated Communities* (Kropp 2015). Bei der Hybridisierung von vormals Städtischem und vormals Ländlichem – dichotome Trennungen, ‚eindeutige' Zuordnungen verschwimmen – finden nicht allein Diffusionsprozesse von Urbanität statt, vielmehr werden auch rurale und suburbane Lebensweisen in innerstädtischen Lagen praktiziert, indem hier beispielsweise ‚Familienenklaven'[1] gebildet werden (Frank 2013) oder Obst und Gemüse – Stichwort

1 Als „Familienenklaven" bezeichnet Frank (2013, S. 69) „neu errichtete Siedlungen, die sich in Anlage und Gestaltung deutlich von ihrer gewachsenen Umgebung abgrenzen und speziell auf die Interessen und Bedürfnisse von Mittelschichtfamilien ausgerichtet sind."

‚*Urban Gardening*' (dazu Müller 2011) – angebaut wird. Was vormals ‚urban' oder ‚rural' war und dezidiert mit spezifischen Räumen verbunden wurde, unterliegt Veränderungen. Der Grad an sozialer und kultureller Fragmentierung und Polarisierung ist besonders in Metropolen hoch: einerseits Refugien der global agierenden ‚Eliten', andererseits Quartiere jener, denen die Teilhabe an der ökonomischen Prosperität versagt bleibt – also jenen, für die Mobilität ein Privileg und jenen, für die Mobilität ein Zwang darstellt (unter vielen Bauman 1997; Sassen 2001). Häufig in unmittelbarer Nähe der Viertel der Privilegierten, den mit großem sozialem, kulturellem und ökonomischem Kapital (Bourdieu 1987) ausgestatteten Gewinnern der vielfältigen Globalisierungsprozesse, finden sich die „devitalisierten Quartiere" (Kropp 2015, S. 99) jener, die nicht oder unvollständig in den Prozess ökonomischer Wertschöpfung eingebunden sind – jener Postmodernisierungsverlierer, die im Prozess der De-Industrialisierung der ehemaligen Industriestaaten aus den industriellen Arbeitsprozessen ausgefiltert wurden, ohne dass der Servicesektor ausreichende Perspektiven bereithielt.

Exklusion – vom Arbeits- und Wohnungsmarkt, von Teilhabechancen am gesellschaftlichen Leben, von Quartieren mit ausreichender Verkehrsanbindung und vielfältigen Versorgungsmöglichkeiten – trifft aber nicht nur Verlierer der De-Industrialisierung, sondern gerade heute auch heranwachsende Jugendliche, die eigentlich vielfältige Chancen haben sollten, die ihnen aber verwehrt bleiben: Einen Baustein hierzu bildet die Wirtschaftskrise, die unter anderem in Südeuropa zu ausgeprägter Jugendarbeitslosigkeit geführt hat (beispielsweise Zeit Online 2014) – Perspektivlosigkeit zu Beginn des 21. Jahrhunderts. Einen weiteren Baustein stellen Ausgrenzungsprozesse aufgrund der ‚falschen' Hautfarbe, des ‚falschen' Namens, der ‚falschen' Adresse dar. In Frankreich fühlen sich vielfach Nachfahren von Immigranten bis heute nicht umfänglich in der Gesellschaft akzeptiert, nicht als Teil von ihr, sondern am Rand stehend (dazu unter anderem Weber 2013, S. 202). In Ausschreitungen – einer gesellschaftlich nicht tolerierten Form der Devianz – sind es immer wieder gerade Jugendliche ‚mit Migrationshintergrund', die auf ihre Situation aufmerksam machen wollen (dazu beispielsweise Weber et al. 2012; Weber 2013). Auch in anderen Ländern zeugen vielfältige Beispiele von massiven Ausschreitungen, ob in Großbritannien, den USA oder weiteren Ländern.

Nicht allein der Raum postmoderner metropolitaner Gebiete unterliegt einer zunehmenden Fragmentierung, auch die Zeit büßt lebensweltlich wie systemisch (im Sinne von Habermas 1981) an Linearität ein: „Die Zeit entspricht nicht mehr einem Fluss, sondern der Ansammlung von Teilchen und Tümpeln" (Bauman 1997, S. 148). Die Berechenbarkeit moderner Erwerbs- und Beziehungsbiographien wird in verschiedene Fragmente zerlegt. So sieht sich der Mensch der Gegenwart in allen

Lebensabschnitten mit spezifischen und wechselnden Entwicklungsaufgaben konfrontiert (Elder 2000). Die Erwerbsbiographien werden ebenso entstandardisiert (durch kurzfristige Beschäftigungsverhältnisse, flexible Arbeitszeiten, Leiharbeit et cetera) und zunehmend vom Bedarf einer ständigen Fort- und Weiterbildung geprägt (der häufig weniger als Privileg denn als Last empfunden wird; Schönwald et al. 2015) wie auch die privaten Beziehungen einer ‚Entstandardisierung' unterliegen: nichteheliche Lebensgemeinschaften, sukzessive Ehen sowie partnerlose Lebensentwürfe, wie auch homo-, bi- und transsexuelle Lebensformen gewinnen an Bedeutung.

Der politische Gestaltungsspielraum nimmt im Zuge gesellschaftlicher Postmodernisierungsprozesse immer mehr ab: Die Auflösung beziehungsweise Differenzierung großer sozial-moralischer Milieus führt zu einer Verringerung der Stabilität von Wählerschaft. Die ökonomische Globalisierung nimmt dem Nationalstaat ebenso seinen Einfluss auf die Wirtschaft, wie globale ökologische Herausforderungen (zum Beispiel Klimawandel) eine nationalstaatliche Lösung absurd erscheinen lassen und Bürger – im Zuge der Bildungsexpansion mit den nötigen Informationsgewinnungs- und Handlungskompetenzen ausgestattet – politische Entscheidungen immer stärker hinterfragen (Beck 1986, 2006; Harvey 2013). Angesichts der sich verringernden Einflussmöglichkeiten des Staates (auf unterschiedlichen Ebenen) auf die zentralen gesellschaftlichen und räumlichen Prozesse erhält die symbolische Positionierung eine immer größere Bedeutung, ob als touristische Destination, als Zentrum der Kreativität und Kultur oder als Zentrum von Wissenschaft und Forschung (Häußermann und Siebel 1993, am Beispiel San Diego Kühne und Schönwald 2015). Die im Entmachtungsprozess befindliche (lokale) Politik vermag die entsprechend der Marktlogik sich entwickelnde Stadtlandschaft nur noch in sich verringerndem Maße zu steuern. Aufgrund politischer Traditionen bestehen allerdings durchaus Unterschiede zwischen Staaten – so sind die Einflüsse in Deutschland größer als in den Vereinigten Staaten. Die Verdrängungsmechanismen der Gentrifizierung wirken für betroffene Bevölkerungsteile umso problematischer als sich der Staat weitgehend aus dem sozialen Wohnungsbau zurückgezogen hat. In den Vereinigten Staaten lassen sich Tendenzen feststellen, dass bereits selektiv neben innerstädtischen Lagen auch die inneren Ringe der Suburbanisierung einer Gentrifizierung unterliegen (URFSURBS – Urbanizing Former Suburbs; Kühne und Schönwald 2015). Eine vergleichbare Beobachtung lässt sich für Paris machen (dazu Marchal und Stébé 2012).

Mit Zygmunt Bauman (2008) lassen sich diese Vorgänge als ‚Verflüssigung' ehemals fester, moderner Strukturen verstehen. Ein wesentliches Merkmal der ‚Verflüssigung' ist die Individualisierung, die nicht „die Befreiung des Menschen von den Fesseln der Gesellschaft [bedeutet], sondern eine bestimmte, historisch neue Form der Vergesellschaftung. Individualisierung bezeichnet eine gesellschaftliche Zumutung, einen paradoxen Zwang" (Eickelpasch und Rademacher 2004, S. 20). Der postmoderne Mensch sieht sich mit dem Zwang konfrontiert, jenseits traditioneller Bindungen (wie Familie, Nachbarschaft) eine eigene Existenz zu entwerfen und sozial akzeptiert zu begründen (Beck und Beck-Gernsheim 1994). Der Entwurf dieser Existenz vollzieht sich – in einer sich immer stärker ausdifferenzierenden Gesellschaft – dabei stark milieuspezifisch, bisweilen auch jenseits der von der Mehrheitsgesellschaft definierten Grenzen zur Devianz.

Fragmentierung, Polarisierung, Exklusion, Hybridisierung, Entstandarisierung, neue Governance-Formen und Individualisierung werden zu Schlagworten, die sich durch die bisherigen Ausführungen ziehen und die konstitutive Begrifflichkeiten bilden, wenn heute in Politik und Medien, gerade aber auch der Wissenschaft über Metropolen diskutiert wird. Mit dem vorliegenden Sammelband rücken genau diese Aspekte und Entwicklungen in den Mittelpunkt. Es sind Widersprüchlichkeiten und Gegensätze, die den Blick leiten. Es geht nicht um die ‚schöne' Seite von Metropolen, weniger um deren Wirtschaftsbedeutung oder deren symbolische Strahlkraft – es geht im Gegenteil vor allem um Ambivalenzen, um Formen der Mosaikartigkeit. Entsprechend erklärt sich auch der Titel des Bandes: ‚Fraktale Metropolen'. Bruchstückartigkeit, Vielfältigkeit werden zum Programm. Das Scheinwerferlicht der wissenschaftlichen Betrachtung fällt damit auf Differenz, Andersartigkeit, Pluralität, Komplexität. Vor diesem Hintergrund verwundert auch nicht der Ausgangspunkt der Überlegungen zu diesem Band.

Im Herbst 2005 erschütterten Unruhen landesweiten Ausmaßes die Französische Republik. Nach dem Tod zweier Jugendlicher in einem Umspannwerk entzündeten sich Ausschreitungen, die die *banlieues*, die Bereiche rund um die Zentren französischer Großstädte, in den medialen und wissenschaftlichen Fokus rückten (dazu unter anderem Keller et al. 2008; Le Goaziou und Mucchielli 2006). Bereits im Jahr 2014 entstanden Überlegungen, einmal Bilanz zehn Jahre danach zu ziehen. Mit den Attentaten im Januar 2015 auf die Redaktion der Satirezeitschrift ‚Charlie Hebdo', auf Polizisten und einen Supermarkt für koschere Lebensmittel stieg die Virulenz noch einmal an: Die Attentäter stammten aus den *banlieues* und Diskussionen, die die *banlieues* mit islamistischem Terrorismus verbanden, nahmen zu. Wo steht vor diesem Hintergrund Frankreich heute? Devianz, Fragmentierung, Exklusion und Hybridisierung werden zu Begrifflichkeiten, die kaum umgangen werden können, wenn die Metropole Paris und andere französische Großstädte wie Marseille, Lyon oder Toulouse betrachtet werden. Ein Fokus auf Frankreich bildet aber nur die eine Säule des Sammelbandes. Sind dortige Entwicklungen frankreichspezifisch beziehungsweise welche Parallelen ergeben sich zu anderen Ländern? Hieraus leitet sich die zweite Säule ab: eine internationale Perspektive mit Beiträgen zu Segregation, sozialer und baulicher Stadtentwicklung, Migranten als Teil heutiger Stadtgesellschaften, Ausschreitungen und Protestkulturen von ‚Ausgegrenzten'. Die unterschiedlichen Facetten ‚fraktaler Metropolen' fügen sich in einem Mosaik zusammen und ergeben ein Gesamtbild, einen Gesamteindruck – in Teilen überraschend, in Teilen verstörend, in Teilen erwartungsvoll.

2 Eine Übersicht über die Beiträge des Sammelbandes

Ausgangspunkt des Sammelbandes bilden Artikel mit einem Fokus auf Frankreich, in denen vor allem Entwicklungen in den und um die *banlieues* beleuchtet, gleichzeitig aber immer auch Bezüge zu den Stadtzentren sowie Übergänge zwischen Zentrum und Peripherie hergestellt werden – und damit Metropolen als Stadt-Land-Hybride gedacht werden können. Als Zugang und als Grundlage für die weiteren Artikel fungiert der Artikel von *Florian Weber* ‚Urbane Mosaike, Fragmentierungen, stadtpolitische Interventionen – Die *banlieues* und die Stadtpolitik *politique de la ville*', in dem der Autor zentrale Entwicklungslinien französischer Großstädte, vor allem nach dem Zweiten Weltkrieg, beleuchtet und beschreibt, wie sich die Bereiche rund um die Zentren entwickelt haben, die heute als *banlieues* bezeichnet werden – eine Raumkategorie, die nicht einfach mit dem suburbanen Raum oder dem Konzept der Zwischenstadt äquivalent gesetzt werden könne (dazu auch Weber 2015), sondern mit vielfältigen Bedeutungszuschreibungen aufgeladen sei, darunter Armut, Kriminalität und Ausgrenzung, gleichzeitig aber auch Kreativität, Jugendkultur und ‚Multikulti'. Vielfach seien es neben positiven Konnotationen allerdings gerade negative Zuschreibungen, die medial und politisch in den Mittelpunkt rückten und zur Etablierung einer spezifischen Stadtpolitik, der *politique de la ville*, geführt hätten. Einzelne Bereiche in den Innenstädten und vor allem den *banlieues* würden herausgegriffen, die als besonders ‚problembeladen' wahrgenommen werden und die in dieser Logik eine besondere Förderung erhalten sollen – eine dezidierte Form der Fragmentierung von Stadt, wenn ‚gute' Bereiche den ‚schlechten' gegenübergestellt werden. Letztere sollen den anderen angepasst werden, sie sollen zurück in die ‚republikanische Ordnung' geführt werden – ein schier unmögliches Unterfangen in einer Zeit, in der Gegensätze zunehmen, Metropolen zunehmend hybrider und ‚fraktaler' werden. Im darauffolgenden Artikel setzt sich *Susanne Freitag-Carteron* mit Islamisierung und Radikalisierung auseinander. Die Journalistin, die seit über zehn Jahren aus den *banlieues* berichtet, lässt in ‚Achtung! „Sensible Urbane Zone" – Frankreichs *banlieue* im Fokus' Bewohner zu Wort kommen und verknüpft so Innen- und Außensicht. Sie beschreibt Kriminalität und Devianz als ‚alltägliches Geschäft' in Siedlungen wie ‚Les 4000' im Norden von Paris oder ‚Le Mirail' in Toulouse. Gerade die Unruhen von 2005 stellten ein entscheidendes Momentum in der Wahrnehmung bestimmter *cités*, bestimmter Großwohnsiedlungskomplexe, in den *banlieues* dar. Attentate in Toulouse im März 2012 und in und um Paris im Januar 2015 hätten die Situation verschärft – daran könne auch die Stadtpolitik mit zunehmendem Stadtumbau nichts ändern. So wie an neu gebauten Gebäuden bereits wieder der Putz bröckele, so würde mit politischen Maßnahmen zwar ‚Kosmetik' betrieben, aber nicht mit sich stellenden Fragen nach Integration und Anerkennung umgegangen. Die *banlieues* blieben, so Freitag-Carteron, ‚Frankreichs offene Wunde'. In den sich anschließenden Artikeln von französischen Kollegen, die in Frankreich als ‚Experten' sehr bekannt sind, aber durch die Sprachbarriere in Deutschland bisher wenig rezipiert werden, werden einzelne Facetten französischer Stadtentwicklung beleuchtet. *Hervé Vieillard-Baron* blickt auf ‚Die Geschichte der *banlieues* in Frankreich: Von der Mehrdeutigkeit der Definitionen zu den heutigen Besonderheiten'. Er erläutert den Wortursprung von ‚*banlieue/s*' und zeigt, wie sich Bedeutungen und Zuschreibungen im Laufe der Zeit gewandelt haben. Im Gegensatz zu einem vereinfachten Bild ‚von außen' seien die *banlieues* keineswegs nur Orte abgewerteter und ausgegrenzter Großwohnsiedlungen – sie seien äußerst vielfältig und einzelne Teilbereiche würden deutlich unterschiedlich wahrgenommen. Einige Bereiche seien in einem Aufwertungsprozess, andere hingegen in einer Abwärtsspirale – es entstehen ‚urbanisierte Fragmente'. Medial fänden häufig stereotyp die Schattenseiten Beachtung, dabei gelte es eher, Fragen nach Ursachen und zukünftigen Entwicklungen zu stellen. Gegensätzlichkeit und Pluralität sind auch für den Artikel ‚Die französische *banlieue* mit den zwei Gesichtern des Januskopfes ' von *Hervé Marchal*, *Jean-Marc Stébé* und *Marc Bertier* programmatisch. Zwei ‚typische' Ausprägungen der *banlieues* werden ausführlicher vorgestellt, einerseits ein Viertel der Gentrifizierung, andererseits eine Großwohnsiedlung, die sinnbildhaft für den Niedergang der Vision von Großwohnsiedlungen als Zeichen von Wandel und Moderne steht. Bei beiden handelt es sich um ehemalige Arbeiterquartiere, wobei Levallois-Perret heute zum ‚In'-Viertel im Nordwesten von Paris geworden sei, während die Siedlung ‚La Californie' im Großraum Nancy größtenteils von denen bewohnt werde, die nicht die Wahl hätten. Hieran zeigt sich besonders deutlich, wie groß die Schere in der Stadtentwicklung werden kann und wie wenig die *banlieues* als ‚homogener' Raum zu denken sind. *Thomas Kirszbaum* wirft einen ‚schonungslosen' Blick auf die quartiersbezogene Stadtpolitik *politique de la ville*: ‚Die Stadtpolitik *politique de la ville* oder Widersprüchlichkeiten des republikanischen Gleichheitsideals'. Wie bereits angeführt, wird mit der *politique de la ville* das Ziel verfolgt, als problematisch eingestufte Stadtviertel zurück in die ‚republikanische Ordnung' zu führen – identifizierte Entwicklungs-,Rückstände' zu beseitigen. Erste Maßnahmen wurden bereits in den 1970er Jahren entwickelt, immer mit dem Hinweis, dass die *politique de la ville* nur temporär bestehen sollte, bis die ,Probleme' beseitigt wären. Doch auch heute noch beziehungsweise vielleicht mehr denn je besteht die quartiersbezogene Förderung. Es werde entsprechend gerade *nicht* anerkannt, dass bestimmte Viertel ,anders' seien – gerade auch solche mit hohem Anteil von Menschen mit Migrationshintergrund. So werde politisch weiterhin auf diese Politik gesetzt – beziehungsweise weiterhin in besonderem Maße, wenn davon ausgegangen wird, dass über die *politique de la ville* auch eine ,Integrationspolitik' verfolgt werde, die implizit darauf abziele, die ,Sichtbarkeit ethnischer Minderheiten im städtischen Raum' zu verringern. Auch hier ergibt sich eine direkte Verknüpfung zum sich anschließenden Artikel ,Unruhen in der aktuellen französischen Gesellschaft: eine elementare Form politischer Aushandlungsprozesse' von *Laurent Mucchielli*, in dem Stigmatisierung von Bewohnern mit Migrationshintergrund und Islamophobie mit ihren Hintergründen analysiert werden. Ausgangspunkt bildet die Frage nach der Entwicklungsgeschichte von Unruhen, von Devianz, in Frankreich und deren Betrachtung als Emotion und kollektive Empörung. Verbunden mit den Unruhen sei immer ein Bedürfnis nach Anerkennung und der Ruf nach einer umfänglichen Staatsbürgerschaft, die ihren Namen verdiene. Die *politique de la ville* wird als Stadtpolitik beschrieben, die, auch wenn sie diese Ziele verfolge, weder Partizipation noch Mediation erreicht habe. Heute könne eine zunehmende Stigmatisierung einzelner Viertel beobachtet werden – und aufgrund fehlender politischer Lösungsansätze auch eine wachsende Radikalisierung mit der Gefahr von Djihadismus und Terrorismus. Mit einer Innensicht beschäftigt sich der Artikel ,Fraktale Metropolen, Unruhe und Rap' von *Andreas Tijé-Dra*, der sich mit französischer Rap-Musik aus und zu den *banlieues* und Devianz in Form von Ausschreitungen und Unruhen auseinandersetzt. Rap-Musik kann danach nicht ,einfach nur' als musikalische Ausdrucksform, sondern gerade auch als politische Äußerung verstanden werden – als Stimme ansonsten marginalisierter Positionen. Sie werde zum Mittel, um Kritik an der ,vermeintlichen Universalität republikanischer Werte in Frankreich' zu üben und Unruhen nicht als sinnfrei ,stehenzulassen', sondern sie als ,gerecht' unter anderem vor dem Hintergrund von Polizeigewalt und struktureller Benachteiligung zu rahmen. Waren die bisherigen Artikel explizit auf Polarisierung, Exklusion und Fragmentierung ausgerichtet, so setzt sich *Claire Carriou* in ,Gemeinschaftliches Wohnen' in Frankreich: Herausforderungen eines Raums im Aufbau' mit einem neuartigen Phänomen im Wohnungswesen auseinander, das aber auch mit Exklusion und Segregation in Verbindung steht. Seit den 2000er Jahren ließen sich Initiativen in Frankreich beobachten, die dem,gemeinschaftlichen Wohnen' zugerechnet werden könnten, also Bauprojekte mit Gemeinschaftseinrichtungen wie Gemeinschaftssaal, Waschküche, Gemeinschaftsgarten et cetera, die gerade von Bürgerinnen und Bürgern initiiert und in Teilen auch umgesetzt würden. Sie könnten in Teilen als Reaktion auf Ausgrenzung vom bestehenden Wohnungsmarkt gedeutet werden – also der Suche nach einem eigenen Weg zu Wohnraum. Die Autorin zeichnet eine Entwicklungsgeschichte des ‚gemeinschaftlichen Wohnens' nach, zeigt die Vielfältigkeit von Projekten und betrachtet, wie zunehmend der französische Staat sich durch Regulierungen Einfluss verschafft – also eine ‚Normierung' eines bisher recht vagen ‚Terrains' anstrebt. Gleichzeitig könnte das gemeinschaftliche Wohnen im Zuge einer ‚Professionalisierung' mit Unternehmen des Bau- und Wohnungssektors zu einer weitergehenden Privatisierung des Wohnungsmarktes führen – ein Umstand, den erste private Initiativen so wohl kaum angestrebt hätten.

An diesen ersten Block, die erste Säule, schließen sich als Ergänzung und Erweiterung und gleichzeitig gerade auch als Kontrastfolie theoriegeleitete Artikel sowie Artikel mit Fokus auf andere Länder an, die das auf Frankreich ausgerichtete ‚Bild' auffächern und bereichern – immer vor dem Hintergrund von Fragen nach Fragmentierung, Polarisierung, Hybridisierung, Multikulturalisierung von Stadtentwicklung. *Martin Schneiders* Beitrag ‚Der Raum – ein Gemeingut? Die Grenzen einer marktorientierten Raumverteilung' kann grundlegend auf einer Meta-Ebene verortet werden, wenn er sich damit auseinandersetzt, wie Aneignung und Eingrenzung von ‚Räumen' verstanden und erklärt werden können und wie sich ein ‚gerechter Raum' definieren ließe. Räume erschienen in einer marktwirtschaftlich-kapitalistischen Logik ganz ‚normal' als Eigentum – eine Sicht, die auch durchbrochen werden kann, wie der Autor darlegt. Er geht der Bedeutung ‚eingegrenzter' Räume und dem Schutz des ‚Eigenen' nach und beleuchtet marktwirtschaftliche Logiken einer Vermarktung von Grund und Boden im Verhältnis zur kollektiven Aneignung öffentlicher Räume. Es ergeben sich damit auf konkretisierter Ebene Fragen nach einer heutigen ‚Prekarisierung von Arbeit' als neue ‚soziale Frage', Mietpreisexplosionen und Immobilienblasen, gesichertem und bezahlbarem Wohnraum als politische Herausforderung, der Privatisierung städtischer Räume wie *shopping malls* oder Bahnhöfe und Bewegungen wie dem ‚Recht auf Stadt' – also Fragestellungen, die gerade für Metropolen von zentralem Belang sind. *Rainer Kazig* nähert sich aktuellen Stadtentwicklungstendenzen mit einem spezifischen Fokus: dem der Ästhetik – ‚Die Bedeutung von Alltagsästhetik im Kontext der Polarisierung und Hybridisierung von Städten – eine Spurensuche'. Ein markantes Kennzeichen gegenwärtiger, postmoderner Gesellschaften stelle die ‚Ästhetisierung des Alltags' dar – in allen Bereichen würden ästhetische Bewertungen bedeutsam. Innerhalb der Stadtforschung bestehe hier allerdings noch ein Forschungsdefizit, unter anderem in Bezug auf Fragen von Polarisierung und

Hybridisierung. Vor diesem Hintergrund beleuchtet der Autor alltagsästhetisches Wahrnehmen und zeigt an mehreren Beispielen, wie auch ästhetische Bewertungen in Forschungsansätzen zu Polarisierung – Entstehen von Vorurteilen und Wohnstandortwahl – und Hybridisierung – die Zwischenstadt – vorgenommen werden beziehungsweise einfließen. Ein entsprechender Blickwinkel bietet die Möglichkeit, Polarisierungs- und Hybridisierungstendenzen besser zu verstehen und einzuordnen – ein Plädoyer für weitergehende Stadtforschung mit einem spezifisch ästhetischen Blick. Wird durch Rainer Kazig die Bedeutung von Alltagsästhetik unter anderem mit einem Blick auf ‚migrantisch' geprägte Stadtviertel herausgestellt, zeigt *Diedrich Bruns*, wie Raumaneignung ‚kulturell spezifisch' erfolge – Folgen und Entwicklungen im Zuge von Immigration werden konstitutiv und bedürfen eines spezifischen Betrachtungswinkels. In ‚Kulturell diverse Raumaneignung – Eine Diskussion am Beispiel öffentlicher Parkanlagen' nähert sich Diedrich Bruns der Aneignung öffentlicher Parkanlagen durch unterschiedliche Bevölkerungsgruppen an. So würden diese beispielsweise durch chinesisch- und türkischstämmige Gruppen je nach Lage, Form, Gestalt unterschiedlich bewertet, verschieden genutzt und wahrgenommen. Es zeigt sich damit eine kulturell diverse Raumaneignung, in der sich Hybridisierung und Fragmentierung von Stadt und Gesellschaft manifestiert. Wissenschaftliche Forschung müsse hierauf viel stärker als bisher einen Fokus legen. Lassen sich heute Hybridisierungen urbaner, suburbaner und ruraler Elemente in innerstädtischen Lagen beobachten, so ergeben sich auch gerade Hybridisierungen in ursprünglich ländlich geprägten Räumen – beziehungsweise stellen sich Forschungsfragen der ‚Stadt' heute auch für ländliche Räume, wie *Simone Linke* zeigt. Sie nähert sich mit ‚Sozialräumliche Segregation in ländlich bezeichneten Räumen' der Frage, inwieweit ‚soziale Segregation' als bisher eher urbanes Phänomen nicht auch in ländlichen Räumen zu beobachten ist. Pluralisierung und Differenzierung von Gesellschaft machten in der Postmoderne auch nicht vor ländlichen Räumen halt, wie sie nach einer theoretischen Einordnung am Beispiel von Schönau in Niederbayern darstellt. Differenzierungsprozesse, Fragmentierungsprozesse seien auch hier zu beobachten – auch dörfliche Siedlungen könnten damit durchaus ‚fraktal', bruchstückartig ausfallen, wobei Unterschiede immer wieder auch verwischen und sich nivellieren. Fragmentierung und Hybridisierung werden auch im Beitrag von *Olaf Kühne* leitend: ‚Warschau – das postsozialistische Raumpastiche und seine spezifische Ästhetik'. Der Autor nähert sich der postsozialistischen Stadt Warschau mit einem landschaftsästhetischen Blickwinkel und geht auf Spurensuche in einem postmodernen Raumpastiche. Warschau sei zu einem fraktalen ‚Schlachtfeld' geworden, in dem unterschiedliche Nutzungen, Umnutzungen, Nutzungsaufgaben, Neuaneignungen das Stadtbild prägten. Gerade heute seien es zunehmend *Gated Communities*, die entstünden – ein Streben nach einer entkomplexisierten Welt und einem ‚Schutz' vor dem ‚Fremden'. Am Beispiel von Warschau lässt sich so exemplarisch eine postsozialistische Postmodernisierung nachzeichnen, die anders ausfällt als beispielsweise Postmodernisierung in Nordamerika oder Westeuropa. In den beiden sich anschließenden Beiträgen rücken Stadtentwicklungsperspektiven und Stadtpolitiken in den Mittelpunkt – als Kontrastfolien zu den Ausführungen zur *politique de la ville* in Frankreich zu sehen. *Thomas Franke* und *Olaf Schnur* beleuchten ‚Problemgebiete' und Stadtpolitik in Deutschland am Beispiel des Programms ‚Soziale Stadt''. Wie beim quartiersbezogenen Ansatz der *politique de la ville* hat sich ab Ende der 1990er Jahre in Deutschland mit der ‚Sozialen Stadt' ein Städtebauförderungsprogramm mit räumlichem Fokus auf einzelne Stadtquartiere herausgebildet. Die Autoren hinterfragen anhand des Programms, inwieweit dieses dazu geeignet sein kann, Städte ‚tatsächlich' ‚sozial' zu gestalten, womit eine Auseinandersetzung mit der Frage nach ‚sozialer Gerechtigkeit' einhergeht. Die ‚Soziale Stadt' könne als Reaktion auf soziale Ungleichheit, Polarisierung und sozial-räumliche Fragmentierung gelesen werden, auf die mit spezifischem Zugriff reagiert werden sollte – ein Zugriff, dem aber ‚mehr Ressourcen und Ressourcenverantwortlichkeit' zugutekommen sollte. *Stephen Hall* setzt sich in seinem Beitrag ‚The rise and fall of urban regeneration policy in England, 1965 to 2015' mit Stadterneuerungspolitiken in England über einen Zeitraum von 50 Jahren auseinander. In den 1960er Jahren führten Armutstendenzen in städtischen Haushalten und die Angst vor Unruhen wie in den USA zu ersten Stadterneuerungsprogrammen, die bis in die 2000er Jahre mit unterschiedlichen Schwerpunkten und Ausrichtungen fortgeführt wurden. Mit dem Regierungswechsel nach 2010 ließe sich nun allerdings ein deutlicher Rückzug des Staates aus staatlich gestützten *public policies* einer *urban regeneration* beobachten. Ein quartiersbezogener Ansatz zugunsten von Wirtschaftswachstum und sozialer Inklusion stehe nicht mehr im Fokus politischen Handelns, so dass entsprechend physische, ökonomische und soziale Probleme benachteiligter Stadtquartiere nicht mehr spezifisch ‚bearbeitet' würden. Heute würde recht allgemein Wirtschaftswachstum angestrebt – nicht aber mit dem vorherigen Hintergrund, dass sich dieses in manchen Stadtvierteln nicht in gleichem Maße wie in anderen vollziehe und dadurch quartiersbezogene Unterstützung erforderlich wäre. Damit sei nun Wirtschaftswachstum im Großraum London und im Südosten zu erwarten, kaum dagegen im Binnenland und im Norden – ein Förderbedarf letzterer wird nicht länger zugebilligt, womit Gegensätze voraussichtlich wachsen. Den Beobachtungen von Laurent Mucchielli und Andreas Tijé-Dra zu Unruhen in Frankreich, wie bereits beschrieben, lassen sich die Ausführungen von *Olaf Kühne* gegenüberstellen, der Unruhen in den USA, im Metropol-‚Moloch' Los Angeles analysiert: ‚Die Los Angeles Riots von 1992. Von

Postmodernisierungsverlierern und der neuen Bedeutung von ‚Ethnizität". Bis heute stellten die Los Angeles Riots einen Gegenstand wissenschaftlicher Befassung und politischer Auseinandersetzungen dar. Ausgangspunkt der Unruhen bildete die Misshandlung des jungen Schwarzen Rodney King durch Polizisten nach einer Polizeikontrolle. Nachdem diese Polizisten von einem Gericht freigesprochen wurden, begannen Ausschreitungen. Diese seien nun im Kontext einer rasanten Postmodernisierung Los Angeles' und sozialer Ungleichheit, gleichzeitig im Zusammenhang mit alltäglichem Rassismus zu betrachten. Es ließen sich unterschiedliche Konfliktlinien ausdifferenzieren, durch die die Unruhen kaum als ‚Wüten' einer schwarzen Unterschicht zu deuten seien, sondern vielmehr im Zusammenhang mit vielfältigen Umbrüchen und Armutskonflikten von Bevölkerungsgruppen stünden. Heute vollziehe sich in *South LA* eine Art ‚ethnische Gentrifizierung', in der gerade die im Verhältnis zu hispanisch- und koreanischstämmiger Bevölkerung ärmere schwarze Bevölkerung verdrängt würde – eine ‚ethnische' Fragmentierung der Stadt mit neuen Konflikten. Gentrifizierung spielt auch im Beitrag von *Antje Schönwald* ‚Ein Blick auf Chicanos. Mexikaner und ihre Nachfahren in der amerikanischen Stadt' eine nicht unentscheidende Rolle. Sie nähert sich der US-amerikanischen Metropole San Diego in Grenzlage zu Tijuana in Mexiko an und untersucht das überwiegend von mexikanischstämmigen ‚Chicanos' bewohnte Viertel Barrio Logan auf Basis biographischer Analysen. Wie Los Angeles kann San Diego als Prototyp eines Stadt-Land-Hybriden gelten, in dem Grenzen zwischen urban-suburban-rural verwischen, gleichzeitig Fragmentierungen zunehmen, Kulturen sich vermischen, aber diese dennoch nicht ‚homogen' werden. Das Viertel Barrio Logan und besonders der Chicano Park könnten als Inszenierungen eines Raums der Chicanos gelesen werden – als symbolisch aufgeladener und angeeigneter Raum. Versuche einer Aufwertung von außen und Gentrifizierungstendenzen würden in Teilen kritisch gesehen, so dass Abgrenzungsprozesse in der Zukunft ansteigen könnten. Polarisierung und Exklusion könnten sich so auch verschärfen. Im letzten Beitrag des Sammelbandes rückt Südamerika in den Mittelpunkt, präziser gesagt die Metropole São Paulo in Brasilien. *Shadia Husseini de Araújo* beleuchtet ‚*Muslim Hip-Hop on the rise*. Ein Fallbeispiel aus São Paulo, Brasilien'. Ausgangspunkt bildet die Beobachtung, dass Hip-Hop-Künstler aus São Paulo zum Islam konvertieren. Die Autorin fragt vor diesem Hintergrund danach, wie die Künstler ihre Identität als Muslime konstruieren und diese mit der räumlichen Lebenswelt der Peripherie der Metropole in Verbindung bringen. Der Islam werde zum Sinnbild für Widerstand und Gerechtigkeit und führe zur ‚Erfindung' einer eigenen, neuen Identität, wodurch auch die Peripherie und die *favela* neu ‚entworfen' würden. Gleichzeitig würde so eine bessere Lebenswelt imaginiert. Es ergeben sich damit Anknüpfungspunkte zum Beitrag von Andreas Tijé-Dra zu französischem Rap. Identitäts- und Raumkonstruktionen werden komplexer, hybrider – scheinbare ‚Eindeutigkeiten' verwischen – konstitutiv für ‚fraktale Metropolen'.

3 Zusammenschau und Ausblick

Die Beiträge des Sammelbandes spannen sowohl inhaltlich als auch räumlich ein weites Feld auf: von Stadtentwicklungsprozessen und stadtpolitischen Reaktionen über Devianz und Ausschreitungen sowie Rap-Musik als politische und kulturelle Ausdrucksform bis hin zu grundsätzlichen Auseinandersetzungen um Fragen nach Ästhetik, Polarisierungs- und Hybridisierungstendenzen oder Segregation – von Frankreich und Deutschland über Großbritannien bis nach Nord- und Südamerika. Gleichzeitig stehen die Beiträge nicht unverbunden nebeneinander – den roten Faden bilden Entwicklungsprozesse, denen Metropolen im 21. Jahrhundert unterliegen. Polarisierung, Armut und Exklusion sind zu ‚üblichen' Teilen von Großstädten geworden – die Frage ist fast eher, ob beziehungsweise mit welchen politischen Maßnahmen hiermit umgegangen wird. In Deutschland und Frankreich wird mit quartiersbezogenen Förderansätzen versucht, ‚Problemgebiete' zu kurieren beziehungsweise diesen Entwicklungschancen zu bieten – in Großbritannien wurde lange Zeit auch entsprechend verfahren. Die Situation in der Peripherie São Paulos ist dagegen beispielsweise eine andere. Die Zunahme von Gegensätzen und Fragmentierungen, aber auch Hybridisierungen lassen sich durchgehend beobachten. Einzelne Stadtviertel sind im Gentrifizierungsprozess, andere werden tendenziell von denjenigen bewohnt, die keine andere Wahl haben. Stadtviertel werden kulturell hybrider. Soziale Spannungen bleiben nicht aus. Vielfach entzünden sich diese an erlittenen Ungleichbehandlungen, gefühlter Ausgrenzung oder Rassismus – ob nun in den französischen *banlieues* oder in *South LA*. Gerade hierauf konnten weder die französische noch die US-amerikanische Gesellschaft und Politik bis heute Antworten oder Lösungen finden. Und auch auf anderer Maßstabsebene bedarf es eines ‚anderen' Blicks: Öffentliche Orte wie Parkanlagen werden nicht von allen gleich wahrgenommen und genutzt – ein Plädoyer für eine diversitätssensible Perspektive. Hiermit muss sich Stadtplanung auseinandersetzen, da Migranten und deren Nachfahren immer mehr und ‚ganz selbstverständlich' zu Nationalstaaten im 21. Jahrhundert dazugehören werden. Wie sich politische Ausrichtungen und die Sichtweise von Bewohnern unterscheiden, haben auch die Beiträge zu Rap und Hip-Hop deutlich gemacht: Erlittener Ausgrenzung wird durch die Schaffung eigener Identitäten und die Formulierung spezifischer Forderungen begegnet. So wird der Islam zum Ankerpunkt, Unruhen werden zum Manifest einer Kritik an der als ungerecht empfundenen staatlichen Ordnung.

Ein Fokus auf Metropolen und deren in Teilen durchaus auch gegensätzliche, widersprüchliche Entwicklungen, wie im vorliegenden Sammelband geschehen, bietet das Potenzial, unterschiedlichste Facetten in den Blick zu nehmen, die doch alle in unmittelbarem Zusammenhang stehen: *Gated communities* können als Reaktion auf empfundene, wachsende ‚Unsicherheiten' und eine zunehmende Komplexerwerdung von Welt in Zusammenhang mit Armut und Exklusion gesehen werden. Während sich einige Stadtviertel in einer Gentrifizierung befinden, scheint in anderen der bauliche und soziale Abstieg kaum ‚zu bremsen' – auch wenn vielleicht jeweils ähnliche Grundbedingungen gegeben schienen – Stichwort Arbeiterquartiere, wie in Bezug auf Levallois-Perret und La Californie beispielhaft erläutert. Trotz umfänglicher stadtpolitischer Intervention, wie in Frankreich seit den 1970er Jahren, reproduzieren sich Unruhen oder die staatliche Ordnung wird durch Terrorismus herausgefordert – hier ist ein Blick von ‚innen', beispielsweise über Rap-Texte, ein Ansatzpunkt zum Nachvollziehen oder zum Aufbrechen einseitiger Denkmuster. Eine weitere Blickrichtung auf Polarisierung und Hybridisierung bietet ein ästhetischer Zugriff: Schönheit/Pittoreskheit/Erhabenheit/Hässlichkeit (siehe Kühne 2013) und Wohlbefinden stellen Komponenten dar, die auf individueller Ebene ansetzen und bisher häufig wenig Berücksichtigung finden, gleichwohl von nicht zu unterschätzender Bedeutung sind. Wohnquartiere, Parkanlagen oder zurückzulegende Wege werden auch nach Atmosphäre, ansprechender Gestaltung, über die Wahrnehmung, ausgewählt.

Es sind damit grundsätzlich unterschiedliche Maßstabsebenen, auf denen mit Analysen zu Metropolen im Sammelband angesetzt wurde: von der Alltagsästhetik eines Platzes oder eines Quartiers und biographischen Zugängen zu bestimmten Räumen über gemeinschaftliches Wohnen als neuartige Wohnform als Reaktion auf Ausgrenzungen am Wohnungsmarkt sowie Bedeutungszuschreibungen zu Räumen von Künstlern in Rap und Hip Hop bis hin zu Analysen von Stadtentwicklung und Stadtpolitik, bei denen Gesamtzusammenhänge im Fokus standen. In der Gesamtbetrachtung ergibt sich damit ein vielschichtiges Bild, das unterschiedliche Entwicklungen zu Beginn des 21. Jahrhunderts herausstellt. Gleichzeitig leiten sich daraus zukünftige Perspektiven für die wissenschaftliche Forschung ab: Zunehmend werden Fragmentierungen und Hybridisierungen, Gegensätzlichkeiten teilweise auf engstem Raum, ‚Kulturen' als keinesweg homogen in den Fokus rücken. Viele der vorliegenden Beiträge machen dies bereits deutlich oder deuten es an.

Literatur

Bauman, Z. (1997). *Flaneure, Spieler und Touristen. Essays zu postmodernen Lebensformen*. Hamburg: Hamburger Edition.

Bauman, Z. (2008). *Flüchtige Zeiten. Leben in der Ungewissheit*. Hamburg: Hamburger Edition.

Beck, U. (1986). *Risikogesellschaft. Auf dem Weg in eine andere Moderne*. Frankfurt (Main): Suhrkamp.

Beck, U., & Beck-Gernsheim, E. (1994). Individualisierung in modernen Gesellschaften – Perspektiven und Kontroversen einer subjektorientierten Soziologie. In U. Beck & E. Beck-Gernsheim (Hrsg.), *Riskante Freiheiten. Individualisierung in modernen Gesellschaften* (S. 10-39). Frankfurt (Main): Suhrkamp.

Beck, U. (2006). *Weltrisikogesellschaft. Auf der Suche nach der verlorenen Sicherheit*. Frankfurt (Main): Suhrkamp.

Eickelpasch, R., & Rademacher, C. (2004). *Identität*. Bielefeld: transcript.

Elder, G. H. (2000). Das Lebenslaufs-Paradigma: Sozialer Wandel und individuelle Entwicklung. In M. Grundmann & K. Lüscher (Hrsg.), *Sozialökologische Sozialisationsforschung. Ein anwendungsorientiertes Lehr- und Studienbuch* (S. 167-199). Konstanz: UVK.

Frank, S. (2013). Innere Suburbanisierung? Mittelschichteltern in den innerstädtischen Familienenklaven. In M. Kronauer & W. Siebel (Hrsg.), *Polarisierte Städte. Soziale Ungleichheit als Herausforderung für die Stadtpolitik* (S. 69-89). Frankfurt (Main): campus.

Habermas, J. (1981). *Theorie des kommunikativen Handelns. 2 Bände*. Frankfurt (Main): Suhrkamp.

Häußermann, H., & Siebel, W. (Hrsg.). (1993). *Festivalisierung der Stadtpolitik. Stadtentwicklung durch große Projekte*. Leviathan Sonderheft 13. Opladen.

Harvey, D. (2013). *Rebellische Städte. Vom Recht auf Stadt zur urbanen Revolutio*n. Berlin: Suhrkamp.

Keller, C., Schultheis, F., & Bergman, M. M. (Hrsg.). (2008). Urban Ritos and Youth Violence: German and French Perspectives. *Schweizerische Zeitschrift für Soziologie 23* (2).

Kropp, C. (2015). Regionale StadtLandschaften – Muster der lebensweltlichen Erfahrung postindustrieller Raumproduktion zwischen Homogenisierung und Fragmentierung. *Raumforschung und Raumordnung 73*, 91-106.

Kühne, O. (2012). *Stadt – Landschaft – Hybridität. Ästhetische Bezüge im postmodernen Los Angeles mit seinen modernen Persistenzen*. Wiesbaden: SpringerVS.

Kühne, O. (2013). Landschaftstheorie und Landschaftspraxis. Eine Einführung aus sozialkonstruktivistischer Perspektive. Wiesbaden: SpringerVS.

Kühne, O., & Schönwald, A. (2015). *San Diego – Eigenlogiken, Widersprüche und Entwicklungen in und von ‚America's finest city'*. Wiesbaden: SpringerVS.

Le Goaziou, V., & Mucchielli, L. (Hrsg.). (2006). *Quand les banlieues brûlent … Retour sur les émeutes de novembre 2005*. Paris: La Découverte.

Marchal, H., & Stébé, J.-M. (2012). *Les Lieux des banlieues*. Paris: Le Cavalier Bleu.

Müller, C. (Hrsg.) (2011). *Urban Gardening: Über die Rückkehr der Gärten in die Stadt*. München: oekom.

Sassen, S. (2001): *The Global City*. Princeton.

Schönwald, A., Kühne, O., Jenal, C., & Currin, A. (2015). *Demographischer Wandel in Unternehmen. Alternsgerechte Arbeitsbedingungen aus Arbeitnehmersicht.* Wiesbaden: SpringerVS.

Schwentker, W. (2006). Die Megastadt als Problem der Geschichte. In W. Schwentker (Hrsg.), *Megastädte im 20. Jahrhundert* (S. 7-26). Göttingen: V&R.

Weber, F., Glasze, G., & Vieillard-Baron, H. (2012). Krise der banlieues und die politique de la ville in Frankreich. *Geographische Rundschau 64* (6), 50-56.

Weber, F. (2013). *Soziale Stadt – Politique de la Ville – Politische Logiken. (Re-)Produktion kultureller Differenzierungen in quartiersbezogenen Stadtpolitiken in Deutschland und Frankreich.* Wiesbaden: SpringerVS.

Weber, F. (2015). Extreme Stadtlandschaften: Die französischen ‚*banlieues*'. In S. Hofmeister & O. Kühne (Hrsg.), *Stadtlandschaften* (im Erscheinen). Wiesbaden: Springer VS.

Zeit Online (2014): Verlorene Jugend. http://www.zeit.de/wirtschaft/2014-08/jugendarbeitslosigkeit-europa-studie. Zugegriffen: 14. Juli 2015.

Frankreich im Brennpunkt

Urbane Mosaike, Fragmentierungen, stadtpolitische Interventionen

Die *banlieues* und die Stadtpolitik *politique de la ville*

Florian Weber

Zusammenfassung

Wird in Deutschland über die französischen *banlieues*, die Vorstäde und Gebiete rund um die Stadtzentren berichtet, so geschieht dies vielfach in Zusammenhang mit Vorortunruhen oder seit den Anschlägen auf die Satirezeitung Charlie Hebdo mit dem Bezug auf Terrorismus. Die *banlieues* sind allerdings keineswegs hierauf zu beschränken oder einseitig als ‚Problemgebiete' zu begreifen. Das Wirtschaftsviertel La Défense, das mit seinen Hochhäusern an Manhattan erinnert, oder Quartiere im Umbruch durch Gentrifizierung zeigen eine andere Seite der *banlieues*. Vielfältige Wandlungsprozesse und unterschiedliche Entwicklungsrichtungen gilt es zu beleuchten – immer auch in Relation zu den Stadtzentren –, um ein umfänglicheres, vielschichtigeres Bild zu erhalten. Der Artikel beschreibt vor diesem Hintergrund zentrale Veränderungen der *banlieues* und Prozesse der Fragmentierung und geht der Frage nach, mit welchen politischen raumbezogenen Maßnahmen versucht wurde und wird, ‚Problemgebiete' zu ‚kurieren' und sie so zurück in die ‚republikanische Ordnung' zu führen.

1 Einführung: Die *banlieues* als vielschichtige Räume

Die *banlieues*, die Gebiete rund um die Zentren französischer Städte: Orte demografischer Dynamik, der Wirtschaftsentwicklung im sekundären, tertiären und quartären Sektor, der beschaulichen Einfamilienhaussiedlungen und der Gentrifizierung. Oder: Orte der anonymen Großwohnsiedlungen in schlechtem Zustand, der Kriminalität und des Drogenhandels, der Ausgrenzung und der Armut. Die beiden Beschreibungen können als zwei Seiten einer Medaille gelesen werden (so auch Vieillard-Baron 1996b, S. 8). Die *banlieues* sind nicht ‚entweder/oder', sie sind ‚sowohl als auch'. Sie vereinen Orte bevorzugter Wohnanlagen und Orte, die von einigen als ‚Ghetto' beschrieben werden (dazu Vieillard-Baron sowie Stébé, Marchal und Bertier in diesem Band), Orte wirtschaftlicher Innovation und Orte hoher Arbeitslosigkeit. Aus deutscher Perspektive rücken sie häufig dann in den Blick, wenn von Vorortunruhen oder Terrorismus berichtet wird – so wie bei den landesweiten Ausschreitungen vor zehn Jahren im Oktober/November 2005 oder nach dem Anschlag auf die Redaktion der Satirezeitung Charlie Hebdo und damit in Verbindung stehende Terrorakte im Januar 2015. An das Wirtschaftsviertel La Défense im Westen von Paris mit seiner an Manhattan erinnernden Skyline werden dagegen wahrscheinlich wenige denken – doch von der zunächst hier vereinfachten Definition der *banlieues* als Gebiete außerhalb der Stadtzenten ist La Défense genau das: *banlieue*.

Die *banlieues* stellen damit Orte dar, die fast prototypisch Fragmentierungen, Polarisierungen, Hybridisierungen vereinen. Industriegebiete, Einfamilienhaussiedlungen, stigmatisierte Großwohnsiedlungen finden sich teilweise dicht nebeneinander, die nur beispielsweise durch Verkehrsachsen voneinander getrennt sind. Direkt neben La Défense liegt die Siedlung der *tours nuages*, der ‚Wolkentürme', einem Hochhausviertel, das einen Abstieg – baulich und sozial – erlebt hat. Grenzen und Ausgrenzungen sind damit immer wieder manifest und prägend. Gleichzeitig sind Grenzen unscheinbar, sie verwischen – hybride.

Stadtpolitisch wird seit den 1970er Jahren der Versuch unternommenen, der abgewerteten ‚Problemviertel', den *quartiers sensibles*, Herr zu werden, sie zurück in die ‚französisch-republikanische Ordnung' zu führen. Im Laufe der Jahre ist es zur Etablierung der quartiersbezogenen Stadtpolitik *politique de la ville* gekommen, die immer wieder Veränderungen unterlag, aber grundlegend bis heute das Ziel verfolgt, Problemlagen mit einem raumbezogenen Förderansatz zu begegnen.

Der Artikel verfolgt vor dem beschriebenen Hintergrund das Ziel, diesen unterschiedlichen Facetten nachzuspüren und sie einzuordnen. Hierzu werden zunächst zentrale Entwicklungslinien der *banlieues* skizziert. Im Anschluss wird dargestellt, welchen Veränderungen die *politique de la ville* im Zeitverlauf unterlag und worin zentrale Charakteristika liegen. Auf diese Weise entsteht ein ‚Bild' des hybriden Stadt-Land-Raumes der *banlieues* (hierzu auch Weber 2015). Dichotome Trennungen, ‚eindeutige' Zuordnungen zerfließen (entsprechend Derrida 1990), was sich gerade anschaulich an den *banlieues* zeigen lässt (hierzu auch Vieillard-Baron in diesem Band). Darüber hinaus wird der damit verbundene politische Umgang beleuchtet – als Ausgangsbasis und Hintergrund für die weiteren Artikel mit Frankreichbezug in diesem Sammelband.

2 La *banlieue*, les *banlieues* – Entwicklungslinien

2.1 Zum Wortursprung

La *banlieue* beziehungsweise les *banlieues* – ein Begriff, der schwer direkt ins Deutsche zu übersetzen ist. ‚Vorstadt' kann herangezogen werden, um Siedlungskomplexe zu beschreiben, aber hierbei bleiben suburbane, teilweise eher ländlich geprägte Gebiete außen vor. ‚Suburbaner' oder ‚periurbaner' Raum wiederum mag zwar raumplanerisch durchaus treffend sein, aber die vielfältigen Konnotationen, die mit *banlieues* verbunden sind, so wie Ausgrenzung und Ausschreitungen von Jugendlichen, werden damit nicht eingeschlossen. Der Begriff vereint räumliche, ökonomische, soziale, ökologische Deutungen, Bewertungen und Zuschreibungen, die sich im Laufe der Zeit herausgebildet haben (dazu bspw. Glasze und Weber 2010; Vieillard-Baron 2001; Weber 2015).

Im Mittelalter wurde mit ‚*ban-lieue*' das Gebiet einer ‚*lieue*' beschrieben, eines Gebietes, das etwa 4.400 Metern entsprach beziehungsweise in rund einer Stunde durchquert werden konnte und auf das der Stadtherr Einfluss hatte. Bewohner der *banlieue* wurden dazu verpflichtet, zur Versorgung und Verteidigung der *cité*, der Stadt, beizutragen (Vieillard-Baron 1996b, S. 12ff.). Stadt-Umland-Bezugnahmen wurden mit der Zeit immer zentraler – so spricht der *Dictionnaire de l'Académie Française* im Jahr 1718 von einer „gewissen Landausdehnung, die sich um eine Stadt herum befindet und die von ihr abhängt"[1]. Im 19. Jahrhundert trat zur räumlichen Komponente auch eine stärker soziale. Der Begriff wurde mit sozialen Bewertungen verknüpft, was damit einhergeht, das die *banlieues* anfingen, Zufluchtsort für all diejenigen zu werden, die in den Stadtzentren keinen Wohnraum mehr fanden und Einkommensunterschiede aufwiesen. Die anfänglich vor allem juristische Definition verschob sich in Richtung *banlieues* als abhängiger und negativ konnotierter urbaner Peripherie (Boyer 2000, S. 9ff.; Glasze und Weber

1 „Une certaine étendue de pays qui est autour d'une ville et qui en dépend".

2014, S. 8f.; Vieillard-Baron 1996b, S. 15f.). Im 20. Jahrhundert beschreibt *banlieue* schließlich die „äußeren Teile einer urbanen Agglomeration" (George 1974, zit. n. Boyer 2000, S. 14) und wird damit zu einer Restgröße (Cubéro 2002, S. 18; Vieillard-Baron 1996a, S. 19). Seit 1954 werden durch das nationale Statistikinstitut INSEE die Kommunen bestimmt, die zu einer Agglomeration gehören. Indem vom Ganzen das Stadtzentrum abgezogen wird, wird der Bereich der *banlieues* definiert, die administrativ autonom verwaltet werden, dennoch aber stark vom Zentrum der Agglomeration abhängen (Cubéro 2002, S. 18; Vieillard-Baron 1996a, S. 17ff.). Diese Grenzziehung ist aber eine primär statistische, die sich nicht mit Wahrnehmung und Zuschreibungen decken muss. *Banlieues* ist ein jenseits der Stadtzentren nach außen ‚wabernder' Bereich mit schwer benennbaren Grenzen. Für Vieillard-Baron (1996b, S. 17) ist heute die *banlieue*, beziehungsweise eher die *banlieues* im Plural „ein Raum, der eine große Vielzahl an Orten und Bevölkerungsgruppen"[2] vereint, was in engem Zusammenhang mit Veränderungsprozessen seit der Industrialisierung steht (siehe dazu dessen Beitrag in diesem Band).

2.2 Industrialisierung und Wohnraumschaffung nach dem Zweiten Weltkrieg

Bis in das 19. Jahrhundert hinein wachsen die *banlieues* bevölkerungs- und raumbezogen nur geringfügig, was sich ab den 1840er Jahren aber deutlich ändert. Zum einen führt die einsetzende Bevölkerungszunahme zu einer Erweiterung der Städte, zum anderen ergeben sich durch die Industrialisierung erhebliche Modifikationen des urbanen Lebensraumes. Der primäre Sektor verliert zugunsten des sekundären Sektors an Bedeutung. Neue Arbeitsplätze werden nicht mehr auf dem Land geschaffen, sondern konzentrieren sich auf die Städte, wodurch starke Land-Stadt-Wanderungswellen einsetzen. Auf diesen neuen Trend wissen die Verwaltungen der Städte und Gemeinden nicht zu reagieren. Das Wachstum der *banlieues* vollzieht sich ungelenkt und kaum überwacht (Guillerme et al. 2004, S. 5ff.; Soulignac 1993, S. 81ff.). Die *banlieues* fast aller großen französischen Städte wachsen nach außen und gliedern sich in die *banlieues pavillonnaires*[3] und die *banlieues industrielles*[4]. In der industriellen Wachstumsphase sind die Lebenszustände unter anderem von notdürftig angelegten Wegen, Schmutz und Unrat zwischen entste-

2 „Un espace qui agglomère une grande diversité de lieux et de populations".

3 *Banlieues* mit Wohngebieten.

4 *Banlieues* mit industrieller Produktion.

hender Hüttenstruktur und fehlender Infrastruktur geprägt (Itinéraires du patrimoine 2003, S. 1ff.; Paulet 2004, S. 13ff.).

Mit der Weltwirtschaftskrise und dem Zweiten Weltkrieg kommt es zu einer Verlangsamung des Wachstums der *banlieues*, das allerdings nach dem Krieg umso ausgeprägter ausfällt. War zunächst auf den Wiederaufbau von Infrastruktur und Industrieanlagen gesetzt worden, wird im Laufe der 1950er Jahre ein Mangel an Wohnraum immer offensichtlicher. Diesem wird schließlich in erheblichem Maße durch den Bau von Großwohnsiedlungen in den *banlieues* begegnet (Glasze und Weber 2010; Soulignac 1993, S. 51ff.; Vieillard-Baron 2001, S. 62ff.). Großwohnsiedlungen werden – als fordistische Wohnraumproduktion (dazu auch Kühne 2015) – als probates Mittel zur Wohnraumschaffung angesehen – zum einen, da durch industrielle Bauweise sehr schnell sehr viel Wohnraum geschaffen werden kann, zum anderen, da dieser Siedlungstyp damaligen Vorstellungen von Wandel und Moderne entspricht. Innerhalb von rund zwanzig Jahren, zwischen 1956 und 1975, werden 8,5 Millionen Wohnungen geschaffen. Es entstehen die typischen *grands ensembles*, die Hochhaustürme und Hochhausriegel mit für die damalige Zeit komfortablen Appartements, funktionellem Aufbau, guten sanitären Einrichtungen und – im Gegensatz zu den Zentren der Städte – erheblich mehr Freiflächen im Inneren der Siedlungen (Donzelot 2004, 2006; Giraud 2000). Je größer die Anlage, umso moderner gilt sie. Mit der rechtlichen Schaffung der prioritären Entwicklungszonen (ZUP, *zones à urbaniser en priorité*) 1959 wird die minimale Größe der Großwohnsiedlungen auf 500 Wohneinheiten festgelegt, schnell werden aber auch Größenordnungen um 7.000 bis sogar 25.000 Wohneinheiten angestrebt, wie in der ZUP Le Mirail in Toulouse. Insgesamt werden 195 ZUP in Frankreich geschaffen, davon 175 außerhalb der Region um Paris, hauptsächlich in Form von Sozialwohnungen (Paquot 2008, S. 14f.; Vieillard-Baron 2001, S. 75ff.; Weber 2015). Wie in Deutschland auch verlagern sich Industriebetriebe von den Stadtzentren in das Stadtumland beziehungsweise siedeln sich direkt auf großen verfügbaren Flächen in den *banlieues* an. Großwohnsiedlungen werden in unmittelbarer Nähe zu den Industrieanlagen gebaut, um Wege zwischen Wohnen und Arbeiten zu verkürzen. Verkehrsinfrastruktur in Bezug auf Nahverkehr bleibt deutlich unterausgestattet (Bacqué und Fol 1997, S. 23ff.; Le Goaziou und Rojzman 2001, S. 15ff.). Zum einen entstehen Großwohnsiedlungen in industrieller Schnellbauweise – es entstehen Hochhausriegel, die technische Machbarkeiten ausschöpfen (Weber et al. 2012, S. 54; zudem Vieillard-Baron in diesem Band). Hier steht Größe, aber nicht Schönheit der Gebäude im Vordergrund. Zum anderen erproben Architekten aber auch ästhetische Gestaltungsmöglichkeiten, ‚ästhetisch ansprechende' Gebäudeformen, so wie beispielsweise im Viertel der *tours nuages*, der Wolkentürme, bei denen mit Keramikmosaik der Himmel nachempfunden wird (siehe Abbildung 1).

Abbildung 1 Die *tours nuages* im Westen von Paris.
Quelle: Aufnahmen Weber 2015.

In die Phase des Großwohnsiedlungsbaus fallen auch städtebauliche Großvorhaben wie die Entstehung des Wirtschaftsviertels La Défense im Westen von Paris. 1958 als Projekt angestoßen liegt 1964 ein Bebauungsplan vor: 850.000 Quadratmeter Büroflächen sind vorgesehen, eine große zentrale Achse als Verlängerung der Champs-Elysées und eine Anbindung mit Schnellbahn zum Pariser Stadtzentrum. Bis dato vorhandene Bausubstanz und Industriebetriebe müssen zugunsten von Hochhäusern weichen. 1981 wird ein großes Einkaufszentrum eröffnet, 1989 die Grande Arche als zweiter ‚Triumphbogen' eingeweiht (Defacto 2015). Trotz zwischenzeitlicher Krisen und Umgestaltungsmaßnahmen steht La Défense bis heute sinnbildlich für Tertiärisierung und Quartärisierung und gleichzeitig für moderne ‚Wolkenkratzer'-Architektur (dazu Exkurs 1).

Exkurs 1

Erinnerungen von Rose Lefèvre Starlander, 68 Jahre, einer ehemaligen *banlieues*-Bewohnerin[5]

Vor einem Jahrhundert (um 1910-1912) baute mein Großvater sein Haus im westlichen Vorort von Paris, in Puteaux. Das Grundstück hatte über 1.000 m². Neben dem Haus standen Stallungen für Pferde, da mein Opa ein kleines Fuhrunternehmen hatte. Er brachte Waren zum Großmarkt von Paris, zu ‚*Les Halles*', und belieferte auf dem Heimweg Einzelhändler. In der Umgebung wuchs noch viel Gemüse und Rosen (die *Roses de Puteaux*) wurden noch zur Parfümherstellung gezüchtet.

In der Zeit zwischen den beiden Weltkriegen verschwand das Fuhrunternehmen – trotz Modernisierung mit Lastwagen. Mein Vater erbte Haus und Grundstück. Die Umgebung bestand aus zusammengewürfelten Ein- und Mehrfamilienhäusern, den *pavillons de banlieue*. Die Bewohner unserer Straße waren schon zu dieser Zeit ziemlich bunt gemischt: Spanische Flüchtlinge, Arbeiter aus Algerien, Tunesien. Puteaux und Nanterre waren damals Hochburgen der Autoindustrie. In unserer Straße waren auch diverse Kleinhändler – Schuster, Krämer, Bäcker, Fleischer. Nichts wurde verschwendet, sondern wiederverwertet: Alteisen, Altpapier, Altkleider. Davon lebten recht viele *chiffoniers*, berufstätige *clochards*, also Stadtstreicher, die aus Paris alles Nutzbare aus den Ab-

5 Zur Illustration der geschichtlichen Ausführungen zur Entwicklung der *banlieues* wurde Rose Lefèvre Starlander durch den Autor des Artikels gebeten, einige Erinnerungen an ihr Leben in und um Puteaux textlich zu fassen. Die Ausführungen können als Verbindung von persönlicher Biographie und Raum gedeutet werden, dazu ausführlich Kühne und Schönwald (2015).

fallbehältern sammelten und den *ferrailleurs*, den Schrotthändlern, verkauften. Unser Schulweg ging an einem dieser *ferrailleurs* vorbei und für uns Kinder war es etwas unheimlich und gleichzeitig sehr spannend. Da stapelten sich alte Autos, alte Reifen, die manchmal anfingen, zu brennen!

Nach der Grundschule musste man an einem Gymnasium eine Aufnahmeprüfung bestehen. Auch als sehr gute Schülerin wurde ich nicht in einem Pariser Gymnasium aufgenommen. Ich blieb also in der *banlieue*, ging bis zum Abitur nach Suresnes und dann Ende der 1960er Jahre nach Nanterre an die Universität. Inzwischen war für die *banlieue ouest*, die westliche *banlieue*, ein riesiger Plan von Stadtplanern entworfen worden: In La Défense, das sich über Puteaux, Courbevoie und Nanterre erstreckt, sollte eine Art Manhattan entstehen. Alle großen Firmen, Banken, Bauunternehmen, Raffinerieunternehmen (bspw. BP) wollten standesgemäße Hauptsitze westlich von Paris bauen.

Das erste Gebäude wurde die muschelförmige Ausstellungshalle CNIT. Gleich davor wurde die neue Schnellbahnlinie RER (*réseaux express régional*) unterirdisch gebaut. Alle *pavillons de banlieue* mussten weichen. Hohe Wohnhäuser wurden gebaut, zum Teil für die ‚Ureinwohner' und zum Teil für die neue Generation der *white-collar worker*. Puteaux verlor seine Industriearbeiter, die von Büroangestellten ersetzt wurden. An der Stelle des Hauses meines Großvaters steht heute eines der Hochhäuser der Bank Société Générale.

Steht man unter der Grande Arche und schaut nach Westen in die *banlieue*, dann hat man eine etwas unerwartete Aussicht auf zwei Friedhöfe von Puteaux (wo meine Großeltern und Eltern liegen) und von Neuilly: zwei Überbleibsel an einem völlig neuen Ort (Abbildung 2).

Abbildung 2 Blick auf die Friedhöfe direkt bei La Défense (oben); Wirtschaftsviertel La Défense mit der Grande Arche (unten)

Quelle: Aufnahmen Weber 2015.

2.3 Abwertung der Großwohnsiedlungen, Entwicklung von Eigenheimsiedlungen und Gentrifizierung

Gehörten die Großwohnsiedlungen in den 1950er/1960er Jahren zum zeitgenössischen Lebensstil – neben Arbeitern der Mittel- und Unterschicht lebten dort auch Angehörige der höheren Mittelschicht – setzt in den 1970er Jahren ein erheblicher Wandlungsprozess ein, an dessen Ende Stigmatisierung und Exklusion vieler *grands ensembles* stehen – beziehungsweise umfänglicher die *banlieues* mit diesem negativen Image verknüpft werden.

Der Abstieg der französischen Großwohnsiedlungen steht mit unterschiedlichen Entwicklungen in Zusammenhang: Die in den 1970er Jahren einsetzende Deindustrialisierung im Zuge der Fordismuskrise führt zu Arbeitsplatzverlusten im sekundären Sektor. Gerade ungelernte Arbeiter, viele davon als Gastarbeiter aus den ehemaligen Kolonien sowie Südeuropa nach Frankreich gekommen, verlieren ihre Anstellung. Die Infrastrukturunterversorgung tritt immer stärker hervor. Das Freizeit-, Versorgungs- und Nahverkehrsangebot fällt – gemessen an ‚allgemeinen' Ansprüchen – teilweise gering aus und verstärkt eine Fokussierung der Bevölkerung auf einen kleinen Raumausschnitt, aus dem sie nur selten herauskommt – eine Konstellation, die heute als *enclavement* (Abgeschlossenheit) der *cités*, der Großwohnsiedlungen, beschrieben wird (Avenel 2004, S. 21; Canteux 2002; Vieillard-Baron 2001, S. 86). Im Jahr 1973 wird schließlich der Bau von Großwohnsiedlungen mit mehr als 1.000 Wohneinheiten untersagt – in gewisser Weise das Eingestehen des Scheiterns einer Utopie, der Idee, eine „vereinte Gesellschaft"[6] (Donzelot 2004, S. 16) schaffen zu können. Baulich offenbaren die *grands ensembles* zunehmend Missstände und Ausstattungsmängel – bröckelnder Beton, regelmäßig defekte Fahrstühle, veraltete sanitäre Einrichtungen, nicht mehr richtig schließende Fenster et cetera (Boyer 2000, S. 102ff.; Cubéro 2002, S. 28ff.; dazu auch Freitag-Carteron in diesem Band). Diejenigen, die es sich leisten können, verlassen die Großwohnsiedlungen.

Forciert wird die Entwicklung durch Suburbanisierungsprozesse. Es entstehen in den 1960er/1970er Jahren die *zones pavillonaires*, die Eigenheimsiedlungen in den *banlieues*: Eigenheime im Grünen ermöglichen es, eigenen Wohnraum nicht nur zu mieten, sondern zu kaufen und bieten Familien Freiraum für ihre Kinder bei gleichzeitiger Anbindung über Autobahnen und Nahverkehr an die Zentren (Boyer 2000, S. 86; Donzelot 2004, S. 25ff.). Für die Mittelschicht, die über das nötige ökonomische Kapitel verfügt, wird der suburbane Raum zum „Ort des siche-

6 „une société unie".

ren unter sich Seins“[7] (Donzelot 2004, S. 26), der es ermöglicht, den Großwohnsiedlungen aus dem Weg zu gehen und wo es sich nur finanziell besser Gestellte leisten können, Eigentum zu erwerben oder einen Platz in einer besseren Schule zu erhalten (hierzu auch Bourdieu et al. 1998). Es wird auf die geringe Mobilität der schlechter Gestellten gesetzt und damit die eigene Sicherheit und Abgeschlossenheit gewährleistet.

In den 1990er Jahren setzen forciert Gentrifizierungsprozesse in den Innenstädten ein, die sich wiederum auch auf die Großwohnsiedlungen auswirken. Entsprachen die Innenstädte zwischenzeitlich nicht mehr dem modernen Lebensstil, erleben sie zunehmend eine Renaissance. Innerstädtischer Wohnraum wird wieder deutlich attraktiver (dazu ausführlich Kühne und Schönwald 2015). Einkommensschwächere können sich die steigenden Mietpreise in Teilen nicht mehr leisten und sind unter anderem gezwungen, in Sozialwohnungen in die *banlieues* zu ziehen, womit der Einkommensdurchschnitt vieler *cités* zunehmend sinkt (Boyer 2000, S. 81f.; Castro 2007, S. 25ff.; Vieillard-Baron 2001, S. 142ff.). Unter anderem in Paris setzen nach und nach auch Gentrifizierungsprozesse für Quartiere außerhalb der Stadtzentren, in den nahen *banlieues* ein, womit wiederum Verdrängungsprozesse einhergehen (siehe dazu Marchal, Stébé und Bertier in diesem Band). Einkommensschwächere werden immer stärker an den Rand der Agglomerationen verdrängt (siehe dazu Exkurs 2).

Exkurs 2

Immobilienpreise in Paris und der *banlieue parisienne*

Die Stadt Paris reiht sich ein in die Liste von Metropolen mit hohen Miet- und Kaufpreisen für Appartements und Häuser. Auch wenn in den letzten Jahren die Immobilienpreise leicht rückläufig sind, liegen sie für die Hauptstadt *intra muros* im Durchschnitt auf hohem Niveau (dazu ausführlich Chambre des notaires de Paris 2015). Im ersten Quartal 2015 wurden durchschnittlich 7.910 Euro pro Quadratmeter beim Wohnungskauf gezahlt. Eine Ausdifferenzierung nach *arrondissements* und *quartiers*, also Stadtviertel innerhalb der Stadtbezirke, macht deutliche Unterschiede und Gefälle sichtbar. Im 6. und 8. *arrondissement*, im Westen von Paris, werden durchschnittlich 11.280 und 9.430 Euro erreicht (Abbildung 3). Im *quartier* Odéon sind es sogar knapp 13.000 Euro für den Quadratmeter. Im Osten von Paris dagegen, im 19. und 20. *arrondissement* sind es im Verhältnis unter 7.000 Euro pro Quadratmeter – so auch in den

7 „L'entre-soi protecteur“.

quartiers Belleville, einem Stadtviertel, in dem mit der Stadtpolitik *politique de la ville* interveniert wird (dazu Kapitel 3.2), und Charonne (vgl. Exkurs 3).

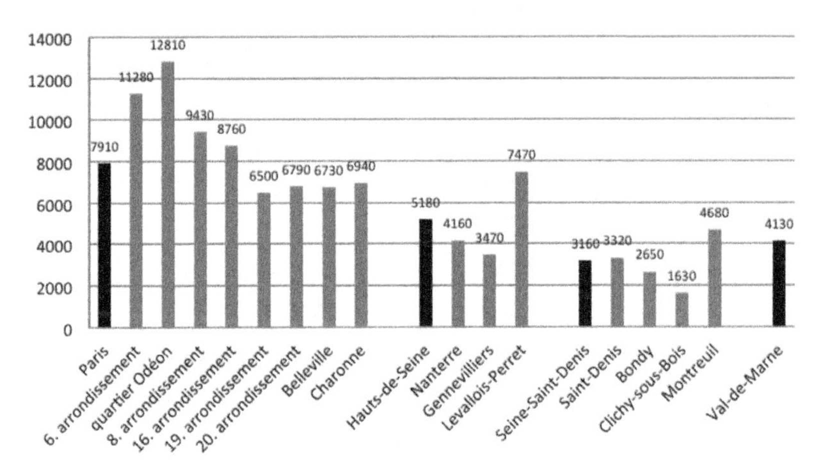

Abbildung 3 Durchschnittlicher Immobilienpreis pro m² in Euro (erstes Quartal 2015)

Quelle: Zusammenstellung auf Basis von Chambre des notaires de Paris 2015.

Das Gefälle zu den *banlieues* hin wird bereits deutlich, wenn auf die durchschnittlichen Immobilienpreise pro Quadratmeter für die *départements* Hauts-de-Seine im Westen von Paris mit 5.180 Euro, Seine-Saint-Denis im Norden mit 3.160 Euro und Val-de-Marne im Südosten mit 4.130 Euro geblickt wird (dazu auch Abbildung 4). Für einzelne Städte innerhalb dieser *départements* sinken die Immobilienpreise noch weiter ab – auf beispielsweise 4.160 Euro für Nanterre oder 3.470 Euro für Gennevilliers und 3.320 Euro für Saint-Denis. In Clichy-sous-Bois, der Stadt, in der 2005 die landesweiten Unruhen ihren Ausgangspunkt nahmen, sind es in Relation ‚nur' noch 1.630 Euro. In umgekehrter Richtung sticht Levallois-Perret im *département* Hauts-de-Seine heraus: mit 7.470 Euro pro Quadratmeter werden im Durchschnitt Preise oberhalb von Wohnungen im Osten der Hauptstadt im innerstätischen Bereich erreicht – Gentrifizierung ist in vollem Gange (dazu Marchal, Stébé und Bertier in diesem Band, Abbildung 5). Auch Montreuil im *département* Seine-Saint-Denis entwickelt sich durch die Nähe zu Paris außerhalb der Ringautobahn zum ‚beliebten' Stadtquartier: 4.680 Euro waren im ersten Quartal 2015 im Durchschnitt pro Quadratmeter zu zahlen und damit deutlich mehr als im Durchschnitt des *départements*.

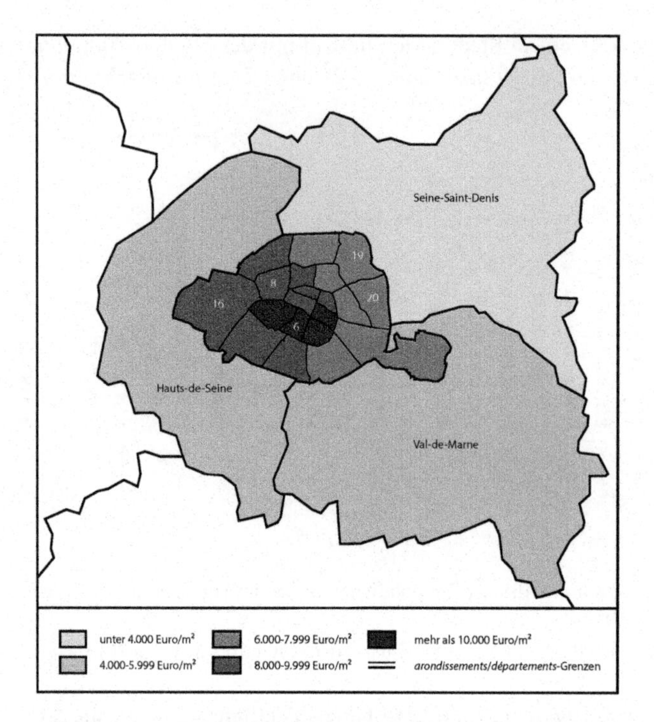

Abbildung 4 Durchschnittliche Immobilienpreise in den *arrondissements* von Paris und umliegenden *départements*, kategorisiert

Quelle: Eigene Darstellung auf Grundlage von GoogleMaps 2015 und Chambre des notaires de Paris 2015.

Abbildung 5 Innerstädtische Bebauung Paris, 8. *arondissement* östlich des Triumphbogens (links); Place Georges Pompidou in Levallois-Perret (rechts)

Quelle: Aufnahmen Weber 2015.

Die soziale Mischung in den Großwohnsiedlungen nimmt ab. Unterstützt wird dieser Prozess durch Wohnungsbaugesellschaften, die ihre alternden Wohnbestände nicht leer stehen lassen wollen und immer Einkommensschwächere aufnehmen und so eine Mischung unterschiedlicher Einkommensklassen reduzieren – ein ‚*filtering down*' (dazu ausführlich Krätke 1995). In den Großwohnsiedlungen leben zudem zunehmend Ausländer und Nachfahren von Einwanderern, die immer stärker mit den *cités* verknüpft werden. Als vielfach ungelernte Arbeiter sind sie zunächst zentrale Verlierer der Deindustrialisierung – eine Integration in den Arbeitsmarkt gestaltet sich äußerst schwierig. Das Image der *banlieues* wird „untrennbar verknüpft mit dem der Immigration"[8], so Boyer (2000, S. 83).

Bauliche Degradation der *grands ensembles*, ein Gefühl von Isoliertheit, Verlust des sozialen Zusammenhalts und zunehmende Kriminalität und Gewalt, vor allem durch Jugendliche in den *cités*, sowie Schulversagen vollziehen sich in Form einer Abwärtsspirale und führen zu einer Stigmatisierung und zu dem, was heute als *crise des banlieues*, als Krise der *banlieues*, bezeichnet wird (Dubet und Lapeyronnie 1992, S. 125ff.; Glasze und Weber 2010). Abstieg der Großwohnsiedlungen, Eigenheimsiedlungsentstehung und Gentrifizierung stehen in engem Zusammenhang (dazu Donzelot 2004) und forcieren eine Polarisierung und Fragmentierung der Gesellschaft. Gut situierte Bewohner der Eigenheimgebiete und Innenstädte stehen Bewohnern stigmatisierter *cités* gegenüber, bei denen bereits die Adresse mit Schulversagen, Kriminalität, Abstieg verknüpft wird und Chancen auf dem Arbeitsmarkt minimiert. Diese Fragmentierung sollte allerdings nicht als zu starr gedacht werden. Nicht alle Großwohnsiedlungen bestehen aus größtenteils reinem sozialem Wohnungsbau oder sind abgewertet und stigmatisiert. „Im Gegensatz zum geläufigen Bild sind diese Stadtviertel keine homogenen Räume, die ausschließlich die Handicaps und die geographische Abgeschlossenheit anhäufen"[9] (Avenel 2004, S. 20f.). Nicht alle Einfamilienhaussiedlungen vereinen Wohlstand und Moderne. Die *banlieues* sind eher als Mosaik zu verstehen, bei dem sich unterschiedliche Teile komplex aneinander ketten.

Auch wenn Stadtquartiere wie La Défense oder Levallois-Perret (dazu Marchal, Stébé und Bertier in diesem Band) oder Städte wie Saint-Denis mit seiner Jugend- und Musikkultur für Wirtschaftsentwicklung und Globalisierung, Yuppietum und Kreativität stehen und positive Assoziationen zu den *banlieues* transportieren, sind allerdings, wie bereits in der Einführung angeführt, negative Zuschreibungen bis heute stark prägend. Gerade die *cités des HLM*, die Großwohnsiedlungen mit So-

8 „indissolublement liée à celle de l'immigration".

9 „Contrairement à l'image courante, ces quartiers ne sont pas des espaces homogènes cumulant uniformément les handicaps et l'enclavement géographique."

zialwohnungsbestand, werden, wie beispielsweise Castro (2007, S. 22ff.) ausführt, mit den *banlieues* gleichgesetzt, wodurch hauptsächlich verallgemeinernd von der ‚*crise des banlieues*', der Krise der *banlieues*, gesprochen wird. Verstärkt wird dieses Negativimage durch Unruhen, durch die *émeutes* oder *violences urbaines*, die seit den 1980er Jahren mediales Echo finden: unter anderem 1981 in Les Minguettes (*banlieue* von Lyon), 1990 in Vaulx-en-Velin (ebenfalls Großraum Lyon), 1991 Sartrouville und Mantes-la-Jolie, 2005 landesweit, 2007 Villiers-le-Bel, 2009 Saint-Étienne, 2010 Grenoble, 2013 Trappes. Vielfach entzünden sich Ausschreitungen an Verfolgungsjagden mit der Polizei oder Polizeikontrollen und dabei verletzten oder getöteten Jugendlichen, in deren Folge sich andere Jugendliche oder Bewohner bestimmter Viertel solidarisieren, um auf ihre Lage aufmerksam zu machen (Drai und Mattéi 2006; Le Goaziou und Mucchielli 2006; hierzu auch Kühne in diesem Band zu den LA *riots*). Wie unter anderem Boyer (2000, S. 96f.) und Vieillard-Baron (2001, S. 144f.) herausstellen, ist grundsätzlich im Kontext der Auseinandersetzungen um die *banlieues* die Rolle der Medien zu berücksichtigen, die Bilder rechtsfreier Räume, krimineller Jugendlicher und Unsicherheit (re)produzieren und so zur Stigmatisierung – und damit also zu (negativen) Eindrücken der *banlieues*-Stadtlandschaften beitragen (vgl. auch Mucchielli und Vieillard-Baron in diesem Band). Hatten die landesweiten Vorortunruhen im Oktober und November 2005, die sich am Tod zweier Jugendlicher in einem Umspannwerk nach einer Verfolgung durch die Polizei entzündeten, die französische Gesellschaft und Politik weitreichend ergriffen (dazu auch Weber 2013, S. 32f.), war dies neuerlich zu Beginn des Jahres 2015 nach dem Anschlag auf die Satirezeitung ‚Charlie Hebdo' am 7. Januar und Attentaten an den darauffolgenden Tagen im Umfeld von Paris der Fall. Premierminister Manuel Valls sprach von einer „territorialen, sozialen und ethnischen Apartheid"[10] und einem „periurbanen Abstieg", den „Ghettos"[11] (Le Monde 2015) und stellte Bezüge zwischen islamistischen Attentätern und den *banlieues* her. Diskutiert wird darüber, ob „die Problem-Vorstädte mit ihrer hohen Arbeitslosigkeit und ihrem schlechten Bildungsniveau einen Nährboden für islamistisches Gedankengut" (afp 2015, S. A5) bildeten. Die *banlieues* werden damit auch mit Fragen um Islamismus und Terrorismus in Verbindung gebracht.

Aus politischer Perspektive sollte und soll Gesellschaftsproblemen, die bestimmten Orten, den *cités* in den *banlieues* zugeschrieben werden, durch spezifische Intervention begegnet werden – ein Handeln mit bereits langer Tradition, das bis in die 1970er Jahre zurückverfolgt und unter das Feld der Stadtpolitik *politique de la ville* gefasst werden kann. So wie die *banlieues* heute untrennbar mit

10 „Un apartheid territorial, social, ethnique".

11 „La relégation périurbaine, les ghettos".

spezifischen Zuschreibungen wie den *cités* verknüpft sind, so sind sie es ebenfalls mit dem quartiersbezogenen Handeln der *politique de la ville*, deren Hauptentwicklungslinien im Folgenden von den Anfängen bis in das Jahr 2015 dargestellt werden.

3 Etablierung und Entwicklung der *politique de la ville*

3.1 Die Etablierung einer spezifischen Stadtpolitik

Bereits zu Beginn der 1970er Jahre werden Problemlagen bestimmten Räumen, den Großwohnsiedlungen, zugeschrieben und im Rahmen einer 1973 eingerichteten Arbeitsgruppe einer politischen Analyse unterzogen. Premierminister Raymond Barre wendet sich 1977 an die Präfekten der *départements* und fordert „die physische und soziale Degradation gewisser Großwohnsiedlungen zu bremsen, die drohen, sich in Ghettos an den Toren unserer Städte zu verwandeln"[12] (Barre 1977 zit. n. Anderson und Vieillard-Baron 2003, S. 173). Es wird das Programm *Habitat et Vie sociale* (HVS, Wohnen und soziales Leben) initiiert, mit dem von 1977 bis 1980 insgesamt 53 Gebiete gefördert werden, die jeweils 350 bis 1.800 Wohneinheiten umfassen. Angestrebt wird eine bauliche Sanierung und gleichzeitig eine Stärkung des sozialen Zusammenhalts der Bewohnerschaft (Cubéro 2002, S. 98; Vieillard-Baron 2001, S. 173ff.). Es ist damit in gewisser Weise zunächst ein experimentelles Programm, das schnell starker Kritik ausgesetzt wird. Bemängelt wird, dass es zu zentralistisch, zu wenig die Bewohnerschaften einbeziehend und zu stark auf den ‚Schein', also bauliche Sanierungsmaßnahmen, ausgerichtet sei (Jaillet 2003, S. 6).

Ausschreitungen im Jahr 1981 im Stadtviertel Les Minguettes (Lyon) erschüttern das politische Lager der *Gauche*, der Linken, die gerade an die Macht gekommen waren, und verstärken den öffentlichen Druck, den ‚Problemen' der *banlieues* zu begegnen. Auf Basis mehrerer Berichte aus den Jahren 1982 und 1983, die heute zu den eigentlichen Gründungstexten der so genannten *politique de la ville*, einer spezifischen Politik für ‚benachteiligte' Stadtviertel – *les quartiers défavorisés* –, zählen, wird das Programm *développement social des quartiers* (DSQ, soziale Entwicklung von Stadtvierteln) eingerichtet. Unter der Zuständigkeit der Bürgermeister soll umfassender identifizierten bildungspolitischen, sozialen und ökonomischen Problemlagen begegnet und gleichzeitig präventiv eine weitere

12 „Enrayer la dégradation physique et sociale de certains grands ensembles qui risquent de se transformer en ghettos aux portes de nos villes."

Abwertung verhindert werden. In den Jahren 1982 und 1983 werden 15 Projekte gefördert, womit auch hier zunächst noch ein sehr experimenteller Charakter vorherrscht (Jaillet 2003, S. 7). Die Maßnahmen brechen grundlegend mit dem französischen Universalismus, überall gleiche Maßnahmen und gleiche finanzielle Mittel zu verteilen. Die *politique de la ville* wird entsprechend als Politik einer positiven territorialen Diskriminierung begriffen, die darüber legitimiert wird, zur Erreichung von Gleichheit vorübergehend bestimmte Viertel besonders zu fördern (Calvès 2004; Doytcheva 2007; Estèbe 2001; dazu auch Kirszbaum in diesem Band).

Bereits ab den 1980er Jahren kommt es zu Abrissen von Hochhaustürmen und -riegeln oder zur Reduktion der Stockwerkszahl, was einem Eingestehen des Scheiterns der vorher als modern geltenden Baupolitik gleichkommt (Merlin 1998, S. 134ff.). Zur Reduktion von Ungleichheiten im Bildungssektor werden im Jahr 1983 die *zones d'éducation prioritaires* (ZEP[13], Zonen mit vordringlichem Handlungsbedarf im Bildungsbereich) eingeführt, die ebenfalls mit dem französischen Prinzip der Gleichheit brechen (Anderson und Vieillard-Baron 2003, S. 29).

3.2 Institutionalisierung und Veränderungen

Von 1984 bis 1988 werden die DSQ deutlich ausgeweitet und es werden 148 Gebiete gefördert. Ab dieser Zeit werden Verträge zwischen dem französischen Staat und der lokalen Ebene geschlossen, in denen sich beide Seiten verpflichten, Problemlagen zu bekämpfen – es wird von dem Beginn der *contractualisation*, also dem Abschluss von Verträgen, gesprochen – ein Prinzip, das bis heute Bestand hat. Die geförderten Gebiete sind größer als bei den Maßnahmen des HVS und umfassen jeweils 5.000 bis 10.000 Wohneinheiten. Ab 1988 übernimmt die *Délégation Interministérielle à la Ville* (DIV, interministerielle Stadtdelegation), eine neue geschaffene Einrichtung, die Koordination der Maßnahmen. Nachdem bereits zu Beginn der 1980er Jahre über die Schaffung eines eigenen Stadtministeriums diskutiert wurde, wird dieses 1990 eingerichtet. Die *politique de la ville* erhält einen institutionellen Rahmen (Anderson und Vieillard-Baron 2003, S. 46f.; Cubéro 2002, S. 107ff.; Merlin 1998, S. 142ff.).

War vom Beginn der Maßnahmen des HVS bis zum DSQ der Jahre 1982-1988 insgesamt die Quartiersebene, also ein begrenzter Raumausschnitt, als Handlungs-

13 Die Auswahl der ZEP erfolgt über statistische Indikatoren (unter anderem die sozioökonomische Situation der Eltern, der Prozentsatz ausländischer Schüler in den Klassen und der schulische Rückstand).

raum als zielführend angesehen worden, strebt Staatspräsident François Mitterand nach der Wiederwahl ab 1988 zunächst eine gesamtstädtische Entwicklung und damit also eine globalere Perspektive an. Mit dem *développement social urbain* (DSU, urbane soziale Entwicklung) wird die Ebene der Agglomeration als Zugang festgeschrieben. Ab 1989 werden, zunächst auch eher wieder experimentell, 13 so genannte *contrats de ville*, Stadtverträge, geschlossen. Die Ausschreitungen im Oktober 1990 in Vaulx-en-Velin führen allerdings dazu, dass erneut primär quartiersbezogen agiert wird: ‚krisengeschüttelte' Quartiere sollen aufgewertet werden – identifizierten Problemlagen soll entsprechend ‚vor Ort' begegnet werden (Jaillet 2003, S. 8ff.). „Die Ambition einer *politique de la ville*, einer Politik der Stadt, die auf Ebene der Agglomeration und auf Basis von Herausforderungen der Agglomeration eingerichtet wird, ging verloren, da die Ereignisse das Augenmerk zurück auf das Stadtquartier lenkte."[14] (Jaillet 2003, S. 11). Eine Angleichung von Gebieten wird auch mit der *loi d'orientation pour la ville* (LOV, Orientierungsgesetz für die Stadt) angestrebt: Jede Gemeinde mit mehr als 3.500 Einwohnern, die in einer Agglomeration von mehr als 200.000 Einwohnern liegt, muss einen Sozialwohnungsbestand von mindestens zwanzig Prozent vorweisen. Die ‚besser gestellten' Gebiete sollen entsprechend sozio-ökonomisch weniger gut gestellte Bevölkerungsteile aufnehmen und so zu einer Nivellierung in Richtung eines Durchschnitts beitragen. Da allerdings keine entsprechenden Ausführungsverordnungen verabschiedet werden, können keine finanziellen Strafen bei Missachtung erhoben werden, weshalb das Gesetz weitgehend wirkungslos bleibt (Donzelot 2006, S. 99ff.; Weber 2013, S. 34). In der Zeit von 1994 bis 1998 wird die Anzahl der durch die *politique de la ville* geförderten Gebiete deutlich angehoben. Aus einer zeitlich eigentlich als begrenzt angedachten spezifischen Förderpolitik wird eine Politik, die mehr als 1.300 Quartiere fördert (Jaillet 2003, S. 11). Positive territoriale Diskriminierung wird zum Leitmotiv bis heute.

Als ein zentrales Problem der *banlieues* wird seit den 1990er Jahren die Delinquenz vor allem von Jugendlichen beschrieben. Es werden neben der *politique de la ville* spezielle Sicherheitspolitiken etabliert, die auch gerade auf die *cités* fokussieren (Germes und Glasze 2010; Glasze et al. 2009, S. 22).

Jacques Chirac verspricht in seinem Präsidentschaftswahlkampf 1995 einen Marshallplan für die *banlieues* und rückt einen noch stärker raumbezogenen Zugang in den Mittelpunkt. Im Rahmen des *pacte de relance pour la ville* (PRV, Belebungspakt für die Stadt) werden 1996 drei Zonierungstypen geschaffen:

14 „L'ambition d'une politique de la ville installée à l'échelle de l'agglomération et sur des enjeux d'agglomération s'est perdue parce que les événements ont ramené l'attention sur les quartiers".

- Die *zones urbaines sensibles* (ZUS, sensible urbane Zonen) weisen in der Definition die geringsten Probleme auf. Die Auswahl erfolgt über qualitative Faktoren: große Anzahl von Großwohnsiedlungen, degradierter Baubestand, Ungleichgewicht zwischen Bewohnern und vorhandenen Arbeitsplätzen.
- Die *zones de redynamisation urbaine* (ZRU, Zonen urbaner Redynamisierung) werden durch mittelschwere Probleme gekennzeichnet. Unter anderem werden die Arbeitslosenquote, der Anteil an Jugendlichen unter 25 Jahren, die Schulabbrecherquote und die Finanzlage der Kommunen als Kriterien herangezogen (Choffel und Le Toqueux 1997; Choffel und Moreau 2001)
- Am stärksten von Negativentwicklungen betroffen sind per Definition die *zones franches urbaines* (ZFU, urbane Sonderwirtschaftszonen). Eine Auswahl erfolgt ebenfalls über statistische Indikatoren. Sie verfügen über den Status einer Sonderwirtschaftszone, um beispielsweise Unternehmen mit Steuererleichterungen anzulocken (Anderson und Vieillard-Baron 2003, S. 62ff.; Jacquesson 2006).

Die entsprechende Zonierungssystematik hatte bis Ende 2014 in dieser Form Bestand. Ab 2003 existierten insgesamt 100 ZFU und 751 ZUS, die 4,7 Millionen Bewohner umfassen, was etwa acht Prozent der französischen Bevölkerung entspricht. Auch wenn die *politique de la ville* eigentlich kein Förderinstrument rein für die *banlieues* ist, so zeigt sich statistisch doch eine starke Fokussierung: Etwa 90 Prozent aller klassifizierten ‚Problemviertel' Frankreichs lagen zu Beginn der 2000er Jahre in den *banlieues*, was den Eindruck *banlieues = politique de la ville* stärkt (Fourcaut 2008, S. 128). Ein ‚Gegenbeispiel' bilden die Quartiere La Goutte d'Or, Belleville-Amandiers, Saint-Blaise oder Porte de Montreuil des Pariser Stadtzentrums sowie weitere, tendenziell am nordöstlichen Rand der Innenstadt oder in Richtung der Ringautobahn gelegen, die auch einer spezifischen Förderung durch die *politique de la ville* unterliegen (zu Eindrücken zum Leben in der Pariser Innenstadt siehe Exkurs 3). Auch hier werden damit Abstufungen gemacht, Differenzierungen vorgenommen, Trennlinien statistisch nachgezeichnet, die wiederum eine spezifische Förderung jenseits des Universalismus legitimieren (Weber 2013, S. 36f.).

Exkurs 3

Eindrücke zum Leben in Paris von Daniel Klein, 42 Jahre, aus Deutschland stammender Regisseur (lebt und arbeitet in Paris seit 1997)[15]

Das Abendrot färbte die Autobahnverteiler und glänzte auf Autos und Lastwagen. Die Stadt lag dick und brach im Halbdunkeln. Wir fuhren hinein mit meinen studentischen Habseligkeiten in einem Kleinbus. Bis heute bin ich nicht mehr rausgefahren.

13. *arrondissement*

Paris ist nicht nur von der Vorderseite her anzuschauen, es gibt nicht nur Häuserfassaden und Straßenzüge, sondern auch eine Welt aus Hinterhöfen und versteckten Gärten. Mit meinem Mitbewohner lebte ich im 13. *arrondissement* (Bezirk) – durch das Hauptportal an der Loge der Concierge, der Hausmeisterin, vorbei im dritten Hinterhof auf der dritten Etage rechts.
Es ist nicht einfach, den Einstieg zu finden: ohne Adresse kein Bankkonto, ohne Bankkonto keine *justification de domicile* (Bestätigung des Wohnsitzes) und ohne *justification de domicile* keine Wohnung und ohne Wohnung keine Existenz. Das 13. *arrondissement* war das Auffangbecken für Studenten, weitläufig, mit dem großen chinesischen Immigrantenviertel und der benachbarten *Cité Universitaire*, einer großen Studentensiedlung.
Die Wohnung war zu klein für eine Waschmaschine, also saß man am Wochenende im Waschsalon mit Fremden und schaute in die sich drehende Wäsche und vergaß die Zeit. Auch ansonsten ist das Leben auf der Straße, in den Parks und den Cafés besser zu ertragen als in den kleinen Wohnungen.
Beim Auszug aus der Wohnung zählte die Concierge die Nagellöcher in den Wänden, um zu sehen, ob wir unsere Kaution wiederbekommen sollten. Bei nur 27 Löchern war es dann auch möglich – ich hatte mit Bilderrahmen gespart.

19. *arrondissement*

Eine Bekannte vermittelte mir einen Mitbewohnerplatz bei einem irischen Journalisten, was einen großen Vorteil hatte: ich brauchte weder Kaution noch

15 Zur Illustration der geschichtlichen Ausführungen zur Entwicklung der *banlieues* wurde Daniel Klein durch den Autor des Artikels gebeten, seine Eindrücke zu seinem Leben in Paris textlich zu fassen. Die Ausführungen können als Verbindung von persönlicher Biographie und Raum gedeutet werden, dazu ausführlich Kühne und Schönwald (2015).

Lohnzettel, noch andere Unterlagen, um zu beweisen, dass ich die Miete zahlen konnte. Nicht zahlende Mieter sind die größte Angst aller Vermieter. Mit der *trêve hivernal* (Winterpause) kann man Mieter, die nicht zahlen, von November bis März nicht rechtmäßig ‚aus der Wohnung werfen'.
Die Wohnung lag bei der Métro-Station Stalingrad, dort, wo alle Verkehrsmittel aufeinander treffen und in die Stadt weiterfließen: die *métro aérien* (oberirdische Métro), der Canal de l'Ourcq, die Busse und der nicht abebbende Verkehr aus der *banlieue nord*, der nördlichen *banlieue* von Paris.
Man fährt nach Paris rein, man fährt nicht durch. Es gibt keinen durchfahrbaren Zentralbahnhof. Der Weg endet in Paris und geht von dort aus weiter oder man fährt besser drum herum.
Wir teilten eine recht große, verwinkelte Wohnung. Mein Zimmer fiel auf eine Avenue, auf der es einen Wochenmarkt gab. Das war ein wahnsinniger Lärm: morgens sehr früh wurde aufgebaut, geschäftig gehandelt und wieder abgebaut. Das Straßenbild wurde jedes Mal so durch den Markt verändert, dass meine Eltern, zu Besuch in Paris, die Wohnung nur dank eines ihrer auf meiner Fensterbrüstung liegenden Handtücher wiederfanden.
Mit meinem Mitbewohner saßen wir abends oft unten in einer Bar, in der eine zahnlose Afrikanerin servierte und er erzählte mir von seiner nächsten heißen Story. Ich hatte meinen ersten Job in einem Trickfilmstudio. Es lag außerhalb von Paris in einem anonymen Bürogebäude, ich war jeden Tag zwei Stunden unterwegs – eine Stunde für den Hin- und eine Stunde für den Rückweg – es machte mich stumpf. Mich interessierte mehr das Leben in der Stadt als die Arbeit, jeden Abend tauchte ich ab.

11. *arrondissement*, zum ersten Mal

Meine erste Wohnung für mich allein war in dem, was man wohl ein Araberviertel nennt. Am Anfang der Straße lag eine Moschee und es kam häufig vor, dass Hunderte von Männern auf der Straße zum Gebet knieten. Ich wohnte im ersten Stock, recht nahe am Geschehen der Straße: Ich half beim Erfassen eines Autodiebs vom Fenster aus, beobachtete Betrunkene, die sich mit Messern bedrohten, aber so betrunken waren, dass sie sich nicht geradlinig einander annähern konnten. Die Eingangstür war riesig und schwer und ‚schepperte' mich und meinen Flurnachbarn jede Nacht mehrmals aus dem Bett. Dieser lief dann schon mal schimpfend im Bademantel zur Tür heraus auf die Straße.
Die Wohnung war ohne Charme, dunkel und unpraktisch, doch wer braucht Komfort, wenn man Spaß haben kann. Zu dieser Zeit feierten wir viel und immer wieder kam die Polizei: In die großen Wohnungen, in die Studentenbuden, in die Hinterzimmer und die Kellergewölbe. Unmöglich, niemanden zu

stören. Mein Flurnachbar klopfte an meiner Wohnungstür und schimpfte im Bademantel.

18. *arrondissement*
Paris ist als Stadt der Liebe ‚verschrien', dabei hat sie so viel mehr zu bieten. Doch ist es auch mir passiert. Jocelyne und ich wohnten fünf Jahre lang auf 25 m^2 zusammen in einem zweistöckigen Minihaus, eingeschlossen von sechsstöckigen Gebäuden in einem Hinterhof von Montmartre, mehr Klischee war eigentlich nicht möglich. In den ehemaligen *chambres de passe* (von Prostituierten billig gemietete Hinterzimmer) war ein Mezzanin in die Decke eingezogen, so dass ich nicht an allen Stellen der Wohnung aufrecht stehen konnte.
25 Meter weit von unserer Wohnung entfernt pilgerten unaufhörlich Touristen hoch und nieder zu Montmartre. Eine Freundin wohnte im Gebäude auf der anderen Straßenseite, so hoch, dass sie Blick auf Montmartre hatte. Die Fenster ihrer damaligen Wohnung mussten auf Millionen von Touristenfotos sein. Beim Abendessen sah man nach Einbruch der Nacht ein Blitzgewitter von Fotoapparaten.

11. *arrondissement*, zum Zweiten
Ungefähr ein Jahr lebten wir zwischen Kartons – ein Freund, der nach New York ‚geflohen' war, hatte uns seine Wohnung geliehen. In Paris sind die Preise für die Miete so hoch, dass es meistens günstiger ist (vorausgesetzt man hat Startkapital), eine Wohnung zu kaufen und anstatt Miete monatlich Monatsraten auf seinen Kredit zurückzuzahlen.
Die Wohnung lag bei République, dort wo der Canal de l'Ourq unter Paris ‚wegtaucht'. Der Canal ist inzwischen zu einer echten Sommerattraktion geworden. An den befestigten Ufern sitzen viele, picknicken oder man diskutiert auf den Caféterrassen, dabei sitzt man nebeneinander wegen der engen Gehsteige, aber auch, um immer einen Blick auf die Passanten zu haben. Es ist das Spiel des Sehens und Gesehen-Werdens, des Seins und des Scheins unserer Existenzen. Dabei trifft man immer ein vertrautes Gesicht, jedes Viertel hat seine Zentren, Hauptverkehrswege und anziehende Orte, dort, wo jeder vorbei muss.
Wir fanden dann eine Wohnung und wegen der großen Nachfrage hatten wir nur zehn Minuten Bedenkzeit, um über unseren Kauf zu entscheiden.

20. *arrondissement, Saint-Blaise innerhalb des quartier de Charonne*
Die Straße ist die Grenze: Unser Straßenzug wurde um 1900 erbaut, die HLM, die Sozialwohnungshochhäuser, auf der Straßenseite gegenüber, 1970. Wir schauen auf die HLM und die HLM auf uns (Abbildung 6). Wir tun es von den Balkonen

und die sind klein, auf beiden Seiten. Sie sind nicht zum darauf Sitzen gemacht. Sie sind zum Stehen und zum Schauen: auf die Straße, auf den Platz, auf die Menschen. Gerade haben sie eine Häuserzeile abgerissen und die Straße zwischen den Gebäuden auf den großen Boulevard verlängert, da das Viertel vorher eingeschlossen war – in sich und um sich. Es gab Probleme mit Drogen, Arbeitslosigkeit, Vandalismus. Die Probleme sind immer noch da, aber die Straßen sind nun offen, der Platz weitläufig, man hat Perspektive im Blick und im Kopf.

Abbildung 6 Blick auf das Wohngebäude und vom Balkon in Richtung HLM
Aufnahmen: Daniel Klein 2015.

Tagsüber bringt ein Eckcafé alle zusammen: Die Dealer, den armenischen Schneider, die chinesische Blumenhändlerin, den Gastarbeiter von der Elfenbeinküste, den kubanischen Nachbarn, den Mann mit dem faltigem Hund und der Sauerstoffflasche an seinem ElektroRollstuhl.
Nach Einbruch der Dunkelheit kommen die Schattenmenschen. Sie warten auf die Mülleimer des Supermarktes, durchwühlen sie nach abgelaufenen, noch essbaren Waren. Wir sind mitten in der Stadt und doch weit entfernt von der Prachtstadt, die zur Seine hin immer schöner und sauberer wird.
Vom Balkon aus kann man sie sehen, die unzähligen Formen, Geschichten und Schicksale. Es ist wie ein zeitgenössisches Theaterstück voller sozialer Spannungen, Desillusion und Hoffnung. Als Beobachter und Erzähler ist es ein *rempart*, ein Schutzwall, gegen die Gewohnheit und den kleinen Komfort. Hier bin ich drin in meinem Leben und dem der anderen, ein Individuum von vielen auf der Suche nach Glück und Erfüllung. Was haben die Bewohner dieser Wohnung vor mir wohl darüber gedacht? Was hat sie beschäftigt? Jeder Ort hier ist voller Geschichte, bis in die Hinterzimmer einer jeden Wohnung.

> Viele Dinge, die im Kleinbus waren, habe ich im Laufe der Jahre irgendwann auf die Straße gestellt und jemand anderes nahm sie mit. Die Naivität des jungen Mannes aus der Provinz habe ich abgelegt. Die Stadt hat mich aufgenommen, wir lieben und wir hassen uns, je nach Tagesform.

Berichte und Evaluierungen der 1990er Jahre (unter anderem Delarue 1991; Sueur 1998) kritisieren den begrenzten Erfolg der *politique de la ville* und fordern mehr finanzielle Mittel, eine bessere Kooperation zwischen nationaler und lokaler Ebene sowie eine bessere Evaluierung der Stadtverträge *contrats de ville* sowie der definierten Zonen. Die interkommunale Kooperation sowie ein Finanzausgleich zwischen reichen und armen Gemeinden werden von der Politik stärker diskutiert (Merlin 1998, S. 165f.; Vieillard-Baron 2001, S. 176f.). Vor diesem Hintergrund wird im Jahr 2000 das Gesetz LOV aus dem Jahr 1991 erneut aufgegriffen. Das Gesetz *loi relative à la solidarité et au renouvellement urbain* (SRU, Gesetz zur Solidarität und zur urbanen Erneuerung) verfügt, dass alle Kommunen mit mehr als 3.500 Einwohnern, die Teil einer Agglomeration von mehr als 50.000 Bewohnern sind, mindestens zwanzig Prozent Sozialwohnungen aufweisen müssen – ansonsten droht eine jährliche finanzielle Zwangsabgabe. Reichere Gemeinden verweisen allerdings auf vermeintlich fehlendes Bauland und zahlen lieber Zwangsabgaben, wie beispielsweise Neuilly-sur-Seine im Westen von Paris, womit der Ansatz insgesamt als relativ gescheitert betrachtet wird (Glasze und Weber 2010; Subra 2006).

3.3 Bauliche Schwerpunktsetzungen ab 2003 und Neuausrichtungen

Zu Beginn der 2000er Jahre werden Maßnahmen ergriffen, die der *politique de la ville* im Hinblick auf das finanzielle und sichtbare Ausmaß eine neue Richtung geben. Bereits in den 1990er Jahren wurden mit dem *grand projet urbain* (GPU, großes Stadtprojekt) 14 Stadtviertel in hohem Umfang baulich saniert und umstrukturiert. Mit dem so genannten Gesetz Borloo (*loi d'orientation et de programmation pour la ville*, Orientierungs- und Ausrichtungsgesetz für die Stadt) erhält 2003 der Stadtumbau, die *rénovation urbaine*, allerdings eine völlig neue Dimension. Ziel wird es, die „Ghettos auseinanderzubrechen"[16] (politische Zielsetzung zit. n. Jaillet 2003, S. 16). Zwischen 2004 und 2008 sollten 200.000 stark in die Jahre gekommene Wohneinheiten zerstört, 200.000 neu als Sozialmiet-

16 „Casser les ghettos".

wohnungen aufgebaut und 200.000 saniert werden. Auf der einen Seite entsteht moderner Wohnraum, der alten, abgewohnten Wohnraum und auch Wohnraum der stigmatisierten Großwohnsiedlungsbebauung beseitigt. Auf der anderen Seite kommt es allerdings häufig zu Bevölkerungsverschiebungen, da vielfach bei weniger neugebauten Wohneinheiten nicht alle in ihr ursprüngliches Wohngebiet zurückkehren können, beziehungsweise Mieterhöhungen eine Rückkehr nicht mehr erlauben (Weber et al. 2012; Weber 2013, S. 35). Es wird häufig gerade auf kleinere Mehrfamilienhäuser gesetzt. Zudem werden auch abgeschlossene Appartement-Komplexe geschaffen, um so die Kontrolle und die gefühlte Sicherheit zu erhöhen (siehe dazu Exkurs 4).

Exkurs 4

Stadtumbau in der *cité* Les 4000 in La Courneuve

Ein vielzitiertes Beispiel für baulichen Verfall, soziale Ausgrenzung, Drogenhandel und gleichzeitig für vielfältige Interventionsmaßnahmen der Stadtpolitik bildet die Siedlung Les 4000 im Norden von Paris (siehe Karte) – die Zahl 4000 verweist auf die Anzahl der Wohneinheiten, die erreichtet werden sollten. Die *cité* gehört zur Stadt La Courneuve, auf deren Gebiet ab Ende der 1950er Jahre die Siedlung mit markanten Hochhausriegeln und einem Hochhaus mit 26 Etagen errichtet wurde. Lag die Einwohnerzahl 1954 noch bei 18.300, steigt sie bis auf 43.700 im Jahr 1968 an. Alleine die ‚cité des 4000' beherbergt zu dieser Zeit etwa 17.500 Einwohner (Breton 1983, S. 31; Lepoutre 2001, S. 42). Im südlichen Teil wurden sechs Hochhausriegel gebaut, jeweils 156 m lang, 11 m breit, 43 m hoch mit je 300 Wohneinheiten und je Platz für etwa 1.200 Menschen – das Ausmaß einer Kleinstadt. Bereits ab 1986 werden diese fast alle wieder abgerissen. Ausgangspunkt bildet die Sprengung des Riegels Debussy, im Jahr 2000 folgt der Riegel Renoir, 2004 fallen die Riegel Ravel und Presov. 2011 ist auch Balzac nicht mehr vorhanden (hierzu auch Freitag-Carteron in diesem Band) – ein Synonym für Drogenhandel und Kriminalität. Besonders die Riegel Renoir, Presov und Ravel wirkten durch ihre leicht versetzte Aneinanderreihung wie eine durchgehende Trennlinie und verstärkten ein Gefühl von Abgeschlossenheit und Uniformität (Lepoutre 2001, S. 43f.). Verkehrsachsen (Straßen, Nationalstraßen, Bahnlinie) bilden weitere Begrenzungen (vgl. Abbildung 7). Neben dem Hochhaus ist heute nur noch einer der Riegel vorhanden.

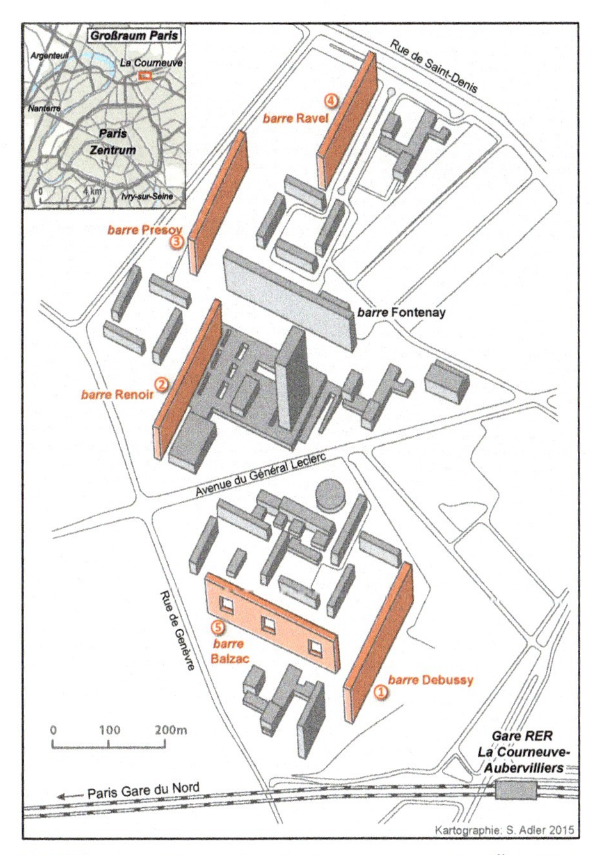

Abbildung 7 Die *cité* Les 4000 im schematischen Überblick
Kartographie: Stephan Adler 2015.

An die Stelle der abgerissenen Hochhausriegel rückt neue Wohnsubstanz – allerdings werden deutlich kleinere Wohngebäude errichtet. Zudem werden auch abgeschlossene Appartement-Komplexe geschaffen – durch Einhegung soll die (gefühlte) Sicherheit erhöht werden (siehe Abbildung 8). Ziel ist die Mischung von Haushalten unterschiedlicher Einkommen. In der Konsequenz werden allerdings auch sozio-ökonomisch benachteiligte Haushalte weiter an den Rand des Großraums Paris verdrängt. Neben baulichen Maßnahmen werden stadtpolitische Mittel für die Verbesserung des Wohnumfeldes (Platzgestaltung, Begrünung et cetera) und die Stärkung des lokalen Einzelhandels eingesetzt (Weber et al. 2012, S. 54f.).

Abbildung 8 Der Hochhausriegel Balzac vor dem Abriss, Information der Stadt La Courneuve zum Neubau von ‚kleinen, ländlich-idyllisch anmutenden Wohnungen' mit abgeschlossenen Innenhöfen sowie Neubauten

Quelle: Aufnahmen Weber 2009, 2012, 2015.

In gewisser Weise konterkarieren auch in diesem Fall wieder Ausschreitungen beziehungsweise Unruhen das politische Handeln, hier nun die landesweiten Unruhen des Herbstes 2005. Schnelles politisches Handeln wird als erforderlich angesehen, um Fragmentierungen und Polarisierungen zu begegnen. Gerade Jugendliche mit Migrationshintergrund traten innerhalb der Ausschreitungen hervor – ein Umstand, dem eine Politik des Universalismus entsprechend der Grundsätze Freiheit – Gleichheit – Brüderlichkeit, die offiziell alle gleich behandelt und keine Unterscheidungen oder Bezüge zu Migranten vornimmt, nicht zu begegnen weiß. Um zu zeigen, dass sozialpolitisches Handeln als opportun angesehen wird, wird die *Agence nationale pour la cohésion sociale et l'égalité des chances* (Acsé, nationale Behörde für sozialen Zusammenhalt und Chancengleichheit) als Gegenstück zur *Agence Nationale pour la Rénovation Urbaine* (ANRU, nationale Behörde für Stadtumbau), die 2003 gegründet worden war, ins Leben gerufen. Deren Ziel wird zunächst dahingehend definiert, sozialen Problemen in den *cités* begegnen zu sollen.

Die *contrats de ville*, die Stadtverträge, der Jahre 2000 bis 2006 werden ab 2007 durch die *contrats urbain de cohésion sociale*, also Stadtverträge für sozialen Zusammenhalt, abgelöst, die vom Namen her dem Kerngedanken des ‚Zusammenhalts' Rechnung tragen. Sie stellen allerdings keine grundsätzliche

Neuausrichtung der *politique de la ville* dar – die Ausrichtung der Vorjahre wird weitgehend fortgesetzt (Glasze und Weber 2010, S. 467). Ziele sind die ökonomische Stärkung der geförderten Viertel, die Unterstützung der Bewohner bei der Arbeitsplatzsuche, die Verbesserung des Wohnbestands und des Wohnumfelds, die Gesundheitsvorsorge, der Kampf gegen Diskriminierung, die Prävention von Delinquenz und die Stärkung des sozialen Zusammenhalts der Bewohnerschaft – also ein recht umfassend definierter Ansatz von den Zielsetzungen her, die allerdings jeweils spezifisch auszufüllen sind und vielfach auch Rahmenbedingungen mit betreffen, die auf lokaler Ebene nur schwerlich zu beeinflussen sind (Glasze und Weber 2010).

Als außenwirksame Positionierung – durchaus noch als eine Reaktion auf die Unruhen von 2005 zu deuten – wird 2008 durch den Präsidenten Nicolas Sarkozy und die Staatsministerin für die *politique de la ville* Fadela Amara ein neuer Maßnahmenkatalog, der *Plan Espoir Banlieue* (Plan Hoffnung *Banlieue*) vorgestellt. Dieser sieht vor, Jugendlichen durch gezielte Förderung die Integration in den Arbeitsmarkt zu erleichtern, die Anzahl der Jugendlichen ohne Schulabschluss zu verringern, die Anbindung der Stadtviertel an den öffentlichen Personennahverkehr auszubauen, das Sicherheitsniveau durch die Neueinstellung von Polizisten zu erhöhen, die bauliche Aufwertung weiter fortzusetzen und die Rolle der Vereine stärker in Wert zu setzen (Comité interministériel des villes 2008; Damon 2008). Auch hier werden aber eher bekannte Maßnahmen fortgeführt (Weber 2013, S. 37).

An grundlegenden Ausrichtungen der *politique de la ville* wird festgehalten. Zwar wird immer wieder über eine Prüfung der *zones urbaines sensibles* diskutiert, aber eine politische Korrektur erfolgt nicht. Auch die CUCS, eigentlich für 2007 bis 2012 aufgelegt, werden mehrfach ohne Veränderungen verlängert. Knapp 2.500 Gebiete wurden 2014 von einem CUCS abgedeckt – der bisherige Höhepunkt. Die ursprüngliche Interimspolitik wird statisch. Einerseits stellt die Förderung eine Stigmatisierung von Stadtvierteln dar, allerdings fließen andererseits auch Fördermittel, auf die wenige Kommunalpolitiker gerne verzichten. Mit der Zonierung der ZUS, ZRU und ZFU, den CUCS und spezifischen Gebieten des Stadtumbaus zeigt sich ein gewisses ‚Dickicht' der Überlappung von Förderkulissen, die nur schwer zu durchschauen ist (Ministère de la ville, de la jeunesse et des sports 2014b).

Diesem Umstand nähert sich zumindest in Ansätzen eine Umstrukturierung der *politique de la ville* unter Führung der *Gauche*, der französischen Regierung der Linken, ab dem Jahr 2013 an. Ende 2014 werden die bisherigen CUCS und die ZUS sowie die ZRU aufgelöst, die ZFU werden in *territoires entrepreneurs*, Wirtschaftsgebiete, überführt. Es entsteht eine neue *géographie prioritaire*, eine prioritäre Geographie, in deren Rahmen etwa 1.300 Quartiere als prioritär eingestuft werden (Ministère de la ville, de la jeunesse et des sports 2014a). Die vielfältigen, sehr unterschiedlichen Kriterien werden auf eines reduziert: die Konzentration von Bevölkerungsteilen mit geringen Einkommen. Mittels GIS werden Stadtgebiete in kleine Rechtecke von 200 Metern Länge zergliedert und auf diese Weise die *quartiers prioritaires*, die prioritären Stadtquartiere, ermittelt (Ministère de la ville, de la jeunesse et des sports 2014b). Hierin findet sich entsprechend in gewisser Weise der Prototyp eines raumbezogenen Zugangs: Identifikation der ‚am stärksten benachteiligten' Gebiete auf Grundlage eines statistisch messbaren Kriteriums. So wird Fragmentierung und Polarisierung von Räumen also gerade auch durch Sichtbarmachung in das Zentrum gerückt und als positivistisch ‚klar erkennbare Wahrheit' manifestiert. Bis auf die kleinräumige Ebene sind digitale GIS-Karten verfügbar, die bis auf Straßenzugebene genau Benachteiligung sichtbar machen sollen – und damit auch stigmatisieren. Benachteiligung aufgrund der ‚Adresse' wird kartografisch einfach möglich, negativ formuliert. Auf dieser Grundlage ermittelte Gebietszuschnitte werden mit den lokalen Verantwortlichen abgestimmt und entsprechend spezifischer Förderungsbedarf festgelegt. Gleichzeitig werden neue *contrats de ville* eingerichtet, die interkommunal angelegt werden und das Ziel verfolgen, alle Akteure inter- und transdisziplinär einzubeziehen, das heißt, es soll umfassend für benachteiligte Quartiere mit dem Ziel des urbanen, sozialen Zusammenhalts agiert werden. Global sollen also mikrolokal identifizierte Problemgebiete ‚geheilt' werden. Der Ansatz der *politique de la ville* ist damit einerseits supralokal, andererseits in seiner Zielsetzung, also der Zielerreichungsidee, explizit und zentral ‚problemgebietsbezogen'. Bis heute wird damit der gebietsbezogene Ansatz weiter (re)produziert. Und auch am *renouvellement urbain*, der urbanen Erneuerung, wird festgehalten. Von 2014 bis 2024 werden fünf Milliarden Euro für die ANRU bereitgestellt, die durch den Beitrag der Gebietskörperschaften und der *bailleurs sociaux*, den Trägern des sozialen Wohnungsbaus, auf bis zu zwanzig Milliarden Euro anwachsen sollen (Ministère de l'égalité des territoires et du logement und Ministère délégué à la ville 2014).

Auch heute noch werden Problemlagen politisch als Probleme bestimmter Gebiete gefasst und auch dort bearbeitet (in Bezug auf Deutschland siehe Franke und Schnur, in Bezug auf Großbritannien Hall in diesem Band). Bisherige Präsidenten und Regierungen verfolgten das Ziel, adäquate Lösungen zu bieten, aber jeweilige Bilanzen fallen zwiespältig aus. Die Journalistin Susanne Freitag merkt hierzu an: „Die Vororte waren und bleiben Frankreichs offene Wunde. Alle Präsidenten haben mit Plänen und großen Worten versucht, sie zu heilen, alle sind daran gescheitert. Die Banlieues haben eine Eigendynamik entwickelt, dort herrschen eigene Gesetze." (Freitag 2015, o. S.). Die Anschläge rund um Charlie Hebdo haben die Lage verschärft, indem nun die *banlieues* auch explizit mit Terrorismus und Islamismus in Verbindung gebracht werden – als ‚gefährlich fremde Orte' (in Anlehnung an Gebhardt 2001). Bereits in den 1990er Jahren wurden medial die *banlieues* in starkem Maße mit Unsicherheit und sicherheitspolitischer Intervention verknüpft (dazu Exkurs 5) – es bleibt abzuwarten, wie sich der Mediendiskurs um die *banlieues* weiterentwickelt.

Exkurs 5

Georg Glasze und Florian Weber: Veränderungen im Mediendiskurs der Tageszeitung ‚Le Monde' zu den *banlieues*

In der öffentlichen Debatte werden ‚*banlieue/s*' mit unterschiedlichen Bedeutungszuschreibungen verknüpft. Diese Zuschreibungen sind nicht statisch. In einer diskurstheoretischen Perspektive können Veränderungen und Brüche dieser Bedeutungszuschreibungen in den Blick genommen werden (hierzu unter anderem Glasze 2013; Glasze und Mattissek 2009b, 2009a; Weber 2013). Auf diese Weise kann herausgearbeitet werden, *welche* Diskursstränge *wann* hegemonial waren beziehungsweise sind. Die Analyse der Berichterstattung in der französischen Tageszeitung ‚Le Monde' erlaubt einen solchen diachronen Vergleich (ausführlich dazu Glasze und Weber 2014).

Für die Jahre 1987, 1997 und 2007 wurden alle Artikel mit einem Bezug zu den französischen *banlieues* extrahiert und mit Hilfe der korpuslinguistisch-lexikometrischen Software Lexico3 mit der gesamten Berichterstattung der Tageszeitung in den jeweiligen Jahrgängen kontrastiert. Indem dabei die relativen Frequenzen und Spezifizitäten[17] für Wörter beziehungsweise Wortfolgen herausgearbeitet werden, können Aussagen dazu getroffen werden, welche Wörter und Wortfolgen überzufällig häufig im Kontext der Begriffe ‚*banlieue*' beziehungsweise ‚*banlieues*' verwendet wurden. Dabei wird im Sinne des Kontextualismus davon ausgegangen, dass diesen Wörtern eine zentrale Rolle bei der Bedeutungsfixierung von ‚*banlieue/s*' zukommt.

Als besonders aussagekräftig erwiesen sich dabei die Veränderungen in den interpretativ gruppierten semantischen Feldern ‚Stadt und Planung', ‚(Un)Sicherheit' sowie ‚Ethnizität' (siehe dazu Abbildung 9).

17 Die absolute Häufigkeit eines Wortes wird ins Verhältnis zur Gesamtzahl aller Wörter im Gesamttextkorpus gesetzt, worüber die Wahrscheinlichkeit für eine bestimmte Frequenz des Wortes in einem Teil des Korpus berechnet werden kann. Als Spezifizitäten werden die negativen Exponenten der Zehnerpotenzen dieser Wahrscheinlichkeiten bezeichnet (10^{-x}). So kann ermittelt werden, welche Wörter beziehungsweise Wortfolgen in einem Teilkorpus im Vergleich zum Gesamtkorpus spezifisch häufiger oder seltener vorkommen (Glasze 2007, Abs. 41).

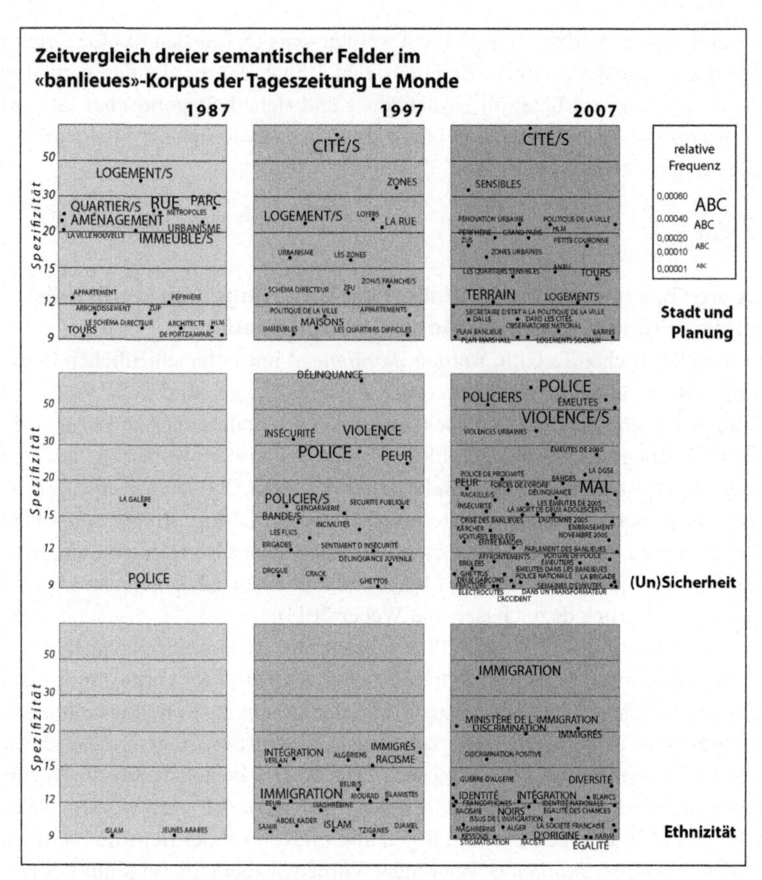

Abbildung 9 Zeitvergleich *‚banlieues'* in Le Monde

Quelle: Berechnungen Weber 2010 mit Lexico 3, Umsetzung: Ortegel, Grundlage: Überlegungen von Germes, Glasze und Weber.

So zeigt sich, dass 1987 Worte und Wortfolgen mit Stadt- und Planungsbezug die Berichterstattung im Kontext von *‚banlieue/s'* dominieren, wie *„logement/s* (Unterkunft)", *„quartier/s* (Quartier)" oder *„immeuble/s* (Gebäude)". Zehn Jahre später werden *‚banlieue/s'* zunehmend mit Begriffen wie *„police* (Polizei)", *„violence* (Gewalt)" oder *„insécurité* (Unsicherheit)" verknüpft. In den 1990er Jahren ist also eine ‚Versicherheitlichung' der öffentlichen Debatte um die *banlieues* zu beobachten (Germes und Glasze 2010; Glasze et al. 2009). Parallel wird unter anderem *„cité/s* (Siedlung)" hochfrequent und hochspezifisch – der

Fokus der Berichterstattung richtet sich auf die Großwohnsiedlungen der *banlieues*. Im Jahr 2007 wird die Berichterstattung im Kontext von ‚*banlieue/s*‘ weiterhin durch Stadt- und Planungsbezüge sowie Un-/Sicherheitsbezüge geprägt, gleichzeitig kommt es zu einer Auffächerung von Begrifflichkeiten, die dem semantischen Feld ‚Ethnizität‘ zugeordnet werden können, wie „*immigration* (Einwanderung)“, „*immigrés* (Einwanderer)“ oder „*diversité* (Diversität)“. ‚*Banlieue/s*‘ werden zunehmend mit Fragen um Immigration und Ethnizität in Verbindung gebracht – die öffentliche Debatte wird damit ‚ethnisiert‘ (dazu ausführlich Glasze und Weber 2014; Weber 2013).

4 Zusammenfassung: Die *banlieues* als komplexes Raumgefüge

In Frankreich hat sich verstärkt seit der Industrialisierung und im Zuge der massiven Wohnraumschaffung nach dem Zweiten Weltkrieg ein urban-suburban-ländlicher ‚Teppich‘ beziehungsweise ein „Pastiche unterschiedlicher Strukturen und Nutzungen“ (Kühne 2012, S. 167) entwickelt, wobei sehr unterschiedliche ‚Teile‘ auf engstem Raum vereint sind: Großwohnsiedlungskomplexe liegen eng neben Industrieansiedlungen und Einfamilienhausgebieten, werden durch Verkehrsachsen zerschnitten und fragmentiert. Während *cités* in Clichy-sous-Bois, La Courneuve oder Toulouse sinnbildhaft für Abstieg, Hässlichkeit von ehemals moderner Großwohnbebauung, Exklusion und Devianz stehen, bilden La Défense oder das angeführte Levallois-Perret Gegenpole der Wirtschaftsdynamik und der aufstrebenden Mittelschicht und Oberschicht. Prozesse räumlicher Fragmentierungen, Exklusion, Polarisierung und Hybridisierung – gerade emotionale und ästhetische Bezugnahmen sind von zentraler Bedeutung (dazu auch Kazig und Kühne in diesem Band) – lassen sich entsprechend in den *banlieues* wie im Brennglas beobachten.

Bereits in den 1970er Jahren werden erste politische Maßnahmen ergriffen, um als problematisch identifizierte Gebiete, primär Großwohnsiedlungsanlagen, zu ‚heilen‘. Aus ersten Projekten wird eine eigene Politikförderlinie, die *politique de la ville*, die zwischenzeitlich mit den Stadtverträgen mehr als 2.500 Gebiete umfasst und gleichzeitig doch immer nur als zeitlich begrenzte Politik gedacht wurde (hierzu ausführlich Kirszbaum in diesem Band). Regelmäßig politisch reformiert, immer wieder als Neustart gekennzeichnet, zeigt sich als Permanenz das Festhalten an einem mehr oder minder starken raumbezogenen Ansatz: ‚Problemgebiete‘ sollen zurück in die französische Ordnung geführt werden – hierfür erscheint es auch als gerechtfertigt, mit dem Gleichbehandlungsprinzip, dem Universalismus, zu brechen. Trotz hoher Investitionssummen erscheint die *politique de la ville* aber kaum als Erfolgsmodell, auch wenn sie beispielsweise als Inspirationsquelle für die ‚Soziale Stadt' in Deutschland diente (hierzu Franke und Schnur in diesem Band). Immer wieder als gescheitert beurteilt, wurden Neuausrichtungen propagiert, die aber auch immer wieder nicht den gewünschten Erfolg einbrachten. Hierin zeigen sich in gewisser Weise auch Grenzen quartiersbezogener Ansätze, durch die gesamtgesellschaftliche Problemlagen nicht bearbeitet werden können – so besonders Fragen einer Einwanderungsgesellschaft im wirtschaftlichen Transformationsprozess (Weber et al. 2012, S. 55).

Hier besteht kontinuierlicher Forschungsbedarf. Gleichwohl gilt es, ‚die andere Seite' nicht auszublenden, also unter anderem Gentrifizierungsprozesse und Einhegungen in Einfamilienhaussiedlungen der Mittel- und Oberschichten, die mit Ausgrenzung und Exklusion in engem Zusammenhang stehen. Bewohner, die sich die Mieten in der nahen *banlieues* nicht mehr leisten können, werden häufig an den Rand gedrängt. Gleichzeitig sind keineswegs ‚einfache' Grenzziehungen zwischen Stadtzentren und den ‚*banlieues*' möglich. Fragmentierungen bestehen vielfach kleinräumig. Diese unterschiedlichen interdependenten Entwicklungen gilt es zu beleuchten, so wie es auch die Autorinnen und Autoren in diesem Sammelband tun.

Literatur

afp (2015). Valls will „Apartheid" bekämpfen. Frankreichs Premier sieht soziale Spannungen als eine Ursache für Terror - U-Haft für vier Männer beantragt. *Saarbrücker Zeitung*, S. A5 vom 21. Januar 2015.

Anderson, A., & Vieillard-Baron, H. (2003). *La politique de la ville. Histoire et organisation*. Paris: Editions ASH.

Avenel, C. (2004). *Sociologie des quartiers sensibles*. Paris: Armand Colin.

Bacqué, M.-H., & Fol, S. (1997). *Le devenir des banlieues rouges*. Paris: L'Harmattan.

Bourdieu, P. et al. (1998). *Der Einzige und sein Eigenheim*. Hamburg: VSA-Verlag.

Boyer, J.-C. (2000). *Les banlieues en France. Territoires et sociétés*. Paris: Armand Colin.

Breton, E. (1983). *Rencontres à La Courneuve*. Paris: Temps actuels.

Calvès, G. (2004). *La discrimination positive*. Paris: PUF.

Canteux, C. (2002). Les cités dans l'imaginaire. *Urbanisme 322*, 75-76.

Castro, R. (2007). *Faut-il passer la banlieue au Kärcher?* Paris: L'Archipel.

Chambre des notaires de Paris. (2015). Les prix de l'immobilier en Ile-de-France au 1er trimestre 2015. http://www.paris.notaires.fr/outil/immobilier/carte-des-prix. Zugegriffen: 16. Juni 2015.

Choffel, P., & Le Toqueux, J.-L. (1997). Une approche statistique des quartiers de la politique de la ville. In Collectif (Hrsg.), *En marge de la ville, au coeur de la société: ces quartiers dont on parle* (S. 11–36). Paris: L'aube.

Choffel, P., & Moreau, J. (2001). Politique de la ville. quelles données statistiques pour les quartiers prioritaires? *Revue française des Affaires sociales 55* (3), 39-53.

Comité interministériel des villes. (2008). *Espoir Banlieues. Une dynamique pour la France*. Saint-Denis.

Cubéro, J. (2002). *L'émergence des banlieues: au coeur de la fracture sociale*. Toulouse: Editions Privat.

Damon, J. (2008). Les grandes lignes du plan Espoir Banlieues. *Regards sur l'actualité 342*, 5-16.

Defacto. (2015). La Défense. Histoire du lieu. http://www.ladefense.fr/fr/histoire-du-lieu. Zugegriffen: 05. Mai 2015.

Delarue, J.-M. (1991). *Banlieues en difficultés: la relégation*. Paris: Syros/Alternatives.

Derrida, J. (1990). Die Struktur, das Zeichen und das Spiel im Diskurs der Wissenschaften vom Menschen. In P. Engelmann (Hrsg.), *Postmoderne und Dekonstruktion. Texte französischer Philosophen der Gegenwart* (S. 114-139). Stuttgart: Reclam.

Donzelot, J. (2004). La ville à trois vitesses - relégation, périurbanisation, gentrification. In Esprit (Hrsg.), *La ville à trois vitesses: gentrification, relégation, périurbanisation* (S. 14-39). Paris: Esprit.

Donzelot, J. (2006). *Quand la ville se défait. Quelle politique face à la crise des banlieues?* Paris: Seuil.

Doytcheva, M. (2007). *Une discrimination positive à la française. ethnicité et territoire dans les politiques de la ville*. Paris.

Drai, R., & Mattéi, J.-F. (2006). *La République brûle-t-elle? Essai sur les violences urbaines françaises*. Paris: Éditions Michalon.

Dubet, F. & Lapeyronnie, D. (1992). *Les quartiers d'exil*. Paris: Seuil.

Estèbe, P. (2001). Instruments et fondements de la géographie prioritaire de la politique de la ville (1982-1996). *Revue française des Affaires sociales 55* (3), 25-38.

Fourcaut, A. (2008). Pour en finir avec la banlieue. In T. Paquot (Hrsg.), *Banlieues/Une anthologie* (S. 121-131). Lausanne: PPUR.

Freitag, S. (2015). Zehn Jahre nach Krawallen in Frankreich. Pariser Banlieues - Frankreichs offene Wunde. http://www.heute.de/zehn-jahre-nach-krawallen-in-frankreich-pariser-banlieues-frankreichs-offene-wunde-37907350.html. Zugegriffen: 16. April 2015.

Gebhardt, D. (2001). „Gefährlich fremde Orte" – Ghetto Diskurse in Berlin und Marseille. In U. Best & D. Gebhardt (Hrsg.), *Ghetto-Diskurse. Geographie der Stigmatisierung in Marseille und Berlin* (S. 11–89). Potsdam.

Germes, M., & Glasze, G. (2010). Die banlieues als Gegenorte der République. Eine Diskursanalyse neuer Sicherheitspolitiken in den Vorstädten Frankreichs. *Geographica Helvetica 65* (3), 217-228.

Giraud, M. (2000). *Les grands ensembles, histoire de milieux, milieu d'histoires. La construction du sens de l'espace. La relation densité-nature en banlieue lyonnaise*. Paris: L'Harmattan.

Glasze, G. (2013). *Politische Räume. Die diskursive Konstitution eines »geokulturellen Raums« – die Frankophonie*. Bielefeld: transcript.

Glasze, G., Germes, M., & Weber, F. (2009). Krise der Vorstädte oder Krise der Gesellschaft? *Geographie und Schule 177*, 17-25.

Glasze, G., & Mattissek, A. (Hrsg.). (2009a). *Handbuch Diskurs und Raum. Theorien und Methoden für die Humangeographie sowie die sozial- und kulturwissenschaftliche Raumforschung*. Bielefeld: transcript.

Glasze, G., & Mattissek, A. (2009b). Die Hegemonie- und Diskurstheorie von Laclau und Mouffe. In G. Glasze & A. Mattissek (Hrsg.), *Handbuch Diskurs und Raum. Theorien und Methoden für die Humangeographie sowie die sozial- und kulturwissenschaftliche Raumforschung* (S. 153-179). Bielefeld: transcript.

Glasze, G., & Weber, F. (2010). Drei Jahrzehnte area-basierte Stadtpoltik in Frankreich. Die politique de la ville. Bearbeitung gesellschaftlicher Probleme mittels raumorientierter Ansätze? *Raumforschung und Raumordnung 68* (6), 459-470.

Glasze, G., & Weber, F. (2014). Die Stigmatisierung der banlieues in Frankreich seit den 1980er Jahren als Verräumlichung, Versicherheitlichung und Ethnisierung gesellschaftlicher Krisen. *Europa regional 2012* (20), 6-19.

Guillerme, A., Lefort, A.-C., & Jigaudon, G. (2004). *Dangereux, insalubres et incommodes: paysages industriels en banlieue parisienne, XIXe - XXe siècles*. Seyssel: Champ Vallon.

Itinéraires du patrimoine. (2003). *Le logement social en Seine-Saint-Denis (1850-1999)*. Paris: Alpha.

Jacquesson, F. (2006). Les zones urbaines sensibles franciliennes. des réalités diverses. *à la page 271*, 1-8.

Jaillet, M.-C. (2003). La politique de la ville en France. histoire et bilan. *Regards sur l'actualité 296*, 5-24.

Krätke, S. (1995). *Stadt - Raum - Ökonomie. Einführung in aktuelle Problemfelder der Stadtökonomie und Wirtschaftsgeographie*. Basel: Birkhäuser.

Kühne, O. (2012). *Stadt - Landschaft - Hybridität. Ästhetische Bezüge im postmodernen Los Angeles mit seinen modernen Persistenzen*. Wiesbaden: VS Verlag für Sozialwissenschaften.

Kühne, O. (2015). Zwischen Geographien der Angst, des Konsums und der Historie – Warschaus spezifischer Weg in die Postmoderne. In O. Kühne, K. Gawroński & J. Hernik (Hrsg.), *Transformation und Landschaft. Die Folgen sozialer Wandlungsprozesse auf Landschaft* (S. 183-203). Wiesbaden: Springer VS.

Kühne, O. & Schönwald, A. (2015). *San Diego. Eigenlogiken, Widersprüche und Hybriditäten in und von ‚America's finest city'*. Wiesbaden: Springer VS.

Le Goaziou, V.- & Mucchielli, L. (Hrsg.). (2006). *Quand les banlieues brûlent … Retour sur les émeutes de novembre 2005*. Paris: La Découverte.

Le Goaziou, V.- & Rojzman, C. (2001). *Les banlieues*. Paris: Le Cavalier Bleu.

Lepoutre, D. (2001). *Coeur de banlieue: codes, rites et langages*. Paris: Jacob.

Merlin, P. (1998). *Les banlieues des villes françaises*. Paris: La documentation francaise.

Ministère de la ville, de la jeunesse et des sports (2014a). 1er janvier 2015 : 100 « Territoires entrepreneurs » pour le développement économique des quartiers. http://www.ville.gouv.fr/?1er-janvier-2015-100-territoires. Zugegriffen: 16. April 2015.

Ministère de la ville, de la jeunesse et des sports (2014b). Géographie prioritaire. http://www.ville.gouv.fr/?geographie-prioritaire,1511. Zugegriffen: 16. April 2015.

Ministère de l'égalité des territoires et du logement & Ministère délégué à la ville (2014). La nouvelle politique de la ville. Agir pour les habitants des quartiers populaires. http://www.ville.gouv.fr/IMG/pdf/dossier_de_presse-nouvelle_politique_de_la_ville.pdf. Zugegriffen: 16. April 2015.

Le Monde (2015). Manuel Valls évoque « un apartheid territorial, social, ethnique » en France En savoir plus sur http://www.lemonde.fr/politique/article/2015/01/20/pour-manuel-valls-il-existe-un-apartheid-territorial-social-ethnique-en-france_4559714_823448.html#7pZ2CjBr2J50xrgu.99. *Le Monde* vom 20. Januar 2015. Zugegriffen: 03. Februar 2015.

Paquot, T. (2008). Banlieues, un singulier pluriel. In T. Paquot (Hrsg.), *Banlieues/Une anthologie* (S. 1-20). Lausanne: PPUR.

Paulet, J.-P. (2004). *Les banlieues françaises*. Paris: Ellipses.

Soulignac, F. (1993). *La banlieue parisienne - cent cinquante ans de transformations*. Paris: La documentation française.

Subra, P. (2006). Heurs et malheurs d'une loi antiségrégation. les enjeux géopolitiques de la loi Solidarité et renouvellement urbain (SRU). *Hérodote 122*, 138-171.

Sueur, J.-P. (1998). *Demain, la ville*. Paris: La documentation française.

Vieillard-Baron, H. (1996a). *Banlieue, ghetto impossible?* La Tour d'Aigues: L'aube.

Vieillard-Baron, H. (1996b). *Les Banlieues. Un exposé pour comprendre. Un essai pour réfléchir*. Paris: Flammarion.

Vieillard-Baron, H. (2001). *Les Banlieues. Des singularités françaises aux réalités mondiales*. Paris: Hachette Supérieur.

Weber, F. (2016). Extreme Stadtlandschaften: Die französischen ‚banlieues'. In S. Hofmeister & O. Kühne (Hrsg.), *StadtLandschaften. Die neue Hybridität von Stadt und Land* (im Erscheinen). Wiesbaden: Springer VS.

Weber, F., Glasze, G., & Vieillard-Baron, H. (2012). Krise der banlieues und die politique de la ville in Frankreich. *Geographische Rundschau 64* (6), 50-56.

Weber, F. D. (2013). *Soziale Stadt – Politique de la Ville – Politische Logiken. (Re-)Produktion kultureller Differenzierungen in quartiersbezogenen Stadtpolitiken in Deutschland und Frankreich*. Wiesbaden: Springer VS.

Achtung! „Sensible Urbane Zone"

Frankreichs *banlieue* im Fokus

Susanne Freitag-Carteron

Zusammenfassung

Mit den Attentaten von Paris und Montrouge im Januar 2015 sind die französischen Vorstädte, die *banlieues*, wieder in die Schlagzeilen geraten. Früher waren sie berüchtigt, weil dort Dealer und Waffenhändler ganze Wohnblocks beherrschten, und weil wütende Jugendliche Autos und öffentliche Gebäude in Brand steckten. Jetzt stehen sie im Fokus, weil ein großer Teil der französischen Djihadisten aus den ‚sensiblen Vororten' kommt. Susanne Freitag-Carteron und ihr Team vom ZDF haben bereits vor den großen Unruhen 2005 in den *banlieues* mit den Dreharbeiten begonnen. Über zehn Jahre war das Team regelmäßig in den Vorstädten unterwegs, hat viele Menschen immer wieder getroffen. Die Bilanz ist ernüchternd. Betrachtet man die Entwicklung der letzten Jahre und Jahrzehnte, dann zeigt sich: Die französische Vorstadtpolitik hat auf der ganzen Linie versagt.

1 Einleitung: Leben in der *banlieue*

1.1 La Courneuve, *cité des 4000* – ein Ex-Dealer berichtet

„Hier kannst Du inzwischen Waffen kaufen, wie Baguette in der Bäckerei", sagt Alibi Montana und er weiß sehr genau, wovon er spricht. Früher war er Chef eines Dealerrings in La Courneuve, heute verdient er sein Geld mit Rap und als Moderator eines Webradios.

Als wir ihn zum ersten Mal getroffen haben, kam er gerade aus dem Gefängnis und hatte erste Erfolge mit Titeln, die er in seiner Zelle geschrieben hatte. Er hatte beschlossen, auszusteigen aus dem Drogenmilieu. „Im Knast ist mir klar geworden: wenn ich da weiter mache, werde entweder ich umgebracht, oder ich bringe jemanden um. Beides wäre dramatisch, das ist es nicht wert". Seitdem kritisiert er die Zustände in den Problemvierteln und die Unfähigkeit der Politik, die Zustände zu verändern. Er hat unser Team immer wieder mitgenommen. La Courneuve, Clichy-sous-Bois im Norden von Paris, Le Mirail in Toulouse – Orte, in denen Kamerateams nicht gerne gesehen sind, und ohne eine anerkannte ‚Respektperson' gerne gewaltsam in die Flucht geschlagen werden.

Alibi Montana ist in La Courneuve groß geworden – in der *cité des 4000*, dem ‚Ghetto der 4000'. Jahrzehntelang galt der Ort als gefährlichste Vorstadt Frankreichs. Etwa 4000 Wohnungen hatten sie in diesem Stadtviertel Anfang der 1960er aus dem Boden gestampft, sie gaben dem Viertel seinen Namen (siehe hierzu auch Weber in diesem Band). Günstiger Wohnraum für Algerienheimkehrer, Flüchtlinge und die zahlreiche Gastarbeiter, die in der Industrie händeringend gesucht wurden. Portugiesen, Spanier, Nordafrikaner, aber auch viele Franzosen, die in der Umgebung einen Job gefunden hatten. ‚Die 4000' waren eine bunte Mischung verschiedener Kulturen. Alibi Montanas Eltern waren aus Haiti gekommen und hofften auf eine bessere Zukunft. Sie landeten in ‚*Presov*', einem der vielen Wohnblöcke, die heute nicht mehr stehen. In den Anfängen waren die funktionalen Wohnungen für viele der ultimative Luxus. Es gab Bad und WC in der Wohnung! Zahlreiche Menschen hatten vorher in Slumsiedlungen gewohnt, oder in Baracken, in denen man sich die Toiletten teilte. Es gab eine große Wohnungsnot vor allem in den Ballungsräumen. „Am Anfang war das hier ein Paradies", sagt Annie Vibert, die gleich zu Anfang nach La Courneuve kam. „Die Menschen waren stolz, hier zu leben."

Die Namen der Wohnblocks klangen wie Musik: *Ravel*, *Presov*, *Debussy*, *Balzac*. Doch schon bald hörte man vor den Türen lauten Straßenrap, die Realität war alles andere als harmonisch. Denn in den 1970ern kam mit der Ölkrise die große Arbeitslosigkeit. Die meisten Einwanderer verloren ihre Jobs, ihre Kinder hatten keine Perspektive mehr. La Courneuve wurde zu einem der vielen ‚Armenghettos' am Stadtrand. Die Häuserblöcke verfielen, mit der Armut kam die Kriminalität. Immer wieder machte der Ort mit Gewalt und Drogendelikten Schlagzeilen.

1.2 Arbeitgeber Schattenwirtschaft

Alibi erinnert sich noch genau an die Sonntage in der kleinen Wohnung. Da kam sein Cousin aus Clichy-sous-Bois. Er trug teure Klamotten und fuhr einen großen BMW. Dafür bewunderte Alibi ihn sehr. Sein Cousin war es dann auch, der ihn ‚anwarb'. Alibi war gerade 16, als er seinen ersten bezahlten Job hatte: Er wurde Späher für den Dealerring seines Cousins, warnte vor Polizei und Fremden im Revier. „Wenn man so will, bin ich durch Beziehungen an den Job gekommen, so wie auf dem normalen Arbeitsmarkt auch". Ein Arbeitsplatz in der Schattenwirtschaft, in einem Viertel, in dem fast jeder zweite Jugendliche keinen Job hat, ist das Alltag.

Alibi stieg schnell auf. Er wurde selbst Chef eines Dealer-Rings. Plötzlich hatte er viele Feinde: „Wenn Du da wirklich drin steckst, dann musst Du Entscheidungen treffen. Deals mit Waffen managen. Irgendwann verliert man den Bezug zur Realität, zumindest war das bei mir so. Mir war nicht mehr bewusst, dass ich von einem Tag auf den anderen sterben kann. Du bist bewaffnet, du denkst nur noch daran, deine Haut zu retten, dein Revier zu verteidigen. Und die Jungs aus Deiner Bande werden zu deiner Familie. Dir ist nicht einmal mehr bewusst, dass es da um Menschenleben geht. Das ist Dir scheißegal."

1999 kam es zum Schusswechsel. „Notwehr" betont Alibi auch heute noch. „Der hat auf mich geschossen, also habe ich zurück geschossen". Die Richter sahen das anders. Mordversuch befanden sie. Das Urteil: Gefängnis. 1260 Tage. Fast vier Jahre. ‚*1260 jours*' hieß dann auch Alibi Montanas erstes Rap-Album, in dem er die Zeit im Knast verarbeitet. Bei der Vorstadt-Jugend war er ein Held, seine Texte waren glaubwürdig, weil er genau wusste, wovon er rappt. Die meisten französischen Radiosender dagegen zensierten seine Lieder. Zu brutal (zu Rap in den *banlieues* siehe auch Tijé-Dra in diesem Band).

Während er in der Gefängniszelle seine Rapper-Karriere vorbereitete, hatten sie draußen beschlossen, ein paar der großen Hochhäuser abzureißen. Mit den Betonmauern wollte die Politik auch die Probleme vernichten (dazu auch Weber in diesem Band).

Als Alibi Anfang der 2000er aus dem Gefängnis kam, stand das Haus, in dem er aufgewachsen ist, nicht mehr. Alibi Montana zog nach Saint Ouen an den Pariser Stadtrand und verkaufte von nun an Platten statt Drogen. Er lebt heute von der

Musik, sagt er. Sein Publikum ist und bleibt die Jugend der *banlieue*. Seine Konzerte finden in Turnhallen und Festsälen der Vorstädte statt. Er versucht, jungen Rappern zu helfen, nimmt mit ihnen Titel auf oder lässt sie bei seinen Konzerten auftreten. Auf seiner Ebene ist er eine Art rappender Sozialarbeiter, der die Probleme kennt, an denen sich in den letzten Jahren nichts geändert hat.

2 Herbst 2005: Unruhen, die alles verändern – oder doch nicht?

2.1 Unter Hochdruck: La Courneuve, Sarkozy und der Kärcher

La Courneuve, 11. Juni 2005. An diesem sonnigen Samstagnachmittag wusch der elfjährige Sidi Ahmed das Auto seines Vaters. Er wollte ihm eine Freude machen, am nächsten Tag war Vatertag. Der Wagen stand vor dem enormen Hochhaus Balzac in der *cité des 4000* in La Courneuve. Der Parkplatz war berüchtigt, rund um den großen Wohnblock hatten mehrere Dealer-Banden ihr Revier. Balzac wurde auch der ‚Cannabis-Supermarkt' genannt. Den länglichen blaugrauen Wohnblock konnte man schon von weitem sehen, wenn man in den Ort hineinfuhr, oder mit der Bahn, der RER[1], Richtung Flughafen vorbeifuhr. Das Hochhaus Balzac war das Zentrum der Schattenwirtschaft und wurde im Verlauf der Jahre zum Symbol der Probleme aller französischen Vorstädte.

Sidi Ahmed wohnte in einem der oberen Stockwerke, seine Mutter war in der Wohnung, als plötzlich Schüsse fielen. Der kleine Junge sank zu Boden. Die Krankenschwester Catherine Geli kam gerade von der Arbeit, sie sah ihn am Boden liegen, versuchte eine Herzmassage, zu spät. Er starb in ihren Armen. Sidi Ahmed war zur falschen Zeit am falschen Ort. Ein Streit zwischen zwei Banden, beide Gruppen schwer bewaffnet, sie schossen – der Junge stand im Weg.

Nicht nur Catherine Geli hat diesen Augenblick nie vergessen. Der Tod des Jungen aus der Vorstadt löste eine Kettenreaktion aus, die den Blick auf die *banlieues* bis heute verändert hat.

Noch am selben Nachmittag eilte der damalige Innenminister Nicolas Sarkozy zum Tatort. Dort hatten sich hunderte Menschen zu einer Protestveranstaltung versammelt. Gegen die Gewalt in ihrer *cité*. Sarkozy war hier nicht gern gesehen, er brachte sich seit Monaten in Stellung, weil er Präsident werden wollte. Der Posten

1 RER = *réseau express régional:* Die RER ist Teil des öffentlichen Personennahverkehrssystems im Großraum Paris.

des Innenministers ist ein gutes Sprungbrett, er ließ keine Gelegenheit aus, die Sicherheitsprobleme des Landes zu bemängeln. Als er in La Courneuve eintraf, wurde er mit Pfiffen empfangen. Vor Balzac hielt er seine markige Rede, in der der Satz fiel, der Vorstadt-Geschichte schreiben sollte:

„Ab morgen werden wir die *cité des 4000* mit dem Kärcher säubern"[2]. Ein Aufschrei ging durch die Vorstädte, nicht nur die Jugendlichen fühlten sich zutiefst beleidigt. Tagelang sprach das ganze Land über den Mord, den Minister und die Misere in der Vorstadt. Das Thema bestimmte ab sofort den Wahlkampf.

2.2 ‚Balzac' – architektonischer Schandfleck und Zentrum der Schattenwirtschaft

Der Drogenhandel vor Balzac ging auch nach dem Tod des kleinen Sidi Ahmed weiter. In der Folge dieses Dramas wurden unsere Dreharbeiten deutlich problematischer. Als wir ein paar Außenaufnahmen machen wollten, kam ein Geländewagen direkt auf uns zugefahren. Er verfehlte unseren Tonmann nur um wenige Zentimeter. „Wir sind hier nicht in Disneyland" riefen sie und fuhren weiter – Warnung. Das Team störte die Dealer bei der Arbeit. An einem anderen Tag wurden wir mit Steinen beworfen. Die Stimmung war extrem angespannt.

Alibi Montana rappte sich in dieser Zeit in die Schlagzeilen: „Bienvenue à la Courneuve, Sarkozy" war seine direkte Reaktion auf den Besuch des ehrgeizigen Präsidentschaftskandidaten:

„Nicolas, t'ouvres ta gueuele tu fais du bruit pour rien, tu fais la racaille à la mort, personne te craint, le bitume t'as montré qu'il faut pas l'insulter, continue ce bras de fer, et tu va te faire buter"	„Nicolas, Du reißt das Maul auf, du machst viel Lärm um nichts. Du bist selbst wie das Gesindel. Keiner hat Angst vor Dir. Die Straße hat Dir gezeigt, dass man sie nicht beleidigen darf. Mach nur so weiter, dann wirst Du abgeknallt."

Sarkozy zeigte ihn an, Alibi Montana stand eine ganze Weile unter Polizeibeobachtung, blieb aber auf freiem Fuß. Doch der Jugend hatte er aus der Seele gesprochen. Schließlich hatte Sarkozy sie ‚*racaille*', ‚Gesindel' genannt! Markige Worte, die direkt auf die Vorstadt-Jugend zielten, die sich von der französischen Gesellschaft sowieso verstoßen fühlte. Mit der Republik, in der Sarkozy Präsident

2 „Dés demain, on va nettoyer la cité des 4000 au Kärcher"

sein wollte, konnten Sie sich nicht identifizieren. Dann kam der Tag, an dem die Situation völlig außer Kontrolle geriet.

2.3 Clichy-sous-Bois – die große Revolte

Am 25. Oktober 2005 starben zwei Jugendliche bei einer Verfolgungsjagd mit der Polizei. Syed und Bouna aus Clichy-sous-Bois flüchteten in einen Stromkasten und kamen dort durch einen Elektroschock ums Leben. Ihr Tod war der Auslöser für eine beispiellose Gewaltwelle.

Die Nachricht von dem Unglück verbreitete sich rasend schnell. Es war, als ob ein Ventil geöffnet wurde: Hunderte Jugendliche gingen sofort auf die Straße. Brandsätze, Molotov-Cocktails flogen, Autos brannten. Massenhaft. Wütend zogen sie durch die Straßen des Vorortes, zündeten wahllos Fahrzeuge, Mülltonnen und Straßensperren an. Die Polizei kam mit Sondereinsatzwagen, es kam zu heftigen Straßenschlachten.

„Als wir das gehört haben, hatten wir eine Riesenwut!" sagt einer von ihnen heute „ALLE waren auf der Straße. Sogar die, die normalerweise gut in der Schule arbeiten, die, die im besseren Viertel wohnen. Alle!"
Noch in derselben Nacht griff diese Wut auch auf andere Vorstädte Frankreichs über. Hunderte Jugendliche randalierten, zerstörten. Bushaltestellen, Fahrzeuge, aber auch Bibliotheken, Geschäfte, Schulen – Symbole des Staates, den sie hassten. Die Anwohner fassungslos. „Warum zünden die unsere Autos an?", fragte ein Familienvater, „ich brauche mein Auto doch, um zur Arbeit zu fahren! Ich komme gerade so über die Runden, ich kann mir kein neues kaufen, und jetzt das. Das sind meine Nachbarn! Ich kann das nicht glauben!"

Zum ersten Mal blickten alle auf die Vorstädte Frankreichs, die Jugend der *banlieue* füllte die Schlagzeilen der Welt. Phil erinnert sich: „Wenn wir geredet haben, hat uns nie jemand zugehört! Als wir Autos angezündet haben, sind sie plötzlich alle gekommen. Wir hatten einfach keine andere Wahl".

Wochenlang war die Situation außer Kontrolle, die Polizei überfordert. Nicolas Sarkozy wurde zur Hassfigur der Jugend, aber ungewollt trug die Revolte dazu bei, dass seine Beliebtheit in großen Teilen der Bevölkerung anstieg. ‚Gesindel' als Bezeichnung für die Vorstadtjugend war ein hartes Wort, aber viele Franzosen waren jetzt durchaus seiner Meinung. Denn die Wutwelle traf auch die direkten Nachbarn der Randalierer. Sozialhilfeempfänger am Existenzminimum, die es nicht ertragen konnten, dass ihr Auto oder die Schule ihrer Kinder plötzlich in Flammen standen. Und so wurde Nicolas Sarkozy im Mai 2007 schließlich Präsident.

3 Die Präsidentschaft Nicolas Sarkozys – von Ernüchterung und Attentaten in Toulouse

3.1 Neue Häuser – neuer Präsident – Sarkozy und die *banlieue*

Catherine Geli lebt seit über 40 Jahren in La Courneuve. Sie ist alleinerziehende Mutter von sieben Kindern und hat sich immer durchgeschlagen. Nachtschichten als Krankenschwester gemacht, und mit der Sozialhilfe kam sie, wenn sie Glück hatte, irgendwie bis zum Ende des Monats. Der Einkauf im Supermarkt – eine einzige Rechenaufgabe. Anfangs wohnte sie im Wohnblock *Renoir*, der wurde abgerissen, eine kurze Zeit auch in *Balzac*. Dann wurde sie umgesiedelt, in eine kleine Häuserreihe am Rande von La Courneuve, nicht weit vom Zentrum der ‚*cité des 4000*' entfernt. Dort war es ruhiger. Sie bekam eine kleine Wohnung mit vier Zimmern. „Wir haben in den großen Wohnblöcken gelebt, und es war schön. Aber wenn man darüber nachdenkt: jetzt ist es besser. Diese Betonklötze sind wie ein Gefängnis. Es ist wie eine riesige Stadt in der vertikalen. Allein im Wohnblock *Renoir* haben 1600 Menschen gelebt. Das muss man sich mal vorstellen. Es gibt viele Städte in Frankreich, die viel weniger Einwohner haben als dieses eine Haus. Hier ist das Design ganz anders, die Stimmung ist besser, die Kinder fühlen sich wohler, wir haben keine Probleme mit den Nachbarn. Das hier ist wie Hollywood in La Courneuve!"

Den Tod von Sidi Ahmed hat sie nie verwunden. Auch danach gab es rund um Balzac immer wieder Probleme. „In der *banlieue* hören die Regeln des französischen Staates da auf, wo der Drogenbezirk beginnt", sagt sie.

Alibi Montana hat dort lange Zeit selbst Gesetze gemacht. „In den *cités* gilt das Gesetz der Straße.", sagt er. „Da sind Leute, die machen ihre Deals, und Du hältst die Fresse, sonst hast Du ein Problem".

Genau aus diesem Grund hat Catherine Geli Nicolas Sarkozy gewählt, auch wenn das viele in ihrer Nachbarschaft merkwürdig fanden. Er wollte sich um Sicherheit kümmern und hatte versprochen, dass die Jugendlichen endlich einen Job bekommen, und das gefiel ihr. Außerdem war er selbst Sohn einer Einwandererfamilie, vielleicht brauchte Frankreich jetzt genau so einen.

3.2 Ein Jahr später – die Ernüchterung

Wir treffen Catherine Geli wieder, bei ihrer Freundin Annie Vibert. Früher haben sie im gleichen Hochhaus gelebt. Wenn man sich treffen wollte, konnte man mit dem Besen an die Decke hauen, besser als jede Klingel.

Heute sind sie bei Annie, sie wurde in ein anderes Hochhaus umgesiedelt. Plötzlich enormer Lärm, Trommeln, Gelächter, Stampfen. Über ihr wohnt eine 14köpfige Familie aus Afrika - in einer Drei-Zimmer-Sozialwohnung. Wie dieser Antrag durchging, ist ihr immer noch ein Rätsel.

Was Sarkozy betrifft, sind sie sich einig: Dieser Mann ist eine Katastrophe für die Vorstadt, er hat sich nur um seine reichen Bling-Bling-Freunde gekümmert und sie ihrem Schicksal überlassen. „Ich schäme mich heute richtig, dass ich ihn gewählt habe".

Dieser Präsident hat die Gesellschaft gespalten, hat die Gräben zwischen arm und reich noch größer gemacht und die Probleme mit den Dealern haben nicht nachgelassen, im Gegenteil.

„Es gibt eine neue Generation von Dealern", sagt Annie. „Vorsicht!!! Die haben vor gar nichts mehr Respekt. Meine Nachbarin war letztens unterwegs dahinten, auf einmal hat eine Kugel ihr Bein gestreift. Sie war einfach zur falschen Zeit am falschen Ort. Wenn da was nicht läuft, wie die es planen, dann PAFF, greifen die direkt zur Waffe und schießen. Wenn ich das so sehe, habe ich Angst um meine Kinder und Enkel!"

Zu diesem Schluss kommen sogar manche Dealer in La Courneuve. „Die Jungen, die da jetzt nachwachsen", sagt einer von ihnen, „die sind total verrückt geworden. Die haben überhaupt keinen Respekt mehr vor den Älteren! Die sagen: ‚so, das ist also Dein Bezirk? Dann schieße ich Dir eben eine Kugel in den Kopf, und dann ist es meiner!' So läuft das".

Besonders deutlich wird dieses Problem in den Nordvierteln von Marseille. Die Stadt zählt jährlich ihre Toten aus den Bandenkriegen. Über 20 sind es immer. „Das Problem ist, dass das in Marseille total chaotisch organisiert ist", erklärt Alibi. „Da gibt es keine Hierarchie mehr. Bei mir damals wurde noch gesprochen und verhandelt. In Marseille schießen sie sofort. Die jungen Dealer sind wie wilde Hunde. Sie können an einem Tag wie Brüder gemeinsam Essen, und am nächsten Tag erschießen sie sich, weil sie sich um einen Bezirk streiten".

Inzwischen kommt es auch in anderen Städten Frankreichs immer häufiger zu solchen ‚*règlements de comptes*'. Der Handel mit schweren Waffen boomt. Langsam ersetzt die Kalaschnikow den Dialog.

3.3 Toulouse ‚Le Mirail' – Merah und die Folgen

Am 18. März 2012 waren wir mit Alibi Montana in Toulouse. Er drehte ein neues Video mit jungen Rappern aus dem Problembezirk Le Mirail. Ihr Treffpunkt ist ein großer Wohnblock schräg gegenüber von einer Trambahn-Station. Es riecht nach Joints. Rund 15 Jugendliche stehen vor einem Hauseingang, sie sind jeden Abend da. Es ist die Clique von Khali. Sie kontrollieren den Sektor, deshalb darf die Kamera dabei sein. Man hat Respekt vor ihnen, oder Angst. Choc (Name geändert) ist der einzige, der einen Job hat. Er hat Elektrotechnik studiert. Jetzt arbeitet er als Hilfsarbeiter in der Asbestentsorgung und verdient den Mindestlohn. „Ich habe 'zig Bewerbungen geschrieben. Aber wenn die sehen, dass Du hier wohnst, kannst Du es auch lassen. Le Mirail ist eine schlechte Adresse." Ein paar seiner Freunde sind arbeitslos, verdienen trotzdem mehr Geld als er. Dealen bleibt ein lukrativer Plan B.

Khali erklärt: „Wir treffen uns immer hier, das ist eine Familie. Das einzige, was wir haben. Stell Dir das alles mal vor! Wenn einer aus dem Knast kommt, dann kriegt er ein Paarhundert Euro Wiedereingliederungsgeld". Er zeigt auf Choc „und er hier? Er hat studiert, bewirbt sich, findet nichts, und steht mit leeren Händen auf der Straße. Wer wird eigentlich von Frankreich unterstützt? Guckt Euch diese Jungs an! Nichts zu tun. Gib ihnen ein paar Drogen, da vergessen sie ihren Kummer. Dann sagst Du ihnen, dass sie ein bisschen verkaufen sollen und damit verdienen sie das Vierfache der Sozialhilfe … nicht normal! Das einzige, was einem hier Halt gibt, ist unsere Notgemeinschaft, unsere Familie halt. Und die Religion!" Khali ist Moslem. Einen Tag später sollte Le Mirail grausame Schlagzeilen machen.

Toulouse, 19. März 2012. Die Nachricht schockierte die Nation. In der jüdischen Schule OZAR HATORAH (inzwischen hat sie ihren Namen verändert) werden drei Schüler und ein Lehrer gezielt erschossen. Ein Mann mit einem Motorroller fuhr schwer bewaffnet vor die Schule, lief gezielt in das Gebäude und schoss um sich. Er trug eine Go-Pro-Kamera, mit der er seine grausame Tat filmte.

Mohammed Merah hatte die Tat langfristig geplant. Zuvor hatte er bereits drei Soldaten erschossen. Er kam aus Le Mirail. Bis zum 19. März war er durch kleinere Delikte aufgefallen, wie viele andere Jungs aus dem Viertel. Doch jetzt saß er mit einem enormen Waffenarsenal verschanzt in einer Wohnung und hielt die Polizei in Atem. Bezeichnete sich als Kämpfer der Al Qaida. Ein Djihaddist, den vorher niemand bemerkt hatte. Er tötete, um palästinensische Kinder zu rächen, ein gezielter Angriff auf Juden. Die Soldaten ermordete er aus Hass auf den französischen Staat. Er wurde erschossen, als die Elitetruppen die Wohnung stürmten.

In diesem Moment wurde uns klar: Während wir am Abend vorher Khali und seine Freunde interviewten, saß Mohammed Merah in der Nachbarschaft und plante seine grausamen Morde. Ein Schock, auch für unser Team.

Merahs Attentate fielen mitten in den Wahlkampf 2012. Sarkozy trat gegen François Hollande an, und Marine Le Pen mit ihrem rechtspopulistischen Front National feierte sich bereits als aufstrebende dritte Kraft. Die Attentate waren Wasser auf die Mühlen der rechtsextremen Redenschwinger. Merah, Kind algerischer Einwanderer, aufgewachsen in der *banlieue* – Stoff für viel Polemik. Zwei Monate später hatte Frankreich einen neuen Präsidenten: François Hollande.

4 Hoffnungen und Ernüchterungen und die Anschläge im Januar 2015

4.1 *„Le changement, c'est maintentant/* Die Veränderung, jetzt" – oder auch nicht

Der Jubel war groß, als Hollande auf der Place de la République seinen Sieg feierte. Hoffnung in der *banlieue*. Dort wollte man glauben, dass jetzt WIRKLICH alles besser werden würde. Zum ersten Mal seit 17 Jahren stellten die Sozialisten wieder einen Präsidenten. Hollande versprach neue Jobprogramme. Spezielle Angebote, zugeschnitten auf die Jugendlichen der *banlieue*. Das hatte Sarkozy vor ihm zwar auch schon versucht, aber ihm hatte man das nicht wirklich geglaubt, und funktioniert hat es auch nicht.

Zum generellen Optimismus kam hinzu, dass man nach langer Zeit der Bauarbeiten wirklich sehen konnte, dass die vor Jahrzehnten angestoßenen Maßnahmen die Vorstädte wirklich veränderten (dazu Abbildung 1).

Abbildung 1 Der Riegel Balzac vor dem Abriss sowie Neubauten
Quelle: Weber 2007 und 2015

4.2 Au revoir Balzac

Balzac ist weg. Die Berge von Bauschutt wurden abgetragen und planiert, das riesige Schottengelände wartet auf die neuen Häuser, aber die Bauarbeiten sind langwierig und dauern Jahre. Auf dem leeren Gelände steht ein Bauwagen. Auf der einen Seite ist er verkohlt, sie haben ihn angezündet. „Die kommen immer wieder vorbei, das sind Warnungen", sagt der Baustellenleiter. Die neuen Mehrfamilienhäuser werden frühestens in anderthalb Jahren fertig, und die Probleme sind geblieben.

Ein paarhundert Meter weiter sind die ersten Familien in die neuen Wohnblocks gezogen. Quaderförmig, meist in weinrot und beige oder beige und braun.

„Es sieht freundlicher aus", sagt Catherine Geli, „das ist richtig. Aber sie haben die Probleme nur verlagert. Die Dealer sind immer noch da. Sie sind auch umgezogen. Die Jugendlichen haben immer noch keine Arbeit. Sie können hier als Späher bis zu 100 Euro am Tag verdienen, das sind 3000 Euro im Monat. Warum sollten die einen Job suchen? Das ist *so* leicht verdientes Geld. Aber dahinter sind wir. Die Menschen, die täglich damit leben müssen. Mit den Drogen, den Morden, den Unfällen!"

Wenn man sich den neuen Häusern nähert, sieht man schon jetzt, dass der Putz bald bröckeln wird, dass die Baumaterialen nicht die hochwertigsten waren, die der Markt zu bieten hatte. Die einheitlichen Metallvorhänge, die man an die Fenster montiert hat, beginnen zu rosten, der Beton ist an vielen Stellen angegriffen, und auf eine Seitenhauswand hat einer ‚*nique la police*' gesprüht.

4.3 Clichy-sous-Bois heute

„In Ihrer Stadt verändert sich was, und man kann es schon sehen" steht auf einem riesigen Plakat am Stadteingang von Clichy-sous-Bois. Auch dort hat es Baumaßnahmen gegeben, große Häuserblöcke wurden abgerissen und einer nach dem anderen wurde durch die kleineren Quader-Bauten ersetzt.

Doch der gelb-orangene Riesenwohnblock ‚*Le chêne pointu*' steht immer noch und ‚vergammelt' weiter. Syed und Bouna lebten hier. Die Eingangshalle des Hochhauses immer noch Treffpunkt für die Jugendlichen. Auf der Briefkastenanlage steht eine Flasche billiger Whisky, es riecht nach Joints. Die Briefkästen waren mal sonnengelb, aber die Farbe ist abgeblättert, das Metall verrostet, die Türen herausgerissen. Man sieht, dass sie häufig als Ventil für Wutausbrüche gedient haben. „Scheiß Sarkozy „ steht da immer noch an der Wand, obwohl der Präsident längst ein anderer ist. Der wird mit ‚Hollande, *fils de pute*' (Hurensohn) gewürdigt, an einer anderen Wand.

Der Aufzug funktionierte schon unter Sarkozy nicht und ist nach dem Präsidentenwechsel immer noch genauso kaputt. Drinnen liegen Müll und alte Fahrräder. Die Wartungsfirma kommt nicht, weil ihre Mitarbeiter Angst haben, sie waren schon mehrmals Opfer von Übergriffen. Und kaum hatten sie den Aufzug repariert, war er wieder kaputt. Ähnlich wie Balzac in La Courneuve ist ‚*Le chêne pointu*' in Clichy-sous-Bois ein Ort, den man besser meidet.

Hollande war schon öfter in Clichy-sous-Bois. Sein Premierminister kam gleich nach den Wahlen. Umringt von Journalisten und Presse stand er auf dem Balkon eines Neubaus „Es wird eine völlig neue Stadtpolitik geben, das sind Prioritäten, die wir in diesen schwierigen Vierteln haben", sagte er, „Die Abschottung muss endlich ein Ende haben".

In ‚*Le Chêne Pointu*' hat man nicht mehr gezählt, wie viele Politiker das vorher schon versprochen hatten (dazu auch Kirszbaum in diesem Band). Hier haben sie gelernt, mit Politikerversprechen vorsichtig umzugehen.

4.4 „Hollande ist auch nicht besser"

Ein Jahr nach der Wahl von François Hollande sind wir nach Clichy-sous-Bois zurückgekehrt. Alibis Cousin Henri wohnt jetzt in einem Nachbarort, hat eine Familie gegründet und versucht, eine Art Autowerkstatt aufzubauen. Er ist Ende zwanzig, und wird von der Statistik der Jugendarbeitslosigkeit nicht mehr erfasst. Seine Freunde haben alle immer noch keine Jobs. Fragt man im Ort, ob sich was verbessert hat, löst man eine enorme Wutwelle aus. „Es ist sogar schlimmer als vorher!", sagt einer, „ich habe den Eindruck, dass die *banlieues* noch mehr in Vergessenheit geraten sind als vorher. Die haben hier eine Straße verbreitert, aber das ist nur, damit Hollande hier besser vorfahren kann!" Und ein anderer ergänzt: „Ich hatte zum ersten Mal gewählt, weil ich fand, dass das wichtig war! Hätte ich das gewusst, hätte ich es gelassen. Ich hätte genauso gut Sarkozy wählen können. Das würde ich beim nächsten Mal wahrscheinlich sogar tun!"

„Das höre ich immer öfter", sagt Alibi Montana, der weiter durch die Problemviertel tourt. „Sogar in kleineren Provinzstädten sagten mir die Jugendlichen, dass jetzt alles noch schlimmer ist, das hat mich selbst total erstaunt, damit hätte ich nie gerechnet".

Trotz aller Enttäuschung glauben sie in Clichy-sous-Bois nicht, dass es nochmal eine Revolte geben wird, wie vor zehn Jahren. Die Leute haben resigniert, sie haben gesehen, dass nicht einmal das etwas ändert. Damals haben sie alle hergeschaut, die Politiker haben sich mit Programmen überboten, aber am Alltag hier hat das nichts geändert.

Auch Annie Vibert in La Courneuve ist sauer auf Hollande. Sie muss zum ersten Mal ihre Rente versteuern, die knapp 900 Euro. „Ich muss 500 Euro Miete zahlen, und weil ich jetzt steuerpflichtig bin, fallen alle meine Vergünstigungen weg, wie soll man davon leben? Ehrlich – Hollande ist ein Scheiß-Präsident!"

Aber François Hollande sind die Hände gebunden. In den Vorstädten hat sich die Situation längst verselbständigt. Durch die jahrzehntelange Abschottung hat sich eine Art Mikro-Gesellschaft entwickelt. Die Bauprojekte wurden von Chirac, teilweise sogar von Mitterand veranlasst, und sind zum Teil immer noch nicht fertig. Politische Programme und neue Gesetze greifen, wenn überhaupt erst Jahre später. Keiner der letzten Präsidenten hat es geschafft, die Lage in den Vorstädten spürbar zu verbessern. Egal wer Hollandes Nachfolger wird, er trifft auf eine verfahrene Situation, die unlösbar scheint.

4.5 ‚Charlie' und die Folgen

07. Januar 2015. Bei dem Attentat auf das Satiremagazin Charlie Hebdo wurden 12 Menschen getötet. Die Täter, Said und Cherif Kouachi waren radikale Muslime. Sie kamen aus einem Pariser Problemviertel, waren im Gefängnis und von einem Hassprediger radikalisiert worden. Einer von ihnen wollte eigentlich mal Rapper werden, er wurde Djihadist.

Einen Tag später dann die Attentate auf den jüdischen Supermarkt. Am Morgen tötete der Attentäter Amedy Coulibaly eine Polizistin. Dann überfiel er einen jüdischen Supermarkt, nahm zahlreiche Geiseln und tötete vier Menschen, „weil sie Juden waren". Er kam aus Grigny, einem Problemvorort.

Die Kouachi Brüder und Amedy Coulibaly haben die Gräueltaten gemeinsam geplant. Drei von weit über 1000 Djihad-Kämpfern, die in Frankreich groß geworden sind, und jetzt das eigene Land bekämpfen.

Damit bekamen die Probleme der Vorstädte eine neue Dimension. Es zeigte sich deutlich: Mohammed Merah war kein Einzelfall. Die Vorstädte und die Gefängnisse Frankreichs sind offenbar ein gefährlicher Nährboden für eine zunehmende Radikalisierung, die immer schwieriger zu kontrollieren ist. Die Vorstädte waren immer Zonen, in denen Frankreich ‚anders' war, aber jetzt zeigte sich, wie weit sie sich an manchen Orten von der Republik entfernt haben.

Hinzu kommt, dass Frankreichs Gefängnisse mit ihren Gefangenen überfordert sind. Gefängnisseelsorger warnen: Charlie war erst der Anfang. Die Radikalisierung im Gefängnis ist ein großes Problem geworden.

François (Name geändert) saß kurz vor den Attentaten im Gefängnis Fleury Mérogis. Wegen eines kleineren Drogendelikts. Er hat mehrmals beobachtet, wie die Radikalisierung im Gefängnis funktioniert. „Die Leute suchen sich die Schwachen aus. Die, die nie Besuch bekommen und bei denen man merkt, dass sie labil sind. Sie geben ihnen Essen, Getränke, das ist wichtig im Knast. Dann sagen sie der Person: ‚Deine Familie da draußen, die haben dich doch total hängen lassen! Jetzt sind wir deine Familie.' Und wenn der Gefangene dann einmal den Eindruck hat, dass diese Leute ihm wirklich helfen, dann fangen sie mit der Gehirnwäsche an. Dann sagen sie: ‚Der Staat lässt uns unsere Religion nicht richtig leben, Frankreich geht schlecht mit den Muslimen um', und so weiter. Und der Gefangene, der weiß ja, dass diese Leute ihm nur Gutes getan haben. Der glaubt ihnen. Und wenn er dann aus dem Knast entlassen wird, dann ist er kein Mensch mehr, sondern eine Maschine, die man leicht fernsteuern kann."

Die Rekrutierung solcher ‚Maschinen' ist in den letzten Jahren immer leichter geworden. Der radikale Islam bietet eine Art ‚Berufsperspektive', die es in der Vorstadt nicht gibt. Er verspricht Anerkennung, vermittelt das Gefühl, nützlich sein zu können. Und so ist die Radikalisierung zu einem der zentralen Probleme der Vorstädte geworden.

4.6 Toulouse – der doppelte Schock

In Toulouse gab es mit den Charlie-Attentaten eine Art doppelten Schock. Sofort waren die Erinnerungen an Mohammed Merah wieder da. Drei Jahre lag das Attentat zurück, wieder waren die Gründe für die Taten der Hass auf den Staat und ein klar geäußerter Antisemitismus.

Ein paar Wochen nach den Attentaten haben wir Alibi Montana noch einmal nach Toulouse begleitet. Wieder haben wir Khali und seine Freunde am Hochhaus an der Tramstation getroffen. Das Klima sei inzwischen völlig vergiftet, sagen sie. Ihre Adresse war immer ein Makel, aber so schlimm wie jetzt war es noch nie.

„Diese Coulibalys und die Kouachis haben alle gegeneinander aufgebracht", sagt einer von ihnen. „Leute gucken sich jetzt gegenseitig voller Misstrauen an, alle haben Angst vor dem anderen, jeder könnte ja ein Attentäter sein. Das Problem ist doch, dass die Leute hier arm sind. Sie wollen konsumieren, kriegen aber keinen Job. Wenn dann einer kommt, ihnen sagt, dass sie in Syrien oder anderswo in einem großen Haus mit viel Luxus leben werden, dass sie außerdem etwas Gutes tun und Allah helfen, dann ist es sehr leicht, sie zu überzeugen". „Wir haben das sehr deutlich gemerkt", sagt Khali, es gibt einen richtigen Hass auf die Muslime.

„Ich habe einen Bart", sagt ein anderer, „ich rasiere ihn extra kurz. Ich bin Moslem, und ich komme aus Le Mirail. Das ist das K.O.-Kriterium für jeden Arbeitgeber. Die glauben alle, dass wir hier potentielle Merahs sind und morgen Kinder töten".

Fragt man in Le Mirail ‚Bist Du Charlie?' heißt die Antwort meist: ‚Ja, aber …'. „Natürlich sind wir Charlie. Da wurden Journalisten getötet, das ist ja keine Art mit Problemen umzugehen. Aber auf der anderen Seite sind alle zu weit gegangen. Die haben ja auch den Propheten beleidigt".

Es scheint, als ob das Zusammenleben der vielen Kulturen, auf das Frankreich immer so stolz war, spätestens mit den Charlie-Attentaten kaputt gegangen ist.

5 Die französische Gesellschaft heute

5.1 Die gespaltene Gesellschaft

Nach den Attentaten vom Januar 2015 haben sich die religiösen Konflikte deutlich verschärft. Moscheen erhielten Drohungen, es gab Brandanschläge auf Gebetsräume, Frauen mit Schleier wurden bedroht oder angegriffen. Gleichzeitig ist die Anzahl antisemitischer Übergriffe deutlich angestiegen, als hätten die Attentate der letzten Monate und Jahre eine Welle ausgelöst. Von den geschätzten 500.000 Juden in Frankreich haben im Jahr 2014 über 7.000 das Land verlassen. 2015 rechnet man mit einer Verdopplung dieser Zahl. Juden fühlen sich nicht mehr sicher, klagen darüber, dass schon die Merah-Attentate eine Art Auslöser für den zunehmenden Antisemitismus waren. Schmierereien nehmen zu, und die mutwillige Zerstörung jüdischer Einrichtungen gibt es immer wieder.

„Die Situation ist so schlimm wie nie.", sagt Alibi Montana, „Nach den Krawallen kam die Welle des ‚alles außer Sarkozy', das hat die Leute zusammen gebracht. Da gab es so was wie Hoffnung. Und als Hollande Präsident wurde, da hatten alle große Hoffnung. Dann haben sie gemerkt, dass sich nichts ändert, sie haben resigniert. Und jetzt gibt es ein Klima der Angst. Die Leute haben Angst vor ihrem Nachbarn. Das ist wirklich das Schlimmste".

Sein Freund Biggi hat ein Restaurant im Zentrum von Toulouse. „Man darf sich hier nichts vormachen. Ich bin dick, ich bin schwarz, ich habe einen Bart. Seit den Attentaten habe ich Kunden verloren. Viele Leute haben Angst, hier herzukommen. Dabei bin ich nicht mal Moslem. Aber das hat wirklich Spuren hinterlassen."

Es ist auffällig, dass es in den Vorstädten immer mehr Frauen gibt, die sich vollständig verschleiern, als noch vor ein paar Jahren. Deutlich mehr Männer tragen Bart und Djellabah, nicht nur Freitags wenn die großen Gebete stattfinden. „Mit der Krise hat sich die Lage der Leute ganz allgemein verschlechtert", sagt Alibi Montana, „gerade in den Vorstädten ist die Situation vieler Familien katastrophal, sie können nicht einmal mehr genug zu essen kaufen. Und jetzt kommen die ganzen Ereignisse dazu. Da zieht sich jeder auf seine kleine religiöse oder gesellschaftliche Gruppe zurück, weil ihm das Halt gibt, und er sich da am sichersten fühlt."

Zehn Jahre nach den Unruhen sind die Probleme der Arbeitslosigkeit nicht behoben, die *banlieues* bleiben weiter ‚Armenghettos', aber jetzt kommen religiöse Spannungen dazu. Die französische Gesellschaft ist nach den Attentaten von Merah und um Charlie mehr gespalten denn je. Die riesige Demonstration des 11. Januar 2015 nach den Attentaten hat Millionen Menschen auf die Straße gebracht. Muslime, Christen, Juden demonstrierten gemeinsam gegen Terror und Gewalt. Aber schon kurze Zeit später brachen die ‚kommunitaristischen' Tendenzen umso stärker aus.

Muslime fühlen sich stigmatisiert, weil man sie mit radikal-islamistischen Gewalttätern in einen Topf wirft. Die Jüdische Gemeinde beklagt den wachsenden Antisemitismus. Tausende Juden in Frankreich wollen das Land verlassen, obwohl sie dort aufgewachsen sind. Aber auch bei vielen ‚Ur'-Franzosen wächst der Frust. Die Krise schlägt vor allem dort zu, wo die Menschen auch schon vorher wenig hatten, die Hoffnungen, die sie in François Hollande gesetzt hatten, sind der Ernüchterung der finanziellen Realitäten eines hochverschuldeten Staates gewichen, der nicht in der Lage ist, die nötigen Reformen schnell und effizient durchzusetzen.

Fragt man Alibi Montana nach seiner Bilanz, wird er wütend: „Für die Leute in Paris ist die *banlieue* wie Ausland. Das ist nicht Frankreich. Und das ist nicht besser, sondern schlimmer geworden. Die Leute haben alle Illusionen verloren. Ich dürfte so eigentlich nicht sprechen. Aber das ist die Realität. Ich bin durch die Vorstädte der ganzen Republik gefahren. Ich habe da mit dieser Jugend gesprochen. Das ist hart. Die sagen Dir im Fernsehen lauter theoretische Sachen: ‚Wir werden dies machen, wir werden das machen'. Ich glaube, das ist alles nur hohles Gerede. Die Realität ist anders. Die Realität ist für viele richtig scheiße."

Über 30 Pläne zur Rettung der Vorstädte hat es in den letzten Jahren gegeben, keiner hat funktioniert. Sarkozy hatte einen ‚Marshallplan für die *banlieue*'. Hollande hat mit ‚Beschäftigung für die Zukunft' besondere Arbeitsplatzprogramme geschaffen, die auf die Jugend zugeschnitten sein sollten, doch in der Realität klappt das nur selten.

Nach den Charlie-Attentaten sprach Premierminister Manuel Valls von einer „territorialen Apartheit" in der Vorstädten. Er wurde dafür heftig kritisiert, auch aus den eigenen Reihen. Aber in der *banlieue* gab es viele, die ihm Recht gaben.

Von den Slums der späten 1950er Jahre über die Hochhausbauten bis zu ihrem Abriss und dem Versuch, die ‚Ghettoisierung' zumindest architektonisch aufzulösen – die soziale Misere ist aus den Vorstädten nie verschwunden, die soziale

Ausgrenzung verfestigte sich bereits wenige Jahre nach ihrer Konstruktion. Es ist eine Parallelgesellschaft entstanden. Dort leben Familien, in denen seit mehreren Generationen keiner mehr einen Job hat, oder in denen die dritte Generation vom Dealen lebt. Frankreichs Gesetze gelten hier nur auf dem Papier. Valls hat mit der ‚Apartheid' vielleicht einen ungeschickten Begriff gewählt, trifft aber in gewisser Weise die soziale Realität.

5.2 Integrationspolitik hat versagt

Der muslimische Gefängnisseelsorger Foudil Benabadji schlägt seit Jahren Alarm. Er macht die verfehlte Integrationspolitik Frankreichs für die Missstände verantwortlich. Er hat täglich mit den muslimischen Gefangenen zu tun, die häufig wegen kleinerer Delikte im Gefängnis sind, Delikte, die in den Vorstädten an der Tagesordnung sind. Wenn er Mittwochs Islam-Kurse gibt, oder Gefangene in ihren Zellen besucht, dann sieht er sie. Er hat täglich mit denen zu tun, die sich manipulieren lassen, lieber heute als morgen nach Syrien oder in den Irak ziehen wollen, oder den ‚heiligen Krieg' in Frankreich führen wollen. Es ist die vierte Generation von Einwandererkindern. Man hatte die *banlieue* für ihre Großeltern gebaut, aber schon zur Zeit der ersten Einwandererwelle in den 1960er Jahren hat man versäumt, den Menschen ein Frankreich-Gefühl zu vermitteln. Die Flüchtlinge oder Heimkehrer aus dem Algerienkrieg kamen in das Land der unbeliebten Kolonisatoren. Die Kinder wurden mit einer Frankreich-Antipathie groß. Die Jugendlichen haben sich nie integriert gefühlt. „Frankreich hat nie begriffen, dass man es hier nicht mit Maghrebinern zu tun hatte, sondern mit jungen Franzosen mit maghrebinischen Namen", sagt Foudil Benabadji. „Das System in Frankreich war darauf nicht eingestellt, und so gab es von Anfang an Probleme mit der Integration" (dazu auch Kirszbaum in diesem Band).

Der Djihad ist in diesem Umfeld eine Art ‚tödliche Mode' geworden. Die Hassprediger haben es leicht, die Jugendlichen zu erreichen, die den Eindruck haben, dass sie in diesem Land keine Perspektive haben. Religiöser Fanatismus von jungen Franzosen, aufgewachsen in einer Republik, die sie bekämpfen, weil sie sich dort nie zu Hause gefühlt haben. Weit über 1.000 Franzosen sind in der Welt unterwegs, um gegen den Westen und das eigene Land zu kämpfen. Sie sind hier geboren, haben nie Fuß gefasst. So entstand am Rande der Großstädte eine explosive Mischung aus Armut, Wut und Radikalisierung.

6 Zusammenfassung

Die *banlieues* sind eines der zentralen Probleme in Frankreich. Kein Präsident hat es bis heute geschafft, die territoriale und soziale Abschottung aufzuheben. Neue politische Maßnahmen sind zu langwierig, und die baulichen Veränderungen sind zwar langsam sichtbar, dauern aber Jahrzehnte. Frankreich hat in den 1960er Jahren mit der Einrichtung von großen, abgeschotteten ‚Betonghettos' den ersten Fehler gemacht, und die Integrationspolitik nie an die problematische demographische Situation in den *cités* angepasst. Jahrzehntelang wurden die Probleme der *banlieues* erfolgreich verdrängt, weit weg von den eleganten Stadtzentren fiel die zunehmende Entfremdung von der französischen Gesellschaft nur den direkt Betroffenen auf. Das änderte sich zwar mit den Unruhen, aber da war es längst zu spät, um die grundlegenden Probleme an der Wurzel zu bekämpfen. Alle politischen Willenserklärungen und Programme der letzten Jahre waren theoretisch gut gedacht, kommen aber in der Praxis nicht an. Kleinere Verbesserungen gibt es hier und da, aber die globale Situation hat sich verselbständigt, die Entwicklung ist faktisch nicht rückgängig zu machen. Die *banlieues* haben eine Eigendynamik entwickelt, dort gelten eigenen Gesetze. Die Vororte waren und bleiben Frankreichs ‚offene Wunde'. Alle Präsidenten haben mit Plänen und großen Worten versucht, sie zu heilen, alle sind daran gescheitert.

Die Geschichte der *banlieues* in Frankreich

Von der Mehrdeutigkeit der Definitionen zu den heutigen Besonderheiten[1]

Hervé Vieillard-Baron

Zusammenfassung

Die französischen *banlieues* wurden lange Zeit als Übergangsbereiche zwischen der Stadt und dem Land angesehen und sind im Laufe der Zeit und in großer Vielfalt entstanden. Sie sind nur begrenzt mit urbanen ‚Peripherien' anderer Länder vergleichbar und stellen in Frankreich nicht nur einen fragmentierten und ungleichbar ‚geschätzten' Raum dar, sondern auch eine Pluralität von Stereotypen, die von literarischen, bildlichen und filmischen Bezugnahmen herrühren, die einen Mythos hervorrufen, der die Vorstellungswelt nährt und gleichzeitig ‚soziale Angst' verräumlicht.

Jenseits der Vorstellungen lassen sich die raumbezogenen *banlieues* nicht auf eine einzelne physische Ausdrucksform reduzieren. Sie sind in Frankreich durch extrem unterschiedliche Bereiche geprägt: Industriegebiete, Handels- und Dienstleistungszonen, vielfältige Eigenheimgebiete, Großwohnsiedlungen oder Quartiere mit moderner Architektur innerhalb neu geschaffener Städte, den *villes nouvelles*.

Manchmal werden diese *banlieues* mit den ärmsten, benachteiligten Gebieten verwechselt und sie werden zu Unrecht mit ‚ethnischen' Ghettos gleichgesetzt, während die Herkunftsgebiete der Bewohner sehr unterschiedlich ausfallen und oft Integrationsprozesse weiterhin im Gange sind.

---

1 Aus dem Französischen von Florian Weber und Brigitte Weber.

1 Die Definitionen der *banlieues* schreiben sich in eine lange Geschichte ein

Die Texte und Diskurse, die die ‚Bilder' der *banlieue* in Frankreich produziert haben, verweisen meist auf identitätsbezogene Bestätigungen und ideologische Positionen. Oft besteht die Tendenz, die Geschichte und den ganz eigenen räumlichen Aspekt dabei zu vergessen. Es stimmt, dass der Sprachgebrauch in Bezug auf die *banlieue* paradox ist: einerseits arm, wenn man sich auf Erscheinungsbilder bezieht, andererseits sehr vielfältig, wenn man zu den Wurzeln der urbanen Geschichte zurückgeht.

Aus historischer Perspektive ist das Wort ‚*banlieue*' mit Mehrdeutigkeiten beladen, da es drei Bedeutungen umfasst, die zeitlich aufeinander folgen (hierzu auch Weber in diesem Band):

- eine juristische Bedeutung, die sich auf ‚Alltäglichkeiten' bezieht, das heißt, Rechte und Pflichten der Bewohner im Mittelalter,
- eine geographische Bedeutung, die eines urbanisierten Gürtels, der vom Zentrum abhängig ist,
- eine symbolische Bedeutung, die mit dem ‚Verruf' derer in Beziehung steht, die übereilt als Ausgeschlossene diskreditiert werden.

Die erste *banlieue* ist eng mit dem juristischen Zugang zur Stadt im Mittelalter verknüpft. Das Wort wird aus dem germanischen Ursprung ‚Bann', der sich sowohl auf die öffentliche Bekanntmachung als auch die Exklusion bezieht, und dem Begriff ‚*leuga*' (eine ‚*lieue*' ist eine alte Maßeinheit), der seit der gallo-romanischen Zeit genutzt wird, gebildet. ‚*Ban-lieue*' erscheint in Frankreich zum ersten Mal in einem Text aus der Region Picardie Ende des 12. Jahrhunderts, aber sein lateinisches Pendant (*Banni-leuga*) findet sich in Archiven aus dem Jahr 1036, die die Stadt Arras betreffen (Lombard-Jourdan 1972). Das Wort dient dazu, den Kranz zu bezeichnen, der die Stadt im Umfang einer ‚*lieue*' umgibt, das heißt 4.400 Meter für die französische ‚*lieue*'. Es unterscheidet sich vom Begriff ‚*faubourg*' (von *fors-borc*, das Städtchen außerhalb des abgeschlossenen Bereichs), der eine ausschließlich ökonomische Definition aufweist, indem dortigen Wirtschaftsaktivitäten Rechnung getragen wird.

Im 18. Jahrhundert gerät der juristische Zugang zur mittelalterlichen ‚*banlieue*' in den Hintergrund. Die Peripherie der großen Städte, besonders die von Paris, wird zum Ort der Sommerfrische, der vom Adel und dem gehobenen Bürgertum aufgesucht wird. Es werden so genannte ‚*folies*' errichtet, Landhäuser oder geräumige Herrenhäuser. Der Gebrauch des Wortes ändert sich allerdings radikal ab

Beginn der Restauration (1815-1830). Die *banlieue* bezeichnet nun eine vom Stadtzentrum abhängige Peripherie und schreibt sich in ein System von Werten ein, die die Stadt dem gegenüberstellt, was sie umgibt.

2 Eine negative Konnotierung seit dem 19. Jahrhundert

Die ersten wirklich abwertenden Bezugnahmen erscheinen in Frankreich zu Beginn des 19. Jahrhunderts. Sie finden sich beispielsweise bei Louis Reybaud (1799-1879), einem wenig bekannten französischen Romanautor, der eine Romanfigur sagen lässt: „Sie haben hier eine Hose, die leicht *banlieue* ist; bemühen Sie sich, sich beim nächsten Mal anders zu kleiden, mein Kamerad."[2] (Reybaud 1842, S. 73). Der Autor hebt auch den Unterschied der Immobilienpreise zwischen Hauptstadt und Peripherie hervor: „Man kauft zu niedrigen Preisen (die Räumlichkeiten) in der *banlieue*, um dann in Paris die Kunden zu Hause auszubeuten." (ebd.). Auch wenn die Nahrungsmittel zu dieser Zeit in der *banlieue* teurer waren, waren die Bodenpreise, die Mieten und vor allem auch die Gehälter der Arbeiter dort geringer als in Paris.

Das Werk mit dem Titel ‚Le Petit Chose, histoire d'un enfant' von Alphonse Daudet (1993 [1868]) vermittelt eine andere abschätzige Sicht der *banlieue*. Nach einer heftigen Niederlage in der Dichtkunst stellt die Anstellung der Hauptfigur in einem ‚Theater der *banlieue*' das sichtbare Zeichen eines sozialen Abstiegs dar. Alles verbindet sich im Werk dazu, von der *banlieue* das Bild eines physischen und moralischen Abstiegs zu vermitteln:

- die Kulisse („Die großen verlassenen Alleen, in denen schweigende Menschen in Kitteln, langhaarige Mädchen und lange Gehröcke der graugewandeten Patrouillen umherstreifen"[3]);
- das Hotel Garni mit sieben Etagen „mit seinem grünen und klebrigen Geländer"[4];
- die Personen (Söhne von Frisören oder kleinen Händlern, die wandernde Schauspieler aufgrund von „Faulenzerei"[5] wurden);

2 „Vous avez là un pantalon qui est légèrement banlieue ; tâchez de vous culotter autrement à la prochaine garde, mon camarade."

3 „Ces grandes avenues désertes où rôdaient des blouses silencieuses, des filles en cheveux et les longues redingotes des patrouilles grises."

4 „Avec sa rampe verte et poisseuse".

5 „Fainéantise".

- die Beziehung von Petit Chose mit Irma Borel, die den „Wein literweise trinkt“[6] und sich darüber amüsiert, „das Leben armer Künstler zu spielen“[7].

Die *banlieue parisienne* (also die *banlieue* rund um Paris) des 19. Jahrhunderts verfügt über eine ganz eigene ‚Zeitlichkeit‘, nachdem sie vom Rückzugsort der Aristokratie zu dem des einfachen Volks geworden war: sie stellt einen Übergang dar, um die Welt der Stadt zu betreten. Der Rhythmus ist hier ruhig, im Gegensatz zum Zentrum (Faure 1986). In der Nähe der Stadttore von Paris führen die Theater der ‚Barrieren‘, die die Massen im *Second Empire* (1851-1870) begeistern, die Zuschauer in diesen Übergang ein. Das melodramatische Repertoire lässt Dramen, Possen, Lieder und Intermezzi auf dem Piano aufeinanderfolgen. Die Stücke, die von den Theatern der Batignolles, der Gobelins, von Montmartre, Grenelle oder Belleville gespielt werden, sind voller Episoden, die die vom Unglück überrollten Armen zeigen, die aber die Widrigkeiten mit Mut überwinden.

Der Umstand selbst, zu den Aufführungen zu gehen, ist nicht ohne Folge: der Arbeiter und der Gemüsegärtner, die von ihren Frauen dazu gedrängt werden, fügen sich in eine gewisse soziale Ordnung ein; sie sehen davon ab, zu rauchen und zu trinken; sie willigen ein, ihre Kinder zu Hause zu lassen; sie lernen die ‚guten Manieren‘ des öffentlichen Raums. Sie dringen damit in die Urbanität des Zentrums vor – in die des Pariser Feierns, eine subtile Mischung stillschweigender Empathie und des gegenseitigen Respekts. Dadurch verlieren der Arbeiter und der Gemüsegärtner einen Teil ihrer Unbeholfenheit, ohne sich in Gänze von der ‚Herzlichkeit‘ der Arbeitergemeinschaft zu entfernen. Es geht darum, den stigmatisierenden Bewertungen, die dem gemeinen Volk durch die Bourgeoise entgegengebracht werden, zu begegnen.

Historisch betrachtet ist es die machtvolle Welle der Industrialisierung, die sich in Frankreich zwischen 1845 und 1869 ausbreitet, die stark zum Wachstum der *banlieue parisienne* beiträgt. Zusammenhängend mit der Entwicklung der Eisenbahn wird sie die Unterscheidung zwischen *banlieues résidentielles*, den Wohnbereichen der *banlieues*, und den *banlieues industrielles*, den Industriegebieten, verstärken. Der quantitative und qualitative Wandel, der sich im Produktionssystem vollzieht, führt zu einem bisher nie in dieser Form dagewesenen Ruf nach Arbeitskräften für die neuen Fabriken. Die Landflucht findet in den *banlieues* ein besonders praktisches Auffangbecken.

Tatsächlich stellt die direkt um die Städte liegende Peripherie eine optimale Antwort für die wirtschaftlichen Bedingungen dar, die durch die großen Indust-

6 „Buvait le vin au litre“.

7 „À jouer au ménage d'artistes pauvres“.

riearbeitgeber gesucht werden. Es geht darum, in der Nähe der Arbeitskräfte, der Märkte und der städtischen Dienstleistungen, der Transportmittel, der Versicherungen und der Banken zu sein. Beispielsweise ging die Gemeinde von Saint-Denis im Norden von Paris, die unter dem *Ancien Régime* eine unabhängige Stadt war und von der Strahlkraft seiner Basilika, der gotischen Kathedrale von Saint-Denis, und seiner Messe profitierte, im Laufe des 19. Jahrhunderts in den Stand einer industriellen, von der Hauptstadt abhängigen *banlieue* über.

Im Jahr 1860 drängt die Anbindung der im Inneren des Befestigungsgürtels gelegenen Gemeinden an Paris die Märkte und Industrien nach außen. Um den Pariser Zöllen (Abgaben, die für Waren beim Eintritt in die Stadt zu entrichten sind) zu entkommen, siedeln sich diese Märkte und Fabriken zuerst auf den ebenen Gebieten der Plaine Saint-Denis an, bevor sie in die Stadt Saint-Denis hineinreichen.

Die Trümpfe dieser Ortswahl werden noch einmal mit der Entwicklung der Wirtschaftsaktivitäten des Kanals Saint-Denis und der Eisenbahnanbindung an die Strecke Paris-Lille deutlicher. Im Jahr 1891 hat Saint-Denis eine hohe Arbeiterbevölkerungszahl hinzugewonnen, aber einen großen Teil seiner Autonomie und seiner eigenen Strahlkraft verloren. Die Stadt überholt Boulogne-Billancourt und Aubervilliers und nimmt mehr als 13.500 Arbeiter auf, was zu einer Zahl von insgesamt 50.000 Einwohnern führt.

Eine weitere nennenswerte Veränderung vollzieht sich innerhalb von fünfzig Jahren, von 1860 bis 1910. Das langsame Wachstum der *fauborgs* steht dem extrem schnellen Wachstum der nahen *banlieues* gegenüber. Bis 1860 hatten die Stadt und die *faubourgs* es geschafft, die ersten Fabriken und Arbeiter zu halten, was danach nicht mehr der Fall ist.

Zusammengefasst kommt es zur Urbanisierung der *banlieues*, allerdings sind einige in einer besseren Position als andere. Zum Ende des 19. Jahrhunderts zählt Neuilly im Westen von Paris nur ein Drittel überbelegter Wohnungen, während es in den Nachbargemeinden zwei Drittel der Wohnungen sind, die ungesund und überbelegt sind. Das räumliche Auseinanderdriften der Stadt wird durch eine Trennung von Wohn- und Arbeitsort begleitet. Arbeiter können kaum noch ihren Arbeitsort zu Fuß erreichen. Es ist festzuhalten, dass Haussmann, Präfekt der Seine von 1853 bis 1870, sich wenig für die Gebiete an den Rändern von Paris, die unter seiner Aufsicht standen, interessierte. Nachdem er einen Teil der Arbeiterbevölkerung aus dem Stadtzentrum von Paris vertrieben hatte, ließ er eine Ansiedlung von Fabriken und den Bau von Wohnungen in der *banlieue* im größten Durcheinander zu. Schließlich bemühten sich zu Beginn der Dritten Republik die linksgerichteten Gemeinden darum, möglichst lange die Bevölkerungsgruppen der Arbeiterschicht aus wahltaktischen Gründen innerhalb der Grenzen der Hauptstadt zu halten. Beziehungen nach innen wurden denen nach außen vorgezogen. Die Metro wird im

Übrigen ebenfalls in dieser Perspektive errichtet. Das bedeutet, dass die Züge, die die äußeren Gemeinden erreichen in starkem Maße die Ansiedlung der Industrien und der Wohnsiedlungen nach 1860 beeinflussen. Beispielsweise ist die ‚cité des Chemins de fer du Nord', die Siedlung der Eisenbahn des Nordens, in Drancy direkt mit der Schiene verbunden, so wie es der Name anzeigt.

Zu Beginn des 20. Jahrhunderts vollzieht ein Großteil der großen Städte Frankreichs Veränderungsprozesse, ähnlich wie in Paris, aber langsamer. Die ‚Haussmannisierung' betrifft sowohl Lille als auch Lyon, Bordeaux oder Toulouse. Die alte Gegenüberstellung von mit Festungsmauern befestigter Stadt und äußeren *fauborgs* findet sich im Kontext einer massiven Industrialisierung zwischen einer von der Bourgeoise dominierten Zentralstadt und einer stark vom Zentrum abhängigen Arbeiter-*banlieue* wieder. Was Paris und Lyon betrifft, so wird die *banlieue* so stark anwachsen, dass sie das Stadtzentrum in Bezug auf die Einwohnerzahl übertrifft – mit dem Risiko, eine neue Bedrohung für die herrschende Bourgeoise darzustellen.

Drei Jahre vor dem Ausbruch des Ersten Weltkriegs zählte die Stadt Paris innerhalb ihrer Befestigungsanlagen ungefähr 2,85 Millionen Einwohner, während die *banlieue* 1,266 Millionen erreichte. Seit dieser Zeit prägt die *banlieue* das demografische Wachstum der Pariser Agglomeration. Sie fungiert als mächtiger Anziehungspol. Vor Beginn des Zweiten Weltkriegs zählt die Agglomeration rund 6 Millionen Einwohner, von den 3,2 Millionen in der *banlieue* wohnen.

3 Unklarheiten, die soziale Teilungen betonen

Mit der industriellen Revolution werden die sozialen Differenzierungen des Raums klarer und das Wort ‚*banlieue*' lädt sich mit noch negativeren Zuschreibungen auf. Die großen französischen Städte beginnen, an die Peripherie die Bevölkerungsgruppen abzuschieben, die sie nicht mehr unterbringen können. Und die ländlichen Gemeinden schicken dort die Menschen hin, die sie nicht mehr ernähren können. Die *banlieue* wird ein Auffangbecken für alle störenden und umweltverschmutzenden Aktivitäten: Werkstätten, Rangierbahnhöfe, Kläranlagen, Gaswerke, Mülldeponien. Zahlreiche Dienstleistungsgewerbe siedeln sich an, wie Sportanlagen, psychiatrische Krankenhäuser, Hospize, Gefängnisse, Friedhöfe.

Heute ist die *banlieue* ein bebauter ‚Gürtel', der eine Vielzahl an Gebieten vereint – sowohl Gemeinden, die eine lange Geschichte hinter sich haben, als auch sehr kleine Orte, die überproportional mit dem Bau von Einfamilienhäusern zwischen 1880 und 1940 und Großwohnsiedlungen der 1960er und 1970er Jahre gewachsen sind (siehe hierzu auch Marchal, Stébé und Bertier sowie Weber in diesem Band).

Administrativ gesehen unterliegt die *banlieue* erst seit 1945 einem statistischen Zugang. Für das nationale Statistikinstitut Insee[8], das nach dem Zweiten Weltkrieg gegründet wurde, ist die *banlieue* das Ergebnis einer Subtraktion: Sie ist das Gebiet der Agglomeration, von dem das Stadtzentrum abgezogen wird. Zu jeder Volkszählung wird der Bereich der Agglomeration neu definiert, wobei alle Gemeinden hinzugezählt werden, die sich in ‚urbaner Kontinuität'[9] befinden und so einen geschlossenen urbanen Bereich bilden. Auf diese Weise ist die *banlieue parisienne* von 279 Gemeinden im Jahr 1968 und 378 Gemeinden im Jahr 1990 auf 395 im Jahr 1999 und schließlich 410 im Jahr 2012 angewachsen. Für Gesamtfrankreich zählte das Insee auf Grundlage von Kriterien, die auf durchgehender Bebauung ausgehend vom Stadtzentrum basieren, für das Jahr 1999 insgesamt 3.744 Gemeinden zu den *banlieues*, was 20,3 Millionen Einwohner auf etwa sieben Prozent des gesamten nationalen Staatsgebiets ausmacht. Auch wenn die Pariser *banlieue* zeitlich und quantitativ gesehen die erste Frankreichs ist, steht sie nicht alleine da.

Ende der 1990er Jahre entwickelte das Insee eine neue Zonierung – die der ‚*aire urbaine*', des urbanen Bereichs (ZAU), die das dominierend urbane Gebiet auf Grundlage der Beschäftigungszahl bemisst und nicht mehr nach demografischem Wachstum oder räumlicher Ausdehnung, wie es früher bei der *banlieue* der Fall war. Technisch-administrativ gesehen verfügt die ‚*aire urbaine*' über einen urbanen Pol, der mehr als 5.000 Arbeitsplätze vereint, und einen periurbanen Bereich, der aus Gemeinden besteht, von denen jeweils mindestens 40 Prozent ihrer aktiven Bevölkerung in diesem Pol oder den anderen Gemeinden dieses Bereichs arbeitet. Die traditionelle *banlieue* ist in diesen Pol, der als multikommunale Agglomeration zu verstehen ist, eingeschlossen.

Die ‚Metropole des *Grand Paris*', des ‚Großraums Paris', die 2016 administrativ eingerichtet werden soll, wird in etwa diesem urbanen Pol entsprechen, das heißt, der Stadt Paris und den drei angrenzenden *départements*, die mit der Hauptstadt eine bauliche Einheit bilden: Hauts-de-Seine, Seine-Saint-Denis und Val-de-Marne. Auf diese Weise entsteht ein Gebilde mit 6,5 Millionen Einwohnern, das zwei zentrale Zuständigkeiten erhalten wird: Städtebau (mit der Verabschiedung eines metropolitanen Bebauungsplans) und Finanzsolidarität (was eine finanzielle Umverteilung zwischen reichen und armen Gebieten erlaubt). Indem es auch die finanziellen Ressourcen der alten Agglomerationszusammenschlüsse, der *communautés d'agglomération*, nutzen kann, wird das Grand Paris auch für die Politik der ‚*quartiers*

8 Institut national de la statistique et des études économiques.

9 ‚Urbane Kontinuität' stellt eine Maßgröße des Insee dar: Wohnbebauung liegt danach jeweils nicht weiter als 200 Meter voneinander entfernt.

sensibles', der ‚Problemgebiete' (dazu Tissot 2012; Weber 2013), der Wirtschafts-, Sozial- und Kulturentwicklung sowie der Umwelt verantwortlich zeichnen.

Zusammengefasst führt der Begriff ‚*banlieue*' zu Vermischungen und Unklarheiten, wenn nicht nur das Sichtbare, sondern auch Zuschreibungen berücksichtigt werden:

- Unklarheit zwischen dem Teil und dem Ganzen, zwischen Singular und Plural, wobei sich Bereiche ‚der *banlieue*' rund um ein zentrales Stadtzentrum aus mehreren Gemeinden dieser *banlieue* mit jeweils eigener Identität zusammensetzen;
- Unklarheit zwischen den Gebieten rund um die Stadtzentren und den Problemgebieten, wobei gerade auch Stadtzentren problembeladene Bereiche aufweisen und zahlreiche Gemeinden der *banlieue* keine spezifischen Probleme kennen;
- Unklarheit zwischen den benachteiligten Quartieren und Ghettos mit ‚ethnischem' Touch, wobei in den heutigen *cités*, den Großwohnsiedlungen, die Zusammensetzungen nach Nationalitäten sehr vielfältig ausfallen und Integrationsprozesse durchaus auch ablaufen;
- Unklarheit zwischen Wirtschaftszonen und Lebensbereichen, wobei selbst die Pendlerbewegungen Wohnen-Arbeiten nicht aufhören, sich weiterzuentwickeln.

4 Gemeinden der *banlieue* – extrem vielfältig und ungleich wahrgenommen

Auch jenseits der Zuschreibungen lässt sich die geographische *banlieue* nicht auf ein bestimmtes Erscheinungsbild reduzieren. Sie wird in Frankreich durch extrem vielfältige Landschaften geprägt: Industriebereiche, Wirtschafts- und Dienstleistungsbereiche, Mehrfamilienhäuser mittlerer Größe, einzelne Häuschen, vielfältige Mehrfamilienhauskomplexe, Großwohnsiedlungen oder neugeplante Viertel mit innovativer Architektur – in einem fraktalen Nebeneinander (dazu auch Viellard-Baron 2011).

Die Entwicklung von *Einfamilienhausbereichen* erklärt sich in erster Linie durch den Umstand, dass das Einfamilienhaus einem Streben der Franzosen entspricht, das nie wirklich aufgehört hat, zu bestehen. Für bescheidenere Haushalte ist es ein Traum, Zugang zu Wohneigentum zu erhalten, einen kleinen Garten und eigenen Freiraum mit ‚Licht und Luft' zu besitzen (vgl. dazu Bourdieu et al. 1998).

Nach dem Ersten Weltkrieg hat der Staat ein großes Interesse daran, die Siedlungsentwicklung der randlichen Bereiche sich selbst zu überlassen: sie stellt eine Antwort auf das Bevölkerungswachstum rund um die großen Agglomerationen dar, sie kostet für die Gebietskörperschaften wenig und ermöglicht es, eine Bevölkerung, die traditionell eine hohe Protestkultur aufweist, zu stabilisieren. Indem der Eigeninitiative großer Raum eingeräumt wird, spiegeln die Siedlungen auch die Veränderungen wider, die sich im Bau von Immobilien vollzogen haben. Genauer gesagt ist es die eigene Schaffung von Wohnraum, die sich in den 1900er Jahren entwickelt und die in den 1920er Jahren sehr erfolgreich wird. Für Arbeitnehmer mit beschränkten finanziellen Mitteln stellt sie die einzige Möglichkeit dar, zum Eigentümer zu werden. Die schrittweise Erstellung des eigenen Hauses ermöglicht es, im eigenen Rhythmus voranzuschreiten. Die ‚*cabane*' (‚Hütte') oder der ‚*sam'suffit*' (*ça me suffit* – 's reicht mir) kann nach und nach erweitert und der kleine Garten kann mit Gemüseanbau und Kaninchenställen ausgebaut werden – im Gegensatz zu den Großwohnsiedlungen der 1960er Jahre, die durch sehr strenge Normen geregelt waren.

Die Eisenbahn spielt eine zentrale Rolle bei der Dynamik der Siedlungen. Sie steuert in großen Teilen ihre Entwicklung. Eine Karte der Region um Paris zeigt, dass sich ein großer Teil der Siedlungen wie bei einer Perlenkette entlang der *banlieue*-Zuglinien in der Nähe der Bahnhöfe aneinanderreiht. Oft geht die Eisenbahn der Urbanisierung voraus, sie gibt ihre Entwicklungslinien vor, ob in Clamart, in Meudon oder in Raincy beispielsweise (so wie bei den ‚*Streetcar-Suburbs*' in den USA, dazu Kühne und Schönwald 2015). Der Abstand zu den Bahnhöfen spielt ebenfalls eine zentrale Rolle in Bezug auf den Grundstückspreis und das Siedlungswachstum. Die fünf Gemeinden, die über die Bahnhöfe von Palaiseau, Orsay, Bures, Gif und Saint-Rémy bedient werden (um innerhalb der *banlieue parisienne* zu bleiben), erleben, wie sich ihre Bevölkerung zwischen 1876 und 1936 fast verdreifacht. Ihre Bevölkerung verdoppelt sich noch einmal zwischen 1946 und 1962, um schließlich rund 36.000 Einwohner zu erreichen. Im Gegensatz dazu erreichten die fünfzehn angrenzenden Gemeinden, die aber nicht an die Bahn angebunden sind, kaum eine Verdoppelung der Einwohnerzahl zwischen 1876 und 1962.

Nach der Phase der Gartenstädte, den ‚*cité-jardins*', die zwischen den beiden Weltkriegen auf Initiative von Henri Sellier, dem ehemaligen Bürgermeister von Suresnes (Gemeinde westlich von Paris) errichtet wurden, ist es die Verbindung aus politischem Willen, einer einheitlichen Planung, einer Industrialisierung des Bauens und starker Finanzspielräume, die es dem französischen Staat erlauben, in den 1960er und 1970er Jahren den Bau von Großwohnsiedlungen nicht nur am Rand der großen Agglomerationen, sondern auch in den randlichen Gebieten kleinerer und mittlerer Städte sicherzustellen. Diese *Großwohnsiedlungen*, die die Moderne nach 1945 symbolisieren, stellen einen starken Kontrast zu den Einfamilienhäusern dar, die als altmodisch und ungeplant angesehen werden (dazu auch Weber et al. 2012).

Als indirekte Konsequenzen einer Vereinheitlichung des Konsums (im Zuge des Fordismus) sind sie durch Rationalisierung, Gleichförmigkeit und Standardisierung geprägt. Als fehlgeleitetes Ergebnis von Konzepten, die von Walter Gropius und Le Corbusier entwickelt wurden, können diese Großwohnsiedlungen als relativ autonome Gebäudegruppen definiert werden, die mindestens 1.000 Wohneinheiten und Gemeinschaftseinrichtungen umfassen. Der Bruch in der Formensprache, den sie im ‚Universum' der *banlieue* durch die Fülle an Hochhaustürmen und Hochhausriegeln hineinbringen, lässt sie wie eine Welt für sich aussehen.

Da die kommunale Ebene von den Verantwortlichen als nicht qualifiziert für das Ausmaß der Projekte eingestuft wurde, profiliert sich die Zentralverwaltung mit Sitz in Paris als großer Anweisungsbefugter im Namen der städtebaulichen Ordnung. Um einen Notstand aufgrund fehlender Wohnungen zu verhindern und um den Forderungen der Wirtschaft zu entsprechen, setzt sie auf ‚Gigantismus', besonders im Rahmen der ZUP (‚*zone à urbaniser en priorité*', vorrangig zu urbanisierende Gebiete) und ZAC (‚*zone d'aménagement concertée*', Gebiet gemeinschaftlicher Planung). Im Durchschnitt liegt die Größe der Projekte knapp über 3.000 Wohneinheiten (dazu Monnier und Klein 2002).

Die französischen Großwohnsiedlungen, ursprünglich als ‚Wiege' einer neuen Gesellschaft geplant, werden schnell zu Orten sozialer Spannungen und schließlich für einige der Bewohner, zu Gebieten der Exklusion (dazu auch Kirszbaum in diesem Band). Die Abwanderung von Teilen der Mittelschicht, die hohe Arbeitslosigkeit unter den gering Qualifizierten, die Verarmung der Haushalte und die Ankunft zahlreicher Familien mit Migrationshintergrund veränderten tiefgreifend das Prinzip der ‚sozialen Mischung', die dieser Wohntyp angeblich anstrebte. Heute befördern die Großwohnsiedlungen das Thema des Zerfalls der Stadt und das anti-urbane Gefühl, das einen Teil der französischen Gesellschaft durchzieht.

In Frankreich unterscheiden sich die Gemeinden der *banlieue*, wenn man die urbane Form einmal beiseitelässt, zunächst in ihrer demografischen und wirtschaftlicher Dynamik, ihrer Dimension, ihrer Bevölkerung und der Bedeutung des Stadtzentrums, mit dem sie verbunden sind.

Abgesehen von der *banlieue parisienne* kann der Agglomerationsbereich bis zu zwei Drittel der Bewohner des urbanen Bereichs, zu dem er gehört, umfassen, wie beispielsweise die Agglomeration von Lyon. Im Jahr 2012 beherbergte das Zentrum von Lyon 496.000 Bewohner, deren *banlieue* insgesamt 1.050.000 Bewohner, aufgeteilt auf ungefähr 100 Gemeinden. In mittleren Agglomerationsbereichen lebt in einigen Stadtzentren nur eine Bevölkerungsminderheit, die Mehrheit dagegen in den *banlieues*, so wie in Chartres, Cherbourg, Montargis oder Saint-Omer.

Die Bevölkerungsdichte ist ein weiteres Unterscheidungsmerkmal. Global gesehen, je bevölkerter die Agglomerationen sind, umso höher sind die Dichtegrade in den umliegenden Bereichen. Im Gegensatz zu dieser weit verbreiteten Meinung weisen die Großwohnsiedlungen oft geringere Dichten als die gedrängten Parzellen alter Arbeitergemeinden auf. Bestand nicht gerade das modernistische Ziel der Charta von Athen darin, den Bereich rund um die Gebäudesubstanz freizuhalten?

Ein Blick auf die Bevölkerungsentwicklung der *banlieues* seit 1962 zeigt, dass ihr Wachstum zu Beginn aus einem sehr günstigen Wanderungssaldo resultiert: Dies ist der Fall für die Gemeinden, in denen Großwohnsiedlungen errichtet wurden oder die in den Bereichen der *Villes Nouvelles* (‚Neue Städte' – Planstädte, die ab den 1960er Jahren, vor allem rund um Paris, angelegt wurden) eingeschlossen wurden. Lange Zeit ist die Bevölkerung der *banlieue* jünger als die der Zentren: Im Jahr 1982 waren 22 Prozent jünger als 18 Jahre gegenüber 17,5 Prozent in den Zentren. In einigen von ihnen war 1999 noch die Hälfte der Bevölkerung jünger als 30 Jahre, wie beispielsweise in Echirolles bei Grenoble, Vaulx-en-Velin, Les Mureaux, Grigny und Grande-Synthe bei Dünkirchen. Seit den 2000er Jahren verändert sich die Lage allerdings.

Ein weiteres Unterscheidungsmerkmal bildet das vorherrschende Profil der Beschäftigten. Entsprechend werden die *banlieues populaires* mit einer Mehrheit an Arbeitern und Angestellten von den *banlieues bourgeoises* unterschieden, in denen ein hoher Anteil an Führungskräften aus Unternehmen und höheren Berufsgruppen lebt (dazu auch Marchal, Stébé und Bertier in diesem Band).

In den Agglomerationen von Paris und Lyon lässt sich die Tendenz erkennen, dass sich die vorherrschenden sozialen Profile der 1960er Jahre innerhalb der Gemeinden in den *banlieues* verstärken. Es kommt zu einer Gentrifizierung der *banlieues* dort, wo der Anteil an Führungskräften und freiberuflich Tätigen bereits zwischen den beiden Weltkriegen erhöht war. Parallel dazu hatte der Arbeitercharakter der alten ‚*banlieues rouges*', der ‚roten', oft kommunistischen *banlieues,* bis etwa 2010 Bestand, was aber an drei zentrale Sachverhalte geknüpft ist: Verarmung von Haushalten mit geringen Einkommen (mit ethnischen Konzentrationsprozessen, so wie im *département* Seine-Saint-Denis), Rückgang von Arbeitern zugunsten von Angestellten, Gentrifizierung der sehr nahe am Stadtzentrum gelegenen Bereiche.

In der Tat sind die geographischen Grenzen der Segregation sehr komplex. Der Rückgang des Steuerpotentials der Gemeinden der *banlieue* vollzieht sich nicht in regelmäßigen, konzentrischen Kreisen vom Stadtzentrum ausgehend. Die *Direction Générale des Impôts*, das französische Steueramt, bestätigt dies auf kartografischer Grundlage der zu versteuernden Einkommen und des Anteils nicht steuerpflichtiger Haushalte pro Gemeinde. Sie zeigt auch, dass die Unterscheidung ‚Region Paris/Rest Frankreich' ausgeprägter ist als die Unterscheidung ‚Zentrum/Peripherie'. Im Jahr 2011 lag der Anteil nicht steuerpflichtiger Einkommen in der

Ile-de-France bei ungefähr 30 Prozent, auf nationaler Ebene dagegen bei 46 Prozent. Die kommunalen Steuerpotentiale variieren untereinander zwischen 1 und 20: manche Gemeinden der *banlieue*, die über große Wirtschaftszonen verfügen, profitieren von einem großen Steuerzufluss, wohingegen sie nach außen hin nur als Schlafstädte der *banlieues* erscheinen. Letzten Endes geht der Wert mancher Gemeinden der *banlieue* (imposante Bauwerke, spezielle Dienstleistungen, wichtige Gymnasien, namhafte Universitätszentren, Aktivitäten mit hoher Wertschöpfung) Hand in Hand mit der Ausgrenzung anderer physisch degradierter, wirtschaftlich vernachlässigter und sozial zurückgelassener Bereiche.

Im Gesamtbild zeigt sich damit, dass es unmöglich ist, die *banlieue* auf einheitliche Weise zu definieren. So wie sich bessergestellte und arme *banlieues* beobachten lassen, so besteht auch eine ganze Fülle an *banlieues* auf einer mittleren Ebene, die ungleich ausgestattete Bereiche umfassen.

5 Eine Zunahme von ‚Ghettos'?

Die Bezeichnung ‚*quartier sensible*', ‚Problemviertel', die impliziert wird, wenn man von der *banlieue* spricht, wirft für Wissenschaftler allerdings viele Fragen auf. Der Begriff des ‚Ghettos', der sehr häufig angeführt wird, um diese ‚Problemviertel' zu beschreiben, ist allerdings nicht adäquat, da er auf einen besonderen kulturellen Zugang Bezug nimmt, der eine religiöse Kennzeichnung aus längst vergangenen Zeiten zugrunde legt. So wie die Worte ‚*banlieue*' und ‚*cité* (Großwohnsiedlung) scheint er den aktuellen medialen Reiz in Richtung von Marginalität und Formen der Devianz (dazu Mucchielli und Tijé-Dra in diesem Band), die mit ihnen verbunden sind, zu befeuern.

Der Begriff ‚Ghetto', im Jahr 1516 in Venedig erstmals gebraucht, bezeichnete im 20. Jahrhundert die Enklaven, die für die Aufnahme von Migranten bestimmt waren, die Viertel von schwarzen Amerikanern und die von den Nationalsozialisten für Juden eingerichteten Quartiere. In Frankreich kam er in den 1970er Jahren erneut auf, um Konzentrationsbereiche von Immigranten im Zusammenhang mit Armenvierteln, Aufnahmelagern und Heimen für Arbeitsmigranten zu beschreiben. Die Gewaltausschreitungen, die mit der Apartheid in Südafrika, Aufständen schwarzer Amerikaner und Märschen der Protestanten in Nordirland vor dem Waffenstillstand in Verbindung stehen, haben dem Wort neue Facetten verschafft, ohne dass allerdings sein Gebrauch genauer bestimmt worden wäre.

Eine Konzentration von Ausländern und eine Häufung von Armut in einem bestimmten Gebiet, so marginalisiert es auch in Bezug auf den Standort sein mag, genügt nicht, um ein ‚Ghetto' zu erzeugen. Das ‚Ghetto' bestimmt sich über eine

Bündelung von einem von oben auferlegten Wohnzwang, einer geographischen Abgeschlossenheit, einer Stigmatisierung und dem Gefühl einer Gemeinschaftszugehörigkeit, die auf einem ethnisch-religiösen Fundament fußt.

Ohne Zweifel hat ein Großteil der Haushalte der *zones sensibles*, der ‚sensiblen Zonen' (siehe hierzu Weber in diesem Band), es sich nicht ausgesucht, in diesen Vierteln zu leben. Gleichwohl erleiden sie nicht eine vergleichbare Stigmatisierung wie die Juden in den Ghettos. Ohne Zweifel verschärfen sich Formen der Stigmatisierung, die auf der Herkunft begründet liegen, in den *cités*, aber sie führen nicht zwingend zu einer Abgeschlossenheit und auch nicht zu einem *communautarisme*, einem abgeschiedenen Unter-sich-Sein innerhalb einer Gruppe (dazu auch Weber 2013).

Der mediale ‚Scheinwerfer' aufgrund von Unruhen, terroristischen Handlungen oder einigen Jugendbanden darf den Blick nicht verstellen. Die ‚*cités sensibles*', die problematischen Großwohnsiedlungen, sind stärker von einem ‚jeder für sich' als durch kollektive Solidarität geprägt. Abgesehen von den Präsidentschaftswahlen 2007 fällt die Wahlbeteiligung dort begrenzt aus. Beteiligung in unterschiedlichen Bereichen des täglichen Lebens ist extrem schwach ausgeprägt. Warum sollten die Haushalte danach streben, sich kennenzulernen und sich zu solidarisieren, wenn sie offensichtliche Alltäglichkeit teilen, wenn sie von finanziellen Problemen überwältigt werden, wenn sie mit ihren Kindern überfordert sind und wenn der dauernde Wegzug von Nachbarn ihnen das Gefühl einer langsamen Erosion ins völlige Abseits vermittelt? Die besonders armen Familien, oft mit Migrationshintergrund, finden sich aufgrund fehlender Alternativen in den gleichen Gebieten wieder, wenn sie keine anderen Wahlmöglichkeiten haben.

Die geographische Abgeschlossenheit ist ebenso wenig ein absolut überzeugendes Argument, um das ‚Ghetto' zu legitimieren. Ein Teil der *zones sensibles* befindet sich im Zentrum der Agglomerationen, beispielsweise in Perpignan, Nîmes, Béziers oder Lunel, um Beispiele aus der Region Languedoc-Roussillon im Südwesten Frankreichs anzuführen.

Um noch exakter zu sein, sind die ‚sensiblen Quartiere' keine ‚Ghettos', aber sie erfahren eine ‚Spannung' in Richtung eines ‚Ghettos', das heißt, eine Situation, die die Gefahr birgt, wenn sie sich fortentwickelt, zur Abgeschlossenheit, ja sogar zur ‚Implosion' zu führen: ein für prekäre Haushalte blockierter Wohnungswechsel, Flucht mittlerer Einkommensgruppen, massive Arbeitslosigkeit (bis zu 60 Prozent bei Jugendlichen), Diskriminierung bei Anstellungen, Verarmung, Schulversagen, illegaler Handel, Fortbestehen von Stigmata, die mit der Kolonialgeschichte im Zusammenhang stehen.

Es ist die Verbindung von verdeckten Prozessen, die am besten diese Spannungen ausdrücken. In einer Gesellschaft, die vom Individualismus geprägt ist, wird der Umstand, arm und arbeitslos zu sein, wie eine Form des sozialen Abstiegs wahrgenommen.

Was zählt, ist nicht so sehr der Wunsch der Haushalte in besonderer Armut, sich einzugliedern, sondern Strategien der Flucht oder des sich Absetzens von anderen Haushalten zu entwickeln. Es gibt keinen freiwilligen Zusammenschluss der Ärmsten, sondern nur erlittene Situationen, die automatisch aus Entscheidungen von Haushalten resultieren, die die Chance haben, wählen zu können. So vollzieht sich der Ausschluss, der zur Ghettoisierung führt, nicht am Rand, nicht von unten: Er lässt zuerst die mittleren Schichten aktiv werden, deren Hauptziele darin liegen, ihre soziale Position aufrecht zu erhalten (Maurin 2004).

Die Ungleichheiten dieses Kontextes, die auf den Haushalten lasten, verstärkten die sozio-ökonomischen Ungleichheiten. Folglich bringen Maßnahmen, die darauf abzielen, die sichtbarsten Segregationserscheinungen zu hemmen, nicht die erwarteten Ergebnisse. Alles läuft so ab, als ob die politischen Entscheidungsträger nicht dahin gelangen würden, klar die versteckten Bereiche der Exklusion zu identifizieren, das heißt die, die am entscheidendsten sind – abgelenkt durch das Ziel, durch die Vervielfältigung von Subventionsmaßnahmen zugunsten von Stadtvierteln deren Nachholbedarf zu beseitigen (hierzu auch Kirszbaum und Weber in diesem Band).

Ungeachtet der Armut, von der zahlreiche ‚sensible' Stadtviertel betroffen sind, ist zusammengefasst der Gebrauch des Wortes ‚Ghettos' unangemessen. Er fixiert eine Situation, die in Bewegung ist: Berichte der Beobachtungsstelle für die ‚*zones urbaines sensibles*' ONZUS zeigt (bspw. ONZUS 2010), dass die Wohnungsmobilität in den *zones urbaines sensibles* (ZUS) höher als in den anderen Quartieren ist. Dieser Begriff des, Ghettos' kaschiert externe Prozesse, die zum Abstieg führen. Er schreibt sich in ein System von Vorstellungen ein, das soziale Misere, Schrecken und Kommunitarismus vermischt. Alles in allem bewirkt sein Gebrauch nur die Verstärkung einer Situation, die er kritisieren möchte.

Auch wenn sich in den peripheren Großwohnsiedlungen soziale Segregation durch deren besondere Architektur und die Entwicklung ihrer Bevölkerungszusammensetzung verstärkt, sind sie weit davon entfernt, alle Ungleichheiten vollkommen in sich zu vereinen. Paradoxerweise stellen sie oft besondere Schmelztiegel dar, in denen sich neue Formen der Staatsbürgerschaft oder der urbanen Steuerung entwickeln, auch wenn Gerüchte, die ihre Vorstellungen nähren, ohne Unterlass Unsicherheit und Angst vor kultureller Überfremdung reproduzieren (Bordet 1998).

6 Abschlussbemerkung: in Richtung von unzusammenhängenden ‚Inselgruppen'?

Die französischen *banlieues* stellen nicht nur einen fragmentierten und ungleich wertgeschätzten Raum dar, sondern bilden auch eine Ansammlung von mehr oder weniger stark mediatisierten Bildern, die Stereotype hervorbringen, die von literarischen, bildlichen und Kino-Bezügen genährt werden. Auf diese Weise schaffen sie letztendlich einen Mythos, der die Vorstellungswelt versorgt und gleichzeitig ermöglicht, dass die soziale Angst in vordefinierten Quartieren verortet wird (Vieillard-Baron 2000).

Diese Vorstellungswelt, die die *banlieue* hat ‚sprießen' lässt, weitete sich aus und führte zu einer doppelten Bewegung aus Aufwertung und Stigmatisierung. Es ist festzustellen, dass seit den 1980er Jahren Medien, Architekten, Wissenschaftler und Politiker dazu beigetragen haben, dass die *banlieue* regelmäßig mit Exklusion in Verbindung gebracht wird. Nach Art der antiken Tragödie ist diese *banlieue* zum ‚Ghetto' geworden und scheint das personifizierte soziale Übel darzustellen. So wie einen Sündenbock lädt man auf ihr alle Sünden der übertriebenen Urbanisierung ab und ‚schickt sie in die Wüste'. Arme *banlieue* – ist sie doch so sehr missbraucht, beladen, gekränkt, dass sie darüber fast den Verstand verliert!

Es zeigt sich damit, dass die Ausdrucksformen dieser Vorstellungswelt unterstreichen, wie sehr wir noch mit längst überholten Bildern der Stadt leben. So wie die Unterscheidung ‚Stadt – Land' heute nicht mehr zutrifft, auch wenn sie im 19. Jahrhundert grundlegend war, so ist heute der Gegensatz ‚Zentrum – Peripherie', der den Fokus von Urbanisten über Jahrzehnte begleitet hat, bei weitem obsolet geworden. Das Prinzip der Kontinuität der Wohnbebauung, um die Grenzen einer Agglomeration abzustecken, hat seine Grundlage verloren. Der Traum einer Ausdehnung in konzentrischen Kreisen, die von einem klar definierten Zentrum ausgehend angeordnet sind, ist zugunsten von urbanisierten Fragmenten, die ungleichmäßig durch den öffentlichen Nahverkehr angebunden sind, in den Hintergrund geraten. Ohne Zweifel gestaltet der Bau von nebeneinanderstehenden Enklaven, die ungleich abgeschlossen und gesichert sind, eine neue Vorstellungswelt der Stadt (dazu auch in Bezug auf Warschau Kühne in diesem Band).

Die zeitgenössische *banlieue* verliert sich in ungewissen Projektionen: es handelt sich um eine mehr oder weniger chaotische Mischung aus Großwohnsiedlungen, Einfamilienhauskomplexen, *gated communities*, zersplitternden Wohnbereichen, Wirtschaftsbereichen, Einkaufszentren, Grünzügen und Freiflächen, die es noch zu definieren gilt. Das Entscheidende liegt aber woanders: Ohne ein gemeinsames Ziel, zusammenleben zu wollen, ohne den Aufbau einer miteinander geteilten Vorstellungswelt, die sich rund um gleichermaßen anerkannte Werte aufbaut, ist zu befürchten, dass die urbanen ‚Peripherien' der Zukunft nur unzusammenhängende ‚Inselketten' darstellen werden.

Zusammengefasst können im französischen Kontext weder vereinfachte Diskurse, verkürzte Bilder zur *banlieue*, den Stadtvierteln und so genannten ‚Ghettos' noch vorgefasste Ideen, die diese transportieren, zufriedenstellen. Die Bezeichnungen führen dazu, dass nicht nur die Komplexität urbaner Dynamiken und die Bereicherung durch Einflüsse von Migranten, sondern auch die Macht von Segregrationsprozessen, die zunächst Haushalte in den Stadtzentren betreffen, aus dem Blick rücken. Die mediale und politische Dramatik, die die *banlieue* erfährt, gibt ihr eine Sichtbarkeit, die in starker Weise ihrer Verständlichkeit gegenübersteht.

Literatur

Bordet, J. (1998). *Les jeunes de la cité*. Paris: PUF.

Bourdieu, P. et al. (1998): *Der Einzige und sein Eigenheim*. Hamburg: VSA-Verlag.

Daudet, A. (1993 [1868]). *Le Petit Chose, histoire d'un enfant*. Paris: Folio.

Faure, A. (1986). Les déplacements de travail entre Paris et sa banlieue (1880-1914): première approche. *Villes en Parallèles 10*, Université Paris X-Nanterre, 233-269.

Kühne, O. & Schönwald, A. (2015). *San Diego. Eigenlogiken, Widersprüche und Hybriditäten in und von ‚America's finest city'*. Wiesbaden: Springer VS.

Lombard-Jourdan, A. (1972). Oppidum et banlieue: sur l'origine et les dimensions du territoire urbain. *Annales. Économies, Sociétés, Civilisations 27* (2), 373-395.

Maurin, E. (2004). *Le ghetto français, enquête sur le séparatisme social*. Paris: Seuil.

Monnier, G. & Klein, R. (Hrsg. 2002). *Les années ZUP, architectures de la croissance, 1960-1973*. Paris: Picard.

ONZUS – Observatoire des zones urbaines sensibles (2010). *Rapport 2010*. Paris: Ministère du Logement et de la Ville.

Reybaud, L. (1842). *Jérôme Paturot à la recherche d'une position sociale*. Paris: Paulin.

Tissot, S. (2002). *Réformer les quartiers. Enquête sociologique sur une catégorie de l'action publique, thèse de doctorat de sociologie*. Paris: EHESS.

Vieillard-Baron, H. (2011). *Banlieues et périphéries, des singularités françaises aux réalités mondiales*. Paris: Hachette.

Vieillard-Baron, H. (2000). De l'effroi technique à la peur des banlieues. *Revue Histoire urbaine, Peurs citadines, Société française d'Histoire urbaine 2*, 171-187.

Weber, F., Glasze, G., & Vieillard-Baron, H. (2012). Krise der banlieues und die politique de la ville in Frankreich. *Geographische Rundschau 64* (6), 50-56.

Weber, F. (2013). *Soziale Stadt – Politique de la Ville – Politische Logiken. (Re-)Produktion kultureller Differenzierungen in quartiersbezogenen Stadtpolitiken in Deutschland und Frankreich*. Wiesbaden: Springer VS.

Die französische *banlieue* mit den zwei Gesichtern des Januskopfes[1]

Hervé Marchal, Jean-Marc Stébé und Marc Bertier

Zusammenfassung

Der Artikel fokussiert zwei typische Gesichter dessen, was heute in großem Maße die französische *banlieue* bildet: einerseits, eine alte Arbeiterstadt, die sich im Laufe der letzten Jahrzehnte zu einer Bühne der Gentrifizierung und zu einem ‚In'-Viertel entwickelt hat, andererseits ein altes Industriequartier, das in den 1960er Jahren zu einem Großwohnsiedlungsviertel des sozialen Wohnungsbaus umgewandelt wurde und das sehr schnell in Misskredit geraten ist. Diese beiden ursprünglichen Arbeitergebiete erleben seit Ende des 20. Jahrhunderts entgegengesetzte Entwicklungen. Das erste Gebiet, im konkreten Fall die Stadt Levallois-Perret vor den Toren von Paris, das zweite das Quartier ‚La Californie', das in einer Gemeinde in der *banlieue* von Nancy liegt, rufen in Erinnerung, dass die *banlieue* kein homogener Raum ist. Vor dem Hintergrund dieser beiden Beispiele urbaner Dynamiken zeigt sich, dass Frankreich eine *banlieue der zwei Geschwindigkeiten* kennt.

1 Aus dem Französischen von Florian Weber und Brigitte Weber.

1 Einleitung

Weit davon entfernt, offen und grenzenlos zu sein, ist die heutige urbane Welt durch die Verbreitung territorialer gut identifizierbarer Markierungen, ja sogar Grenzen, in allen Teilen der Welt geprägt. In dieser Hinsicht tendieren die sozialen und funktionellen Teilungen, die für die industrielle Stadt charakteristisch und auf Gewerben, wirtschaftlichen Aktivitäten und auf Einkommen und sichtbarem Status gegründet waren, dahin, sich in der post-industriellen Stadt in verstärkte Prozesse der Segregation und der sozio-räumlichen Fragmentierung zu verwandeln (Dorier-Apprill und Gervais-Lambony 2007; Marchal und Stébé 2010). Tatsächlich lassen sich zu Beginn des 21. Jahrhunderts immer mehr Vervielfachungen sozialer Welten und Territorien beobachten, bei denen die einen von den anderen getrennt werden und damit also urbane Fragmente bilden, die den räumlichen und sozialen Zusammenhalt der Stadt und ihre Fähigkeit, ein Zusammenleben zu ermöglichen, in Frage stellen. So neigt die aktuelle Stadt dazu, sich in sieben Raumtypen zu fragmentieren:

1. die reichen Stadtviertel mit hohem Vermögen, die die Eliten und die gehobene Bourgeoisie anlocken;
2. die gentrifizierten Viertel, die immer mehr von *Yuppies*, in Frankreich auch als ‚*bobos*'[2] bezeichnet, bevölkert werden;
3. die *gated communities*, die sich durch eine maximale Absicherung auszeichnen;
4. die *edge cities*, die unabhängige urbane Zentren an der Peripherie von Städten bilden und die eine Vielzahl an Einrichtungen, Dienstleistungen und ökonomischen Aktivitäten bündeln;
5. die ethnischen Enklaven, die *communities* unterschiedlicher Diaspora regruppieren;
6. die verarmten und ghettoisierten[3] urbanen Gebiete (Armenviertel, heruntergewirtschaftete soziale Wohnungsbauviertel, sensible urbane Zonen (ZUS), wie sie seit 1996 in Frankreich per Gesetz *gelabelt* werden) (siehe hierzu ausführlich Weber in diesem Band);
7. Einfamilienhaussiedlungen beziehungsweise -bereiche, in denen sich hauptsächlich mittlere soziale Schichten konzentrieren.

---

2 Zusammenziehung der Wörter *bourgeois* und *bohèmes*.

3 Siehe hierzu Textbox 4.

Das Ziel dieser Typisierung ist es, den Raumeinheiten Rechnung zu tragen, um die herum sich die post-fordistische Stadt zerstückelt. Gleichwohl liegen ihre Grenzen im Umstand, dass sie nicht die gesamte Komplexität der Wohngebiete abbilden kann. Eine Typisierung ist in der Tat per Definition zu abstrakt, um die soziale Realität in ihren feinen Zügen zu fassen. Auch gilt es zu präzisieren, dass die Stadt nicht mit einer Abfolge von Territorien gleichgesetzt werden kann, wobei die einen ohne Durchlass neben den anderen liegen. Anders ausgedrückt, wenn sich die Stadt fragmentiert, ist es nicht zwingend in deren Gesamtheit der Fall, sondern eher an ihren Rändern, bei der *banlieue* angefangen – also dem dicht besiedelten Gebiet, das von den Gemeinden gebildet wird, die nach dem nationalen Statistik- und Wirtschaftsforschungsinstitut Insee[4] am nächsten an der zentralen Stadt liegen. Die *banlieue* nimmt in der Tat mehrere Gesichter an, die gegensätzlichen sozialen Situationen entsprechen.

Die Überlegungen des Artikels konzentrieren sich auf zwei typische Formen, die heute im weiteren Sinne die französische *banlieue* ausmachen: einerseits eine alte Arbeiterstadt, die im Laufe der letzten 35 Jahre zu einer Szene der Gentrifizierung und des In-Seins (im Original ‚*hipsterisation*') geworden ist, und andererseits ein altes Industrieviertel, das in den 1960er Jahren zu einem Großwohnsiedlungsgebiet des sozialen Wohnungsbau umgeformt wurde und das sehr schnell in Misskredit geriet, was mit einer Abwärtsspirale auf sozialer und räumlicher Ebene einherging. Entsprechend haben diese beiden ursprünglichen Arbeiterviertel im Laufe der zweiten Hälfte des 20. Jahrhunderts entgegengesetzte Wege eingeschlagen. Das erste ist die Stadt Levallois-Perret vor den Toren der Stadt Paris, das zweite das Viertel ‚La Californie', das in einer Gemeinde in der *banlieue* von Nancy liegt, womit auch in Erinnerung gerufen wird, dass die *banlieue* keineswegs ein homogener Raum ist. Vor dem Hintergrund dieser beiden Beispiele metropolitaner Dynamiken zeigt sich, dass Frankreich eine *banlieue der zwei Geschwindigkeiten* kennt: Während in Levallois-Perret ein ‚selektives Unter-Sich-Sein' dominiert, ergibt sich in ‚La Californie' ein ‚erzwungenes Unter-Sich-Sein', um Konzepte von Jacques Donzelot (2004, S. 19, 32) aufzugreifen.

2 Levallois-Perret: eine gentrifizierte *banlieue*

Levallois-Perret in der westlichen *banlieue* von Paris kann als ein maßgebliches Beispiel einer Kommune angesehen werden, die sich seit mehr als einem Vierteljahrhundert in einem ‚Aufwertungsprozess' befindet. Anders ausgedrückt wurde

4 Institut national de la statistique et des études économiques.

diese Gemeinde vom globalen Gentrifizierungsprozess der Stadt Paris *intra muros*, also innerhalb der Stadtgrenzen und der ehemaligen Stadtmauer, und des ersten umliegenden Bereichs, der *première couronne* ergriffen – einem Prozess der ‚Verbürgerlichung', der in den letzten Jahren, nachdem er zunächst vor allem den Nordwesten betroffen hat (beispielsweise die Gemeinden La Garenne-Colombes und Asnières) in den letzten Jahren auch die Gemeinden Montreuil, Pantin, Aubervilliers oder auch Saint-Ouen im Nordosten erreicht hat.

Levallois-Perret, üblicherweise einfach Levallois genannt, ist zwischen der Ringautobahn *périphérique*, die um Paris herum verläuft, und der Seine auf einen kleinen Gebiet von 2,41 km^2 eingezwängt und grenzt an Clichy im Nordosten und an Neuilly-sur-Seine im Südosten. Die Gemeinde zählte im Jahr 2012 insgesamt 64.654 Einwohner und hält den nationalen Dichterekord mit 26.827 Einwohnern pro km^2. Sie kann sich sogar damit brüsten, unter den am dichtest besiedelten Gemeinden Europas und auf Weltniveau unter den TOP 20 zu sein.

2.1 Die Entstehung einer Industriestadt aus dem Nichts

Bis zur offiziellen Gründung Levallois-Perrets durch Napoleon III. im Jahr 1867 überlappt sich die Geschichte von ‚Levallois' mit der Clichys, zu der diese Gemeinde gehörte. Die Gebiete, auf denen Levallois errichtet wurde, beherbergen während eines Teils des Mittelalters die Weinberge der Priester, die Wein an die nahe gelegene Abtei von Saint-Denis liefern. Zu Beginn des 19. Jahrhunderts gehören die Brachen und die von wenigen Gemüsebauern genutzten Flächen noch reichen Grundbesitzern. Einer von ihnen, Jean-Jacques Perret, strebt 1822 an, eine Siedlung von mehr als 20 Hektar zu errichten. Auf diese Weise entsteht das ‚Champ Perret', das von der bereits gegründeten Gemeinde von Neuilly abhängt. Aber das Siedlungsprojekt erblickt aufgrund des Bankrotts des Investors nicht das Licht der Welt. Bis ins Jahr 1845 dauert es, dass ein anderes Immobilien- und Städtebauprojekt durch den Initiator Nicolas Eugène Levallois, der durch den Vermesser Rivay unterstützt wird, vorgestellt wird. Dieses Programm sieht tatsächlich die Gründung einer unabhängigen Gemeinde vor, die zahlreiche Dienstleistungen einschließt: Bürgermeisteramt, Schulen, Kirchen et cetera. Ziel war es, eine kleine Gemeinschaft nicht weit von der Hauptstadt entfernt zu gründen. Das Städtebauprojekt basiert auf einem Orthogonalplan, bei dem die Straßen senkrecht im Lot zueinander stehen. Dieses kartesianische Gerüst ist absolut einzigartig im Vergleich zu dem, was ansonsten in der Region um Paris umgesetzt wurde. Das Projekt von Nicolas Levallois wird zum Erfolg, da es ihm gelingt, eine Vielzahl an Käufern dafür zu interessieren, die durch dieses neue Experiment des Baus von Wohnungen, die finanziell für eine Vielzahl erreichbar waren, verbunden mit Ausstattung und wichtigen Wirtschaftsaktivitäten, angelockt werden (zu aktuellen ‚Experimenten' siehe Carriou in diesem Band).

In wenigen Monaten nimmt die Siedlung ‚Levallois' Form an und wird offiziell auf den Namen seines Initiators mit der Unterstützung der Gemeinderäte von Clichy und Neuilly getauft. Auch Unternehmen zögern nicht lange, sich anzusiedeln, angespornt durch die Eröffnung eines zweiten Bahnhofs im Jahr 1854. Antonin Raynaud siedelt 1860 hier die Parfümerie Oriza-Legrand an, die 1720 durch den Parfümeur Ludwigs XV. gegründet worden war. Wenige Jahre später, genauer gesagt im Jahr 1866, siedeln ihrerseits die Parfümeure Armand Roger und Charles Gallet die Parfümerie-Gesellschaft Roger & Gallet, die heute noch einen außerordentlichen Ruf genießt, an. Zu dieser Zeit verwandelt sich das Dorf Levallois sehr schnell in eine dynamische und prosperierende Stadt. Hiervon zeugen Ende der 1860er Jahre 27 Wäscherein, 126 Kneipiers oder Weinhändler und 45 unterschiedliche Industrieunternehmen (Collectif 2010). Auf demographischer Ebene ist ebenfalls eine spektakuläre Entwicklung zu verzeichnen, da die Bevölkerung von 15.763 Einwohnern im Jahr 1866 auf 58.073 im Jahr 1901 ansteigt – damit also eine Steigerung um mehr als 250 Prozent. In den 1920er Jahren erreicht die Bevölkerungszahl ihren Höhepunkt – im Jahr 1926 werden bis zu 75.144 Bewohner erreicht.

Im selben Jahr der Gründung der Gemeinde (im Jahr 1867) siedelt Gustave Eiffel hier seine Werkstätten an, in denen alle Elemente hergestellt werden, die die Struktur des berühmten Eiffelturms bilden. Zur gleichen Zeit entwickelt der Flugzeugbauer Louis Blériot dort seine Fluggeräte und besonders das ‚Blériot XI', das als erstes im Jahr 1909 den Ärmelkanal überquert. Ein wenig später siedelt der Fahrradhersteller Adolphe Clément, besser bekannt unter dem Namen Adolphe Clément-Bayard, in Levallois an den Ufern der Seine seine Fabrik an. Nach dem Bau von Fahrrädern, Mofas und Kleinwagen gelingt es ihm, wettbewerbstaugliche Fahrzeuge herzustellen, ebenso Zeppeline und Flugzeuge. Im Jahr 1922 wird seine Fabrik an seinen Freund André Citroën verkauft, der seinem ehemaligen Besitzer versprach, dass nur ‚Volksfahrzeuge' die Montagebänder des *quai* Michelet verlassen würden. Dieses Versprechen wird eingehalten, da mit dem 5 CV ‚Torpedo', das stark von den Fahrzeugen Clément-Bayards inspiriert war, das erste Volksauto zu Beginn der 1920er Jahre die Fabrik verlässt. Dieses Fahrzeug stellt den Beginn der Demokratisierung des Automobils dar und wird heute noch als erstes wirkliches europäisches Volksauto bezeichnet. Es ist aber natürlich der Citroën 2 CV, die ‚Ente', die zwischen 1948 und 1990 auf den Fertigungsbändern der Fabrik in Levallois gefertigt wird, die am stärksten den Wunsch der Citroën-Führung symbolisiert, einer größtmöglichen Anzahl den Zugang zum Automobil zu ermöglichen (dazu Textbox 1).

Textbox 1

Das wunderbare Schicksal des 2 CV

Der 2 CV wurde über mehr als 50 Jahre in den Fabriken von Citroën an den Ufern der Seine in Levallois-Perret produziert. Der Reifenhersteller Michelin hatte im Jahr 1935, nachdem er Citroën übernommen hatte, die Idee, ein Fahrzeug zu bauen, das für die sozialen Klassen des ländlichen Raumes und mit geringen Einkommen bestimmt war, um die Reifenproduktion auf diese Weise zu erhöhen. Entsprechend stellte der Präsident von Citroën, Pierre Boulanger, ein Projekt ‚ganz kleines Auto' mit präziser Aufgabenstellung vor. Dieses ‚ganz kleine Auto' sollte unter anderem vier Sitzplätze umfassen, 50 kg Gepäck transportieren können, 60 km/h Geschwindigkeit erreichen, weniger als drei Liter auf 100 Kilometer verbrauchen und zwei Pferdestärken aufweisen, drei Gänge und eine Federung erhalten, die es ermöglichte, einen Korb Eier zu transportieren, ohne auch nur eines zu zerbrechen, ungeachtet der Straßen- und Wegeverhältnisse. Vor dem aufziehenden Zweiten Weltkrieg verließen die ersten 250 Prototypen, was später der 2 CV werden wird, die Fertigungsbänder der Fabrik von Levallois. Der Krieg führte allerdings dazu, dass die Fertigung des ‚ganz kleinen Autos' ins Stocken geriet. Nach dem Ende der Feindseligkeiten wurde die Produktion des 2 CV wieder aufgenommen und der Motor, die Karosserie und die Federung wurden verbessert. Auf der Automobilausstellung im Oktober 1948 stellte Citroën offiziell den fast endgültigen 2 CV vor. Es dauerte allerdings bis zum Jahr 1949, bis die staatlichen Stellen ihre Zustimmung zur Serienfertigung des Modells erteilten. Die lange Erfolgsgeschichte des 2 CV konnte damit beginnen. Beginn der 1970er Jahre begann sich diese Geschichte abzuschwächen, was Citroën dazu bewegte, 2 CV einer neuen Generation mit 3 CV (aber immer noch als 2 CV bezeichnet) und Sondermodelle anzubieten: den 2 CV ‚007', den 2 CV ‚Cocorico' (also ‚Kikeriki' als Ausruf des Hahns, des französischen Nationalsymbols) in blauer, weißer und roter Farbe, also den französischen Nationalfarben, oder den zweifarbigen 2 CV ‚Charleston'. Trotz seines großen Erfolgs (5,15 Millionen hergestellter Exemplare, über die Welt verteilt) lief der 2 CV in Levallois zum letzten Mal im Februar 1988 vom Band, was allerdings nicht verhinderte, dass er noch zwei weitere Jahre in Portugal gefertigt wurde. Citroën bot nie ein Folgemodell des 2 CV an, denn „der 2 CV ist nicht ersetzbar, also wird er auch nicht ersetzt", wie der Direktor von Citroën bei der Feier zum letzten Exemplar der Fabrik in Levallois verkündete.

Die industriellen Aktivitäten, die sich um den Fahrzeugbau dank der Pioniere Adolphe Clément-Bayard und André Citroën entzündeten, prägte die Stadt dauerhaft, bestimmte seine Ausrichtung, organisierte sein Territorium und prägte seine Identität. Levallois-Perret zog bis in die 1970er Jahre zahlreiche Automechaniker, Karosseriehersteller und Automechanik-Spezialisten in der Stadt an, besonders innerhalb des Kerns der Wohnblöcke, sprich in deren Innenhöfen. Selbst die angesehensten Automobilmarken siedelten sich auf dem Gebiet Levallois an, darunter Bugatti, Lamborghini, Jaguar, Ferrari oder auch Maserati – die beiden letzten sind bis heute hier zu finden.

Parfum und Automobile sind die prägenden Symbole der reichen industriellen Vergangenheit der Stadt. Aber diese industrielle Vergangenheit, die auf die Herstellung von Gütern ausgerichtet war, die für reiche, zumindest für die gut situierten sozialen Klassen gedacht war, darf nicht darüber hinwegtäuschen, dass die Gemeinde von Anfang an um gewisse Straßenzüge (im Original ‚*les passages*') strukturiert war.

2.2 Die ‚Passagen' – das Armenviertel Levallois-Perrets

Das, was die ‚Passagen' genannt wird, entspricht einem kleinen Gebiet von in etwa 200 Metern Länge und 100 Metern Breite, auf dem die ärmsten Randgruppen der *banlieusards*, der Bewohner dieser *banlieue*, leben (Faure 1991). Die ‚Passagen' entstanden, eingefügt in den Ausgangsplan von Nicolas Levallois entlang der Befestigungen der Stadt Paris, ab 1845 als Folge der Habgier einiger Spekulanten. Diese erwarben billig große Parzellen und unterteilten sie anschließend in kleinere, um einen maximalen Profit zu erzielen.

Trotz zahlreicher Anordnungen der Gemeinde, die darauf abzielten, dieses Stück innerhalb der Stadt mit Straßen, in denen Gesundheitsgefahren sich häufen, zu säubern, leben hier in der Mitte der 1920er Jahre ungefähr 1.800 Personen und die ‚Passagen' bleiben bis in die 1940er Jahre hinein ausgeprägte Infektionsherde. Es sind Kloaken mit kaputten Straßen, sie haben keinen Stromanschluss und auch keinen Zugang zu Trinkwasser. Eine der Hauptaktivitäten der ‚Passagen' liegt im Müllsammeln, womit die engen Straßen mit pestilenzartigen Gerüchen überschwemmt werden. Tatsächlich trennen die Müllsammler in den Straßen die zahlreichen Abfälle, die sie in den Straßen von Paris einsammeln: diese reichen von Tierknochen über abgetragene Kleider, von Hundeknochen zu Hasenfellen, von Kautschuk bis Metall. Es ergibt sich entsprechend quasi von selbst, dass die ‚Passagen' von Ratten bevölkert werden, die hier Unterschlupf und Nahrung finden. Nachts gehören ihnen die Straßen. In den ‚Passagen' wohnen aber auch die kräftigen Menschen (Hilfsarbeiter, Gepäckträger, …), Arbeiter, die im Bauhandwerk und in den verschiedenen in Levallois angesiedelten Manufakturen arbeiten.

Unter anderem leben hier zahlreiche Arbeiter, die vor allem auch in den großen Unternehmen der Gemeinde, wie der Parfümerie Roger & Gallet oder der Wurstwaren- und Pökelfabrik Olida, beschäftigt sind. Schließlich gehören auch Kriminalität, Prostitution und Gewalt zu dem täglichen Leben der ‚Passagen', die im Bereich der *banlieue parisienne* verortet sind und die als ‚Zone' bezeichnet werden – als Gebiet, in das sich die Pariser nicht hineinwagen und auf das sie negative und stigmatisierende Vorstellungen und Mythen projizieren (Stébé 2010, S. 19f.).

Das historische Erbe der Stadt Levallois-Perrets ist untrennbar mit seiner historischen Vergangenheit, vor allem aber mit dieser Arbeiterklasse verbunden, die am Wohlstand der Gemeinde teilhatte und die in großer Zahl gekommen ist, um dort zu leben. Es genügt, sich die Bevölkerungskurve anzuschauen, die nie aufgehört hat, deutlich innerhalb der ersten hundert Jahre des Bestehens der Stadt anzusteigen. Vor dem Hintergrund der Arbeits- und Armenidentität der Stadt, die in vollem Umfang in die industrielle Revolution eingebunden war, erstaunt es nicht zu sehen, dass eine Person, die unüberwindbar mit dem Anarchismus verbunden ist, hier Unterschlupf fand und sich für die Bevölkerungsteile einsetzte, denen sie ihr Leben verschrieben hatte: Louise Michel (1830-1905). Wir sollten nicht vergessen, dass sie über viele Jahre den Beruf der Erzieherin ausübte, gerade mit dem Ziel, den Bildungsgrad der Arbeiterklasse zu erhöhen. Heute noch bleibt ihr Erbe eng mit der Gemeinde verbunden, wovon eine Metrostation und eine Straße mit ihrem Namen zeugen.

2.3 Levallois-Perret wird bürgerlich

Auch wenn Levallois-Perret nicht ausschließlich als ärmliche Arbeitergemeinde zu bezeichnen ist, so war die Stadt dennoch für mehr als 140 Jahre eine Bastion der Arbeiterklasse mit den Fabriken, Manufakturen, den Arbeitervierteln, den ärmlichen ‚Passagen' und gerade auch mit zahlreichen Bürgermeistern, die Parteien der Linken angehörten, die ihre Unterstützung den sozialen Arbeiterklassen der ‚*banlieue rouge*', der ‚roten *banlieue*' zusprachen (Fourcaut 1992). Von 1878 bis 1900, von 1904 bis 1939 und von 1965 bis 1983 folgten 16 Bürgermeister aufeinander, die der radikalen Linken angehörten. In Folge des Niedergangs der Industrie in den westlichen Ländern seit den 1970er Jahren sah sich auch Levallois logischerweise mit dem Zerfall seiner Fabriken konfrontiert – und damit auch dem schrittweisen Rückgang der Arbeiterklasse. Parallel wurde der Bodenpreisdruck im verstädterten Pariser Raum so groß, dass viele Autowerkstätten, Fabriken, Werkstätten und Lager sich gezwungen sahen, weiter entfernt in die ‚große *banlieue*' zu ziehen, also weiter entfernt vom Pariser Zentrum. Diese Nutzungsveränderungen blieben nicht ohne Umstrukturierungen der sozio-ökonomischen Stadtstrukturen, die von nun an nicht nur in einem Tertiärisierungsprozess, sondern auch der Quartärisierung (Hochfinanzsektor, juristische Beratung, Management, Unternehmensdienstleistungen et cetera), begriffen waren. Beispielsweise entwickelte sich auf dem alten Gelände der Fabrikanlagen von Citroën ein neues Quartier, genannt ‚Front de Seine', das Wohnbebauung, Dienstleistungen wie Schulen und Handel sowie tertiäre und quartäre Aktivitäten vereint (siehe Abbildung 1).

Abbildung 1 Place Georges Pompidou in Levallois-Perret
Quelle: Aufnahmen Weber 2015.

Levallois konnte, sei es im neuen Stadtquartier, aber auch in anderen Stadtteilen, große Glastürme und High-Tech-Gebäude aus dem Boden sprießen sehen, in denen sich große internationale Firmen ansiedelten, unter anderem im Finanzbereich (BNP Personal Finance, Cetelem), in der Wirtschaftsprüfung (KPMG, Altran), im Versicherungswesen (GMF, Swiss Life), im Großhandel (Carrefour), im Ernährungsbereich (Orangina-Schweppes), in der Chemie (BASF) oder auch in der Kosmetik und im Parfümbereich (L'Oréal, Givenchy, Lancôme, Guerlain). Nebenan entstanden moderne Wohngebäude mit Steinfassadenoptik für die Ober- und die gehobene Mittelschicht, die seit mehr als einem Vierteljahrhundert deutlich zunehmen.

Es ist eine generelle Renovierungspolitik des Wohnparks im Gange, besonders eine Vernichtung alter Bausubstanz, die von der Industrieepoche zeugt, um Platz für neue Gebäude zu machen, die höher, sehr komfortabel und mit großen Terrassen oder zumindest großen Balkonen ausgestattet sind. Entsprechend hat die Zahl der Hauptwohnsitze zugenommen, die von 25.800 im Jahr 1982 auf mehr als 32.000 im Jahr 2012 angestiegen ist. Der Immobilienpreis steigt seit mehr als 30 Jahren unaufhörlich, um schließlich im Durchschnitt die 7.000 Euro pro m^2 zu überspringen und bisweilen bis zu 12.000 Euro zu erreichen. Die Apartmentpreise ähneln damit denen der Hauptstadt, auch wenn Levallois außerhalb der Pariser

Ringautobahn liegt und sich damit in der *banlieue* befindet (dazu auch Weber in diesem Band).

Die neuen kommunalen Machthaber des konservativen Lagers, die seit 1983 an der Macht sind, streben weiterhin an, noch mehr wohlhabende Bevölkerungsteile anzulocken, um sich noch höhere Steuereinnahmen zu sichern. Vor diesem Hintergrund liegt das monatliche Nettoeinkommen pro Beschäftigtem im Durchschnitt bei 3.000 Euro pro Monat in Levallois, während dieses zum Vergleich in der nahegelegenen Stadt Saint-Denis 1.700 Euro nicht übersteigt.

Gleichermaßen lässt sich beobachten, dass die Bevölkerung der ‚Führungskräfte und hochrangigen intellektuellen Berufe'[5] zwischen 1999 und 2011 um 50 Prozent zugenommen hat – von 10.432 auf 15.855. Bei den ‚mittleren Berufen'[6] lässt sich für die gleiche Zeitspanne eine Erhöhung um 12,5 Prozent, von 7.300 auf 9.027, feststellen. Die Zahl der Arbeiter geht dagegen zurück, um 13,5 Prozent im Zeitraum 1999 bis 2011. Heute machen sie nur noch 5,7 Prozent der aktiven Bevölkerung aus. Wird der Anstieg der Mittel- und Oberschicht berücksichtigt, dann ist eine deutliche Veränderung der Bevölkerungsstruktur zu beobachten. Die Zahlen machen deutlich, in welch radikalem Maße die Gemeinde Levallois-Perret ‚bürgerlicher' – gentrifiziert – wurde.

Wenn gerade eine wachsende soziale Homogenisierung Levallois-Perrets besteht, lässt sich ebenfalls eine besonders sichtbare ideologische Harmonie in den Wahlergebnissen nachzeichnen. Tatsächlich zeigen die Präsidentschafts- und Parlamentswahlen, dass zwei Drittel der Bevölkerung sich den Ideen der konservativen und rechten Parteien anschließen. Bei der Präsidentschaftswahl im Jahr 2007 erhielt der konservative Kandidat Nicolas Sarkozy im zweiten Wahlgang 66,79 Prozent und lag damit weit vor seiner Gegenkandidatin der Linken, Ségolène Royal, die 33,21 Prozent erreichte. Auch bei den Präsidentschaftswahlen 2012 zeigten sich im zweiten Wahlgang vergleichbare Ergebnisse: Nicolas Sarkozy erreichte 63,33 Prozent gegenüber 36,67 Prozent für François Hollande, den Kandidaten der Linken. Diese Wahlergebnisse der reicheren Gemeinden sind der Ausdruck sozialer Repräsentationen und kultureller Vorlieben einer Mehrheit der Bewohner, wie es in diesem Kontext Michel Pinçon und Monique Pinçon-Charlot (2007) bei ihrer Analyse der wohlhabendsten Gemeinden des Pariser Großraums konstatieren.

Diese ideologische Nähe fällt mit dem Wunsch zusammen, die Schulbildung ihrer Kinder durch die Wahl der Schule zu kontrollieren. Gerade die besser gestellten sozialen Schichten sind die heftigsten Verteidiger der ‚Schulkarte', das heißt der Schulfestlegung anhand des Wohnortes, da sie nicht wollen, dass die

5 „Cadres et professions intellectuelles supérieures".

6 „Professions intermédiaires".

Schulkameraden ihrer Kinder aus einer anderen sozialen Gruppe als der ihren stammen (Oberti 2007). Die besser gestellten Familien Levallois-Perrets bilden hier keine Ausnahme. Wenn sie in ihren Augen keine ‚guten' Schulen finden, dann zögern sie nicht, ihre Kinder in privaten Einrichtungen unterzubringen, die sie in Levallois-Perret (unter anderem Sainte-Marie und Saint-Justin) oder in Neuilly-sur-Seine, der an Levallois-Perret angrenzenden Gemeinde (hier beispielsweise Sainte-Croix, Sainte-Marie oder Saint Pierre-Saint Jean), finden.

Bei den Arbeits- und Geschäftsbereichen dominiert, was nicht verwundert, deutlich der des Handels, des Transports und der Dienstleistungen: mehr als 78 Prozent der Beschäftigten arbeiten hier. Die Stadtväter verfolgen das offensichtliche Ziel, aus Levallois-Perret ein ‚zweites' Neuilly oder ein ‚zweites' 17. Pariser *arrondissement* zu machen, in dem die Elite der Wirtschaftsglobalisierung, die im Wirtschaftsviertel La Défense arbeitet, einen ‚Hafen der Ruhe' findet, einen Ort, an dem am Wochenende eine quasi dörfliche ‚Stimmung' herrscht (dazu einige Eindrücke in Abbildung 2).

Abbildung 2 Eindrücke aus Levallois-Perret
Quelle: Aufnahmen Stébé 2015.

Es gestaltet sich heute tatsächlich für die Reicheren, die ‚*bobos*', sehr leicht, samstags in den angesagten Boutiquen (Bérénice, The Kooples, Sandro, IKKS, Gérard Darel) zu shoppen oder am Sonntagmorgen auf dem Markt beim Biohändler, dem Gemüse-, Käse- und Weinhändler einzukaufen – und dies unter den wachsamen Augen von Videokameras, die an allen Ecken der Stadt von der bewaffneten und gut ausgestatteten Gemeindepolizei aufgestellt sind. Für die Yuppies wird es auch zum Vergnügen, in der Fußgängerzone zu flanieren, das neue Konservatorium

Maurice Ravel zu besuchen, sich bei einem Drink auf der Terrasse eines angesagten Bistrots oder einer *lounge bar* zu treffen und mit der Familie durch den Park ‚de la Planchette' oder über Grünlagen dieser ‚desinfizierten' und regelmäßig durch eine ‚Armada' an Reinigungskräften mit dem Hochdruckreiniger gesäuberten Stadt zu schlendern (dazu auch Textbox 2).

Textbox 2

Gentrifizierung – oder der Sturm der ‚*bobos*' auf die Stadtzentren der Arbeiter

Auch wenn die Prozesse der Gentrifizierung ohne Frage komplex sind – es gibt nicht nur *eine* Gentrifizierungslogik – und auch wenn zahlreiche Interpretationen dieses Prozesses entwickelt wurden (ökonomische, politische, kulturelle, soziale), so stimmen doch viele Wissenschaftler in Bezug auf zwei Hauptcharakteristiken, von denen sie ausgehen, überein: Gentrifizierung umfasst gleichzeitig eine Umstrukturierung der sozialen Zusammensetzung der Bewohner eines Viertels, genauer gesagt der Austausch von Arbeiterbevölkerung durch Mittel- und Oberschicht, und einen hybriden Prozess, in dem sich Renovierungen, Instandsetzungen, Besitzwechsel und Investitionen in Wohnungen und Arbeiterviertel durch diese sozialen Kategorien der Mittel- und Oberschicht vermischen. Die Gentrifizierung entsteht in den meisten Fällen durch aufeinander folgende Wellen der Ansiedlung unterschiedlicher Bevölkerungsgruppen der Mittel- und Oberschicht, von eher ‚marginalen' zu ‚vermögenderen': auf eine kleine Gruppe ‚kühner' Invasoren folgen Pioniere, die bedachter mit Risiken umgehen, und schließlich – nach dem Eingreifen der öffentlichen Hand (Betitelung der Gebiete beispielsweise als historische Stadtviertel) – mittlere Schichten im sozialen Aufstieg, das heißt Yuppies. Parallel zur Ankunft neuer Bevölkerungsgruppen (den Gentrifizierern, den gut ausgebildeten Bürgern, die in den französischen Medien als ‚*bobos*' oder ‚*hipster*' bezeichnet werden) sind die bisherigen Bewohner des Quartiers, die zu den Arbeiterschichten gehören, gezwungen, das Quartier zu verlassen – sei es, weil sie sich die steigenden Mieten nicht leisten können, sei es, weil das neue soziale und kulturelle Umfeld ihnen fremd geworden ist. Es ist auffällig, wie sehr Gentrifizierung immer mehr die Gesamtheit einer Stadt und nicht nur eines oder mehrere Quartiere betreffen kann, so wie es beispielsweise in Paris innerhalb der Stadtautobahn *intra muros* beobachtet werden kann, was sich wiederum auf die nahe am Stadtzentrum gelegene *banlieue*, begonnen bei Levallois-Perret, ausweitet (Bidou-Zachariasen 2003; Stébé und Marchal 2010, S. 138f.).

Die Gemeinde Levallois-Perret ist seit mehr als 30 Jahren in die metropolitanen Logiken von Paris und dadurch in den Globalisierungsprozess der Hauptstadt eingebunden. Sie ist seitdem Teil von Gentrifizierungsprozessen, die durch die Stadtväter der Gemeinde forciert werden, so dass sich die Stadt ‚von oben bis unten' verändert und dem Einfamilienhaus und Gebäuden kleineren Ausmaßes praktisch keinen Platz mehr lässt. Dadurch verliert die Stadt einen großen Teil der Arbeiterhaushalte. Levallois-Perret wird gleichzeitig immer weniger für Arbeiter, die hier einst den 2 CV oder die Olida-Wurstwaren fertigten, erreichbar.

Dieses Fallbeispiel lässt hervorscheinen, dass die selbstbestimmte Segregation der Ober- und der oberen Mittelschicht dazu neigt, sich am Beginn des 21. Jahrhunderts auszuweiten. Diese Entwicklung erinnert an das theoretische Modell Saskia Sassens (1991) in Bezug auf die Dualisierung der Global City – hier ziemlich genau in Bezug auf die selbstbestimmte Segregation der Führungskräfte gehobenen Einkommens aus dem Finanz- und hohen Dienstleistungssektor multinationaler Unternehmen. Hierbei sei bemerkt, dass es sich nun aber nicht um ein neues Phänomen der Global City handelt, sondern um eine Entwicklung, die sich fortsetzt beziehungsweise verstärkt, was bereits die exklusive ‚natürliche' Tendenz höherer Schichten vor der Globalisierung darstellte.

3 ‚La Californie', eine ‚ghettoisierte' *banlieue*

Um sich zu Fuß vom Bürgermeisteramt von Jarville-la-Malgrange, einer kleinen Stadt von 9.412 Einwohnern, in der südlichen *banlieue* von Nancy aus in das Sozialwohnungsviertel ‚La Californie' zu begeben, wird zunächst die Straße der Republik für etwas mehr als 300 Meter verfolgt und dann nach links in die Straße Charles Gounod weitergegangen. Sofort erheben sich am Horizont die Hochhausriegel und -türme des Stadtquartiers ‚La Cali', wie es gemeinhin genannt wird. Um tatsächlich in die Sozialwohnungs-Großwohnsiedlung, den *grand ensemble HLM* (*habitation à loyer modéré*) zu gelangen, muss noch etwa hundert Meter weiter gegangen und die Brücke über den Rhein-Marne-Kanal überquert werden – eine Brücke und ein Kanal, die von den Bewohnern des Quartiers sowohl als physische als auch als symbolische Grenze zwischen der Stadt Jarville und ihrem Wohnort wahrgenommen werden.

So wie Levallois-Perret an Paris angrenzt, so ‚berührt' Jarville-la-Malgrange die Stadt Nancy, daher auch die geringe Distanz zwischen ‚La Californie' und der Place Stanislas, die im Herzen der Metropole Nancy[7] liegt. So wie auch Levallois-Perret ist Jarville-la-Malgrange eine alte Industriestadt, die etwa die gleiche Fläche (2,2 km^2) umfasst. Es überrascht daher nicht, dass das Sozialwohnungsviertel ‚La Californie' auf ehemaligen Flächen entstanden ist, auf denen vormals die Stahlwerke des Nordens und Ostens angesiedelt waren. In der Nähe liegt ein Museum, das sich der Eisenindustrie widmet.

3.1 Die Großwohnsiedlung ‚La Californie' – ein typisches Beispiel funktionalistischer Architektur

Auf den ersten Blick lässt sich erkennen, in welchem Maße das Quartier ‚La Californie', das im Laufe der 1960er Jahre nach den Leitsätzen funktionalistischer Architektur und des Städtebaus (Panerai et al. 2012) erdacht und gebaut worden war, mit den kleinen Gebäuden und Stadthäusern kontrastiert, die entlang der Straße der Republik und der anderen Straßen des Stadtzentrums von Jarville-la-Malgrange liegen. Anders ausgedrückt prägt die Großwohnsiedlung ‚La Californie', die heute 980 Wohnungen umfasst, die Landschaft – und dies zunächst durch seine urbane Form, die Linearität, vertikale und horizontale Elemente und Symmetrie favorisiert, und schließlich auch durch seinen Grundriss, in dem die ‚traditionelle' Straße ganz und gar zugunsten breiter Asphalt-‚Teppiche' und einiger Grünflächen verschwunden ist. Hier finden sich keine Straßenecken, deren Identität klar durch eine Bar oder eine Bäckerei bestimmt wäre, keine Bürgersteige, auf denen die Bewohner spazieren gehen, keine Plätze, auf denen Blumenhändler ihre bunten Blumengestecke oder Blumenkreationen ausstellen würden oder wo ein Gemüsehändler sein Obst und Gemüse präsentieren würde, keine Mauerabgrenzungen, hinter denen hinter einem Ziergitter ein kleiner Innenhof liegen könnte, keine Plätze oder öffentliche Gartenanlagen, auf denen ältere Menschen sich auf eine Bank setzen, um sich zu unterhalten.

Ist erst einmal das ‚Herz' von ‚La Cali' erreicht, kann festgestellt werden, dass die Morphologie der Gebäudekomplexe von einer Epoche zeugt, in der Menge angestrebt wurde, aber nicht zwingend hohe Qualität, von einer Periode, in der Millionen von Unterkünften, ‚*logis*' gebaut werden mussten – um eine Terminologie Le Corbusiers (1995 [1923]) aufzugreifen –, durch die die schwere Wohnungskrise,

7 Die Metropole Nancy im Nordosten Frankreichs zählt heute mehr als 400.000 Einwohner.

die nach dem Zweiten Weltkrieg ganz Frankreich von Nancy über Marseille bis Paris ergriffen hatte, gelöst werden sollte. Der französische Staat öffnete, in dem er selbst tätig wurde, um den im Baubereich als unerträglich wahrgenommen Liberalismus zu durchbrechen, die Tür für die Schnellbauphase mit möglichst vielen Wohneinheiten, für die Planungen, Planer und großen Bauunternehmen, die sich zu organisieren und zu entwickeln begannen. So wurden die *banlieues* der französischen Städte mit Satellitenquartieren bedeckt, die in rechtwinkliger Struktur geplant wurden und die in hohem Maße aus Hochhausriegeln und -türmen bestanden – also solchen, wie sie exemplarisch in der Peripherie von Nancy zu finden sind, sei es auf dem ‚Plateau de Haye' mit der Siedlung ‚Haut-du-Lièvre' und dem 400 Meter langen Riegel ‚Cèdre Bleu', in Vandoeuvre-lès-Nancy mit deren 8.000 Wohneinheiten, mit der ‚Cité des Provinces' in Laxou und natürlich auch in Jarville-la-Malgrange mit der Siedlung ‚La Californie' und deren 980 Wohnungen (dazu Abbildung 3).

Abbildung 3 Eindrücke aus der Großwohnsiedlung La Californie
Quelle: Aufnahmen Stébé 2015.

Insgesamt werden im Laufe der 1960er und 1970er Jahre 2,2 Millionen Sozialwohnungen in den prioritär zu urbanisierenden Zonen, den *zones à urbaniser en priorité* (ZUP), errichtet, die unter das Label ‚Großwohnsiedlungen' – ‚*grands ensembles*' gefasst werden (dazu auch Vieillard-Baron in diesem Band). Die Siedlungen werden in der Zeit ihrer Erbauung zum Objekt zahlreicher Begierden und stehen als Symbol für die Moderne. Sie ähneln manchmal auch einer ‚Hitliste' der Großtaten mit beispielsweise 18.500 Wohneinheiten in Aulnay-Sevran, 12.400 in Sarcelles und 4.100 Wohneinheiten in der ‚Cité des 4000' in La Courneuve, die 17.500 Bewohner beherbergt (Stébé 2013) (siehe auch Textbox 3).

Textbox 3

Sarcelles – ein Beispiel einer Großwohnsiedlung, in der die ‚Melodie des Glücks' nicht andauerte

Die Großwohnsiedlung von Sarcelles-Lochères (*département* Val-d'Oise in der Ile-de-France) ist gewiss das paradigmatische Symbol einer Großwohnsiedlung, die entscheidend durch den architektonischen und städtebaulichen Funktionalismus der 1950er und 1960er Jahre geprägt wurde. Sie gab ihren Namen der ‚*sarcellite*', einem Begriff, der für das Übel der Großwohnsiedlungen steht: Unbehagen, monotone Architektur und mangelhafte Ausstattung (Bernard 2010). Dieses urbane ‚Ensemble' wird von mehr als nur einem Charakteristikum geprägt: Isoliertheit der Siedlung, sozio-kulturelle Infrastrukturunterversorgung, extreme Größe, Linearität und Wiederholung gleicher Gebäudeformen, Rückgriff auf Produktionsverfahren mit vorgefertigten Gebäudeteilen und auf eine Technik, die als ‚*chemin de grue*' (‚Weg des Krans') bezeichnet wird, das heißt, man bediente sich Eisenbahnschienen auf beiden Gebäudeseiten, durch die die Konstruktion schrittweise vorangebracht wurde und nicht immer wieder neu angesetzt werden musste.

Das Gebiet, auf dem die Großwohnsiedlung von Sarcelles-Lochères entsteht, befindet sich 20 Kilometer nördlich vom Pariser Stadtzentrum und drei Kilometer südlich von Sarcelles, einer Stadt, die Beginn der 1950er Jahre ein wenig mehr als 8.400 Einwohner hatte. Diese Gemeinde, die von Gemüsefeldern umgegeben war, lebte in gewissem Maße noch nach einem ländlichen Rhythmus. Wie der Anfang des Films ‚*Mélodie en sous-sol*' von Henri Verneuil aus dem Jahr 1963 zeigt, ‚kleben' die Hochhausriegel und -türme von Sarcelles an den kleinen Häusern der *banlieue* aus dem Ende des 19. und Beginn des 20. Jahrhunderts, die damals einen Großteil des ‚urbanen Teppichs' dieser Stadt ausmachten. Die Großwohnsiedlung von Sarcelles-Lochères, die im Jahr 1954 begonnen wurde, sah ursprünglich 440 Wohneinheiten vor und erreichte im

Jahr 1976 letztendlich 12.368, was sie damit zu einer der größten Frankreichs macht. 8.274 Einheiten waren zur Miete, ein Drittel, damit 4.094, waren zum Kauf bestimmt. Zu Beginn gab es keinen umfassenden Bebauungsplan – dieser wurde erst 1960 erstellt. Obwohl die Umsetzung des Baubestandes der Großwohnsiedlung durch nur *einen* Städtebauarchitekten ihm seine architektonische Monotonie verliehen hat, so hat dies aus der Siedlung jedoch auch eine richtige Einheit gemacht.
Selbst wenn große Anstrengungen unternommen wurden, um schulische, kulturelle, Sport- und Freizeiteinrichtungen zu schaffen, so konnte doch auch das Quartier Sarcelles-Lochères nicht verhindern, Teil der allgemeinen Entwicklung der Großwohnsiedlungen zu werden: zunehmender Niedergang der öffentlichen Bereiche, schlechter werdende Qualität der Bauten, Wegzug von Familien der Mittelschicht, die sich im sozialen Aufstieg in Richtung von Einfamilienhaussiedlungen als Wohneigentum orientieren und der Austausch der fortziehenden Bewohner durch (sehr viel) ärmere Haushalte.

Diese Großwohnsiedlungen, die durch anerkannte Architekten wie Eugène Beaudouin, Bernard Zehrfuss oder Jacques Henri Labourdette nach Kriterien der Charta von Athen, durch Le Corbusier 1934 aufgezeichnet, erstellt wurden, haben zu einem radikalen Bruch in der Entwicklung der traditionellen urbanen Morphologie geführt. Sie galten als Wiege der Inkarnation, aus der ein neuer Mensch entstehen sollte, der Mensch des Jahres 2000.

In technischer Hinsicht entstanden die Gebäude durch vorgefertigte Bauteile, die über den ‚*chemin de grue*' auf Eisenbahnschienen, auf denen der Kran, der die Bauteile in die Höhe hebt, fährt, nach und nach aneinandergefügt wurden, womit wiederum langgezogene Gebäude in Rekordzeit entstanden.

3.2 ‚La Cali' steigt in die Armut ab

Das Quartier ‚La Californie' zählt heute 1.868 Bewohner, was etwa 20 Prozent der Bevölkerung Jarville-la-Malgranges entspricht. In dieser Großwohnsiedlung konzentrieren sich 56 Prozent der Sozialwohnungen der Kommune. In ‚La Cali' wurden in den letzten zehn Jahren umfassende Stadterneuerungsmaßnahmen durchgeführt. Das Quartier wurde als sensible urbane Zone (ZUS) eingestuft und profitierte dadurch von hohen öffentlichen Krediten. Dadurch kam es zu einer allgemeinen Aufwertung des Gebietes, besonders durch den Abriss von 333 Wohneinheiten und dem Neubau von 120 innerhalb des Quartiers.

75 Prozent der 870 Haushalte dieser Sozialwohnungssiedlung zahlen keine Steuern auf ihre Einkommen. Tatsächlich leidet die Bevölkerung heute unter einer der negativsten wirtschaftlichen Lagen: 23 Prozent der Bevölkerung im erwerbsfähigen Alter ist arbeitslos und 44 Prozent der Einwohner leben mit weniger als 964 Euro pro Monat, damit also 11.448 Euro pro Jahr[8]. Darüber hinaus gehören fast 9 von 10 Erwerbstätigen zu den Kategorien der ‚Arbeiter' und ‚Angestellten'. Im Übrigen werden zahlreiche Einwohner über die allgemeine Gesundheitsversorgung (CMU, *couverture maladie universelle*) und Zusatzversorgung abgedeckt – und damit in noch deutlich höherem Maße als in anderen französischen ZUS. Schließlich haben 23 Prozent der Schüler beim Übergang in das *Collège* (nach ‚normalerweise' fünf Jahren Grundschule) bereits ein Jahr oder mehrere Schuljahre wiederholt und jedes Jahr verlassen 75 Prozent der Jugendlichen das Schulsystem ohne das Abitur erreicht zu haben.

3.3 Der Hochhausturm allen Übels

Wird das Zentrum der Großwohnsiedlung erreicht und werden mit den Bewohnern Gespräche geführt, braucht es nicht lange, um festzustellen, dass ein Hochhausturm das Objekt zahlreicher Kommentare darstellt. Dieser leidet unter einem so schlechten Image, dass die Bewohner nicht zögern, von ihm als ‚verfluchtem Turm' – ‚*tour maudite*' – zu sprechen und es vermeiden, sich dorthin zu begeben – eine Fragmentierung innerhalb der Siedlung. Dieser Turm liegt in der Straße Édouard Lalo. Er umfasst 61 Wohneinheiten mit größtenteils kleinen Grundflächen, verteilt auf acht Etagen (vgl. Abbildung 4).

8 Hierbei handelt es sich um eine Berechnung des nationalen Statistikinstituts Insee, die Gewichtungen der 870 Haushalte des Quartiers vornimmt und berücksichtigt.

Abbildung 4 *La tour maduite*
Quelle: Aufnahme Stébé 2015.

Der ,verfluchte Turm', in dem 80 Personen leben, ist nicht sofort sichtbar, wenn vom Stadtzentrum Jarvilles das Stadtquartier erreicht wird, da er hinter anderen Hochhausriegeln versteckt ist. Auch wenn der Turm nicht auf den ersten Blick zu sehen ist, so liegt er nichtsdestotrotz an einem strategischen Punkt des Quartiers. Wenn einige Stockwerke erklommen werden, bietet sich eine Panoramasicht über das gesamte Gebiet und den Umkreis. Der einzige Zugang zum Turm ist nur wenig von außen einsehbar, da er an einer engen Passage liegt. Auch die Eingangshalle des Turms ist vor Blicken von außen geschützt, noch einmal mehr, da die Scheibe der Eingangstür verspiegelt ist und die Sonne sie nur selten ausleuchtet.

Wird der Turm betreten, so zeigt sich, dass die Gemeinschaftsbereiche nach Renovierung in einem durchaus guten Zustand sind. An den Wänden finden sich keine *Tags*, *keine* Graffitis; die Böden sind alt, aber sauber.

Ganz allgemein ist festzustellen, wie wenig die Einwohner des Quartiers, die nicht in diesem Turm leben, wirklich diesen Ort und seine Bewohner kennen, woher auch das Ausstreuen von Gerüchten und Klatsch und Tratsch herrührt (Calogirou 1989). Dieser Turm spielt damit die Rolle eines Gegenpols für die Einwohner des Quartiers, die *nicht* dort wohnen, in der Art und Weise, dass es ihnen gelingt, sich hiervon abzugrenzen, sich weniger stigmatisiert, weniger ‚arm', weniger ausgeschlossen, weniger ‚fremd', weniger als ‚Sozialfall' zu fühlen, als diejenigen, die dort leben, im ‚Turm der Alkoholiker', wie er von zahlreichen Bewohnern von ‚La Cali' bezeichnet wird. Dies ruft in Erinnerung, wie sehr im alltäglichen Leben in den abgewerteten *cités* HLM jeder versucht, das Gesicht zu wahren und sich eine persönliche Identität zu erfinden, die besser aussieht und wertvoller erscheint, indem ein Vergleich zu ‚ärmeren', ‚gottverlasseneren' als man selbst erfolgt (Goffman 1974; Bachmann und Le Guennec 1996). Anders ausgedrückt stellt das Leben in diesem Turm in keinem Fall eine Verbesserung bezüglich Wohnortveränderungen von Individuen dar: dies wird viel eher als eine schwierige und unausweichliche Etappe erlebt, die die eigene wirtschaftliche Situation und persönliche Schwierigkeiten widerspiegelt. Wie oft sagen die Bewohner, dass das Leben im ‚verfluchten Turm' in ihren Augen den letzten Schritt darstellt, bevor man sich auf der Straße wiederfindet.

Nach Angaben der Betreibergesellschaft des Turms sind neun Wohnungen (entspricht 15 Prozent) nicht belegt, was deutlich über der Leerstandsquote der anderen Gebäude des Quartiers liegt, in denen sie im Durchschnitt bei fünf Prozent liegt. Parallel dazu fällt die Anzahl der ‚Haushaltsvorstände', die eine Arbeit haben, sehr gering aus: es sind nur 12 von 52, also 22,5 Prozent. Die anderen ‚Haushaltsvorstände' erhalten das Sozialleistungsminimum. Die Zahl von 22,5 Prozent liegt deutlich unterhalb derer im Rest des Quartiers. Tatsächlich zeigte eine Studie, die einige Jahre zuvor für alle Haushalte von ‚La Cali' durchgeführt wurde, dass 33,8 Prozent der ‚Haushaltsvorstände' ohne Beschäftigung, 23,2 Prozent im Ruhestand und 34,7 Prozent als Arbeiter oder Angestellter tätig waren. Der Rest bestand hauptsächlich aus Studenten, Handwerkern und kleinen Einzelhändlern (Marchal und Stébé 2010). Das Innere der Wohnungen ist durch große Bescheidenheit des Mobiliars gekennzeichnet; Berichte von Sozialdiensten, die die Bewohner besuchen, unterstreichen, in welchem Ausmaß die Wohnungen mit Möbeln, Stühlen und Tischen ausgestattet sind, die hier und da zusammengesucht wurden.

Dies bedeutet, dass der Turm ein ‚Mikro-Ghetto' (dazu Textbox 4) für sich in dem Sinne darstellt, dass sich dort Haushalte sehr geringer ökonomischer Ressourcen konzentrieren, den die anderen Bewohner des Quartiers als ‚verfluchten Turm' ansehen, in dem niemand wohnen möchte. Diese Logik der ‚Ghettoisierung' geht damit mit einer stigmatisierenden und abwertenden Charakterisierung einher, die nicht nur durch die Bewohner des Quartiers, sondern auch durch die lokalen Medien befördert wird.

Textbox 4

Zu den Wurzeln von ‚Ghetto'

Seit dem Ende der großen antisemitischen Verfolgungen, besonders von denen, die von den Nationalsozialisten verübt wurden, hat das Wort ‚Ghetto' Einzug in den allgemeinen Sprachgebrauch gehalten – und dies in der Form, dass das Wort immer mehr benutzt wird, um jede Form von ethnischer oder sozialer Segregation zu bezeichnen, die auf einem territorialen, klar abgegrenzten Bezug beruht. Präzise ausgedrückt wurde das Wort ‚Ghetto' lange Zeit für ein ‚Judenviertel' in einer Stadt benutzt. Die Entstehung dieses Gebrauchs ist nicht ganz genau geklärt. Wahrscheinlich erscheint der Terminus ‚Ghetto' im Jahr 1516, abgeleitet vom Italienischen ‚*gietto*', womit die Kanonengießerei Venedigs bezeichnet wurde, in der damals die Juden wohnten. Vormals wurden andere Ausdrücke benutzt, um hervorzuheben, dass in einer Straße oder einem Stadtviertel Juden wohnen: So wurde in Deutschland von ‚Judenstraße', von der ‚*Juiverie*' in Frankreich oder der ‚*Carriera*' in der Provence gesprochen. Diese Vielfalt an benutzten Substantiven, um die Wohnorte von Juden zu bezeichnen, enthüllt, wie sehr das Bestehen des ‚Ghettos' in unterschiedlichen Städten Europas vor dem Wort liegt, das dazu dient, es zu kennzeichnen. Im Übrigen bestand das ‚Ghetto' zweifellos bereits in der römischen Antike.

Die Bewohner des Turms und die des restlichen Quartiers, ebenso wie die Sozialarbeiter, die hier Dienst tun, sind sich absolut bewusst, dass es kein Gebäude wie die anderen ist. Die Bewohner von ‚La Cali' sprechen im Übrigen spontan vom ‚Turm der Gottverlassenen' oder dem ‚Turm der Alkoholiker': „Wissen Sie nicht, was man sagt? Man nennt diesen Turm den ‚Turm der Alkoholiker'. Ja, wegen denen, die sich unten ‚die Kante geben', sie holen sich ihr Bier nebenan, ah, die sind so, die haben alles, was sie brauchen." (Aussage einer Turmbewohnerin, 56 Jahre, ohne Arbeit). Die Bewohner machen deutlich, dass sie keine Freunde einladen können, so beeinträchtigend sind die Urin- und Rauchgerüche und so stark ist die Präsenz von Personen im Eingangsbereich des Gebäudes, was ein Gefühl von Unsicherheit schafft.

Die Mieter dieses ‚Turms, der nicht wie die anderen ist', wissen, dass hierher nicht aus freien Stücken gezogen wird, sondern zwangsweise. Gleichzeitig wird nicht der Turm ‚an sich' kritisiert, mit dem Finger auf ihn gezeigt, als Quell allen Übels bezeichnet, sondern diejenigen, die die Eingangshalle und Treppenhäuser bevölkern, diejenigen, die die Wände und Briefkästen beschädigen, diejenigen, die im Aufzug urinieren und Alkohol im Eingangsbereich trinken und diejenigen, die mehr oder weniger extra den Durchgang behindern. Für die Mieter rühren die Probleme daher in erster Linie von der häufigen, täglichen Präsenz von Personen, die den Eingangsbereich belagern: „Das Problem kennt man, es sind immer die gleichen, diejenigen, die unten sind. Ohne die gäbe es kein Problem, denn sonst ist der Turm gut, nichts dagegen zu sagen, meine Wohnung ist gut" (ein Turmbewohner, 61 Jahre, im Ruhestand).

Allgemein sind wir hier sicher mit einem Turm – und in einem weiteren Sinne mit einem Quartier – konfrontiert, dass sich in einem Ghettoisierungsprozess befindet – in dem Sinne, in dem sich eine starke Homogenität der Mieter in Bezug auf ihre finanzielle, soziale, psychosoziale und keineswegs beneidenswerte Situation nachzeichnen lässt. Mit einem Blick auf die nationalen Statistikdaten zeigt sich, dass das Sozialwohnungsquartier ‚La Cali' keinen Einzelfall in Frankreich darstellt. Die nationale Beobachtungsstelle der sensiblen urbanen Zonen (ONZUS) stellt in ihren letzten Situationsberichten eine sich verstärkende Prekarisierung der ZUS im Vergleich zu den anderen verstädterten Gebieten heraus. Unter anderem finden sich hier Arbeitslose, Haushalte unter der Armutsgrenze, Jugendliche mit gescheiterten schulischen Bildungswegen, Immigranten, deren Anteil in den ZUS deutlich umfänglicher ausfallen als im Rest des nationalen Territoriums.

Wenn die Debatten um die Treffsicherheit des Begriffs ‚Ghetto' zur Kennzeichnung gewisser verarmter Quartiere mit Sozialwohnungs- und Großwohnsiedlungsbestand wie ‚La Californie' erhellend sind und in Bezug auf diese Begriffsnutzung zögern lassen, so kann nach unseren Untersuchungen und der nationalen Statistik gleichwohl der Begriff ‚Ghetto' ein anwendbares Konzept werden, um die Lebenswirklichkeit bestimmter urbaner Gebiete zu beobachten, wenn bestimmte Kriterien berücksichtigt werden. Aus diesem Blickwinkel ist die Nutzung des Begriffs ‚Ghetto' kontingent und nicht notwendigerweise unpassend (Lapeyronnie 2008). Er drückt eher eine reale Entwicklung aus, die heute gewisse Quartiere des sozialen Wohungsbaus in den *banlieues* französischer Städte betreffen.

4 Fazit: Die *banlieue* der zwei Geschwindigkeiten

Die *banlieue* der zwei Geschwindigkeiten, die wir hier auf der Grundlage zweier französischer *banlieues*, die nach industrieller Prägung zwei sehr unterschiedliche Wege einschlugen, herausgestellt haben, knüpft an die ‚Stadt der drei Geschwindigkeiten', der ‚*ville à trois vitesses*' von Jacques Donzelot (2004) an. In diesem Artikel erfolgt entsprechend eine Konzentration auf eine reduzierte räumliche Maßstabsebene, die der *banlieues*, und nicht die der Gesamtstadt. Diese theoretische und empirische Ausrichtung bietet den Vorteil, zeigen zu können, in welchem Maße die *banlieue* nicht nur die ‚Bühne' von Ghettoisierungslogiken, sondern auch der Gentrifizierung ist. Es handelt sich also gerade um eine strukturelle Spannung, eine Spannung, die gleichzeitig räumlich und sozial ist. Ist in diesem Sinne die *banlieue* nicht ein bevorzugtes ‚Messgerät', um unsere aktuellen Gesellschaften zu verstehen?

Literatur

Bachmann, C., & Le Guennec, N. (1996). *Violences urbaines*. Paris: Albin Michel.
Bernard, M. (2010). *Sarcellopolis*. Paris: Éditions Finitude.
Bidou-Zachariasen, C. (Hrsg.). (2003). *Retours en ville*. Paris: Descartes & Cie.
Calogirou, C. (1989). *Sauver son honneur*. Paris: L'Harmattan.
Collectif (2010). *Made in Levallois. Deux siècles d'innovations, de créations, d'intelligences*. Levallois: Levallois Communication.
Donzelot, J. (2004). La ville à trois vitesses : relégation, périurbanisation, gentrification. *Esprit 303*, 14-39.
Dorier-Apprill, É., & Gervais-Lambony, P. (2007). *Vies citadines*. Paris: Belin.
Faure, A. (Hrsg.). (1991). *Les Premiers Banlieusards. Aux origines des banlieues de Paris (1860-1940)*. Paris: Créaphis.
Fourcaut, A. (Hrsg.). (1992). *Banlieue rouge (1920-1960)*. Paris: Autrement.
Goffman, E. (1974). *Les rites d'interaction*. Paris: Les Éditions de Minuit.
Lapeyronnie, D. (2008). *Ghetto urbain*. Paris: Robert Laffont.
Le Corbusier, (1995 [1923]). *Vers une architecture*. Paris: Flammarion.
Marchal, H. & Stébé, J.-M. (2010). *La ville au risque du ghetto*. Paris: Lavoisier.
Oberti, M. (2007). *L'école dans la ville. Ségrégation, mixité, carte scolaire*. Paris: Presses de Sciences Po.
Panerai, P., Castex, J., & Depaule, J.-C. (2012). *Formes urbaines: de l'îlot à la barre*. Marseille: Éditions Parenthèses.
Pinçon, C., & Pinçon-Charlot, M. (2007). *Sociologie de la bourgeoisie*. Paris: La découverte.
Sassen, S. (1991). *The Global City: New York, London, Tokyo*. Princeton: Princeton University Press.
Stébé, J.-M. (2010). *La crise des banlieues*. Paris: PUF.
Stébé, J.-M. (2013). *Le logement social en France*. Paris: PUF.
Stébé, J.-M., & Marchal, H. (2010). *Sociologie urbaine*. Paris: Armand Colin.

Die Stadtpolitik *politique de la ville* oder: Widersprüchlichkeiten des republikanischen Gleichheitsideals[1]

Thomas Kirszbaum

Zusammenfassung

Die politisch Verantwortlichen Frankreichs lassen verlautbaren, es sei möglich, den Problemen der *banlieues* ,ein Ende zu setzen', wenn nur der politische Wille und die finanziellen Mittel folgen würden. Mit dem Ziel, die ,republikanische Gleichheit' wiederherzustellen, verfolgt die quartiersbezogene Stadtpolitik *politique de la ville* die Strategie, daraus Quartiere ,wie die anderen' zu machen. Das so genannte ,Problem der *banlieues*' beschreibt vor allem eine Schwierigkeit der französischen Gesellschaft, die soziale Andersartigkeit bestimmter Viertel zu akzeptieren – und mehr noch: die der ethnischen Vielfalt. Trotz vierzig Jahren *politique de la ville* und einem kostspieligen Stadtumbauprogramm ist ,die *banlieue*' als Problem nicht verschwunden. Indem die *politique de la ville* darauf ausgerichtet wurde, die ,Ghettos' zu beseitigen, hat diese Politik andere Dimensionen der urbanen Gleichheit vernachlässigt: die umfassende Anerkennung von Bewohnern als Akteure lokaler Demokratie und die Chancengleichheit beim Zugang zu städtischen Ressourcen. Auch wenn die *politique de la ville* stark kritisiert wird, genießt sie eine große politische Unterstützung, da sie im Dienste eines ,republikanischen Modells der Integration' arbeitet.

1 Aus dem Französischen von Florian Weber und Brigitte Weber. Der Artikel stellt eine komprimierte und überarbeitete Version des Einleitungsbeitrags des Sammelbandes von Thomas Kirszbaum (2015) dar.

1 Einleitung

Der 200. Geburtstag der französischen Revolution im Jahr 1989 mag bereits weit entfernt erscheinen, als François Mitterrand die Stadtpolitik *politique de la ville* – eine spezifische Politik zugunsten der französischen *banlieues* – als ein Werk der „urbanen Zivilisation"[2] präsentierte, deren endgültiges Ziel darin bestünde, „dass es keine armen und keine reichen Städte mehr gäbe"[3]. „Es handelt sich hierbei um einen echten Kampf für Gleichheit und Brüderlichkeit"[4], fügte er in Richtung der Akteure dieser Politik hinzu, die zur Jahresversammlung in Nanterre im Westen von Paris versammelt waren[5]. Im Dezember 1990 eröffnete der Präsident der Republik mit einer langen Rede eine neue Jahresversammlung in Bron, deren Haupttitel in sich bereits ein Programm darstellt: „*Pour en finir avec les grands ensembles*", frei übersetzt: „Um einen Schlussstrich unter die Probleme der Großwohnsiedlungen zu ziehen". Sechs Monate später verabschiedete das Parlament das ‚Orientierungsgesetz für die Stadt' (siehe dazu Weber in diesem Band), das als ein „Anti-Ghettoisierungsgesetz"[6] angekündigt wurde und dessen erster Artikel nicht weniger verspricht als „Phänomene der Segregation zu vermeiden oder zu beseitigen"[7]. Im Jahr 2003 formulierte Minister Jean-Louis Borloo den Wunsch, „dass in fünf Jahren kein Bedarf mehr an (seinem) Ministerium" der Stadt und des Stadtumbaus bestehe[8] (Le Monde 2003). Er wettete damit auf die Effekte, die sein Plan der Umgestaltung der Großwohnsiedlungen für die angesetzte Dauer von fünf Jahren haben sollte und den er als „größte Baustelle des Jahrhunderts bezeichnete"[9]. Jüngst wurde diese ‚Baustelle' nun bis in das Jahr 2020 verlängert (dazu auch Weber in diesem Band).

Der vorliegende Beitrag berichtet von der Desillusionierung einer Politik ‚für die Stadt', der ‚*politique de la ville*', die geradezu gesättigt ist von Reden um Mar-

2 „*Civilisation urbaine* ".

3 „*Qu'il n'y ait plus de villes pauvres et d'autres riches* ".

4 „*Voilà un vrai combat pour l'égalité et la fraternité* ".

5 Rede , *Vers une civilisation urbaine*' von François Mitterrand bei den ‚*Assises de Nanterre'*, die am 20. und 21. Mai 1989 von der *Délégation interministérielle à la Ville* (interministerielle Stadtdelegation) und der ‚*mission Banlieues 89'* (Vereinigung zugunsten des Städtebaus in den banlieues, 1981 ins Leben gerufen) organisiert wurden.

6 „*Loi anti-ghettos*".

7 „*Éviter ou faire disparaître les phénomènes de ségrégation*".

8 „*Dans cinq ans, il n'y ait plus besoin de (son) ministère*".

9 „*Plus grand chantier du siècle*". Ausschnitt aus einer Rede Borloos zu den Tagen des Austauschs zum Stadtumbau aus dem Februar 2007, zitiert von Renaud Epstein 2012.

shall-Pläne für die Vorstädte oder neuerlichen Vorstößen des Premierministers Manuel Valls, eine „territoriale, soziale und ethnische Apartheid"[10] durchbrechen zu wollen, und die verlautbaren lassen, dass das ‚Problem der *banlieues*' endgültig gelöst werden könnte, wenn nur der politische Wille und die finanziellen Mittel eingebracht würden – Reden, die mit ‚der Realität' aufeinanderprallen. Das ‚nationale Beobachtungszentrum für die sensiblen urbanen Zonen' (ONZUS) wirft im Laufe seiner jährlichen Berichte ein grelles Licht auf den Fortbestand, wenn nicht sogar die Verschlimmerung von Segregation und Ungleichheiten, denen die Bewohner der Quartiere, die manchmal als ‚prioritär' bezeichnet werden, seit mehr als vierzig Jahren ausgesetzt sind (dazu auch Marchal, Stébé und Bertier in diesem Band).

Es ist bekannt, dass sich der Fortbestand sozialräumlicher Segregation zumindest in Teilen durch die unterschiedlichen Bewegungsmuster derer erklärt, die diese Quartiere verlassen (weniger Arme) und solchen, die hinzukommen (Ärmere). Dieses Ungleichgewicht zwischen dem Abwärtstrend der Quartiere und dem positiven Weg der Individuen, die sie verlassen, erscheint entsprechend unvermeidlich (Davezies und Estèbe 2012). Politik und Medien kümmern sich allerdings kaum um diese subtilen Begründungzusammenhänge von Statistikern, die darauf hinauslaufen, ‚das Fehlen von Ergebnissen' der *politique de la ville* zu relativieren, die unfähig ist, Probleme zu beseitigen, die ihre Schaffung gerechtfertigt haben. Alles vollzieht sich so, als ob diese Politik dazu verdammt wäre, einem dauerhaften Vorwurf ausgesetzt zu sein: dem, weiterzubestehen, weil sie nicht zu ihrem Ziel gelangt ist – eigentlich waren initiierte Maßnahmen immer nur auf Zeit angesetzt. Wenn die Glaubwürdigkeit politischer Diskurse, die jeweils eine strahlende Zukunft vorausgesagt haben, stark von der Unbezwingbarkeit des ‚Problems der *banlieues*' angegriffen zu sein scheint, haben die gleichen Diskurse nicht wenig dazu beigetragen, die *politique de la ville* zu diskreditieren, indem ihre Aufgabe als Sisyphus-Arbeit erscheint.

Die positiven Bewertungen scheinen vor allem dazu bestimmt zu sein, eine ängstliche Einschätzung zu einem Problem zu beschwichtigen, das in Teilen durch eine Dramatisierung hergestellt wurde – durch politische und mediale Diskurse. Gleichzeitig werden der negativen Einschätzung beschwichtigende Repräsentationen zu ‚Reichtum' und ‚Kreativität' der *banlieues* gegenübergestellt – diese Deutungsmuster gehen im Übrigen nicht ohne Widersprüche in das Repertoire politischer und medialer Repräsentationen ein. Die Frage, die sich hier stellt, betrifft die praktischen Auswirkungen der immer noch dominanten Lesart des ‚Problems der *banlieues*' als ‚Krise' und als Strang von ‚Pathologien', das mal dem Urbanis-

10 „*Apartheid territorial, social et ethnique*".

mus der Großwohnsiedlungen und mal sozialen und ethnischen Attributen ihrer Bewohner zugeschrieben wird – oder meistens sogar beiden Deutungen, wenn in beschönigender Sprache von ‚urbaner Dysfunktion' und ‚sozialen Handicaps' gesprochen wird.

Vor diesem Hintergrund kann die Lösung nicht eindeutig sein, die eine ‚Normalisierung' der Lage anstrebt – einer Lage, die vor dem Abstieg dieser Quartiere bestanden habe und die in der Sprache der *politique de la ville* als ‚Rückkehr in die staatliche Ordnung', ‚Eingliederung in die Republik', ‚Wiederherstellung der Gleichheit'[11] et cetera bezeichnet wird. Folgt man diesen Überlegungen, dann würden die Quartiere, die auf die Aufnahme von Bevölkerungsgruppen geringer oder bescheidener Einkommen, oft mit Migrationshintergrund, spezialisiert sind, außerhalb der Norm und am Rande des gemeinschaftlichen ‚Raumes' der Republik stehen. Genau deshalb sollten aus ihnen ‚Quartiere wie die anderen' gemacht werden, wie es im einvernehmlichen politischen Slogan heißt, der seit Ende der 1980er Jahre immer wieder wiederholt wird, um dem Gleichheitsprinzip Ausdruck zu verleihen.

Die Implikationen dieser Sicht des Problems und seiner Lösung sind beachtlich. Diese Sichtweise erscheint als ein machtvoller Faktor der Enttäuschung in Bezug auf die Wirkkraft der *politique de la ville*, da sie verhindert, den dauerhaften, strukturellen und gleichzeitig banalen Charakter von Phänomenen urbaner Armut und Entwertung von Quartieren, in denen sich ethnische Minderheiten konzentrieren, zu erfassen. Gleichzeitig verbietet sie, die Funktion von bestimmten Vierteln innerhalb von sozialräumlichen Veränderungszyklen von ärmeren und bescheideneren Haushalten anzuerkennen und zu unterstützen. Indem sie allein der öffentlichen Hand die Aufgabe zubilligt, Gleichheit herzustellen, vernachlässigt sie auch die Beiträge der Zivilgesellschaft hierzu, insbesondere die des gemeinschaftlichen und unabhängigen Handelns (dazu auch Carriou in diesem Band), das auf die Forderung einer größeren Gleichbehandlung ausgerichtet ist. Diese Sichtweise, die sich auf die unterstellte Andersartigkeit der *banlieues* konzentriert, lenkt schließlich auch den Blick davon ab, was der sozial-räumlichen Eingliederung von Nachfahren aus den ehemaligen französischen Kolonien in anderen Teilen der Stadt im Weg steht. Die Eingliederung von Nachfahren von Immigranten erfolgte deutlich wirksamer, wenn sie europäischer Herkunft waren.

11 *„Retour au droit commun", „réinsertion dans la République", „rétablissement de l'égalité".*

2 Das Problem der *banlieues* oder die Andersartigkeit als Problem

Heißt es nun ‚*la banlieue*' im Singular oder ‚*les banlieues*' im Plural? Grundsätzlich gibt es die *banlieue* – ‚la' *banlieue* – im Singular eigentlich gar nicht – so viele unterschiedliche Aspekte umfasst sie: von den ehemaligen ‚*banlieues rouges*', also den Gemeinden in den *banlieues*, die von der kommunistischen Partei regiert wurden, bis hin zu den Wohngebieten des gehobenen Bürgertums. Die *banlieue* ist aber nicht nur ein ‚pluraler Singular'[12], wie es Thierry Paquot (2003) so ‚hübsch' umschreibt. Ihre Grenzen sind gleichermaßen unbestimmt. Ausgehend vom Wortursprung ‚*ban-lieue*' (dazu Vieillard-Baron in diesem Band) stellt die *banlieue* den urbanisierten Gürtel von Städten dar und entspricht nicht dem gesamten, eigentlich unbegrenzten suburbanen Raum. Und schließlich liegen die Quartiere des sozialen Wohnungsbaus, die sinnbildhaft für die *politique de la ville* stehen, nicht alle außerhalb der Stadtzentren, sondern gerade auch innerhalb, so wie beispielsweise in den ‚*quartiers nord*' von Marseille (dazu auch Weber 2013). Die *politique de la ville* mit der Politik der *banlieues* gleichzusetzen stellt damit einen sprachlichen Lapsus dar. Es ist entsprechend der Empfehlung Annie Fourcauts (2000) zu folgen, ‚der *banlieue* ein Ende zu setzen'[13], um sie Historikern oder Geographen zu überlassen und um in jedem Fall mit ihrem politischen und medialen Gebrauch zu brechen. Wie es Jean-Charles Depaule und Christian Topalov (1996) anmerken, stellt ‚das Problem der *banlieues*' zunächst eine ‚sprachliche Benennung' dar, mit der eine soziale Stigmatisierung mit Bezügen zu Wohnraum und Raum ausgedrückt wird. Das Wort ‚*banlieue*' erscheint entsprechend mit anderen Worten austauschbar, die die gleiche Funktion der Bezeichnung und Klassifizierung erfüllen, darunter: Ghettos, *cités* (Großwohnsiedlungen), Zonen oder so genannte ‚sensible', ‚schwierige', ‚Problem'-Gebiete oder Gebiete ‚außerhalb des Rechts' et cetera. Noch negativer aufgeladen ist der Begriff ‚*les quartiers*', ‚die Quartiere', der keiner weiteren Ergänzung bedarf – so sehr sind darin alle Bedeutungen bereits impliziert (Faure 2003). Dieses vielfältige Vokabular beschreibt die gleiche soziale Wirklichkeit: die räumliche Sichtbarkeit sozialer und mehr noch ethnischer Andersartigkeit (Simon 1997), die von der dominierenden Norm abweicht (Vieillard-Baron 2011). Wenn Politik und Medien das ‚Problem der *banlieues*' an sich reißen, wird ausgedrückt, was den sichtbaren Unterschied an Irritierendem und Angstauslösendem für diejenigen darstellt, die nicht in diesen Teilen der Stadt leben.

12 „*Singulier pluriel*".

13 „*En finir avec la banlieue*".

Die Arbeit von Historikern erweist sich hier als sehr wertvoll, da sie uns die jahrhundertelange Stigmatisierung bestimmter Stadtviertel als Verräumlichung sozialer Ängste in Erinnerung ruft (Fourcaut 2000). Die Einführung einer Politik des Baus von Großwohnsiedlungen nach dem Zweiten Weltkrieg (dazu Weber in diesem Band) ist entsprechend in eine lange Geschichte der Wohnbebauung für untere Schichten einzuordnen. Wenn die Welt der Großwohnsiedlungen als eine Maschinerie der ‚Modernisierung der Gesellschaft über den Städtebau'[14] (Oblet 2005) verstanden werden könnte, war es nicht ein goldenes Zeitalter, wie heute bereitwillig beschrieben wird. Das Modell umfasste im Gegenteil zahlreiche Schwachstellen: die minderwertige Qualität der Gebäude; das Fehlen von Infrastruktur und Verkehrsanbindungen, die bereits das Gefühl eines Abstiegs vorwegnahmen; die Anhäufung von ‚Ausgeschlossenen der Moderne', derjenigen, die keinen Zugang zu den Sozialwohnungen erhielten und keinen Zugang zu Komfort hatten, der trotz Unzulänglichkeiten für die unteren Schichten vorhanden gewesen war (Bachmann und Le Guennec 1996). Fast gleichzeitig mit dem Bau entwickelte sich eine Bewegung des Protests gegen diese Form des Urbanismus und des sozialen Lebens in den Großwohnsiedlungen. Bereits in den 1970er Jahren liegt die Antwort der politisch Verantwortlichen darin, aus diesen Quartieren solche ‚wie die anderen' machen zu wollen. Damals wurde davon gesprochen, die Bewohner der Großwohnsiedlungen wieder ‚in die nationale Gemeinschaft'[15] einzugliedern – so als ob sie Teil einer anderen Welt wären, dieser ‚Mülleimer unserer modernen Gesellschaft'[16] (hierzu auch Freitag-Carteron in diesem Band).

3 Die Enttäuschungen des ‚Anti-Ghettoisierungs'-Kampfes

Das Schreckgespenst des ‚ethnischen Ghettos' und seine US-amerikanischen Bezüge wurden bereits früh, ab dem Ende der 1960er Jahre diskutiert – und dies genau ab dem Moment, als Immigranten und ihre Familien gesonderten Wohnraum (Armenviertel, Aufnahmelager, Übergangssiedlungen) verließen, um in den normalen Sozialwohnungsbestand zu ziehen. Lokale Konzentrationen von Bevölkerungsteilen mit Migrationshintergrund hatten in den Städten und französischen

14 „*Modernisation de la société par l'urbain*".

15 „*Dans la communauté nationale*". Wortlaut Robert-André Viviens (Staatssekretär für Wohnen) aus dem Jahr 1971, zitiert nach Thilbaut Tellier (2015).

16 „*Dépotoir de notre société moderne*". Wortlaut einer Notiz zu einer interministeriellen Sitzung im Jahr 1979, zitiert nach Thilbaut Tellier (2015).

Arbeitersiedlungen viele Vorläufer (Noiriel 1989). Aber erst als diese Bevölkerungsteile in die erst neuerlich errichteten Sozialwohnungen zogen, wurde deren Präsenz zu einem öffentlichen Problem gemacht, das einer spezifischen Behandlung bedürfe. Der Zugang zu Sozialwohnungen wurde maghrebinischen[17] Arbeitern und Familien in den 1960er und 1970er Jahren systematisch durch eine Diskriminierungspolitik verwehrt, die sich auf die Definition eines ‚Toleranzniveaus' stützte (Belmessous 2013).

Auch wenn diese Quotierungspolitik offiziell zu Beginn der 1980er Jahre aufgegeben wurde, bestand sie in späteren Wohnungs- und Stadtpolitiken fort, darunter im Gesetz Besson aus dem Jahr 1990 zum Wohnungsrecht, das Zugangsschwellen für ‚benachteiligte' Personen einführte, und im Orientierungsgesetz für die Stadt aus dem Jahr 1991, das mindestens zwanzig Prozent Sozialwohnungen in Gemeinden vorsah. Diese beiden Gesetze wurden durch ihre sozialistischen Urheber als ‚Anti-Ghettoisierungs'-Gesetze präsentiert. Dieser ‚Anti-Ghetto'-Diskurs lebte erneut um die Jahrtausendwende der 2000er Jahre auf, als die sozialistische Regierung das Tabu des Abrisses von Sozialwohnungen brach. Das Stadtumbauprogramm, das im Jahr 2003 unter einer konservativen Regierung ins Leben gerufen wurde, führte diesen Ansatz, der auf zwei sich ergänzenden Strategien beruhte, fort und weitete ihn aus: den der urbanen Anpassung als ‚Normalisierung' der Stadtviertel und der Mischung ihrer Bevölkerung durch die Anziehung von Bevölkerungsgruppen von außen.

Das Ziel dieser Anpassung, das 1990 in einem Bericht von Olivier Piron (1990) – ‚Die Großwohnsiedlungen: bald Stadtviertel … wie die anderen'[18] – formuliert wurde, wurde vor allem durch die Schaffung kleinerer Wohngebäude mit gesichertem Zugang konkretisiert, durch die die Grenzen zwischen öffentlichem und privatem Raum deutlicher gekennzeichnet wurden (dazu auch Weber in diesem Band). Angesichts der geringen Zahl von Wohnungen, die innerhalb des Wohngebäudebestandes in den sensiblen urbanen Zonen[19] abgerissen wurden, konnte die Stadtumbaupolitik nur teilweise das städtebauliche (Gegen)Modell der Großwohnsiedlungen trotz der umfangreichen finanziellen Mittel, die ihr zugebilligt waren (rund 45 Millionen Euro), unterlaufen. Zudem muss auch das – massive – Scheitern der Verteilung bisheriger Einwohner und des von der nationalen Agentur für Stadt-

17 Maghreb = Marokko, Algerien und Tunesien.

18 „*Les grands ensembles : bientôt des quartiers … comme les autres*"

19 Im Mai 2015 waren weniger als 150.000 Wohneinheiten abgerissen wurden, was weniger als zehn Prozent des Gesamtwohnungsbestands der ‚sensiblen urbanen Zonen' entspricht.

umbau gewünschten Zuzugs ‚anderer Bevölkerungskategorien‘[20] (zu verstehen als ‚Weiße‘) hervorgehoben werden. Die Haushalte, die umgesiedelt wurden, wollten mehrheitlich in ihrem Quartier bleiben und Haushalte mit geringen Einkommen, die aus denselben oder vergleichbaren Stadtvierteln kamen, bemühten sich darum, eine Wohnung in den neuen renovierten ‚Enklaven‘ zu erhalten, was erlaubt, das abstoßende Bild des ‚Ghettos‘ zu relativieren (Lelévrier 2013).

Die ‚*banlieue*‘, die nach vierzig Jahren *politique de la ville* nur sehr begrenzt umgestaltet wurde, ist entsprechend nicht verschwunden – nicht physisch und auch nicht als soziale Repräsentation. Ihre urbane Anpassung zeichnet sich ab, aber es lässt sich voraussagen, dass die *banlieue* so lange weiterbestehen wird, wie ihre Bewohner nicht auch im Blick der französischen Mehrheitsgesellschaft als ‚normal‘ wahrgenommen werden.

4 Die vergessenen Dimensionen der urbanen Gleichheit

Die Andersartigkeit von Stadtvierteln zu beseitigen ist nicht in die einzige Konzeption angestrebter Veränderung innerhalb der *politique de la ville*. Zwei Entwicklungslinien standen sich zu Beginn der 1990er Jahren gegenüber – beziehungsweise genauer gesagt – überlagerten sich (Berland-Berthon 2008). Die erste wurde durch Olivier Piron, einem hohen Ministerialbeamten, verkörpert, der in seinem Bericht in Betracht zog, dass ohne eine aktive Politik zur Diversifizierung der Bevölkerung diese Quartiere „saubere und zivilisierte Ghettos, aber dennoch Ghettos“[21] blieben. Die zweite wurde durch Jean-Marie Delarue getragen, der, noch bevor er zum interministeriellen Delegierten für die Stadt wurde, in einem Bericht an den Stadtminister schrieb, dass es „das Ziel ist, einen Lebensraum für die einfachen Leute zu bestimmen und nicht den sozialen Frieden mit weniger ‚störenden‘ Bevölkerungsgruppen zurückzubringen“[22] (Delarue 1991).

Hinter der Debatte ‚Ghettos versus Quartiere für die einfachen Leute‘ steht der Gegensatz zwischen zwei Visionen urbaner Gleichheit, die kaum miteinander vereinbar sind: einerseits Gleichheit durch Einheit, die die Beseitigung sozialer und ethnischer Unterschiede im Raum anstrebt, wenn diese als problematisch bewertet werden und andererseits Gleichheit in der Vielfalt, bei der Unterscheidungen anerkannt werden, aber versucht wird, diese umzugestalten, um bessere Lebens-

20 „*Catégories de population différentes*“.

21 „*Des ghettos propres et policés, mais quand même des ghettos*“.

22 „*L'objectif est bien de déterminer un cadre de vie populaire, non de ramener la paix sociale avec des peuplements moins ‚dérangeants‘*“.

bedingungen für Bewohner herzustellen, wo diese sind und wie diese sind. Diese beiden Visionen urbaner Gleichheit bringen auch zwei Machtkonzepte mit sich: Im ersten Fall sind die Quartiere Orte einer Rückeroberung, einer Wiederherstellung der umfänglichen Macht des Staates; im zweiten Fall wird das Quartier als ein Raum der Mobilisierung für die Schaffung neuer Werte verstanden – und dies im Rahmen einer ‚Verfahrensdemokratie', an der jeder Bürger es wert ist, teilzuhaben und bei der das Ende des Handelns relativ unbestimmt bleibt.

Auf der einen Seite handelt es sich um die Anwendung einer allgemeinen Norm *top down*, auf der anderen Seite um die Beteiligung lokaler Akteure daran, gemeinsame Interessen festzulegen. Die Geschichte der französischen *politique de la ville* kann als wachsende Vormachtstellung der Konzeption *top down* der – ‚republikanisch' genannten – urbanen Gleichheit gelesen werden. Die Vorkämpfer dieser Politik standen dem ‚kommunitaristischen' Zugang allerdings nicht gleichgültig oder völlig ablehnend gegenüber – einem Zugang, der in den ‚Entwicklungsländern' mehr noch als in den USA zum Zuge kam. Auf nationaler Ebene waren die Gestalter der ersten Programme *Habitat et vie sociale* (HVS) und *Développement social des quartiers* (DSQ) (siehe hierzu ausführlicher Weber in diesem Band) soziale Reformatoren, die großen Wert auf die Partizipation der Bewohner als Anreize für eine Demokratisierung urbaner Institutionen legten. Die ersten Entwicklungen der *politique de la ville* sind aber in einen Kontext einer wachsenden Machtbehauptung der Bürgermeister zu stellen. In diesem Rahmen dienten die Erfahrungen mit einer partizipativen Demokratie, die in den Stadtvierteln gemacht wurden, vor allem dazu, die Nähe der Mandatsträger zu ihren ‚Untergebenen' zur Schau zu stellen (Blatrix 2009). Zur ‚Verhinderung' einer französischen politischen Kultur, die die repräsentative Demokratie überbewertete, traten Effekte einer republikanischen Ideologie der Integration hinzu, die die kommunitaristische Idee heftig angriff. Die häufige Anprangerung des ‚*communautarisme*' brachte sogar die Idee von Interessengemeinschaften, die sich im öffentlichen Bereich hätten ausdrücken können, ins Abseits. Vereine und andere Zusammenschlüsse wurden als nicht repräsentativ angesehen und sahen sich zugunsten von ‚Bewohnern' umgangen, die zu bevorzugten, aber gleichzeitig nicht ‚greifbaren' Empfängern institutionalisierter Partizipationsangebote wurden. In den Veröffentlichungen zum Thema Partizipation wurde die Bewohnerstimme zum Monopol von in der Regel weißen Männern mittleren Alters, deren Profil tiefgreifend von der mehrheitlichen Zusammensetzung der jungen, multiethnischen und vielfältigen Stadtviertel abweicht.

Im Laufe der Zeit ähnelte diese Politik immer weniger einem Laboratorium demokratischer Innovation, das am Anfang angestrebt war. Die Verantwortlichen der *politique de la ville* sind durch administrativ-finanztechnische Aufgaben oder die Koordination mit anderen öffentlichen Politikfeldern in Beschlag genommen und oft nicht mehr nah genug an den Entwicklungen ‚vor Ort' dran, um das Aufkommen von Vereinsstrukturen zu überblicken. Diese ‚Techniker' können Bewohnerinitiativen im Übrigen ambivalent gegenüberstehen, wenn sie mit Maßnahmen in Konkurrenz treten könnten, die durch die *politique de la ville* finanziert werden oder eine Kritik durch die Mandatsträger hervorrufen, die sich vor jeder Entwicklung von „Gegen-Macht"[23] fürchten (Kirszbaum 2014).

Zu Beginn der 1990er Jahre lag das Hauptziel der *politique de la ville* bereits nicht mehr darin, die Zivilgesellschaft, sondern die Institutionen zu mobilisieren, angefangen von den Staatsdiensten, die angehalten waren und sind, die ‚republikanische Gleichheit' wiederherzustellen. Die Idee allerdings, Ressourcen in hohem Maße zugunsten von Stadtvierteln, die diese am meisten benötigten, bereitzustellen, wurde weder von Staatsseite noch von den lokalen Gebietskörperschaften konkretisiert. Die *politique de la ville* führte eher dazu, dass sich Politiken des so genannten allgemeinen Rechts aus ihren Verantwortungsbereichen zurückzogen und sie es der spezifischen Förderpolitik der *politique de la ville* überließen, sich um Bevölkerungsteile in Stadtvierteln zu ‚kümmern', die als ‚außen vor' bewertet wurden.

Die Bezeichnung ‚*politique de la ville*' als ‚Politik für die *Stadt*', die am Ende der 1980er Jahre aufkam, spiegelte den Wunsch wider, mit einer ‚Politik bestimmter Stadtviertel', die bis dato verfolgt wurde, zu brechen. Eine Veränderung des Maßstabs, die durch die Linke eingeleitet wurde, sollte es erlauben, an den Ursachen sozialer Segregation anzusetzen, indem alle Politikbereiche auf der richtigen Ebene aktiv werden sollten, der interkommunalen Ebene – also auf großräumigerer Ebene. Ziel war es auch, eine möglichst große Chancengleichheit herzustellen, indem die *politique de la ville* zu einem Instrument der Veränderung öffentlicher Politiken (Bildung, Ausbildung, Gesundheit, Wohnen et cetera) werden sollte, die das soziale, wirtschaftliche und wohnungsbezogene Schicksal von Individuen beeinflussen. Die Entwicklungen erwiesen sich allerdings als enttäuschend. Die *politique de la ville* blieb auf enge Raumausschnitte und auf die Finanzierung der lokalen Vereinslandschaft begrenzt.

Die letzte Reform der *politique de la ville*, die nach den Präsidentschaftswahlen im Jahr 2012 eingeleitet wurde, stellt den Versuch einer Synthese von Ansätzen dar, die zu unterschiedlichen Zeitpunkten in der Geschichte dieser Politik vorherrschend waren: Angestrebt werden eine Verstärkung partizipativer Zugänge, eine Anpassung von Politiken des öffentlichen Rechts, eine urbane Angleichung und soziale Mischung durch Stadtumbau. Die bisher allerdings unzureichend ge-

23 „*Contre-pouvoirs*".

zogenen Schlussfolgerungen aus den Niederlagen der Vergangenheit lassen kaum künftige Erfolge erwarten (Epstein 2015).

5 *Politique de la ville* und republikanisches Integrationsmodell

Auch wenn jede nationalstaatliche Politik einen eigenen Aufbau und eigene Ziele hat, so hat sich das französische Modell doch stark von anderen nationalstaatlichen Modellen seit Beginn der 1990er Jahre fortentwickelt. Dieser Wendepunkt fällt mit der Bestätigung eines ‚französischen Integrationsmodells' zusammen, einem Modell, vorgestellt zum ersten Mal 1991 durch den hohen Integrationsrat, den *Haut conseil à l'intégration*, der zu Beginn der zweiten Amtszeit von Präsident Mitterrand ins Leben gerufen wurde (HCI 1991). Nur die Konservativen nutzten bis dahin das Wort ‚Integration' als Ersatz für den kontroversen Begriff der Assimilation. Mitte der 1980er Jahre bevorzugte die Linke immer noch den Begriff der ‚*insertion*', des ‚Einfügens', bevor sie sich der ‚Integration' zuwandte, die stärker den Fokus auf die Anstrengungen des Migranten richtete, sich Normen und Erwartungen der Aufnahmegesellschaft anzupassen. Die erste Kopftuchdebatte Ende des Jahres 1989 beschleunigte die Institutionalisierung einer Integrationspolitik und bedeutete gleichzeitig die endgültige Aufgabe jedweder multikulturalistischen Bezugnahme durch die Linke, die durchaus gewisse Sympathien für das Thema des ‚Rechts auf Andersartigkeit', des ‚*droit à la différence*', im Laufe dieses Jahrzehnts gehegt hatte (Gaspard 2012). Zu Beginn der 2000er Jahre wurde Integration schließlich mit der republikanischen Thematik verknüpft. Seitdem wurde vom ‚republikanischen Integrationsmodell' gesprochen (Lochak 2006).

Die Integrationspolitik wurde sofort mit den Zielen und Finanzierungen der *politique de la ville* verschränkt (Doyrcheva 2007; Weber 2013). Als Symbol dieser Verknüpfung kann eine Äußerung Maurice Leroys, Stadtminister in der Regierung Fillons, aus dem Jahr 2011 angeführt werden, in der er zur ‚französischen Besonderheit' dieser Politik gratuliert, die in der Lage sei, parteiische Unterscheide „im Dienste des republikanischen Integrationsmodells"[24] zu überwinden.

Die *politique de la ville* nimmt so den merkwürdigen Status einer Politik ein, die dauerhafter medialer und politischer Kritik ausgesetzt ist, die aber kaum ernstlich in ihrem Bestehen bedroht ist, da sie zwischen parteilichen Kontroversen fortbesteht – nur die extreme Rechte, der Front national, kämpft seit jeher für ihr Verschwinden. Die Kritikpunkte zielen nicht auf ihre Daseinsberechtigung, sondern

24 „*Au service du modèle républicain d'intégration*".

auf ihre Langlebigkeit, die das Zeichen der Niederlage sei, es nicht geschafft zu haben, ‚den *banlieues* ein Ende zu setzen'. Indem gesagt wird, dass es möglich sei, der *politique de la ville* dann ein Ende zu setzen, wenn es möglich würde, Segregation zu beenden, stimmen Konservative und Linke in der Leugnung einer endlosen Problematik überein, die von Regierung zu Regierung fortbesteht.

Entsprechend muss man die spezifische Verbindung im Zeitverlauf verstehen, die mit der französischen *politique de la ville* verknüpft ist – oder genauer gesagt: die Diskrepanz zwischen ihrem vorgesehenen Zeitfenster und ihrer tatsächlichen Dauer. Denn anstatt sich durch ihre Ideologie in Bezug auf Integration zu unterscheiden, setzen Konservative und Linke unterschiedliche Schwerpunkte. Die Konservativen präferieren eine Handlungsweise, die gebündelt und fokussiert auf spezifische Raumausschnitte sein soll – als Garant für eine schnelle Lösung der Fragen rund um die *banlieues*. Die Linke äußerte oft Vorbehalte gegenüber einer ‚Politik des Sonderwegs', also einer spezifischen Förderpolitik, und bevorzugte ‚strukturierende' Politiken aus dem allgemeinen Recht, um das ‚Übel' an der Wurzel zu packen – mit einer Vorliebe für eine Gleichverteilung von Sozialwohnungen über den Raum (siehe hierzu auch Glasze und Weber 2010). In beiden Fällen hat der beschriebene republikanische Konsens ohne Frage weniger mit der ‚französischen Leidenschaft für Gleichheit' zu tun als mit dem Wunsch, genau das verschwinden zu lassen, was die extreme Rechte offen anprangert: die Sichtbarkeit ethnischer Minderheiten im städtischen Raum.

Literatur

Bachmann, C. & Le Guennec, N. (1996). *Violences urbaines. Ascension et chute des classes moyennes à travers cinquante ans de politique de la ville*. Paris: Albin Michel.

Belmessous, F. (2013). Du « seuil de tolérance » à la « mixité sociale »: répartition et mise à l'écart des immigrés dans l'agglomération lyonnaise (1970–2000). *Belgeo* 3-2013. https://belgeo.revues.org/11540. Zugegriffen: 20. Mai 2015.

Berland-Berthon, A. (2008). Les grands ensembles: des quartiers *pas* comme les autres. In C. Vallat, A. Delpirou & F. Maccaglia (Hrsg.), *Pérennité urbaine, ou la ville par-delà ses métamorphoses. Volume 2 – Turbulences* (S. 255-268). Paris: L'Harmattan.

Blatrix, C. (2009). « La démocratie participative en représentation ». *Sociétés contemporaines* 74, 97-119.

Davezies, L. & Estèbe, P. *(2012). Quelle solidarité pour les quartiers populaires ?. In N. Houard (Hrsg.), Politique de la ville. Perspectives françaises et ouvertures internationales (S. 53-68). Paris: La Documentation française.*

Delarue, J.-M. (1991). *Banlieues en difficultés : la relégation*, Rapport au ministre de la Ville et de l'Aménagement du territoire. Paris: Syros/Alternative.

Depaule, J.-C. & Topalov, C. (1996). La ville à travers ses mots. *Enquête* 4-1996. http://enquete.revues.org/963. Zugegriffen: 20. Mai 2015.

Doytcheva, M. (2007). *Une discrimination positive à la française: ethnicité et territoire dans les politiques de la ville*. Paris: La Découverte.

Epstein, R. *(2012). ANRU: Mission accomplie?* In J. Donzelot (Hrsg.), *À quoi sert la rénovation urbaine?* (S. 43-97). Paris: Presses universitaires de France.

Epstein, R. (2015). La « nouvelle » politique de la ville au prisme des évaluations du passé ». In : T. Kirszbaum (Hrsg.), *En finir avec les banlieues ?, Le désenchantement de la politique de la ville* (S. 158-174). Paris: Éditions de l'Aube.

Faure, A. (2003). Un *faubourg, des banlieues, ou la déclinaison du rejet. Genèses 51* (2). http://www.cairn.info/revue-geneses-2003-2-page-48.htm. Zugegriffen: 20. Mai 2015.

Fourcaut, A. (2000). Pour en finir avec la banlieue. *Géocarrefour 75* (2), 101-105.

Gaspard, F. (1992). Assimilation, insertion, intégration: les mots pour « devenir français ». *Hommes & migrations 1154* (Mai). http://www.hommes-et-migrations.fr/index.php?id=1913. Zugegriffen: 20. Mai 2015.

Glasze, G. & Weber, F. (2010). Drei Jahrzehnte area-basierte Stadtpolitik in Frankreich: die politique de la ville. Bearbeitung gesellschaftlicher Probleme mittels raumbezogener Ansätze? *Raumforschung und Raumordnung 68* (6), 459-470.

HCI (Haut conseil à l'intégration) (1991). *Pour un modèle français d'intégration*. Paris: La Documentation française.

Kirszbaum, T. (2014). Pouvoir d'agir et politique de la ville: un couple antagonique? *Urbanisme 392*, 49-52.

Kirszbaum, T. (Hrsg.). 2015). *En finir avec les banlieues ? Le désenchantement de la politique de la ville*. Paris: Éditions de l'Aube.

Le Monde (2003). *Les audaces de Jean-Louis Borloo, le ministre qui rêve de rendre son ministère inutile*, 6. Mai 2003.

Lelévrier, C. (2013). Au nom de la « mixité sociale ». Les effets paradoxaux des politiques de rénovation urbaine. *Savoir/Agir 24*, 11-17.

Lochak, D. (2006). L'intégration comme injonction. Enjeux idéologiques et politiques liés à l'immigration. *Cultures & Conflits 64*, 131-147.

Noiriel, G. (1989). Les espaces de l'immigration ouvrière, 1830-1930. In S. Magri & C. Topalov (Hrsg.), *Villes ouvrières. 1900-1950* (S. 171-185). Paris: L'Harmattan.
Oblet, T. (2005). *Gouverner la ville. Les voies urbaines de la démocratie moderne*. Paris: Presses universitaires de France.
Paquot, T. (2003). *Banlieue, un singulier pluriel. Urbanisme 332*, 73-74.
Piron, O. (1990). *Les grands ensembles: bientôt des quartiers … comme les autres*. Paris: Direction de la construction.
Simon, P. (1997). *L'intégration et le ghetto*. In P. *Simon & E.* Malet (Hrsg.), *Les territoires de l'intégration* (S. 25-43). Paris: Passages.
Tellier, T. (2015). De la normalisation des grands ensembles à la constitution d'une politique spécifique: genèse de la politique de la ville. In T. Kirszbaum (Hrsg.), *En finir avec les banlieues ?, Le désenchantement de la politique de la ville* (S. 49-61). Paris: Éditions de l'Aube.
Vieillard-Baron, H. (2011). Banlieue, quartier, ghetto: de l'ambiguïté des définitions aux représentations. *Nouvelle revue de psychosociologie 2* (12), 27-40.
Weber, F. (2013). *Soziale Stadt – Politique de la Ville – Politische Logiken. (Re-)Produktion kultureller Differenzierungen in quartiersbezogenen Stadtpolitiken in Deutschland und Frankreich*. Wiesbaden: SpringerVS.

Unruhen in der aktuellen französischen Gesellschaft

Eine elementare Form politischer Aushandlungsprozesse[1]

Laurent Mucchielli

Zusammenfassung

Ende der 1970er Jahre tauchte in Frankreich erneut das Phänomen von Unruhen auf. Es verstärkte sich in den 1990er Jahren und erfuhr im Jahr 2005 mit landesweiten Unruhen einen Höhepunkt. Seit dieser Zeit setzt es sich auf lokaler Ebene bis heute fort. Dieser Artikel stellt eine Synthese in den letzten Jahren in Frankreich durchgeführter Untersuchungen vor und beschreibt einen umfassenden Interpretationsrahmen dieses Phänomens, indem ökonomische, soziale und politische Dimensionen angesprochen werden. Außerdem wird auf die psychologischen, kollektiven Dimensionen der Unruhen, der Emotionen und der gemeinsamen anhaltenden Empörung eingegangen ebenso wie auf die Notwendigkeit ihrer Anerkennung, die sich damit ausdrückt. Der Artikel analysiert im Anschluss Prozesse der Ghettoisierung, die Schwächen staatlicher Regulierung – besonders die der Stadtpolitik *politique de la ville* –, das Problem fehlender politischer Repräsentation der Bewohner der ärmeren Stadtviertel sowie die wachsende Stigmatisierung der Bewohner mit so genanntem Migrationshintergrund – eine wachsende Stigmatisierung, die durch die zunehmende Islamophobie in der französischen Gesellschaft verstärkt wird. Am Ende dieser Analyse einer politischer Soziologie analysiert der Autor die Unruhen als ‚elementare Form politischer Aushandlungsprozesse'.

1 Aus dem Französischen von Florian Weber und Brigitte Weber.

1 Einleitung: Die Unruhen in Frankreich als ‚elementare Form politischer Aushandlungsprozesse'

Die französischen Unruhen der heutigen Zeit finden in den Vierteln des sozialen Wohnungsbaus statt, die von der Deindustrialisierung und Arbeitslosigkeit betroffen sind und die in hohem Maße von Arbeiter- und Angestelltenfamilien bewohnt werden, darunter viele aus den großen Migrationsströmen der 1950er bis 1970er Jahre (Portugiesen, Maghrebiner (Marokko, Algerien, Tunesien), anschließend Schwarzafrikaner). Sie treten im Allgemeinen plötzlich nach dem Tod eines oder mehrerer Jugendlicher aus dem betroffenen Stadtviertel auf, am häufigsten in (unterschiedlicher) Verbindung mit Polizeieinsätzen. Sie sind das Werk von Jungen, Jugendlichen und jungen Erwachsenen, die häufig arbeitslos oder nicht berufstätig sind, manchmal Arbeiter in prekären Verhältnissen oder Lehrlinge oder noch Schüler in den am wenigsten wertgeschätzten Ausbildungsbereichen. Diese Jugendlichen sind in keiner politischen Organisation strukturiert und erheben anscheinend auch keine Forderungen. Das Repertoire ihres gemeinsamen Handelns liegt in erster Linie im Anzünden von Fahrzeugen und Auseinandersetzungen mit den Ordnungskräften. In einigen Fällen zielen die Brandanschläge auch auf Gebäude und bestimmte Geschäfte werden ausgeraubt. Die Unruhen dauern üblicherweise ein bis drei Tage.

Nach einer langen Geschichte innerhalb der bäuerlichen Gesellschaften und der industriellen Gesellschaft des 19. Jahrhunderts sind neue urbane Unruhen in Frankreich in den 1970er Jahren – in der *banlieue lyonnaise*, den Vorstädten von Lyon – erneut aufgekommen. Im Übergang von den 1980er zu den 1990er Jahren nahmen sie ein größeres Ausmaß an und betrafen erneut vor allem die Region um Lyon sowie die Region um Paris herum. Seitdem sind sie in der sozialen und politischen Landschaft Frankreichs fest verankert – und dies bis heute. Im Jahr 2005 führte eine lokale Ausschreitung – und dies zum bisher ersten und einzigen Mal – zu einem kollektiven Identifikationsprozess, der sich auf das ganze Land ausgebreitet hat und eine massive Verunsicherung an der Staatsspitze ausgelöst hat (Mucchielli und Le Goaziou 2007). Seitdem haben Unruhen wieder eine lokale und sporadische Dimension angenommen. Jedes Jahr finden mehrere lokale Ausschreitungen unterschiedlicher Ausprägung in Frankreich statt (siehe hierzu auch Weber in diesem Band).

Trotz dieser langen Lebensdauer bleibt das Phänomen in der öffentlichen Auseinandersetzung zu weiten Teilen unverstanden. Die Unruhen bilden ein zentrales Element sozialer Repräsentation der ‚*banlieues*', der französischen Vorstädte, und werden mit einer Form der Gewalt gleichgesetzt, deren Urheber ‚Jugendliche mit Migrationshintergrund' sind und die Gegenstand einer starken Stigmatisierung sind (hierzu auch Kühne in diesem Band zu den *riots* in Los Angeles). Die offizielle Antwort der Staatsmacht ist immer in erster Linie repressiv: die Antwort ist polizeilicher und juristischer Art. Die soziale Repräsentation der ‚*banlieues*' hat allerdings auch einen zusätzlichen mitfühlenden Aspekt (das ‚Elend'), mit dem oft die französische quartiersbezogene Stadtpolitik *politique de la ville* verknüpft wird (dazu auch Kirszbaum und Vieillard-Baron in diesem Band).

Mit einem gewissen Abstand zu diesen Repräsentationen und moralischen Wertungen fragt die soziologische Analyse nach der politische Bedeutung der Unruhen. Robert Castel (2006, S. 800) führt hierzu aus: „Wenn auch die Unruhen in ihrer Form außerhalb des Politischen zu liegen scheinen, tragen sie doch nicht weniger eine klare politische Bedeutung, in dem sie im öffentlichen Raum ein entscheidendes Problem aufdrängen. Aus diesem Blickwinkel können offensichtlich unsinnige Handlungen – das Anzünden von Autos – eine politische Botschaft darstellen, die als ein verzweifelter Ruf nach Aufmerksamkeit gelesen werden kann". Wir für unseren Teil schlagen vor, die Unruhen als eine „elementare Form politischer Aushandlungsprozesse"[2] anzusehen (Mucchielli 2006, 2010). Diese soziologische Interpretation kann etliche unserer Mitbürger überraschen, besonders die, die nur das Fernsehen als Informationsmedium nutzen. In der Tat haben die Unruhestifter keine Flugblätter oder Transparente geschrieben, haben keine Petitionen unterzeichnen lassen, haben keine Internetseiten angelegt und haben auch keine Demonstrationen in den Stadtzentren organisiert, bei denen sie ihre Slogans oder Forderungen kundgetan hätten. Aus dieser Sicht ist der Kontrast zu traditionellen Straßendemonstrationen offenkundig. Der ganze Unterschied liegt genau genommen in dem Umstand, dass die traditionellen Demonstrationen zum Großteil von Gewerkschaften, Initiativen oder Vereinen *organisiert* werden, die gut strukturiert sind und über materielle Mittel, eine politische Kultur und das Wissen um Forderungen verfügen. Dagegen verfügen die Jugendlichen der ehemaligen Arbeiterviertel über keine politische Kultur, keine materiellen Mittel und auch keine Gewerkschafts- oder politische Organisation, die im Stande wäre, sie zu verteidigen und sie begleiten – in anderen Worten sind sie des Zugangs zu herkömmlichen Mitteln politischen Handelns beraubt. In gewisser Hinsicht finden sich die Bewohner der Arbeiterviertel ein wenig in der Situation der Bauern vor der industriellen Revolution.

2 „Forme élémentaire de la protestation politique".

2 Die Ausschreitung als Emotion und kollektive Empörung

Das Wort ‚*émeute*' (Unruhe) stammt vom Verb ‚*émouvoir*' (= bewegen) ab. Vom hohen Mittelalter bis in die Renaissance bezeichnete eine ‚*esmote*' eine gemeinschaftliche Emotion, die die Form eines spontanen Volksaufstands annahm. „Aufrührerischer Tumult, Aufstand im Volk" gibt das Wörterbuch der *Académie française* Mitte des 18. Jahrhunderts an. Die Ausschreitung ist also eine gemeinsam geteilte und spontane Emotion. In Frankreich stellte seit Ende der 1970er Jahre oft der Tod oder schwere Verletzungen eines oder mehrerer Jugendlicher des betroffenen Stadtviertels deren Ausgangspunkt dar, eng verbunden mit (unterschiedlichen) Polizeiaktionen. Wichtig ist, die Art der Emotion und der moralischen Empörung zu verstehen, die die Ausschreitung in den Augen ihrer Akteure legitimieren, wie Didier Lapeyronnie (2006, S. 439ff.) ausführt: „Die Schweigemärsche sind in gewisser Weise das Gegenteil und die Ergänzung der Ausschreitung. [...]. [S]ie versorgen die Aufständischen mit ‚emotionaler Energie' und versichern ihnen eine gewisse Solidarität seitens ihrer Gruppe. [...]. Sie bestätigen den grundlegenden moralischen Code der Gesellschaft und der Gruppe, die durch die polizeiliche Absurdität verletzt wurde, und bilden die Legitimationsgrundlage der Wut. Das ‚wir', das sich durch die negative Erfahrung des polizeilich ‚anderen' konstituiert, verschafft sich so eine moralische Legitimation, die sich schließlich gegen die soziale Ordnung ‚im Allgemeinen' jenseits der Unterdrückungskräfte richtet. Gerade also als ‚Niemand' behauptet damit der Aufständische sein Existenzrecht gegen eine tödliche Gesellschaftsordnung, die ihn negiert und am Leben hindert. In den Aussagen und den Erklärungen werden der moralische Protest und der Ruf nach Respekt oft vom Eindruck begleitet, nicht wie ein menschliches Wesen behandelt zu werden, auf eine gewisse animalische Ebene zurückgesetzt zu werden".

Diese moralische Dimension erklärt, dass die Aufständischen nicht nur Arbeitslose und Kriminelle der Stadtquartiere sind. Sie begründet die Solidarität, die ein großer Teil der Bevölkerung ausdrückt. Daher, so Lapeyronnie weiter, sind Unruhen – ausdrucksstark und von der Empörung getragen – nicht sinnlos. Der Aufständische widersetzt sich der Ordnung, die er als tödlich ansieht und fordert ein moralisches, eigenes ‚wir'. Er hat im Übrigen in keiner Form den Eindruck, etwas Unmoralisches zu tun, ganz im Gegenteil. Daher werden die Ausschreitungen auch als solche gefordert. Der Aufstand ist legitim. [...]. Er überschwemmt das soziale und das politische System mit seiner moralischen Dimension und durch den Gebrauch der Gewalt, um geradewegs eine ‚tödliche' und zynische Ordnung in Frage zu stellen, die ihn daran hindert, zu leben." (dazu auch Tijé-Dra in diesem Band).

3 Das Bedürfnis nach Anerkennung, der Ruf nach Staatsbürgerschaft

Gewalt war nie und ist nicht die einzige praktizierte Sprache der Jugendlichen ‚mit Migrationshintergrund', die in hohem Maße in den ‚sensiblen' Wohnvierteln leben. Der Befund des *politischen Potentials* dieser Bevölkerungsteile drängt sich im Gegenteil auf, vorausgesetzt sie erhalten die Unterstützung von den etablierten Bewegungen beziehungsweise arbeiten mit diesen zusammen. Die Unruhen wurden immer von anderen Formen kollektiven Protests begleitet. In genau den gleichen Vierteln der gleichen Städte der *banlieue* von Lyon, in denen die ersten *rodéos*, also Verfolgungsjagden mit der Polizei, Ende der 1970er Jahre stattfanden, entwickelten sich auch politische Mobilmachungen von Arbeitsmigranten (gegen rassistische Aggressionen, gegen Polizeigewalt, gegen Abschiebungen, um Rechtsgleichheit im Unternehmen oder das lokale Wahlrecht einzufordern), unterstützt von den Kirchen und ‚linksmilitanten' Vereinigungen (Bachmann und Leguennec 1996). In einem dieser Stadtviertel nahm der bekannte ‚*Marche pour l'égalité et contre le racisme*' (Demonstrationszug für Gleichheit und gegen Rassismus) (anschließend mit dem Beinamen ‚*Marche des Beurs*[3]', also Demonstrationszug der Nachfahren ‚arabischer' Immigranten, versehen) im Jahr 1983 unter Mitwirkung eines katholischen Priesters und eines protestantischen Pfarrers seinen Ausgangspunkt (Jazouli 1986; Hajjat 2013)[4].

Ebenso haben in der Siedlung *cité du Chêne pointu* in Clichy-sous-Bois (*département* Seine-Saint-Denis im Nordosten von Paris) nach dem Drama des 27. Novembers 2005, bei dem in einem Umspannwerk des Stromkonzerns EDF auf der Flucht vor der Polizei zwei Jugendliche starben und ein dritter schwer verletzt

---

3 Anmerkung der Herausgeber: Das Wort ‚*beur*' ist eine Verballhornung des Wortes ‚*arabe*' (Araber, arabisch) in der französischen Jugendsprache *verlan* (von *envers* = ‚anders herum'). Ausgehend von französischen Begriffen werden im *verlan* Wörter umgeschrieben, mit anderen Sprachen gemischt und grammatikalisch verändert. *Verlan* wurde von Jugendlichen aus den *banlieues* erfunden. ‚*Beur*' wird seit den 1980er Jahren von Nachfahren nordafrikanischer Einwanderer als Selbstbezeichnung gebraucht.

4 Zwischen Oktober und Dezember 1983, im Anschluss an zahlreiche rassistisch motivierte Gewalttaten und Polizeigewalt organisiert ein Zusammenschluss von Jugendlichen ‚mit Migrationshintergrund' eine neuartige Kundgebung: einen großen Demonstrationszug, der von Marseille aus Frankreich bis Paris durchquert. Inspiriert vom gewaltfreien Handeln Martin Luther Kings fordern die Organisatoren politische Rechte für Immigranten. Bei ihrer Ankunft in Paris versammelt die Kundgebung mehr als 100.000 Menschen und genießt eine breite mediale Aufmerksamkeit. Eine Delegation wird vor diesem Hintergrund vom damaligen Staatspräsidenten empfangen.

wurde, und der ersten Nacht der Ausschreitungen die Familien der Jugendlichen Rechtsanwälte eingeschaltet, um die Eröffnung einer juristischen Untersuchung der Umstände einzufordern, nachdem die öffentlichen Behörden es ablehnten, die Jugendlichen als Opfer anzusehen.

Zudem zogen sie mit ihrem Umfeld und anderen Bewohnern mit der Unterstützung der Gemeinde in einem Schweigemarsch, der drei Tage später organisiert wurde, durch die Stadt – ein Marsch, der in Verbindung mit dem Abklingen der Unruhen am gleichen Abend im Stadtquartier in Verbindung stand, bevor ein anderer schwerwiegender Zwischenfall sie wieder entfachte: das Werfen einer Tränengasgranate in den Eingang einer Moschee.

Diese Beobachtungen unterstreichen die appellative Natur der Unruhen, den Ruf nach Anerkennung, der damit einhergeht. Die Unruhen zielen nicht darauf ab, zu zerstören, um zu zerstören und die Unruhestifter machen im Normalfall auch nur einen begrenzten Gebrauch von Gewalt: sie greifen meistens Elemente im Stadtbild an, zu denen man auch die Autos zählen kann, die am Straßenrand stehen, genauso wie die Mülleimer, die Bushaltestellen oder die Telefonkabinen. Schüsse in Richtung von Polizisten wie 2007 in Villiers-le-Bel sind dagegen die Ausnahme. In diesem Sinne sind die Unruhen Teil einer allgemeinen Bewegung der Befriedung von Formen der Rebellion (Crettiez und Sommier 2006). Die Unruhestifter zweifeln nicht das aktuelle sozio-politische System an, sie prangern die Scheinheiligkeit und die andauernden ‚symbolischen Gewaltakte' (in Anschluss an Bourdieu) an. Wie Axel Honneth (2000) gezeigt hat, stellen die kollektiven Proteste nicht nur Interessenskonflikte dar – sie enthalten auch moralische Erwartungen, Gefühle von kollektiv verspotteter Ehre, von Geringschätzung und der Verweigerung von Anerkennung. Nichtsdestoweniger gehen der Wunsch nach Anerkennung und der Wunsch nach Umverteilung Hand in Hand (Frazer 2005). Gewiss sind die aktuellen Unruhen in Frankreich mit keinen steuerlichen oder Forderungen im Zusammenhang mit dem Ständesystem verbunden und auch nicht mit Macht- und ordnungspolitischen Konflikten verbunden, die die Geschichte der Volksaufstände seit dem Ende des Mittelalters begleitet haben (Nicolas 2002). Dennoch ist der fehlende Zugang zu ‚normalem' sozialem und wirtschaftlichem Leben zentral in der Wahrnehmung der ‚ungerechten' Gesellschaft, die die Unruhestifter vor Augen haben (Mucchielli und Le Goaziou 2007). Außerdem kann der gehäufte Abstieg der als ‚sensibel' bezeichneten Stadtviertel nur das Gefühl der Ausgrenzung, ja sogar der Verbannung, verstärken. Die Trennung im urbanen Raum nimmt eine symbolische Dimension an.

Und schließlich ordnen sich die Unruhen nicht um einen Kommunitarismus an, ebenso wenig um eine Forderung von Autonomie im Verhältnis zu den demokratischen Regeln, die die Gesamtgesellschaft bestimmen. Die Jugendlichen ‚mit

Migrationshintergrund', ob Unruhestifter oder nicht, fordern nicht die Möglichkeit ein, nach anderen Regeln zu leben als die, die das Leben der nationalen Gemeinschaft bestimmen, sondern ganz im Gegenteil das Recht, umfassend an diesem Leben und an diesen Regeln teilzuhaben, während sie gleichzeitig in ihren Besonderheiten respektiert werden. Es stellt sich daher die Frage, wieso die politischen Akteure die Unruhen nicht als solche wahrnehmen können oder wollen, wie sie hier analysiert wurden; warum sie von der Gewalt ‚erschlagen' und unfähig zu sein scheinen, zu handeln, während sie anerkennen, dass die Einwohner der betroffenen Viertel in ihren Lebensbedingungen und in Bezug auf die Chancengleichheit benachteiligt werden (Le Goaziou 2007).

4 Die Stadtpolitik *politique de la ville* hat weder Partizipation noch Mediation geschaffen

Die öffentliche Hand beschäftigt sich seit langem mit den Sozialwohnungs-Großwohnsiedlungen, den *grands ensembles HLM*. Seit Ende der 1970er Jahre folgt die quartiersbezogene Stadtpolitik *politique de la ville* aller Regierungen in unterschiedlicher Ausprägung drei zentralen Handlungsachsen: die ‚Instandsetzung' der Bausubstanz, die so genannten Politiken ‚positiver Diskriminierung' und die ‚Partizipation der Bewohner' (siehe dazu auch Kirszbaum sowie Weber in diesem Band). Die erste Achse, die erneut stark mit Programmen zu Abriss und Wiederaufbau des Gesetzes Borloo vom August 2003 forciert wurde, weist eine zwiespältige Bilanz auf (Donzelot 2012; Epstein 2013). Die zweite Achse hat nie ihre Ziele erreicht, da die Schere und die Ungleichheiten zwischen diesen Vierteln und den anderen Gebieten nicht kleiner geworden sind. Bei der dritten beruht die zentrale Idee darauf, dass sich die Politiken in Richtung der ‚Problemviertel' auf lokale, kommunale und Vereins-Ressourcen stützen, um die ‚Partizipation' der Bewohner anzuregen und so die ‚Staatsbürgerschaft' und die ‚lokale Demokratie' weiterzuentwickeln, ohne ‚Kommunitarisierungen' zu fördern, da sich die Politiken implizit zu einem großen Teil an die migrantische Bevölkerung und ihre Nachfahren richten. Damit konnte die *politique de la ville* auch als eigentliche politische Antwort auf die ‚Krise der Vorstädte', die *‚crise des banlieues'* gewertet werden. Doch leider muss ihr hier ihr Scheitern bescheinigt werden.

Besonders im Gegensatz zu den amerikanischen *community development corporations*[5] lässt die soziale Stadtentwicklung *‚à la française'* die Bewohner außen

5 „Der Ausdruck *community organizing* bezeichnet besonders in Nordamerika und im Vereinigten Königreich eine große Bandbreite unterschiedlicher kollektiver Organi-

vor (Donzelot et al. 2003). Die Ziele werden durch die lokalen Staatsvertreter und durch die Verantwortlichen der Stadtpolitik festgelegt, nicht durch die lokalen Vereinigungen der Bewohner, die nur die Umsetzung absichern. Diese Vereinigungen werden oft durch die Staatsmacht initiiert und finanziert und in ihrer Verwaltung durch den Staat und die Gebietskörperschaften kontrolliert. Sie bestehen nur, um Maßnahmen umzusetzen, die nach sozio-ökonomischen administrativen Kriterien beschlossen wurden. Infolgedessen wird die Mitarbeit der Bewohner nicht wirklich angestrebt und sie sind nicht in der Position, ihre gemeinsamen Erwartungen, ihre Projekte und ihre Maßnahmen auszuarbeiten. Abgesehen von seltenen Ausnahmen werden die Bewohner nur zu Rate gezogen, manchmal auch nur informiert, wenn die Entscheidungen bereits getroffen wurden. Die Stadtpolitiken wurden zu institutionellen Apparaten unter Ausschluss der Öffentlichkeit. Selbst das Wort ‚*communauté*' (Interessensgemeinschaft, Nachbarschaftsgemeinschaft) wurde in ‚Kommunitarismus' abgewertet, um eine rückwärtsgewandte Staatsbürgerschaftsform zu bezeichnen. Man erhebt den Anspruch auf individuelles Erlernen der Staatsbürgerschaft in Bezug auf den Zugang zu Rechten und Schritten eines ‚persönlichen Projekts' oder eines kleinen Vereinsprojekts und man fördert gerade nicht die kollektive Emanzipierung im Konflikt und Solidarvorhaben. Man wünscht die Meinung der Bewohner und dass sie sich in Projekte einbringen und dies ihre Verstimmung abmildert. Aber man will nicht, dass sie unabhängig werden, dass sie zu viele Forderungen erheben, dass sie sich selbst finanzieren, dass sie sich gemeinschaftlich mobilisieren und an Stelle des Präfekten oder Bürgermeisters entscheiden. Die Politiken haben insgesamt eine Funktion der Billigung und nicht einer Ermächtigung zur Selbstbestimmung.

Hierin liegt das Paradoxon einer französischen Politik, die ihre Zeit damit verbringt, zu bedauern, dass die Menschen passiv sind und nur ‚zuschauen', die aber nicht versteht, dass ihre ‚paternalistische' Form nur genau dies bewirken kann (Avenel 2004, S. 112). Im besten Fall kann die französische *politique de la ville* das *Gefühl von Verlassenheit* abmildern, nicht aber das *Gefühl von Ohnmacht und Machtlosigkeit*. Indem das Individuum in seiner persönlichen Beziehung zum Staat eingeschränkt wird (so wie es auch schon in seinen persönlichen Beziehungen im Beruf oder ohne Arbeit eingeschränkt ist), verstärkt sie den Niedergang

sationsformen auf lokaler Ebene, die die Partizipation der Bewohner am Leben ihrer *community* anstreben. […]. Diese Organisationsformen zielen im Allgemeinen darauf, dass die Bewohner nicht nur an Entscheidungsfindungen teilnehmen, sondern dass sie auch zur Umsetzung beschlossener Projekte beitragen. Sie können auch aus einer lokalen bürgerschaftlichen Initiative hervorgehen, die von den öffentlichen Politiken unterstützt werden." (Balazard 2013). Für eine kritische Analyse dieser Initiativen in den USA siehe Bacqué (2005).

vermittelnder Solidaritäten (die sie im Übrigen manchmal im Namen der Sorge vor ‚Kommunitarismus' bekämpft) und beraubt sich Regulierungsformen spezifischer Probleme. Schließlich verbietet sie das Aufkommen jeder irgendwie gearteten Form partizipativer Demokratie und blockiert eigentlich bei den Vereinsführern jede Regung autonomen politischen Handelns. Dennoch hören diese nicht auf, aus den Strukturen der *politique de la ville* hervorzugehen, in die sich viele junge und motivierte Erwachsene mit Abschluss, die diese Stadtviertel bewohnen, eingebracht haben (gerade viele Jugendliche mit maghrebinischer Herkunft).

5 Fehlende politische Repräsentation und wachsende Stigmatisierung der Arbeiterviertel

Ende der 1980er Jahre, nach dem Scheitern des ‚*mouvement beur*', der Bewegung der *beurs*, und des Rückzugs der Arbeiterviertel auf sich selbst, nahm der Wunsch der Jugendlichen ‚mit Migrationshintergrund' nach Identitäts- und politischer Anerkennung neue Formen an, besonders durch die Übernahme der Hip-Hop-Kultur und einer wachsenden Zurschaustellung einer religiösen Zugehörigkeit (Zegnani 2013). Nun bewirkt dieses letzte Element, der Islam, eine starke Betonung der Angst und der Zurückweisung eines großen Teils der französischen Gesellschaft (Rey 1996; Césari 1997). Die „republikanische Vorstellungswelt" bleibt „weiß und christlich", was sich besonders vom Ausland aus wahrnehmen lässt (Dikeç 2007). Die Angst vor dem Islam, die öffentlich bei der Kopftuchdebatte[6] sichtbar wird, ist nach den Attentaten des 11. September 2001 noch größer geworden. Diejenigen, die immer häufiger als ‚Arabo-Muslime' bezeichnet werden, werden immer stärker ganz global für die ‚Unsicherheit' verantwortlich gemacht und sehen sich nun auch angeklagt, Gruppenvergewaltiger[7] und für eine „Rückkehr des Antisemitis-

6 Die Frage rund um das Tragen des Schleiers durch junge Frauen muslimischer Konfession bildet den Gegenstand einer intensiven Polemik in Frankreich seit 1989 (Tevanian 2012). Die Frage fokussiert sich auf das Tragen des Schleiers im Schulkontext, aber sie breitet sich auch auf andere öffentliche Bereiche, wie beispielsweise Krankenhäuser, aus. Am 15. März 2004 wurde schließlich ein Gesetz initiiert, das alle sichtbaren religiösen Zeichen in schulischen Einrichtungen verbietet. Theoretisch betrifft das Gesetz alle Religionen, aber im Alltäglichen zielt es in besonderer Weise auf den Islam. Die konservative Regierung ließ auch das Gesetz vom 11. Oktober 2010 annehmen, das die Verschleierung des Gesichts im öffentlichen Raum verbietet. Dieses Gesetz zielt nicht auf den einfachen Schleier, sondern auf die Vollverschleierung (Niqab) ab. In der Praxis beträfe dies nur 300 bis 400 Frauen in Frankreich.

7 In der Zeit 2001-2002 interessierten sich die Medien plötzlich für die Frage von Gruppenvergewaltigungen. Sie präsentierten dieses Phänomen im Allgemeinen als neu, als

mus" verantwortlich zu sein (Mucchielli 2005). Eine einfache Gleichung setzt sich durch: ‚Islam = Nicht-Integration + Gewalt + Antisemitismus + Unterdrückung der Frau + Wiege des Terrorismus'. Damit entwickelt sich eine Islamophobie bei einer Vielzahl politischer Verantwortlicher, Intellektueller, Journalisten, Essayisten und Romanautoren (Geisser 2003; Deltombe 2005; Hajjat und Mohammed 2013, 2014), was sehr stark von der betroffenen Bevölkerung wahrgenommen wird (Lapeyronnie 2008).

In diesem Kontext sind die Frage politischer Mediation und der politischen Repräsentation entscheidend geworden. Gerade in Bezug auf diese beiden Hauptdimensionen der Integration weist das französische Politiksystem Defizite auf. Zuerst handelt es sich um ein Defizit politischer Mediation, gefasst als die Gesamtheit der Interventionen, die darauf abzielen, einen Dialog zur Thematisierung des Konfliktes zwischen den Bevölkerungsgruppen, die in den sensiblen urbanen Zonen (ZUS) leben, und politischen und administrativen Entscheidungsträgern zu initiieren, was von Personen oder Organisationen auf den Weg gebracht wird, die als legitime Vermittler von beiden Seiten angesehen werden. In den letzten drei Jahrzehnten ist es zu einem historischen Rückgang von Betreuungs- und Politisierungsformen gekommen, die mit den politischen Parteien und Gewerkschaften sowie Jugendbewegungen und allgemeinen nicht konfessionellen oder religiösen Bildungsbewegungen zusammenhängen. Gewiss ist der Vereinsbereich manchmal in den ZUS durchaus auch dynamisch. Aber diese Vereinigungen und die lokalen vermittelnden Eliten, die sie hervorbringen könnten, sind in den meisten Fällen am Rand des Politischen oder innerhalb des kommunalen Klientelismus oder des absolut ungleichen Gegenübers mit dem Staat verortet (Wihtol de Wenden und Leveau 2001).

Schließlich stellt sich auch die Frage nach der politischen Repräsentation mehrerer Millionen Menschen auf dem französischen Staatsgebiet. Die so genannte Bevölkerung ‚mit Migrationshintergrund' leidet unter einem doppelten Defizit an politischem Angebot und Nachfrage. Auf der Seite der Nachfrage wurde abgesehen vom Wahlrecht von Ausländern bei Kommunalwahlen (trotz der Wahlversprechen der Linken), nie etwas beschlossen. Das Scheitern der *beur*-Bewegung, dann die Islamophobie haben in Teilen die ‚immigrantische Wählerschaft' zuerst von der politischen Linken entfernt, denen sie am nächsten standen, und schließ-

stark anwachsend und als spezifisch für die armen Stadtviertel, die von der so genannten ‚arabo-muslimischen' Bevölkerung bewohnt würden. Diese drei Zuschreibungen sind allerdings falsch: es handelt sich um ein Phänomen sehr alter Jugendkriminalität, nichts deutet auf eine Zunahme hin und es ist auch keine Besonderheit für diese Stadtquartiere und diesen Teil der Jugendlichen (Mucchielli 2005).

lich vom Wahlsystem im Ganzen durch eine massive Enthaltung bei den Wahlen (Bacqué und Sintomer 2001; Bouard und Tiberj 2005) – und dies, wo auch die Nachfahren von Immigranten von nun an auf den Wahllisten genau wie der Rest der Bevölkerung eingeschrieben sind (Tiberj und Simon 2010). Auf der Seite des politischen Angebots ist die sehr schwache Integration von Repräsentanten dieser Bevölkerungsgruppen in den lokalen Bereichen der klassischen politischen Parteien und der kommunalen sich an der Macht befindenden Gruppen zu konstatieren (Masclet 2003; Rey 2004). Die Franzosen mit so genanntem ‚Migrationshintergrund' können entsprechend nirgends auf dem politischen ‚Spielfeld' die Möglichkeit finden, ihre Forderungen zu artikulieren oder ein Äquivalent zur ‚Protestwahl' eines Teils der Franzosen zugunsten der extremen Rechten auszudrücken, die man als uralt und ursprünglich französisch bezeichnen könnte.

6 Fazit

In Verbindung mit Prozessen sozio-ökonomischer Exklusion und diversen Formen der Diskriminierung im öffentlichen Leben hat sich die Situation der politischen Leere als katastrophal herausgestellt. Sie schließt einen Teil der Bevölkerung weg, durch das, was wir zuerst bezeichnet haben als „ein Universum von Repräsentationen, die durch Gefühle der Ungerechtigkeit und der gemeinschaftlichen Opferrolle strukturiert sind, nachdem wir eine Stichprobe von Rap-Texten analysiert haben" (Mucchielli 2003; dazu auch Tijé-Dra in diesem Band). Im Jahr 2006 hat die Analyse des Diskurses der Unruhestifter klar deren zentrales Gefühl ans Licht gebracht, im täglichen Leben gedemütigt zu werden (Mucchielli und Aït-Omar 2007). Bei manchen Jugendlichen verharmlost diese Situation die Idee, dass Gewalt das einzige Mittel, sich Gehör zu verschaffen, darstellt. In diesem Sinne kann sie Prozesse einer Radikalisierung (Boubekeur 2010) und eines individuellen Abrutschens zum Djihadismus und zum Terrorismus beschleunigen – ein Abrutschen, das selten vorkommt, gleichzeitig aber hochgefährlich ausfällt (siehe auch Freitag-Carteron in diesem Band).

Literatur

Avenel, C. (2004). *Sociologie des « quartiers sensibles »*. Paris: Armand Colin.
Bachmann, C., & Leguennec, N. (1996). *Violences urbaines. Ascension et chute des classes moyennes à travers cinquante ans de politique de la ville*. Paris: Albin Michel.
Bacqué, M.-H. (2005). Associations 'communautaires' et gestion de la pauvreté. Les Community Development Corporations à Boston. *Actes de la recherche en sciences sociales 160*, 46-65.
Bacqué M.-H., & Sintomer, Y. (2001). Affiliations et désaffiliations en banlieues. *Revue française de sociologie 2*, 217-249.
Balazard, H. (2013). Community organizing. In I. Casillo et al. (Hrsg.), *Dictionnaire critique et interdisciplinaire de la participation*. http://www.participation-et-democratie.fr/fr/dico/community-organizing. *Zugegriffen: 26. April 2015.*
Beaud, S., & Pialoux, M. (2003). *Violences urbaines, violence sociale*. Paris: Fayard.
Bouard, S., & Tiberj, V. (2005). *Français comme les autres? Enquête sur les citoyens d'origine maghrébine, africaine et turque*. Paris: Les Presses de Sciences Po.
Boubekeur, A. (2010). La littérature sur les violences islamistes en Europe. In X. Crettiez & L. Mucchielli (Hrsg.), *Les violences politiques en Europe* (S. 31-44). Paris: La Découverte.
Castel, R. (2006). La discrimination négative. Le déficit de citoyenneté des jeunes de banlieue. *Annales HSS 4*, 777-808.
Césari, J. (1997). *Faut-il avoir peur de l'islam?* Paris: Les Presses de Sciences Po.
Deltombe, T. (2005). *L'Islam imaginaire. La construction médiatique de l'islamophobie en France*. Paris: La Découverte.
Dikeç, M. (2007). *Badlands of the Republic. Space, Politics and Urban Policy*. Oxford: Blackwell.
Donzelot, J., Mevel, C., & Wyvekens, A. (2003). *Faire société. La politique de la ville Aux États-Unis et en France*. Paris: Seuil.
Donzelot, J. (Hrsg.). (2012). *À quoi sert la rénovation urbaine*. Paris: PUF.
Epstein, R. (2013). *La rénovation urbaine. Démolition-reconstruction de l'Etat*. Paris: Presses de Sciences Po.
Fraser, N. (2005). *Qu'est-ce que la justice sociale ? Reconnaissance et distribution*. Paris : La Découverte.
Geisser, V. (2003). *La Nouvelle Islamophobie*. Paris: La Découverte.
Hajjat, A. (2013). *La Marche pour l'égalité et contre le racisme*. Paris: Éditions Amsterdam.
Hajjat, A., & Mohammed, M. (2013). *Islamophobie. Comment les élites françaises fabriquent le « problème musulman »*. **Paris: La Découverte.**
Hajjat, A., & Mohammed, M. (Hrsg.). (2014). *« Sociologie de l'islamophobie ». Sonderausgabe der Zeitschrift Sociologie 5* (1). Paris : Presses universitaires de France
Honneth, A. (2000). *La Lutte pour la reconnaissance*. Paris: Cerf.
Jazouli, A. (1986). *L'Action collective des jeunes Maghrébins de France*. Paris: L'Harmattan.
Kokoreff, M. (2008). *Sociologie des émeutes*. Paris: Payot.
Kokoreff, M., & Lapeyronnie, D. (2013). *Refaire la cité. Diversité et politique des quartiers populaires*. Paris: Seuil.
Lapeyronnie, D. (2006). « Révolte primitive » dans les banlieues françaises. *Déviance et société 30* (4), 431-448.

Lapeyronnie, D. (2008). *Ghetto urbain. Ségrégation, violence, pauvreté en France aujourd'hui*. Paris: Robert Laffont.

Le Goaziou, V. (2007). La classe politique française et les émeutes: silence et déni. In L. Mucchielli & V. Le Goaziou (Hrsg.), *Quand les banlieues brûlent* (S. 36-57). Paris: La Découverte.

Marlière, E. (2008). *La France nous a lâchés! Le sentiment d'injustice chez les jeunes des cités*. Paris: Fayard.

Masclet, O. (2003). *La Gauche et les Cités. Enquête sur un rendez-vous manqué*. Paris: La Dispute.

Mauger, G. (2006). *L'Émeute de novembre 2005. Une révolte proto-politique*. Boissieux: Le Croquant.

Mohammed, M. (2007). Les voies de la colère: « violences urbaines » ou révolte d'ordre politique? L'exemple des Hautes-Noues à Villiers-sur-Marne ». *Socio-logos 2*. http://socio-logos.revues.org/document352.html. Zugegriffen: 26. April 2015.

Mucchielli, L. (2003). Le rap de la jeunesse des quartiers relégués. Un univers de représentations structuré par des sentiments d'injustice et de victimation collective. In M. Boucher & A. Vulbeau (Hrsg.), *Émergences culturelles et jeunesse populaire. Turbulences ou médiations?* (S. 325-355). Paris: L'Harmattan.

Mucchielli, L. (2005). *Le Scandale des « tournantes ». Dérives médiatiques et contre-enquête sociologique*. Paris: La Découverte.

Mucchielli, L. (2006). Les émeutes urbaines: formes élémentaires de la contestation politique. In : X. Crettiez, & I. Sommier (Hrsg.), *La France rebelle* (S. 29-44). Paris: Michalon.

Mucchielli, L. (2010). Pour une sociologie politique des émeutes urbaines en France. In : J.-L. Olive, L. Mucchielli, & D. Gaband (Hrsg.), *État d'émeutes, État d'exception: retour à la question centrale des périphéries* (S. 127-174). Perpignan: Presses de l'université de Perpignan.

Mucchielli, L., & Aït-Omar, A. (2007). Les émeutes de l'automne 2005 dans les banlieues françaises du point de vue des émeutiers. *Revue internationale de psychosociologie 30* (2), 137-156.

Mucchielli L., & Le Goaziou V. (Hrsg.). (2007). *Quand les banlieues brûlent. Retour sur les émeutes de novembre 2005*. Paris: La Découverte.

Nicolas, J. (2002). *La Rébellion française. Mouvements populaires et conscience sociale, 1661-1789*. Paris: Seuil.

Rey, H. (1996). *La Peur des banlieues*. Paris: Presses de Sciences Po.

Rey, H. (2004). *La Gauche et les Classes populaires. Histoire et actualité d'une mésentente*. Paris: La Découverte.

Tevanian, P. (2012). *Dévoilements. Du hijab à la burqa: les dessous d'une obsession française*. Paris: Libertalia.

Tiberj, V., & Simon, P. (2010). Vie citoyenne et participation politique. In Équipe TeO, Trajectoires et origines. Enquête sur la diversité des populations en France, Ined, Documents de travail 168, Paris.

Wihtol de Wenden, C., & Leveau, R. (2001). *La Beurgeoisie. Les trois âges de la vie associative issue de l'immigration*. Paris: éd. du CNRS.

Zegnani, S. (2013). *Dans le monde des cités. De la galère à la mosquée*. Rennes: Presses Universitaires de Rennes.

Fraktale Metropolen, Unruhe und Rap

Andreas Tijé-Dra

Zusammenfassung

Die beständige Verbindung von bestimmten *banlieues* in Frankreich mit sozialer Unruhe durchzieht auch Rap-Musik. Gemeinhin wird Rap-Musik dabei in hegemonialen Diskursen eher als ‚schlechter Einfluss' denn als aussagekräftige künstlerische Artikulation gedeutet. Der Artikel richtet daher ein Augenmerk auf die in Rap-Musik vorgebrachten Artikulationen bezüglich der Gründe und Legitimationen sozialer Unruhe – in ihrer extremsten Form als gewalttätige Auseinandersetzung. Dafür wird zunächst erörtert, inwiefern die Äußerungen in Rap-Musik als *politisch* gedeutet werden können. Am Beispiel zweier Rap-Titel wird dann diskursanalytisch aufgezeigt, wie solche Titel gegenhegemoniale Geographien stigmatisierter Stadtteile und der *banlieues* konstituieren. Soziale Unruhe gilt hier einerseits als affektives Ventil erlittener Ungleichbehandlung auf Basis unterschiedlicher Zugehörigkeiten. Sie verweist andererseits auf strukturelle Engpässe, die auf Dauer neben einer materiellen, auch eine identitäre Abkopplung der Bewohner besagter Orte fördern.

1 Einleitung

Stigmatisierte innerstädtische Viertel und Teile ‚der' *banlieues* französischer Metropolen (besonders Großwohnsiedlungen) werden seit Jahrzehnten prominent mit sozialer Unruhe assoziiert – Unruhe im Sinne einer kollektiv geteilten Unzufriedenheit und Empörung über aktuelle Verhältnisse, wie etwa einer zunehmender Verarmung, Arbeits- und Hoffnungslosigkeit in den Vierteln. Die Unruhe kann sich unterschiedlich Bahn brechen. Eine Extremform bilden spontane Revolten oder Ausschreitungen (dazu auch Mucchielli in diesem Band). Auffallend in diesem Zusammenhang ist die tendenziell negative Rolle von Rap-Musik. In allgemeineren, aber auch in ereignisbezogenen Debatten (wie nach den landesweiten Unruhen von 2005) erfolgt zuverlässig eine Problematisierung von Rap als ‚Mitverursacher' sozialer Unruhe. So verurteilen Akteure des öffentlichen Lebens ihn regelmäßig aufgrund der verbalen Gewalt seiner Texte, dem Hinterfragen des Staates, abweichender Vorstellungen zur stark umkämpften Deutung einer modernen französischen Staatsbürgerschaft (dazu auch Kirszbaum in diesem Sammelband) oder gar dem gezielten Diskriminieren ‚weißer Franzosen' (Hammou 2014). Gleichzeitig versuchen Kommentatoren in der Folge schematisch zwischen einem ‚guten' und ‚schlechten' Rap aus den *banlieues* zu unterscheiden. Ersterer gilt als Bestätigung republikanischer Werte (das heißt als künstlerische Bejahung der für den französischen Staat und die Gesellschaft zentralen Kategorien der Freiheit, Gleichheit und Brüderlichkeit), letzterer untergräbt sie amoralisch (Bourderionnet 2011). Was nach diesem diskursiven Rauschen oft ‚hängen bleibt' und verstetigt wird, ist die stigmatisierende Verbindung zwischen Rap-Musik und bestimmten *banlieues*; weniger hingegen, wie im Rahmen einer solchen kulturellen Praxis soziale Unruhe als kollektive Gewalt und/oder politische Statements gedeutet werden.

Interessant an diesem Sachverhalt ist nun weniger die selbstvergewissernde Unterscheidung zwischen ‚unterstützungswürdigem' und ‚destabilisierendem' Rap *aus* oder *zu* den stigmatisierten *banlieues* beziehungsweise Vierteln. Erkenntnisversprechender erscheint eine Auseinandersetzung mit den Äußerungen im Rap sowie seiner Akteure in Bezug auf soziale Unruhe. Dabei fällt der Blick – ganz im Sinne der von Dikeç (2007, S. 152ff.) beschriebenen *revolting geographies* in Frankreich – aus einer diskursanalytischen Perspektive auf die Konstitution *gegenhegemonialer* Geographien. Ein solches gegenhegemoniales Moment erwächst aus einer Positionierung entlang der Grenzen beziehungsweise in Opposition zu hegemonialen Diskursen über bestimmte *banlieues*, das heißt Diskurse, deren symbolische Ordnungen und mit ihnen verbundene Praktiken sich als gesellschaftlich besonders beständig erwiesen. Welche Repräsentationen sozialer Unruhe werden demgegenüber hervorgebracht, welchen Akteuren wird dabei welche Position in der erzeugten Ordnung des Sozialen beziehungsweise von ‚Gesellschaft' zugeteilt[1]? Rap soll dabei weniger eine ‚lärmende', denn subjektive Stimme sein, die soziale Verhältnisse in Metropolen als fraktal, als bruchstückartig, erscheinen lässt. Dafür bedarf es zunächst einer knappen Erörterung des soziokulturellen Stellenwerts von Rap-Musik in Frankreich und inwiefern ihr ‚Politisches' abzugewinnen ist. Darauffolgend sollen ‚Text- und Gesprächspassagen' von zwei Rappern aus der Pariser *banlieue nord* die unterschiedlichen Aspekte der Legitimationen sozialer Unruhe mithilfe einer Aussagenanalyse sichtbar machen. Hierbei zeigt sich in den Deutungen der Akteure eine starke Zerklüftung der sozialen Verhältnisse in den geographischen und sozialen Peripherien von Metropolen, innerhalb derer versucht wird, Gewalt und opponierenden Positionen sozialen Sinn zu geben.

2 Rap-Musik, das Politische und das Soziale

Eingangs gilt es, die Beziehung zwischen dem Politischen und einer bestimmten Ausprägung des ‚Rappens' als kulturelle Praxis mit spezifischen Codes, Kontexten, Bezügen und Praktiken zu bestimmen. Hierfür werden aus heuristischen Gründen vordergründig ‚festive' oder ‚protzende' Rap-Spielarten exkludiert. Diese bilden zwar einen nicht unerheblichen Teil von Rap-Musik (und mehr noch ihres Absatzmarktes), produzieren ihrem Genre geschuldet jedoch weniger soziale Kommentare oder Forderungen. Ohnehin ist das (wissenschaftlich romantisierte) Standardnarrativ zu Rap als einzigartige, ‚widerspenstige' Straßenkultur *stigmatisierter Viertel* in ‚westlichen' Gesellschaften nicht mehr aufrecht zu erhalten (vgl. Black 2014), auch wenn Urbanität nach wie vor eine seiner konstitutiven Komponenten darstellt. Als globales Phänomen mit lokalen Ausprägungen ist seine Ausdifferenzierung vielerorts weit fortgeschritten. *Den* französischen Rap gibt es also nicht. Daher rangieren heute viele seiner Variationen auf einer Matrix (die keinen Vollständigkeitsanspruch erheben soll) zwischen keinerlei und ständigen Bezügen zu stigmatisierten Vierteln. Die Bezüge können – sofern der Raumbezug den kulturellen Code des ‚Repräsentierens' übersteigt (Forman 2000) – mit Kritik und Forderungen gekoppelt werden, müssen es aber nicht. Jenseits einer viktimisierenden Funktion von Rap (Mucchielli 2003) lassen sich so die sozialkritischen Raum-

1 Die ebenso interessante Frage, wie diese Ordnungen denn intersubjektiv reproduziert werden, bleibt hier aus Platzgründen ausgespart, ist jedoch ebenfalls Bestandteil der präsentierten Aspekte eines laufenden stadtgeographischen Forschungsprojekts zu Rap-Musik in Frankreich.

bezüge auch als Interventionen mittels Repräsentationen gelebter Orte deuten (Béru 2009; Pecqueux 2009, S. 111). Dennoch korrespondiert der Grad der Politisiertheit der Akteure selten mit einem politischen Engagement im institutionellen Sinn; beispielsweise dem Engagement für eine Bewegung oder Partei (so mehrfach geschehen im Rahmen der Präsidentschaftskampagnen 2002, 2007). Eher misstrauen sie den klassischen Akteuren des politischen Prozesses. Rapperinnen beziehungsweise Rapper profitieren vielmehr von ihrer künstlerischen Freiheit bei der Verhandlung komplexer Formen der Stigmatisierung ihrer Nachbarschaften, die immer wieder soziale Unruhe verursachen. Dieses Faktum erstaunt aber nicht weiter, da institutionelle Akteure bereits seit Langem kaum mehr Rückhalt in den sozialen Peripherien französischer Metropolen erfahren (Hüser 2004).

Mithilfe zentraler Einsichten der Diskurs- und Hegemonietheorie Ernesto Laclaus und Chantal Mouffes (2006) soll für vorliegenden Kontext ein weiter Begriff des Poltischen Anwendung finden. Laclau und Mouffe betonen die Gemachtheit des Sozialen, also auch von ‚Gesellschaft', auf dem Boden radikaler Unbestimmtheit. Die Beziehungen zwischen einzelnen Elementen, die das Sozialen bilden, bleiben überdeterminiert im Sinne von ‚uneindeutig' und somit instabil. Obwohl das Soziale und seine Sinnhaftigkeit nicht letztbestimmbar sind, setzen sich historisch und qua Macht bestimmte Bedeutungen durch, die ‚naturalisierend' und verknappend wirken. Die Autoren konzeptualisieren daher das Politische als den Versuch, aktuelle, verfestigte soziale Beziehungen, Praktiken und deren Bedeutungen wirkmächtig umzudeuten, und dabei im Kampf um Hegemonie wiederum eindeutig zu verknappen (ebd., S. 175ff.). Diskurs als Praxis einer Sinnverknappung impliziert stets symbolische und praktische Ein- und Ausschlüsse unterschiedlicher Elemente, die in antagonistischen Verhältnissen (zum Beispiel als legitime Gegnerschaften und illegitime Feindschaften im demokratischen Diskurs) artikuliert werden (Mouffe 2007). Die Erfolgschancen politischer Interventionen hängen jedoch von der Anschlussfähigkeit ihrer Forderungen und verwendeter Begriffe ab. Dass sich dies im Rahmen politisierter Rap-Musik als zäher Prozess erweist, deuten obige Ausführungen an.

Das Soziale hingegen erscheint nach vorangegangener Präzisierung als temporär stabilisierte Ordnung solcher Aushandlungsprozesse, die ihren Beziehungen einen verknappten Sinn zuschreibt und gleichzeitig auch den Ausgangspunkt für neue politische Praktiken darstellt. Raum und die Aushandlung seiner Bedeutung erhalten in diesem Zusammenhang eine bemerkenswerte Stellung. Räume werden gerade aufgrund ihrer objektivierenden, materiellen, ‚trägen' Wirkung, aber gleichsam im Sinne ihrer symbolischen Ordnungsleistung in diesem Zusammenhang politisch. Als ‚geronnener' und auch darstellbarer Ausdruck gesellschaftlicher Beziehungen erzeugen Räume symbolische und materielle hier/

dort-Unterscheidungen bei der Konstitution sozialer Verhältnisse, die aber letztlich umkämpft bleiben (Glasze 2012). Bezogen auf bestimmte Arten des Rappens über soziale Unruhe und die hegemonialen Deutungen zur ‚sinnlosen Gewalt/Kritik‘ *in* und *zu* den *banlieues*, können Rap-Texte dann in anderem Licht gedeutet werden: Als Versuch, abgesprochenen Sinn ‚verräumlicht‘ wieder ‚zu-zuführen‘, neu zu verknappen und soziale Beziehungen zu re-artikulieren. Die gegenhegemonialen Diskurse bieten hier alternative Deutungsmuster für die mit sozialer Unruhe verbundenen Praktiken.

3 Unruhe aus Sicht von Rappern

Der erste Teil der folgenden exemplarischen Analyse orientiert sich an ausgewählten Aspekten der Methodologie eines sprachpragmatischen Stranges der ‚*French Discourse Analysis*‘. Sie entwickelte sich in Frankreich als linguistische Rezeption der Arbeiten Foucaults und Pêcheuxs (Angermüller und Mainguenau 2007). Betont wird die grundsätzliche Uneindeutigkeit der Sprache – kann sie doch stets mit dem Kontext brechen – und daher eine konstitutive Offenheit von Interpretationsprozessen. Eindeutiger und somit zugänglicher als die hermeneutische Tiefe der Sprache erscheint demnach deren materielle Oberfläche. Die semantische Dimension der Sprache wird mit ihrer pragmatischen zusammengedacht, wobei Letztere instruiert. So organisiert die Materialität der Sprache mithilfe linguistischer Marker (vor allem Funktionswörter) Äußerungen und die darin vorgebrachten unterschiedlichen Aussagen auf einer formalen Ebene. Solche konventionalisierten Wörter kontextualisieren das Gesprochene/Geschriebene und leiten die folgenden Interpretationen.

Im vorliegenden Rahmen werden die Konzepte der Zeigefunktion und Mehrstimmigkeit aufgegriffen (umfassend Angermüller 2007, S. 151ff.). So genannte ‚deiktische‘ (zeigende) Marker erzeugen personelle, räumliche und zeitliche Kontextualisierungen von Sprechern und Adressierten (‚Du‘, ‚neben mir‘, ‚morgen‘) und positionieren Subjekte in der Äußerung. Ferner ist vielen Äußerungen auch ein Dialogismus, eine Polyphonie, inhärent. Polyphonie-erzeugende Wörter, die auf eine dialogische Vielstimmigkeit der Äußerung verweisen, sind etwa argumentative Konnektoren wie Verneinungen, Relativierungen (‚vielleicht‘, ‚oft‘, ‚nein‘), welche die Positionen eingeführter Subjekte und gekoppelter Standpunkte qualifiziert (dazu auch Weber 2013, S. 69ff.). Anders gesagt: um ihren eigenen Standpunkt ‚klarer‘ vermitteln zu können, benötigen Sprecher nicht nur ihre, sondern oft auch differierende Standpunkte, die sie in ihren Äußerungen ordnen müssen. So verstanden werden Äußerungen zu einer Vielfalt eigener und fremder Stimmen, die es in Bezug zu setzen gilt (vgl. auch Angermüller 2011). Dieses methodische Ziel erscheint gerade für skizzierte Fragestellung gewinnbringend, macht es doch die (Neu-)Verteilungen von sozialen Rollen und unterschiedlichen Bedeutungen von ‚Raum' deutlich. In den folgenden Analysebeispielen werden Stellen mit relevanten Markern numerisch angedeutet.

3.1 Unruhe als affektives Ventil

Beim ersten Beispiel handelt es sich um Ausschnitte des Titels ‚A cor et à crie' (in etwa ‚Mit Gebrüll') von B.James aus dem Jahr 2013. Der Rapper entstammt einer *cité* (eine architektonisch geschlossene Großwohnsiedlung) in ‚Blankok', Blanc-Mesnil (nördlich von Paris) im *département* Seine-Saint-Denis (93). Er praktiziert einen sehr direkten und ‚ungeschönten' Rap mit mannigfaltigen autobiographischen Bezügen zum Leben in den *banlieues*.

> (1) Die Nacht ist tiefschwarz
> Blaulichter erhellen die Stadt
> Die Winterkälte macht Platz für den Bürgerkrieg
> Gerade haben wir zwei von unseren kleinen Brüdern verloren
> (2) Die Verdächtigen sind identifiziert: sie sind gefährlich und schwer bewaffnet
> Besonderes Merkmal: Uniformabzeichen
> Wenn sie wüten, deckt sie der Staat von ganz oben
> (3) Immer die gleiche Vorgehensweise
> Ihre Querschläger fliegen immer in die Richtung von Arabern und Schwarzen
> Sie kreisen unser Territorium ein, ihre Lösungen sind lächerlich
> Wir erwidern und wünschen ihnen einen Scheinsieg
> (4) Es hat Tote gegeben, darum antwortet an diesem Abend niemand, außer die Wut und das Testosteron
> Wir haben Mollis mit bleifreiem Benzin, sie haben Flashballs
> Bei uns lauern in jeder Eingangshalle überbewaffnete Schläfer[2]
> Jetzt schlägt die Stunde der Vergeltung[3]
>
> B.James – À cor et à crie (in: Acte de barbarie, 2013, Anfalsh)

2 Im Sinne von jederzeit kampfbereiter Jugendlicher, die ‚tickenden Zeitbomben' ähneln.

3 *Il fait nuit noire / Les lumières bleues éclairent la ville / Le froid hivernal cède sa place à la guerre civile / On vient de perdr' deux de nos p'tit frères / Les suspects sont identifiés: ils sont dangereux et lourdement armés / Signe particulier: insigne uniforme / Ils bénéficient au plus haut niveau de l'État dans la bile énorme / Toujours le même mode opératoire / Leurs balles perdues c'est toujours vers des arabes et des noirs / Ils encerclent notr' territoire, leurs recours sont dérisoires / On réplique et on souhaite leur victoire illusoire / Il y a eu mort d'homme donc ce soir personne ne résonne sauf le zahef et la testostérone / On a des cocktails au sans plomb, eux des*

Auch ohne explizite Bezugnahme ähnelt der Auszug einer ‚Live-Reportage' zu jenen Auseinandersetzungen im Jahr 2005, allerdings vom Standpunkt eines lokalen *émeutier* (‚Aufrührer'), der mit dem Rapper B.James zusammenfällt. Davon zeugt die Dichte raumzeitlicher Marker (1), welche der Äußerung Kontext verleihen und den Sprecher einem Kollektiv vor Ort zuweisen: „wir" haben „gerade" an diesem Abend zwei kleine Brüder verloren. Mit den zwei Brüdern könnten etwa Zyed Benna und Bouna Traoré gemeint sein, deren tragischer Tod bei der ‚Flucht' vor Polizisten im November 2005 Auslöser der Revolten war (dazu auch Freitag in diesem Band). In einer subjektiven Weise, angezeigt durch eine sehr wertende Sprache, fährt B.James fort und bestimmt sogleich die Urheber des in seiner Äußerung heraufbeschworenen Kriegsszenarios („Bürgerkrieg"): die staatlichen Organe der inneren Sicherheit.

Über die konkrete Situation hinausgehend, geißelt er deren generelle Praktiken durch die Behauptung, diese könnten staatlich sanktioniert, ungestraft agieren (2). Also stets ungeniert, aber auch unverhältnismäßig (Verweis auf sicherheitsstrategische Einkreisungspraktiken in (3)). Eine vermeintliche *carte blanche* staatlicher Sicherheitskräfte, die hier spezifisch aufgriffen wird, ist ‚Dauerthema' *banlieue*-bezogener Debatten sowohl jenseits von, als auch vor allem in Rap-Musik (Tijé-Dra 2014). Der doppelte Gebrauch des polyphonen „immer" (3) weist vehement und sarkastisch im Rahmen der Äußerung die möglichen Einwände von Mitsprechern zurück. Aufgrund ihrer Regelmäßigkeit stellen solche Fälle eben keine Singularitäten (Querschläger, unglückliche Verkettungen et cetera) dar. Dass immer „Schwarze" und „Araber" Opfer solcher Praxis sind, ist ein Verweis auf fraktale, soziale Verhältnisse entlang in diesem Fall ethnisch definierter Bevölkerungsteile der stigmatisierten Viertel.

In (4) kulminiert beschriebene Schieflage in eine Sinngebung der an anderer Stelle als unsinnig bewerteten Gewalt. Denn auch wenn sich B.James – stellvertretend für die Aufständischen („wir", „bei uns") – der Unterlegenheit und Ungleichheit der Waffen angesichts des ‚Feindes' sehr wohl bewusst ist, wird jede Beschwichtigung über die Marker „nichts/außer" in seiner Äußerung kategorisch verneint. So affiziert („Wut", „Testosteron") das Missverhältnis in spezifischer Verbindung mit dem „präsenten" Einzelereignis („es hat [...] gegeben") die Aufständischen so stark, dass die in Gewalt transformierte Unruhe als verzweifelte, aber als dennoch angemessene Lösung erscheint – ganz im Sinne, dass Gewalt Gegengewalt produziert. Zumal die ‚Kampfmittel', hier Waffen, an beschriebenem Ort, wenn auch aus Gründen der organisierten oder Kleinkriminalität reichlich vorhanden sind („überbewaffnete Schläfer" [ein wiederum militärisches Vokabu-

---

flashballs / Chez nous des guerriers sur-armés dorment dans chaque hall / Maintenant c'est l'heure des représailles.

lar]). Unabhängig der Folgen eines solchen Verhaltens scheint die Äußerungssituation („jetzt“) eine perfekte Gelegenheit zu bieten, sich für das im ‚großen Ganzen‘ erlittene kollektive Leid ‚gebührend‘ zu revanchieren.

Die Beschreibung der Ursachen sowie die Legitimation hier gewalttätiger sozialer Unruhe erfolgen in diesem Beispiel also über kollektivierte Erfahrungen eines als unrechtmäßig wahrgenommen Machtverhältnisses zwischen Sicherheitskräften und Anwohnern. In diesem werden Letztere dominiert, während Erstere aus deren Sicht keinerlei Sanktionen für praktiziertes ‚Unrecht‘ zu befürchten haben. Diese Deutungen schlagen in spontane Gewalt um, die zumindest situativ und affektiv ‚Gerechtigkeit‘ durch Vergeltung verspricht. Das umrissene Pulverfass ‚stigmatisierte Viertel‘ konstituiert sich aber nicht ausschließlich über Fragen unmittelbarer Gewalt, sondern auch über andere strukturelle Komponenten.

3.2 Soziale Unruhe als Resultat struktureller Unzulänglichkeiten

Um weitere solcher strukturellen Aspekte von Unruhe aus Sicht von Rappern zu beleuchten, werden ein weiteres Text-Beispiel sowie Gesprächsausschnitte mit dem Rapper Skalpel der Gruppe *Première Ligne* (vormals *La-K-Bine*) aus Saint-Denis (*département* 93) herangezogen. Ebenso wie B.James praktiziert Skalpel einen unverblümten Rap, verortet sich dabei jedoch fordernd und explizit im anarchistischen, antifaschistischen Spektrum. Folgender Ausschnitt entstammt dem Titel *Révolte populaire* (‚Volksaufstand‘) aus dem Jahr 2009.

> (1) Das ganze Jahr lang pfeifen sie drauf zu erfahren wie die Leute in unserem Viertel leben
> Unter welchen Bedingungen sie arbeiten und was sie im Alltag erleiden
> Die Exzesse und Zügellosigkeiten, zu viele Demütigungen
> (2) Man muss diese Salonmoralisten gehört haben
> Empören sich dass diese Bibliothek in Rauch aufgegangen sei
> Wenn man das wenige Interesse und die wenigen Mitteln bedenkt die ihr in Bildung, Soziales und Kultur steckt
> Spart euch eure Reden! Die banlieusards[4] stressen dich
> (3) Von links nach rechts sehen wir die einzigen Rosen auf Grabsteinen
> Marshall-Plan für die banlieues? Klar Vollpfosten, mach, das ist es
> In deiner bürgerlichen Demokratie bin ich die Guerilla
> (4) Keine Lust mehr mit euch zu diskutieren
> *Ich habe schon lange verstanden dass hier wirklich nicht unser zuhause ist*[5]
>
> Révolte Populaire (in: La K-Bine, Légitime défense, 2009)

4 Bewohner der *banlieues*

5 *Toute l'année ils se foutent de savoir comment les gens de nos quartiers vivent /*

In diesem kurzen Auszug wartet der Rapper Skalpel mit einem Bündel von Legitimationen auf, um der sozialen Unruhe, die in diesem Lied später zu einem Bejahen des ‚Volksaufstandes' führt, Sinn zu geben. Auch hier spricht er, den Gepflogenheiten des ‚Repräsentierens' im Rap folgend (und dennoch jenseits des Spiels mit kulturellen Codes), stellvertretend für eine verortete kollektive Identität. Skalpel konstatiert zunächst eine massive Schieflage bezüglich der Außenwahrnehmung stigmatisierter Viertel. Anders als in Zeiten gewalttätiger Auseinandersetzungen erfahren „die Leute unserer Viertel" (1) sonst keinerlei Aufmerksamkeit („das ganze Jahr" wird „drauf gepfiffen"). Dementsprechend bleiben deren schwierige Lebensumstände im Dunkeln und eben auch die demütigende Wirkung dieser. Dass ein Maß am Vertretbaren bei Weitem überschritten scheint, deutet das polyphone „zuviel" an, welches jegliche weitere Aufforderung zur Toleranz, im Sinne von Verwunderung oder weiteren Durchhalteparolen, ausschließt.

Mehr als die für den Rapper offenkundige Unkenntnis eines diffusen „sie" (vs. „uns") über die Verhältnisse vor Ort wiegt eine unterstellte Scheinheiligkeit nicht näher bestimmter Kommentatoren sozialer Unruhe. Über das Verb „müssen" (2) wechselt Skalpel bei der Re-Artikulation sozialer Beziehungen offen von einen konstatierenden in einen normativen Modus, der auch disziplinierende Wirkung bei der Hörerschaft hervorruft. Die polemische Qualifikation des diffusen „sie" als „Salonmoralisten" verschärft das antagonistische Verhältnis. Den Standpunkt eines Mitsprechers, das (sozial-)staatliche Engagement vor Ort wäre ausreichend, entkräftet Skalpel über das hier dialogisch wirkende Adjektiv „wenig" und unterstellt eine chronische Unterversorgung der Viertel in nahezu allen Bereichen der sozialen Infrastruktur. Dies führt ihn dazu, die „Moralisten" doppelt anzurufen: Sowohl kollektiv in der disziplinierenden Befehlsform, um „damit aufzuhören" als auch individuell als Gegenspieler zu *den „banlieusards*".

Nach einem ähnlichen Muster fährt die Organisation von Skalpels Äußerung in (3) fort, wobei skizzierte Schieflagen hier auf einen weiteren Bereich – den der institutionellen politischen Sphäre – ausgedehnt werden. Poetisch steht hier die Rose als Allegorie der Liebe, und die Richtungsangaben („von links nach rechts") jenseits eines „weit und breit" auch für das gesamte politische Spektrum. Momente

Dans quelles conditions ils taffent, et ce qu'ils subissent au quotidien / Les excès et les dérives, trop de vexations / Faut les entendre ces moralisateurs de salon / S'offusquer que cette bibliothèque soit partie en fumée / Vu le peu d'intérêt et le peu de moyens / Que vous donnez à l'éducation, au social et à la culture / Gardez vos discours! Les banlieusards t'emmerdent / De gauche à droite les seules roses que l'on voit sont celles sur les sépultures / Plan Marshall pour les banlieues ? Connard mais oui vas-y c'est ça / Dans ta démocratie bourgeoise je suis la guérilla / Plus envie de discuter avec vous / Ça fait longtemps que j'ai compris qu'ici c'est pas tout à fait chez nous /

der Liebe, Zuneigung erfährt das ‚uns' scheinbar nur im Tod, wenn es ‚zu spät' ist. Dies macht das polyphone „einzig" eindeutig. Gleichsam lässt sich interpretieren, dass weder Sozialisten noch Konservative oder Rechte dem ‚uns' Akzeptanz entgegenbringen. Dementsprechend distanziert ist das Verhältnis zur Politik. Distanz garantiert zumal das Stilmittel der Ironie: Skalpel greift den 2008 vom nicht namentlich erwähnten Nicolas Sarkozy implementierten und vieldiskutierten neuerlichen „Marshall-Plan" für die *banlieues* auf, den Plan *Espoir banlieue* (dazu ausführlicher Weber in diesem Band), um ihn ironisch und beleidigend als ‚die' vermeintlich einfache (aber eigentlich unsinnige) Lösung komplexer Probleme lächerlich zu machen. Gleichsam positioniert er sich antagonistisch über militärische Vokabeln („Guerilla") außerhalb des praktizierten politischen Systems, um seiner Abneigung Ausdruck zu verleihen. Resümierend (4) und nach Einführen unterschiedlichster Legitimationen seiner Position bekräftigt Skalpel seine Kompromisslosigkeit. Über sozialräumliche Vokabeln mit dialogischem Zeigegehalt („hier ist wirklich nicht unser zuhause") konstituiert er die Bewohner der Viertel als ‚Ausgestoßene' der Gesellschaft, die für andere geringen Wert besitzen und dementsprechend sich selbst überlassen bleiben. Die Deutung bringt eine verstetigte Abgeschnittenheit der Viertel in vielerlei Hinsicht von der ‚Restgesellschaft' zum Ausdruck.

Diesen Standpunkt bestärkte Skalpel auch im Rahmen eines Interviews, das bei einem Feldaufenthalt im Juni 2012 durchgeführt wurde. Angesprochen auf das Lied ‚*Révolte populaire*' antwortet er:

> „Révolte populaire ist ein Lied, mit dem ich die Volksaufstände reflektiert habe, die Frankreich 2005 erschüttert haben […]. Meiner Ansicht nach räumten die Medien diesen Revolten keinerlei Legitimität ein. Die Machthaber meinten ‚Das ist eine Revolte von Verbrechern', andere Politiker sagten ‚Wir verstehen eure Rebellion, aber so sollte man es nicht machen! Sie zünden Autos, Bibliotheken und Schulen an!'"

Zunächst distanziert sich Skalpel stark von Medien und Politik, um den Unruhen von 2005 sowie seiner Position einen legitimen Sinn einzuräumen. Dabei versucht er auch Stimmen zu verdrängen, die in Teilen den Revolten Sinn zuschreiben, aber einen wie oben skizzierten Moralismus praktizieren. Seiner Ansicht nach sei auch Sachbeschädigung in diesem Kontext „völlig legitim", wiege sie doch viel geringer als ihre Ursachen:

> „Meiner Meinung nach ist es politisch und völlig legitim Schulen, Bibliotheken, Autos anzuzünden, oder Unternehmen, die von Steuervergünstigen profitieren, aber keine Anwohner aus einfachen Nachbarschaften anstellen. [...] Das Hauptziel des Liedes ist, die Rebellen zu verteidigen. Wir wissen zum Beispiel, dass 75 Prozent der festgenommenen Rebellen nicht aktenkundig waren [...]. Also war es wirklich ein Volksaufstand von Leuten, die zu einem bestimmten Zeitpunkt sagten, ‚wir ertragen es nicht mehr'".

Implizit betont Skalpel hier die Wertlosigkeit der durch Gewalt zerstörten Objekte für die Aufständischen, da sie von diesen schlichtweg nicht profitieren und sie gleichzeitig Symbole für ihre missliche Lage darstellen: Institutionen, Autos oder Unternehmen die sich auf Kosten der Stigmatisierung Anderer und staatlicher Subventionen bereichern, ohne „etwas zurückzugeben". Den Vorwurf einer ‚Verbrecher-Revolte' versucht er abermals (und abweichend von B.James im vorgängigen Beispiel) mit Verweis auf die vorherige Unbescholtenheit der Aufständischen zu entkräften. Bei denen habe sich seiner Meinung nach die Unzufriedenheit mit dieser stetigen Entwicklung letztlich nur transformiert, und wird eben nicht durch Launen oder materialistische/destruktivistische Dispositionen erklärbar. So geht aus den Ausführungen Skalpels hervor, dass nicht nur tragische, stark mediatisierte Konfrontationen eine Erklärungsvariable für soziale Unruhe darstellen. Vielmehr wirkt ein Bündel verschnittener und sich gegenseitig verstärkender struktureller Merkmale des Sozialraums ‚*banlieue*/stigmatisiertes Viertel' und dort gelebter materieller ‚Realitäten'.

4 Zusammenfassung und Fazit

Entgegen der dominierenden Einschätzungen zum Verhältnis zwischen Rap-Musik und sozialer Unruhe in Frankreich – seien es nun ihre vermeintlich ‚desintegrationistischen' Tendenzen oder eine flache Glorifzierung von Gewalt – wurden hier solche kulturellen Praktiken des Raps als politisch verstanden. Mit dieser Lesart erscheinen soziale Unruhe und resultierende ‚Krawalle' in einem anderen Licht, welche dem hegemonial als ‚sinnlos' Gedeuteten, im Versuch ‚*revolting geographies*' nachzuzeichnen, ‚Sinn' abgewinnen können. Besonders weil der vorgestellte Blick sich weniger auf die Einhaltung oder Durchsetzung gesellschaftlicher Sagbarkeiten im Rahmen stadt- und sicherheitspolitischer Fragen zu bestimmten ‚*banlieues*' konzentriert, und stattdessen Spuren deren Aushandlung und dabei marginalisierter Standpunkte sichtbar macht. Mithilfe eines weiten Begriffs des Politischen bei Laclau und Mouffe, der Politisches nicht zur Beliebigkeit umdeutet und bei Versuchen einer Neuaushandlung sozialer Beziehungen ansetzt, konnte bestimmten Rap-Arten, in denen Raumbezüge eine konstitutive Rolle einnehmen, ein politischer Gehalt beigemessen werden. Dabei gab die Analyse unterschiedliche Antworten auf die Eingangsfragen, welche Repräsentationen sozialer Unruhe, und welche sozialen Beziehungen dabei hervorgebracht werden. Am Beispiel des Rappers B.James wurde ersichtlich, wie selbst ‚rauhe' Gewalt im Rahmen von Ausschreitungen sich am ‚großen Ganzen', der vermeintlichen Alterität dieser Räume, informiert – in beschriebenem Fall besonders über persistente, ethnisierende, aber als unlegitim erachtete Raumproduktionen durch Praktiken staatlicher Akteure. Das Beispiel des Rappers Skalpel ergänzte die Legitimation sozialer Unruhe um weitere, jedoch vorgelagerte ko-konstitutive Komponenten. Dies umfasst Mängel und Abgeschnittenheit des Sozialraums *banlieue* / stigmatisiertes Viertel in materieller, institutioneller und politischer Hinsicht, denen seit Langem nicht nachgekommen wurde. Darauf lassen die Äußerungen in den hier behandelten Texten und Gesprächsauszügen schließen, auch fast zehn Jahre nach den Unruhen von 2005. So betrachtet wird Rap auch als symbolische und zuweilen ‚empirisch informierte' Kritik der vermeintlichen Universalität republikanischer Werte in Frankreich interpretierbar. Denn untersuchte Aussagen und zugehörige Forderungen stellen deren Allgemeingültigkeit, zumindest für bestimmte Ausschnitte des staatlichen Territoriums, erheblich in Frage (ohne dabei amoralisch zu wirken).

In diesem Sinne lässt sich auch mit Rap ein wichtiger Blick auf fraktale Metropolen im 21. Jahrhundert werfen, legt er doch eine Zerklüftung sozialer Verhältnisse – die sich in der Umdeutung von Räumen und verräumlichten Praktiken zeigt – künstlerisch-politisiert frei. So reihen sich erörterte Beispiele in Diskussionen ein, inwiefern gewisse *banlieues* und ihre Bewohner identitär (durch ‚Klasse', ‚Ethnie' et cetera) vom Rest der französischen Gesellschaft ‚abgeschnitten' seien; ebenso in Diskussionen, ob sich diese Orte immer mehr zu Anti-Ghettos (Wacquant 2007) oder Ghettos beziehungsweise Infra-Ghettos (Kokoreff und Lapeyronnie 2013) entwickelten. Ersteres wird in hier vorgestellter Rap-Musik bejaht, Letzteres angedeutet. Rapperinnen und Rapper des hier behandelten Genres verknüpfen ihre Politisiertheit nicht selten auch mit anderen sozialen Praktiken, jenseits des ‚eigentlichen Rappens', um der Fraktalität der Metropolen etwas entgegenzusetzen: beispielsweise sozialarbeiterische Tätigkeiten im kommunalen Kontext (vgl. Baumann et al. 2015), um betroffene Jugendlichen zum ‚kritischen Denken' zu ermächtigen, oder die künstlerische Partizipation an (lokalen, regionalen, nationalen) sozialen Bewegungen im Nexus *banlieue*-relevanter Themen (wie etwa Wohnen, Sicherheit, Bildung, Diskriminierung).

Literatur

Angermüller, J. & Maingueneau, D. (2007). Discourse Analysis in France: A Conversation. *Forum Qualitative Sozialforschung/Forum: Qualitative Social Research* 8 (2), 48 Absätze. http://nbn-resolving.de/urn:nbn:de:0114-fqs0702218. Zugegriffen: 20. Februar 2012.

Angermüller, J. (2007). *Nach dem Strukturalismus. Theoriediskurs und intellektuelles Feld in Frankreich*. Bielefeld: Transcript.

Angermüller, J. (2011). From the many voices to the subject positions in anti-globalization discourse: Enunciative pragmatics and the polyphonic organization of subjectivity. *Journal of Pragmatics* 43 (12), 2992-3000.

Baumann, C., Tijé-Dra, A. & Winkler, J. (2015). Geographien zwischen Diskurs und Praxis – Mit Wittgenstein Anknüpfungspunkte von Diskurs- und Praxistheorie denken. *Geographica Helvetica*, 70, 225-237.

Béru, L. (2009). Le rap engagé, une expansion du local au global sur des critères sociaux, spatiaux, et ethniques. In Y. Raibaud (Hrsg.), *Comment la musique vient aux territoires* (S. 127-140). Pessac: Maison des Sciences de l'Homme d'Aquitaine.

Black, S. (2014). 'Street Music', Urban Ethnography and Ghettoized Communities. *International Journal of Urban and Regional Research* 38 (2), 700-705.

Bourderionnet, O. (2011). A 'Picture-Perfect'Banlieue Artist: Abd Al Malik or the Perils of a Conciliatory Rap Discourse. *French Cultural Studies* 22 (2), 151-161.

Dikcç, M. (2007). Revolting Geographies: Urban Unrest in France. *Geography Compass* 1/5, 1190-1206.

Forman, M. (2000). 'Represent': Race, Space and Place in Rap Music. *Popular Music* 19 (1), 65-90.

Glasze, G. (2012). Eine politische Konzeption von Räumen. In I. Dzudzek, C. Kunze & J. Wullweber (Hrsg.), *Diskurs und Hegemonie. Gesellschaftskritische Perspektiven* (S. 151-172). Bielefeld: Transcript.

Hammou, K. (2014). *Une histoire du rap en France*. Paris: La Découverte.

Kokoreff, M. & Lapeyronnie, D. (2013). *Refaire la cité. L'avenir des banlieues*. Paris: Seuil.

Laclau, E. & Mouffe, C. (2006). *Hegemonie und radikale Demokratie. Zur Dekonstruktion des Marxismus*. Wien: Passagen.

Mouffe, C. (2007). *Über das Politische. Wider die kosmopolitische Illusion*. Frankfurt (Main): Suhrkamp.

Mucchielli, L. (2003). Le rap de la jeunesse des quartiers relégués. Un univers de représentations structuré par des sentiments d'injustice et de victimation collectives. In M. Boucher & A. Vulbeau (Hrsg.), *Émergences culturelles et jeunesse populaire. Turbulences ou médiation?* (S. 325–355). Paris: L'Harmattan.

Pecqueux, Anthony (2009). *Le rap*. Paris: le Cavalier bleu.

Tijé-Dra, Andreas (2014). Rapper vs. Polizei? Zu einem ‚französischen Verhältnis. *Sub\urban* 2/2, 131-136.

Wacquant, Loïc (2007). Territorial Stigmatization in the Age of Advanced Marginality. *Thesis Eleven* 91, 66–77.

Weber, F. (2013). *Soziale Stadt – Politique de la Ville – Politische Logiken. (Re-)Produktion kultureller Differenzierungen in quartiersbezogenen Stadtpolitiken in Deutschland und Frankreich*. Wiesbaden: Springer VS.

‚Gemeinschaftliches Wohnen' in Frankreich

Herausforderungen eines Raums im Aufbau[1]

Claire Carriou

Zusammenfassung

In einem Kontext, der von einem Anwachsen ökonomischer und sozialer Unsicherheiten geprägt ist, lässt sich seit den 2000er Jahren in Frankreich eine Vervielfältigung von Initiativen beobachten, die dem ‚*habitat participatif*', dem ‚gemeinschaftlichen Wohnen' zugeordnet werden können. Entsprechend dem Vorbild von Maßnahmen, die in Nordeuropa durchgeführt wurden, streben diese Unternehmungen an, Wohnungen zu entwerfen, umzusetzen und zu unterhalten, wobei ihren Bewohnern ein zentraler Platz dabei eingeräumt wird. Auf städtebaulicher und sozialer Ebene stellen sie in den meisten Fällen eine Reaktion auf Herausforderungen von Stadtumbau und Stadtentwicklung dar – mit dem Ziel, Segregationstendenzen entgegenzutreten. Ursprünglich wurden die partizipativen Projekte durch Bewohnergruppen und Vereinigungen aus der Zivilgesellschaft angeführt. Heute besteht allerdings die Tendenz, dass sie gefördert, in einigen Fällen sogar von Trägern des sozialen Wohnungsbaus und öffentlichen Akteuren, ob Repräsentanten der Gebietskörperschaften oder Gesetzgebern, initiiert werden. Die Mediatisierung dieser Ideen ist heute stark ausgeprägt, dennoch bleibt die tatsächlich realisierte Zahl an Bauvorhaben sehr gering. Dieser Widerspruch stellt Fragen nach Art und Tragweite des ‚gemeinschaftlichen Wohnens'. Der Artikel verfolgt das Ziel, hierzu zu einer stärkeren Klarheit beizutragen, indem Herausforderungen und Spannungen in diesem Kontext be-

1 Aus dem Französischen von Florian Weber und Brigitte Weber.

leuchtet werden. Es hat den Anschein, dass das ‚gemeinschaftliche Wohnen' in den letzten Jahren starken Neuausrichtungen unterworfen war, sowohl in Bezug auf den Inhalt und den Maßstab als auch auf Ebene der Akteure, die sich eingebracht haben und einbringen. Diese Veränderungen wurden zur stärkeren Verbreitung der gemachten Erfahrungen vollzogen, wobei gerade auch die Ebene öffentlichen Handels einbezogen wurde. Es lässt sich nun nach den Konsequenzen dieser Veränderungen für die Bewohnergruppen als Projektträger wie auch der öffentlichen Wohnungspolitik und deren Entwicklung fragen.

1 Einleitung

Ob in Straßburg, Lyon, Lille, Montreuil oder Saint Dié … einige Bauprojekte, die mit Gemeinschaftseinrichtungen wie Gemeinschaftssaal, Waschküche, Gemeinschaftsgarten et cetera ausgestattet sind, wurden kürzlich errichtet oder befinden sich gerade im Bau. Dutzende andere sind gerade im Projektstadium. Diese Initiativen versprechen, neue Lebensweisen aufzubauen und neue Lebensräume zu schaffen, indem den künftigen Bewohnern ein zentraler Platz im Prozess der Planung, Umsetzung und Leitung des Häuserbestandes eingeräumt wird. Ihre Hauptinspirationsquelle entstammt Maßnahmen des gemeinschaftlichen Wohnens, die in den ‚Pionierländern' wie Dänemark, Deutschland, den Niederlanden oder auch Schweden umgesetzt wurden (Breton 2008; Vestro 2010; Ache und Fedrowitz 2012). Die Hauptprinzipien sind denen sehr ähnlich. Neben der gemeinschaftlichen Dimension findet sich darin die Idee wieder, ‚solidarischere' Nachbarschaftsbeziehungen aufzubauen, Lebensarten und Konsumweisen zu entwickeln, die respektvoll mit der Umwelt umgehen, oder die die Baukosten durch gemeinsame Nutzung sozialer und ökonomischer Ressourcen sinken lassen (Maury 2009; Bacqué und Biau 2010; Carriou et al. 2012; Bresson und Tummers 2014).

Als die Projekte zu Beginn der 2000er Jahre in Frankreich aufkamen, wurden sie hauptsächlich durch Vereine und Bewohnergruppierungen getragen (d'Orazio 2012), die in starker Weise aus der Mittelklasse stammten und je nach Fall von Fachleuten aus Architektur und dem Bausektor begleitet wurden. Aber, den Beispielen aus den anderen europäischen Ländern folgend, lässt sich heute die Tendenz beobachten, dass sich öffentliche Einrichtungen und Träger des sozialen Wohnungsbaus dieser Thematik annehmen und diese verbreiten (Devaux 2012). Das ‚gemeinschaftliche Wohnen' erscheint als ein mögliches neues politisches Mittel, um auf der Ebene der sozialen Zusammensetzung von Gebieten anzusetzen und Tendenzen zu Segregation und urbaner Fragmentierung in Schach zu halten. Es bietet Perspektiven, um ‚sozialen Zusammenhalt' zu schaffen, indem ‚Problemviertel' ‚strukturiert' werden, um die ‚Selbstverantwortlichkeit' von Individuen in Bezug auf ihren Lebensraum zu erhöhen, so genannte ‚durchmischte' Gebiete zu schaffen und mit Leben zu füllen oder auch ‚Öko-Quartieren' eine soziale Dimension zu verleihen. Mehrere territoriale Gebietskörperschaften gründeten vor kurzem ein Netzwerk des Austauschs zu diesem Thema. Zudem wurde am 24. März 2014 ein Gesetz in Folge einer Mobilisierung von Bewohner- und Fachleuten verabschiedet (das Gesetz ALUR, ‚*Accès au logement et à l'urbanisme rénové*'), das ein Kapitel enthält, das speziell dem gewidmet ist, was von nun als ‚gemeinschaftliches Wohnen', als ‚*habitat participatif*' bezeichnet wird. Man kann entsprechend eine Vervielfachung interessierter Akteure und eine starke Verbreitung dieser Thematik in der politischen wie in der öffentlichen Sphäre beobachten. Dennoch, dieser breiten Mediatisierung und diesem Einzug in die Politik zum Trotz, bleibt die Zahl der tatsächlich umgesetzten Bauprojekte sehr gering – auch wenn es schwer fällt, die genaue Anzahl zu erfassen. Dieser Widerspruch stellt Fragen nach der Natur und der Tragweite dieses Themas. Was ist schlussendlich ‚gemeinschaftliches Wohnen', wenn es nicht eine Bauvorhabens-Bewegung ist? Worauf beruht dieser Ausdruck?

Der Ansatz ist hier *nicht*, deskriptive oder ‚objektivierte' Kategorien vorzuschlagen, um zu sagen, was ‚gemeinschaftliches Wohnen' ist. Tendenzen unterschiedlichen Ursprungs arbeiten daran, das Wesen zu ergründen, auch wenn es komplex erscheint, eine verbindliche Definition abzuleiten. Es geht vielmehr darum, den Fokus auf die Herausforderungen, ja gerade die bestehenden Spannungen zu legen, um sich einer Erfassung zu nähern. Von welchen Belangen wird das gemeinschaftliche Wohnen in Beschlag genommen und durch wen? Wie lassen sich die besonderen Schwierigkeiten bei dessen Entwicklung verstehen? Die Analyse stützt sich auf eine Reihe von Interviews, die mit unterschiedlichen Beteiligten des ‚gemeinschaftlichen Wohnens' geführt wurden und rekurriert auf eine genaue Kenntnis von Bewohner-, institutionellen und professionellen Netzwerken und ihren Entwicklungen seit 2009. Der Artikel beleuchtet zunächst die Herausforderungen im französischen Kontext, bevor verschiedene beteiligte Akteurszirkel und die Rolle der öffentlichen Hand dargestellt werden.

2 ‚Gemeinschaftliches Wohnen' als Antwort auf Ungewissheiten

In Frankreich kommt das Interesse für die ‚gemeinschaftliche', ‚partizipative' Thematik im Wohnungswesen im Schnittfeld wachsender Spannungen und Ungewissheiten auf sozialer, ökonomischer, politischer und auch ökologischer Ebene auf (Castel 2009). Diese entwickeln sich im Kontext von Wirtschaftsglobalisierung und Neoliberalisierung politischer Dispositive aus der Nachkriegszeit, in besonderem Maße in Richtung des Wohlfahrtsstaates. Die zentralen Merkmale dieser Spannungen wurden ausführlich in der Literatur beschrieben (unter anderem Chauvel 2006; Castel 2009) – im Kontext dieses Textes ist vor allem von Belang, dass sie in direkter Weise die Lebensentwürfe von Bevölkerungsgruppen beeinflussen und – dies ist neu – die der Mittelklasse. Letztere ist nunmehr direkt von dem Rückgang der sozialen Sicherung durch den Sozialstaat, Schwierigkeiten beim Zugang zum Arbeitsmarkt und in Teilen prekären Arbeitsverhältnissen betroffen (dazu auch Schneider in diesem Band). Die Zivilgesellschaft erhebt neue Forderungen, um an politischen Entscheidungsprozessen teilzuhaben (Bacqué et al. 2005) und um Modalitäten eines respektvolleren Umgangs mit der Umwelt zu definieren.

Zu diesen wirtschaftlichen und politischen Aspekten kommen Umstrukturierungen eines anderen Typs hinzu, die direkt mit dem Wohnungsmarkt in Verbindung stehen. In Frankreich wie in zahlreichen anderen europäischen Ländern sind erneut im privaten Bereich wie im Bereich des sozialen Wohnungsbaus starke Spannungen aufgekommen (Esprit 2012). Im privaten Sektor erreicht der Anteil des Haushaltseinkommens, der für das Wohnen ausgegeben wird (Miete oder Rückzahlung eines Kredits), neue Höchststände. Zwischen 2000 und 2010 sind die Immobilienpreis um 107 Prozent angestiegen, wohingegen die Einkommen nur um 17 Prozent angewachsen sind (Rapport sur l'état du mal logement en France 2011), ohne dass diese Abweichung umfänglich durch eine Senkung des Zinssatzes durch die Banken kompensiert worden wäre. Und auch das Platzen der Immobilienblase im Jahr 2008 und aktuelle Sprünge haben nur kaum zum Absinken der Immobilienpreise geführt. Die an Arbeit geknüpften Einkommen scheinen immer stärker von den Zugangspreisen wie zu Wohnraum entkoppelt zu sein. Der Zugang zu Wohnungen im freien Markt, der bereits für die in bescheideneren Verhältnissen Lebenden schwierig ist, wird es auch für die Mittelschicht, die in den großen Städten lebt und von nun an gezwungen ist, sich immer stärker von den Zentren zu entfernen (dazu auch Vieillard-Baron sowie Weber in diesem Band). Für letztere werden die Perspektiven des Wohnzugangs und damit auch des Schutzes durch Wohnabsicherung zunehmend in Frage gestellt (Cusin 2012).

Die Suche nach Alternativen für diese Situation bildet das Haupthandlungsmotiv von Bewohnergruppen und Bewohnervereinen, die die gemeinschaftlichen Projekte im Wohnungswesen im Laufe der 2000er Jahre angestoßen haben. Diese Gruppen entstammen in weiten Teilen der Mittelklasse und – präziser ausgedrückt – einer Gruppe von „Alltags-Abenteurern", den „*aventuriers du quotidien*" (Bidou 1984), die kulturelles Kapital aufweisen und Ideen aufgeschlossen sind, neue Formen der Solidarität und des Teilens im täglichen Leben zu entwickeln, die bereit sind, Neuerungen einzuführen, um diesen Zwängen zu begegnen. Die Bündelung der Anstrengungen und die Teilhabe erscheinen ihnen als Ressourcen, um das Wohnungswesen anders zu gestalten, um die private Förderung zu umgehen und um das Gestalten des eigenen Lebensortes wiederzufinden – in Ermangelung der Möglichkeit, die eigenen Arbeitsbedingungen zu beherrschen. Zwei Generationen sind hierbei besonders vertreten: Auf der einen Seite eine Generation junger Erwachsener, die von einer Fragmentierung in den Bereichen des Wohnungs- und Arbeitsmarktzugangs betroffen sind, und auf der anderen Seite die Baby-Boomer-Generation, die im gemeinschaftlichen Wohnen eine Form sieht, ökonomische und soziale Abhängigkeit und Altern anders zu gestalten.

Das neuere Interesse der Gebietskörperschaften, besonders der Städte, und der Träger des sozialen Wohnungsbaus für das ‚gemeinschaftliche Wohnen' ist eher in Relation zu den Umstrukturierungen des sozialen Wohnungsbaus zu sehen. Im Gegensatz zu dem, was sich in Großbritannien oder Deutschland beobachten lässt (Whitehead und Scanlon 2007), bleibt der soziale Sektor eine starke Achse der französischen Wohnungspolitiken. Die Kredite, die dem sozialen Wohnungsbau zugewiesen werden, sind durchaus seit den 1980er Jahren stark zurückgegangen (Regards croisés sur l'économie 2011), aber die Zahl von sich im Bau befindlichen Projekten bleibt hoch. Für das Jahr 2013 erreicht sie 95.000 (Les HLM en chiffres 2014). Im Übrigen bleibt der Sektor (noch) sehr wenig von der Privatisierungs- und Liberalisierungswelle betroffen, die sich in manchen angelsächsischen Ländern beobachten lässt, in denen neue, so genannte hybride Akteure aufgekommen sind und traditionelle Akteure des sozialen Wohnungsbaus ersetzen und diese stark schwächen (Mullins et al. 2012; Houard 2012). In Frankreich bleibt die Errichtung von Wohnraum in weiten Teilen von einem Doppelsystem, wie es sich seit dem Ende des Zweiten Weltkriegs entwickelt hat, geprägt: private Förderung einerseits und soziale Förderung andererseits (Topalov und Coing 1995).

Dies verhindert allerdings nicht, dass das Sozialsystem starken Schwierigkeiten ausgesetzt ist: Schwierigkeiten des Managements und des Unterhalts, Fragen zu Mietmodalitäten, Anwachsen sozialer und ökonomischer Problemlagen in gewissen, so genannten ‚sensiblen' Gebieten und auch Niedergang des Images (dazu allgemein der Einleitungsbeitrag in diesem Band). Volksvertreter, Institutionen und Experten sind gespalten zwischen einer so genannten residualen Bestimmung (den Ärmsten gewidmet) und einer allgemeineren Rolle, die den Zugang zum sozialen Wohnungswesen allen ermöglicht, darunter auch der Mittelschlicht. In der Praxis jedenfalls beschränken der Rückgang (auch wenn dieser im Vergleich zu europäischen Tendenzen moderat ausfällt) der dem sozialen Wohnungsbau zugeteilten Gelder und neue Rechtsvorschriften zum Recht auf Wohnraum in hohem Maße den Zugang für die ärmsten Bevölkerungsteile – Exklusions- und Prekarisierungstendenzen steigen. Die Struktur des Wohnungsmarktes in Frankreich scheint sich von einem einfachen zu einem doppelten System (Kemeny 1995) zu entwickeln, das den Zugang zu sozialem Wohnraum vom Rest des Marktes entkoppelt. In diesem Kontext erscheint das ‚gemeinschaftliche Wohnen' oft als Mittel, um die Handlungsmöglichkeiten von Trägern des sozialen Wohnungsbaus und von Gebietskörperschaften in Bezug auf die Wohnungspolitik aufzufächern. Es wird als eine mögliche Option angesehen, um auf andere Weise erreichbaren Wohnraum zu schaffen – neben den Mitteln des sozialen Zugangs oder Fördermöglichkeiten in Richtung des so genannten intermediären Mietwohnraums (zwischen dem freien und dem sozialen Mietmarkt), der sich in starker Weise entwickelt. Es gilt als Mittel, um Öko-Quartieren Struktur zu geben und Herausforderungen der Energiewende zu begegnen. Es wird auch, so wie es auch andernorts in Europa getan wird, als Mittel präsentiert, um Entwicklungsdynamiken neuer Quartiere anzuregen, gewisse abgewertete Gebiete zu revitalisieren und soziale Beziehungen innerhalb bestimmter Gebiete neu aufzubauen (Fromm 2012; Chatteron 2013; Droste 2015).

3 Unter dem Label ‚gemeinschaftliches Wohnen': Akteure, die sich austauschen und experimentieren

Auch wenn (noch?) keine Dynamik von Bauprojekten vorherrscht, weist heute das ‚gemeinschaftliche Wohnen' eine große Akteursvielfalt auf. Letztere tauschen sich aus, sind aktiv, experimentieren mittels einiger Pilotvorhaben, bringen ihre Erfahrungen zusammen und reflektieren über die Art, neue Vorgehensweisen einzusetzen. Sie vereinen sich zunächst im Laufe von lokalen Versammlungen, dann im Rahmen von nationalen Treffen des so genannten ‚*habitat participatif*', des ‚gemeinschaftlichen Wohnens', die seit 2009 auf Initiative von Bewohnernetzwerken ins Leben gerufen wurden. Wer aber sind diese Akteure? Im Laufe der 2000er Jahre hat sich ihre Zusammensetzung stark verändert. Das ‚gemeinschaftliche Wohnen', so wie es sich derzeit entwickelt, wird nicht nur von Gruppen aus der Zivilgesellschaft getragen, sondern wird von professionellen und institutionellen Akteuren geprägt. Die Tendenz geht entsprechend von einer bottom-up-Logik dieser durch die Zivilgesellschaft getragenen Initiativen in Richtung einer komplexeren Logik, die manchmal eher top-down ausfällt, in der professionelle Kräfte und die öffentliche Hand, besonders der lokalen Ebene, den zentralen Platz einnehmen (Bresson und Tummers 2015).

Diese Initiativen entstammen zunächst Bewohnergruppen und Privatpersonen der Zivilgesellschaft, die mehr oder weniger um große Vereinigungen strukturiert sind. Im Übrigen fallen die Termini, die genutzt werden, um diese Erfahrungen zu beschreiben, sehr vielfältig aus und zeugen von der Vielfalt der experimentellen Bauten und der verfolgten Ziele. Gesprochen wird von ‚*cohousing*', ‚*écohabitat*' (‚Öko-Wohnen'), ‚*écovillage*' (‚Ökosiedlung'), ‚*coopérative d'habitants*' (‚Bewohnervereinigung'), ja sogar ‚*habitat alternatif*' (‚alternatives Wohnen'). Zwei Hauptbewegungen dominieren das Feld, wobei diese nicht allumfassend sind, da sehr viele Initiativen neue Produktionsweisen austesten und verschiedene Bezüge miteinander vermischen. Es handelt sich um die so genannte ‚*autopromotion*' (‚Selbstvermarktung') und die der ‚*coopératives d'habitants*' (‚Bewohnervereinigungen'), um die Kategorien aufzugreifen, die von den Gruppen selbst genutzt werden (d'Orazio 2011).

Die erste Bewegung umfasst eine ganze Reihe von Erfahrungen, die von der ‚*autopromotion*' bis zur gemeinschaftlichen Eigensanierung reichen. Die Maßnahmen der ‚*autopromotion*', die direkt von den deutschen Erfahrungen der Baugruppen (dazu BMVBS und BBSR 2009) inspiriert sind, bezeichnen jene, deren Initiative und Umsetzung des Vorhabens durch die Bewohnergruppe mit der mehr oder weniger starken Unterstützung professioneller und lokaler Akteure in Bezug auf bestimmte Kompetenzen (Arbeitsplanung, finanzielle Machbarkeit et cetera) getragen wird. Die Idee besteht darin, von den klassischen Initiatoren abweichende Umsetzungsformen zu befördern. Die ‚*autopromotion*' weist eine große Nähe zu den Vorgehensweisen der Sozial- und Solidarwirtschaft auf, die danach strebt, Prozesse ‚verantwortungsvollen' Konsums zu entwickeln (d'Orazio 2012). Sie zielt auch darauf ab, Konstruktionsweisen mit ökologischem Charakter zu fördern. Diese Bewegung wird von mehreren Vereinigungen ‚befeuert', darunter die Vereinigung Éco-Habitat Groupé, die 2008 geschaffen wurde und die als Erbe einer Bewegung des selbstgeführten Wohnzusammenschlusses, des ‚*habitat groupé autogéré*', gesehen werden kann, die in den 1970er und 1980er Jahren aktiv war, oder auch Ecologis Straßburg, die von einer jüngeren Generation getragen wurde. Ecologis Straßburg stellt eine aus zehn Haushalten bestehende Vereinigung dar, die im Jahr 2010 ihr Wohngebäude in Straßburg in Eigenregie errichtet hat (Debarre und Steinmetz 2012). Das Gebäude, in einem Gebiet nahe des Zentrums dank der Unterstützung der Gemeinde errichtet, wurde nach hohen ökologischen Standards umgesetzt und enthält vielfältige Gemeinschaftsräume. Ein anderes Beispiel stellt das Habitat Groupé du Canal in Ramonville dar (dazu Abbildung 1).

Abbildung 1 Habitat Groupé du Canal in Ramonville Saint Agne am Rand von Toulouse. Die Gebäude, die in Eigenverantwortung geplant und teilweise auch gebaut wurden, wurden im Sommer 2013 fertiggestellt.
Quelle: Aufnahme wurde der Autorin durch die Initiative zur Verfügung gestellt.

Die zweite Bewegung, die als ‚*coopératives d'habitants*' bezeichnet werden kann, wird in erster Linie durch die Vereinigung Habicoop getragen, die 2005 gegründet wurde. Sie zielt darauf ab, die Schaffung von Bewohnervereinigungen zu unterstützen, die Wohnprojekte im Gemeinschafts- und nicht im individuellen Besitz anstreben und in denen die Bewohner Eigner von Anteilsscheinen sind. Sie strebt an, gegen die ‚Immobilienspekulation und die Überfüllung des Sozialwohnungsbestands' zu kämpfen, um mittleren und bescheideneren Haushalten Zugang zu Wohnraum zu ermöglichen, die ihren Arbeitseinkommen entsprechen. Seit Juni 2006 unterhält Habicoop auf einem Gebiet, das durch den Großraum Lyon und die Stadt Villeurbanne zu einem Preis unterhalb des Marktwertes überlassen wurde, eine erste Partnerschaft mit der Gruppe Village Vertical (Marchand 2012, dazu Abbildung 2). Eine Partnerschaft wurde mit der Vereinigung HLM Rhône Saône Habitat eingerichtet, die die Umsetzung trägt. Das Gebäude, das 2013 fertiggestellt wurde, umfasst neun Sozialwohnungen und vier so genannte ‚sehr soziale' Wohnungen und enthält ebenfalls eine große Zahl an Gemeinschaftseinrichtungen: Terrassen, Waschküche, Gemeinschaftssaal, Gemüsegarten.

Abbildung 2 Gebäude von Village Vertical in Villeurbanne in der Agglomeration von Lyon, im Juni 2013 mit Beteiligung von Habicoop und HLM Rhône-Saône-Habitat fertiggestellt.

Quelle: Aufnahme wurde der Autorin durch die Initiative zur Verfügung gestellt.

Der Übergang dieser Bewegungen mit noch sehr vagen Konturen zum ,gemeinschaftlichen Wohnen' vollzog sich seit 2010 im Zuge des zweiten nationalen Treffens des gemeinschaftlichen Wohnens, das in Straßburg durch Bewohnernetzwerke organisiert wurde. Dieses Ereignis zeugt von einer zweifachen Tendenz zur Institutionalisierung und zur Professionalisierung in diesem Bereich mit dem Auftauchen öffentlicher lokaler Akteure und einem stärkeren Engagement des professionellen Architektur- und Baumilieus. Bei dieser Gelegenheit haben sich die verschiedenen Bewohnervereinigungen innerhalb einer Koordinationseinheit mit der Idee zusammengetan, gemeinsam für die Anerkennung ihrer Ziele durch die öffentliche Hand einzutreten. Zur selben Zeit haben sich ein Netzwerk aus Akteuren aus Architektur und Bauwesen und ein Netzwerk der Gebietskörperschaften gebildet. Das Netzwerk der Gebietskörperschaften besteht zum Großteil aus Städten, in denen in erster Linie gewählte grüne Vertreter einen Sitz haben, die mit den Kommunalwahlen 2008 an die Macht kamen, ebenso wie sozialistische Vertreter, die von ihren Fachleuten begleitet werden. Diese Städte strebten an, neue Formen der Wohnraumschaffung neben traditionellem Sozialwohnraum auszutesten. Sie liegen in den Gebieten, in denen die Bewohnerinitiativen und Bürgerbewegungen als erste aktiv geworden sind. Hierzu zählen die Region Rhône Alpes, der Norden, Westen und die Ile-de-France (Paris und Umgebung). Nach der Stadt Grenoble, die im Jahr 2007 einen Projektaufruf zu ‚innovativem Wohnen' startete, werden auch andere wie Rennes, Montreuil, Straßburg, Arras, Lille, die Agglomeration Straßburg, Paris und weitere aktiv und schaffen Voraussetzungen für die Unterstützung von Bewohnerbewegungen. Im Rahmen des Treffens in Straßburg wurde der Begriff ‚*habitat participatif*' aufgrund seiner verbindenden Dimension und seiner Fähigkeit gewählt, so mehrere Anwesende, um eine Anknüpfungsfähigkeit zu den Bestrebungen der Gebietskörperschaften in Richtung einer Beteiligung der Bewohner an der lokalen Politik herzustellen. Das ‚gemeinschaftliche Wohnen', das so definiert wurde, schreibt sich seitdem in eine dreiseitige Beziehung ein, die Bewohner, öffentliche sowie professionelle Akteure umfasst.

4 Das ‚gemeinschaftliche Wohnen': In Richtung einer Normierung von Alternativen?

Auch wenn der Begriff ‚gemeinschaftliches Wohnen', der heute in dieser Form beispielsweise innerhalb des bereits zitierten Gesetzes Verwendung findet, noch weit davon entfernt ist, die Gesamtheit der Ideen und Initiativen, die ein partizipatives Element im Wohnen enthält, zu umschließen, so scheint er sich doch um eine gewisse Zahl an Elementen einer restriktiveren Definition herum zu stabilisieren. Diese Elemente, auch wenn sie sich noch in der Diskussion befinden, zeugen von der Entwicklung dieser Akteurskonstellationen und der Art und Weise, wie diese zu deren Reformulierung beigetragen haben. Was versteht man entsprechend heute unter ‚*habitat participatif*'? Lässt sich die Anzahl der zugehörigen Projekte bestimmen?

Gewiss gibt es eine offizielle Definition des ‚*habitat participatif*'. Im Kapitel des ALUR-Gesetzes, das ihm gewidmet ist, wird es in weitem Sinn vorgestellt als „ein Bürgervorhaben, das es physischen Personen ermöglicht, sich zusammen zu schließen […], um an der Bestimmung und dem Entwurf ihrer Wohnungen und der Räume, die für gemeinsame Nutzung vorgesehen sind, teilzuhaben […]"[2]. Zwischen den Zeilen liest man dort allerdings Definitionselemente, die offizieller ausfallen. Das erste Element, das als Konsequenz der oben angesprochenen Institutionalisierung gesehen werden kann, bezieht sich auf die Beziehungen zwischen dem gemeinschaftlichen Wohnen mit dem formalisierten Bausektor und seinem Einschluss in ein normalisierteres Handlungsfeld. Die Schaffung von Partnerschaften

2 „une démarche citoyenne qui permet à des personnes physiques de s'associer […] afin de participer à la définition et à la conception de leurs logements et des espaces destinés à un usage commun […]"

mit der öffentlichen Hand, um beispielsweise Grundstücke und ökonomische Ressourcen zu erhalten, erscheint als eine Hauptcharakteristik, wie es beispielsweise im ‚*Livre Blanc, manifeste commun sur l'habitat participatif*', dem ‚Weißbuch, gemeinsames Manifest zum gemeinschaftlichen Wohnen', das von Bewohnergruppen und -vereinigungen herausgebracht wurde, formuliert wird. Dieses Buch stellt das gemeinschaftliche Wohnen als eine neue Wohnform dar, die die Antwort auf Maßnahmen öffentlichen Interesses bildet, hierunter die Schaffung sozialer Bindungen, die Herstellung eines neuen zugänglichen Wohnraums und die Wahrung des Erbes, die Regulierung der Immobilienpreise, die Dynamisierung von Territorien und die Förderung des nachhaltigen Wohnens (Live Blanc 2011, S. 9). Eine neue ideologische Wortwahl wird definiert, bei der die Begrifflichkeiten kohärent zu Bezügen öffentlichen Handelns werden.

In der Praxis hat diese Definition implizit zur Folge, dass aus diesem Bereich Initiativen ausgeschlossen werden, die dem informellen Bereich angehören wie Hausbesetzungen – also solchen Bereichen, die in Deutschland oder der Schweiz diesen Entwicklungen gerade einen starken Impuls gegeben haben. Auch Formen von eigenständigen Bauprojekten oder eigenständig umgesetzten und selbst finanzierten Instandsetzungen werden außer Acht gelassen. Der Übergang zum ‚*habitat participatif*' führt dazu, dass der Gegenstandsbereich auf die Anregungen der beiden am stärksten strukturierten Bewohnervereinigungen reduziert wird, also zugunsten der Bildung von Bewohnervereinigungen einerseits und der Selbstförderung andererseits. Auf diese Weise wird der Inhalt im Hinblick auf die institutionellen Forderungen ‚normalisiert' beziehungsweise ‚normiert'. Im Übrigen erscheinen diese neuen Gebilde, die nun Partizipation einschließen, wie umgearbeitete Versionen klassischer Gebilde, die den französischen Wohnungsmarkt dominieren, also Mietmarkt und Eigentum. Im Kapitel des Gesetzes, das dem gemeinschaftlichen Wohnen gewidmet ist, werden sie explizit genannt und legitimiert.

Diese Entwicklung spiegelt sich schließlich in der Suche nach neuen Allianzen mit Akteuren der Wohnraumschaffung, besonders den Trägern des sozialen Wohnungsbaus, wider. Ein dritter Typ des gemeinschaftlichen Wohnens, der für soziales Wohnen charakteristisch ist, wurde entsprechend auf Bestreben der Gebietskörperschaften in das Gesetz ALUR aufgenommen. In diesem Fall kann die Initiative einer Bewohnergruppe, die einen Träger des sozialen Wohnungsbaus mobilisiert, entstammen oder auch von einem Träger selbst, der eine Bewohnergruppe bildet, ausgehen. Die Umsetzung des Projektes bleibt in Händen des Trägers. Der Status der Wohnungen ist variabel und kann beispielsweise freien Zugang und soziales Wohnen vermischen. Nach einer aktuellen durch das Netzwerk der Gebietskörperschaften durchgeführten Umfrage hat das Aufkommen von Trägervereinigungen in der Projektentwicklung Projekten des gemeinschaftlichen Wohnens einen neuen Impuls gegeben, indem neue Möglichkeiten geschaffen wurden, um die finanzielle Umsetzung zu stemmen (Réseau national des collectivités pour l'habitat participatif 2014). Diese Entwicklungen führen allerdings zu einem Ersetzen der Prinzipien, in denen sich ursprünglich Bewohnergruppen wiederfanden, indem sie neue Formen der Partizipation anboten, da Bewohnergruppen als Ausgangspunkt gar nicht mehr notwendig sind. Mehrere Projekte wurden entsprechend aufgrund von Unstimmigkeiten zwischen Träger und Bewohnergruppen innerhalb der Handlungsspielräume letzterer aufgegeben. Diese verschiedenen Abänderungen führen dazu, dass die Herausforderungen und Modalitäten des gemeinschaftlichen Wohnens schwer genauer zu greifen sind. Der Einzug des ‚*habitat participatif*' in gesetzliche Verordnungen führt sicherlich dazu, Inhalt und Umsetzung zu stabilisieren, aber mehrere Interpretationsebenen scheinen sich von nun an zu überlagern, ja sogar in Widerspruch zueinander zu geraten: auf der einen Seite stehen die Beweggründe der Bewohnergruppen, auf der anderen Seite die Ziele und Strategien professioneller Akteure aus dem sozialen Bereich und von Volksvertretern.

Wie lässt sich vor diesem Hintergrund die Zahl der Projekte bemessen? Die erste Schwierigkeit betrifft die grundlegende Definition. Die zweite bezieht sich auf den partizipativen Charakter dieser Projekte. Entsprechend ihrer Umsetzung entziehen sie sich den klassischen Zugängen der Erfassung. Sie werden zudem von einer unbeständigen und wechselnden Gruppe getragen. Eine Untersuchung eines Planungsbüros (Cariou 2013) aus dem Herbst 2013, ausgehend von Angaben von Projektgruppen, liefert zumindest einige Hinweise:

- Etwa 400 Projekte und Umsetzungen ließen sich der so genannten ‚gemeinschaftliches Wohnen'-Dynamik in Frankreich zuordnen.
- Die Mehrheit dieser Projekte befindet sich in der Entwicklung, das heißt im Stadium des Entstehens einer Gruppe, der Suche nach einem Gebiet oder einer Finanzierung, der Zusammenstellung der Pläne und der Arbeit mit dem Architekten. Die Zahl der im Bau befindlichen Projekte fällt entsprechend deutlich geringer aus.
- Die Mehrheit der Projekte geht von selbstständigen Initiativen aus, aber ein gewisser Teil greift auch auf Träger des sozialen Wohnungsbaus zurück, um die Finanzierung abzusichern.

Im Moment lässt sich ein gewisses ‚Sprudeln' von Projekten beobachten, aber diese nehmen bisher kaum konkrete Formen an. Nur rund zwanzig Vorhaben sollen bis dato verwirklicht worden sein.

5 Partnerschaftliche Logik – zwischen Möglichkeiten und offenen Fragen

Die Vereinigungen, die zugunsten des ‚gemeinschaftlichen Wohnens' in Frankreich aktiv sind, versuchten sehr früh, sich mit öffentlichen Akteuren in einer Partnerschaft zu verbinden, noch vor einer Verbreitung von Bauvorhaben. Dieses Merkmal stellt gewiss eine starke Charakteristik dar – im Gegensatz zu dem, was sich in anderen Ländern Nordeuropas beobachten lässt, in denen die Unterstützung der öffentlichen Hand erst in einem zweiten Schritt gewonnen werden konnte, nachdem die Ansätze stark verbreitet und reproduziert wurden. Wie lässt sich diese französische Besonderheit verstehen? Worin bestehen der Gewinn und die positiven Effekte?

Rufen wir zunächst in Erinnerung, dass die Suche nach einer Unterstützung seitens der öffentlichen Hand pragmatischen Ansätzen entspricht. Der Kontext der Wohnraumschaffung in Frankreich erlaubt es heute nicht, Projekte einer beispielsweise kollektiven Tragweite ohne die aktive Unterstützung der öffentlichen Hand umzusetzen. Dies rührt für einen Großteil von den Zugangsschwierigkeiten zu Grund und Boden her: In den verstädterten Bereichen, in denen der Wohnbedarf besonders ausgeprägt ist, fallen die Reserven an Grund und Boden gering aus und gehören, meistens jedenfalls, den Gebietskörperschaften oder öffentlichen Einrichtungen. Die Reglementierungen des Städtebaus erweisen sich im Übrigen als sehr restriktiv und begrenzen die Umsetzung von Projekten in Bezug auf Größe und Gebäudehöhe et cetera. Die Banken bleiben ebenfalls in Frankreich sehr zögerlich bei der Zubilligung von Immobilienkrediten – im Gegensatz zu angelsächsischen Ländern. Schließlich machen die Verteuerung der Baukosten ebenso wie die der Bodenpreise eine finanzielle Unterstützung von Trägern des sozialen Wohnungsbaus und/oder von Gebietskörperschaften notwendig. Diese Dimension wird vom Umstand begleitet, dass die Hauptvereinigungen, die heute das ‚gemeinschaftliche Wohnen' ausmachen und die auf Seiten der Bewohner die ‚Macht ergriffen' haben, diejenigen sind, deren Handlungsstrategien den Ehrgeiz hatten, diese Form weit zu verbreiten und bereits die Suche nach Partnerschaften mit öffentlichen Akteuren umfassten – dies ist der Fall für Habicoop, aber auch für Ecologis Straßburg oder die Bewegung Eco-Habitat Groupé. Im Gegensatz dazu betonen Gruppen, deren Strategien sich hiervon unterschieden, eher den Umstand, für einen kleineren Kreis bestimmt zu sein.

Es lässt sich nun nach den Auswirkungen dieser Strategien fragen, die auf eine Annäherung an öffentliche Akteure abzielen. Zunächst auf praktischer Ebene ermöglicht kein Mittel – darunter auch die neueren Maßnahmen, die im Gesetz ALUR eingeschlossen sind – im Moment finanzielle Kreditmöglichkeiten. Nun aber scheint der Zugang zu günstigen Krediten einer der ersten Pfeiler darzustellen, die die Entwicklung des ‚gemeinschaftlichen Wohnens' begünstigen. Die geringe Anzahl an umgesetzten Bauvorhaben erklärt sich im Moment in weiten Teilen durch Finanzierungsschwierigkeiten. Die Frage des Zugangs zu Grund und Boden bleibt ebenfalls bestehen und ist auf das Spiel von Verhandlungen, die von öffentlichen Akteuren auf lokaler Ebene abgehalten werden, zurückzuführen. So bleiben die praktischen Hürden, die sich der Reproduktion von Maßnahmen in den Weg stellen, umfänglich. Auf ideologischer Ebene stellen zudem die Tendenzen der Institutionalisierung und Professionalisierung des ‚gemeinschaftlichen Wohnens' Fragen zu potenziellen Zielgruppen. Besteht nicht die Gefahr, dass diese in Zukunft dieses Handlungsfeld vom bevorzugten Zielpublikum, einem Publikum innovativer und alternativer ‚Abenteurer', abschneiden und damit von seiner Legitimation und seiner Daseinsberechtigung – und dies, indem die kritische und alternative Dimension, die die Bewohnergruppen und Vereinigungen am Anfang ausgemacht haben, beiseitegeschoben wird?

Auf politischer Ebene kann die Frage gestellt werden, ob es in Frankreich einen echten Platz für die Entwicklung einer neuen Form der Wohnraumproduktion gibt, die durch die Institutionen unterstützt wird und auf der Beteiligung der Bewohner beruht. Bei gewissen öffentlichen Akteuren, aber auch bei zahlreichen Trägern des sozialen Wohnungsbaus bleibt die Frage bestehen, ob es legitim ist, dass Vereinigungen und Bewohnergruppen, die mehr oder weniger an diese Träger geknüpft sind, Zielsetzungen allgemeinen Interesses übernehmen können: Können private Akteure, die keine ‚Fachleute' sind, Maßnahmen mit öffentlichem Interesse zielführend umsetzen? In welchem Maße ist es nötig, sich darauf zu besinnen, dass diese Rolle spezifischen Einrichtungen wie den Trägern des sozialen Wohnungsbaus zukommt, wie es traditionell der Fall war (Topalov und Coing 1995)? Es bestehen starke Widerstände, sowohl auf nationaler als auch lokaler Ebene, und dies aus mehreren Gründen – darunter das Festhalten am republikanischen Universalismus, wie er durch den traditionellen sozialen Bereich und seine historische Weltanschauung (Wohnraum für alle) verkörpert wird, ebenso wie die Unterstützung für bestehende öffentliche Einrichtungen des sozialen Wohnungsbaus, verbunden mit einem Misstrauen für Partnerschaften mit der Privatwirtschaft und Tendenzen einer Neoliberalisierung. Der soziale Bereich wird oft weiterhin als der legitimste angesehen, um öffentliche Interessen zu verfolgen. Zudem sind die Träger des sozialen Wohnungsbaus, die eine starke Position im Umfeld der Wohnraumproduktion einnehmen, bestrebt, ihre Privilegien angesichts einer Konkurrenz möglicher neuer Akteure zu bewahren und zu schützen.

6 Zusammenfassung

Im Kontext eines Anstiegs ökonomischer ebenso wie sozialer Ungewissheiten ließ sich in Frankreich das Aufkommen einer neuen Entwicklung im Feld des Wohnungsbaus beobachten: das ‚gemeinschaftliche Wohnen', das ‚*habitat participatif*'. Dieser Bereich erscheint aber als sehr schwer greifbar – und dies aus unterschiedlichen Gründen. Der erste beruht auf seinen unterschiedlichen Ausprägungen. Aktuell findet sich die Tendenz einer Stabilisierung der Definition entlang zentraler Kategorien – Bewohnervereinigung einerseits, Selbstförderung andererseits –, die die alternativen Forderungen der Anfangszeit hin zu normierten Formen innerhalb des formellen Sektors verschieben. Innerhalb der Gesamtheit des ‚gemeinschaftlichen Wohnens' bestehen entsprechend sehr unterschiedliche Ausprägungen in einem Dreieck aus Bewohnern, öffentlicher Hand und privaten Unternehmen/professionellen Akteuren – und entsprechend auch der Rückgriff auf unterschiedliche ideologische Bezugnahmen. Der zweite Grund für diese Unschärfe, die dem ‚gemeinschaftlichen Wohnen' eigen ist, betrifft dessen tiefgreifend widersprüchliche Dimension. Es bewirkt einen starken Enthusiasmus, aber dieses ‚Entzücken' führt für den Moment nicht zu einem signifikanten Anstieg an Bauvorhaben. Es bleibt bis jetzt auf geringem Niveau und für einen kleineren Kreis bestimmt, was Fragen nach den Gründen für dieses plötzliche Interesse stellt. Dient ‚gemeinschaftliches Wohnen' als Platzhalter für Zukunftsvorstellungen? In Ermangelung der Entwicklung zahlreicher Bauvorhaben lässt sich die These aufstellen, dass es zumindest eine utopische Funktion der Sicherung einer nahen Zukunft darstellt, aber auch des Infragestellens aktueller Institutionen und Ansätze. So vereinigen sich die verschiedenen Akteure aus der Zivilgesellschaft wie institutionellen Bereichen, die hier aktiv werden, rund um den Umstand – und dies jenseits von Divergenzen –, dass das ‚gemeinschaftliche Wohnen' als eine Alternative oder genauer als Objekt erscheint, das einen Raum von Möglichkeiten im Kontext von Krisen und Unsicherheiten eröffnet. Im Zusammenhang mit der aktuellen Verbreitung neoliberaler Formen des Städtischen lässt sich nichtsdestoweniger die Frage nach der Natur dieser Utopie und nach den Instrumentalisierungen stellen, denen sie ausgesetzt ist. Wenn der Bereich sich in Frankreich entwickeln wird, wird dieser die Handlungsmöglichkeiten der öffentlichen Hand verstärken oder wird er, im Gegenteil, die privater Akteure und Immobilienhändler ausweiten? Könnte das ‚gemeinschaftliche Wohnen' nicht paradoxer Weise unter dem Label einer innovativen Alternative die Tür für eine Privatisierung des Wohnungsmarktes weiter öffnen?

Literatur

Ache, P., & Fedrowitz, M. (2012). The Development of Co-Housing Initiatives in Germany. *Built Environment 38* (3), 395-412.

Bacqué, M.-H., & Biau, V. (Hrsg.). (2010). Habitat coopératif: une troisième voie pour l'accès au logement? Territoires 508.

Bacqué, M.-H., Rey, H., & Sintomer, Y. (2005). *Gestion de proximité et démocratie participative. Une perspective comparative*. Paris: La Découverte.

BMVBS (Bundesministerium für Verkehr, Bau und Stadtentwicklung), & BBSR (Bundesinstitut für Bau-, Stadt- und Raumforschung) (Hrsg.). (2009). *Baugruppen. Ergebnisse der ExWoSt-Studie „Strategien und Aktionsfelder für städtisches Wohnen von Familien"*. BBSR-Online-Publikation 14/2009. http://www.baugruppen-architekten-berlin.de/media/presse/BBSR_Baugruppen.pdf. Zugegriffen: 17. März 2015.

Brenton, M. (2008). *The Co-housing Approach to 'Lifetime Neighbourhoods'. Housing Learning and Improvement Network Factsheet 29*. http://www.housingcare.org/downloads/kbase/3140.pdf. Zugegriffen: 26. April 2015.

Bresson, S., & Tummers, L. (2014). L'habitat participatif autogéré en Europe : vers des politiques alternatives de production de logements? *Métropoles 15*. http://metropoles.revues.org/4960. Zugegriffen: 25. April 2015.

Cariou, E. (2013). *Liste non exhaustive des projets « d'habitat participatif »*. ADESS. http://www.habitatparticipatif-paris.fr/resource/inventaire-habitat-participatif-france/. Zugegriffen: 15. Juni 2015.

Carriou, C., Ratouis, O., & Sander, A. (2012). Mutual Housing. *Metropolitics*. http://www.metropolitiques.eu/Mutual-Housing.html. Zugegriffen: 26. April 2015.

Castel, R. (2009). *La Montée des incertitudes. Travail, protections, statut de l'individu*. Paris: Seuil.

Chatterton, P. (2013). Towards an Agenda for Post-Carbon Cities: Lessons from Lilac, the UK's First Ecological, Affordable Cohousing Community. *International Journal of Urban and Regional Research 37* (5), 1654-1674.

Chauvel, L. (2006). *Les classes moyennes à la dérive*. Paris: Seuil.

Coing, H., & Topalov, C. (1995). Crise, urgence, mémoire: où sont les vraies ruptures? In F. Ascher (Hrsg.), *Le Logement en question* (S. 261-289). Paris: L'Aube.

Cusin, F. (2012). Le logement, facteur de sécurisation pour des classes moyennes fragilisées? *Espaces et sociétés 148-149*, 17-36.

D'Orazio, A. (2012). *La nébuleuse de l'habitat participatif: radiographie d'une mobilisation. Métropolitiques*. http://www.metropolitiques.eu/La-nebuleuse-de-l-habitat.html. Zugegriffen: 26. April 2015.

Debarre, A., & Steinmetz, H. (2012). (Re-)Inventing self-build housing in Strasbourg. *Metropolitics*. http://www.metropolitiques.eu/Re-Inventing-self-build-housing-in.html. Zugegriffen: 26. April 2015.

Devaux, C. (2012). De l'expérimentation à l'institutionnalisation: l'habitat participatif à un tournant? *Metropolitiques*. http://www.metropolitiques.eu/De-l-experimentation-a-l.html. Zugegriffen: 26. April 2015.

Droste, C. (2015). German co-housing: an opportunity for municipalities to Foster socially inclusive urban development? *Journal of Urban Research and Practise 7* (1), 79-92.

Fromm, D. (2012). Seeding Community: Collaborative Housing as a Strategy for Social and Neighbourhood Repair. *Built Environment 38* (3), 364-394.

Houard, N. (2012). Social housing in Europe: the end of an era? Metropolitics. http://www.metropolitiques.eu/Social-housing-in-Europe-the-end.html. Zugegriffen: 26. April 2015.
Kemeny, J. (1995). *From Public Housing to Social Market. Rental Policy Strategies in Comparative Perspective*. Routledge: London.
Le Livre Blanc de l'habitat participatif (2011). Manifeste pour l'habitat participatif. Strasbourg.
Marchand, M.-P. (2012). The Vertical Village: the long road travelled by a Lyon housing co-operative. *Metropolitics*. http://www.metropolitiques.eu/The-Vertical-Village-the-long-road.html. Zugegriffen: 26. April 2015.
Maury, Y. (2009). *Les coopératives d'habitants. Méthodes pratiques et formes d'un autre habitat populaire*. Bruxelles: Bruylant.
Mullins, D., Czischke, D., & van Bortel, G. (2012). Exploring the Meaning of Hybridity and Social Enterprise in Housing Organisations. *Housing Studies 27* (4), 405-417.
Parasote, B. (2011). *Autopromotion, habitat partagé, écologie et liens sociaux*. Gap: Yves Michel.
Regards croisés sur l'économie (2011). *Pour sortir de la crise du logement*. Paris: La Découverte.
Réseau national des collectivités pour l'habitat participatif (2014). *Synthèse de l'enquête nationale des projets d'habitat participatif et propositions en faveur de la politique du logement*. Per Mail zu erhalten.
Union sociale pour l'habitat (2014). *Les HLM en chiffres*. http://ressourceshlm.union-habitat.org/ush/RapportsAuxCongres/Les+Hlm+en+chiffres+2014. Zugegriffen: 14. Juni 2015.
Vermeersch, S. (2011). Aging in self-managed housing. *Metropolitics*. http://www.metropolitiques.eu/Aging-in-self-managed-housing.html. Zugegriffen: 26. April 2015.
Vestro, D. U. (Hrsg.). (2011). *Living together – Co-housing Ideas and Realities Around the World*. Stockholm: Royal Institute of Technology und Kollektivhus NU.
Whitehead, C., & Scanlon, K. (Hrsg.). (2007). *Social Housing in Europe*. London: London School of Economics.

Theorieorientierte und internationale Perspektiven

Der Raum – ein Gemeingut?

Die Grenzen einer marktorientierten Raumverteilung

Martin Schneider

Zusammenfassung

Der folgende Beitrag nutzt eine anthropologische Rekonstruktion des Begriffs der Aneignung, um die Privatisierung und Kommodifizierung des städtischen Raumes mit grundsätzlichen Fragen und Anfragen zu verknüpfen. Die Ausführungen kreisen um einen paradoxen Zusammenhang, bei dem Aneignungspraktiken sowohl die Basis für das Problem als auch für die Lösung sind. Indem Menschen sich Räume aneignen, grenzen sie diese auch ein und von anderen ab. *Gated communities* können als eine Form dieser Praxis verstanden werden. Aneignungen müssen aber nicht in ‚undurchlässigen' Abgrenzungen münden. Das Scharnier für die Lösung bildet der Vorschlag, das Paradigma der individuellen Aneignung zu relativieren und die Bedeutung von kollektiven Aneignungsprozessen hervorzuheben. Gemeingüter werden als ein Ergebnis dieser Praxis gedeutet. Werte wie Selbstbestimmung, Entscheidungshoheit, Kontrolle und Souveränität, die üblicherweise als Basis und Ergebnis von Privateigentum gelten, werden in ein soziales und relationales Beziehungsgeflecht eingeordnet. Das auf Henry Lefebvre zurückgehende ‚Recht auf die Stadt' kann daher als ein kollektives Recht verstanden werden. Die Entschlüsselung dieses Bedeutungszusammenhangs führt zu der Erkenntnis, dass es nicht ausreichend ist, die Grenzen des Marktes zu definieren. Nicht ob ein Raum die Eigenschaft eines öffentlichen Gutes hat, ist dann die entscheidende Frage, sondern ob Bürger sich als kollektive Eigentümer des städtischen Raumes verstehen und für seine (Wieder-)Aneignung kämpfen.

1 Einleitung

Als Papst Franziskus Juni 2015 die Umwelt-Enzyklika *Laudato si'* veröffentlichte, erhielt er viel Beifall. Gelobt wurden seine klaren Worte zu den ökologischen und sozialen Herausforderungen und seine Kritik daran, alle Güter der Erde den Rhythmen der Kapitalverwertung zu unterwerfen. Franziskus scheut sich in seinem Schreiben nicht, zentrale Glaubenssätze des Kapitalismus in Frage zu stellen. Die Frankfurter Allgemeine Zeitung reagierte mit einer harten Kritik an dem Lehrschreiben: „Eine liberale Wirtschaftsethik nimmt Franziskus offensichtlich nicht zur Kenntnis. Eigentumsrechte etwa sind eine gute Sache, denn sie sorgen dafür, dass die Menschen sorgsam mit ihrem Boden oder dem Wasser umgehen. Franziskus, von südamerikanischen Erfahrungen geleitet, kehrt die negativen Seiten nach vorn: Ungleichheit des Besitzes, Landbesitz in den Händen weniger, Konzerne, die das Wasser kommerzialisieren" (Grossrath 2015, o. S.). Es ist tatsächlich so: Franziskus glaubt nicht daran, dass es ‚gut' ist, alle Güter der Erde als private Güter anzusehen und mit dem Maßstab des Geldes zu bewerten. Er schließt sich hier der Tradition der katholischen Soziallehre an, die die Grenzen des Privateigentums betont und von einer allgemeinen Bestimmung der Güter spricht (Franziskus 2015, Nr. 93-95). Ein Ziel dieses Beitrages ist es, die räumliche Dimension dieser Fragestellung herauszuarbeiten. In dem erwähnten Artikel in der Frankfurter Allgemeinen Zeitung sind es nicht zufällig das Eigentum und die Vermarktung von ‚räumlichen' Ressourcen wie Boden und Wasser, um die sich die konträre Sichtweise dreht. Wie wir sehen werden, ist zum Beispiel die Frage, ob die Wohnungsversorgung vorrangig über den Markt geregelt werden soll, eine den Kapitalismus ständig begleitende Herausforderung. Auch viele gegen die Auswirkungen von Marktmechanismen sich wendende Protestbewegungen haben ihren Ursprung in ‚Raumfragen' (Harvey 2013, 12ff.). Aktuell zeigt sich dies an den ‚Recht auf Stadt'-Initiativen.

Bevor ich allerdings konkret ins Thema einsteige, möchte ich ein sich aufdrängendes Missverständnis aus dem Weg räumen. Wenn in der Überschrift von dem ‚Raum' und von ‚Raumverteilungen' gesprochen wird, dann hat dies zwar den Anschein, als ob der ‚Raum' ein materieller Gegenstand ist, der ‚einfach da' ist. Dies wäre allerdings in zweierlei Hinsicht falsch (Schneider 2012a, S. 113ff., 2012b). Zum einen ist der Raum nicht einfach da. Er ist etwas Gemachtes. Zum anderen ist er kein Gegenstand. Der Raum weist keine Materialität im Sinne eines physischen Substrats auf, sondern nur die einzelnen Güter und Lebewesen. Erst die relationale Verknüpfung konstituiert das, was wir Raum nennen. Der erste Aspekt hat eine handlungsorientierte und der zweite Aspekt eine relationale Raumvorstellung zur Konsequenz. Die folgenden Überlegungen konzentrieren sich auf die soziale

Produktion von physisch-materiellen Räumen. Die im Rahmen des *spatial turn* verbreitete Angewohnheit, räumliche Metaphern zu verwenden, um relationale Beziehungen zu beschreiben und ein relationales Denken zu etablieren, wird außer Acht gelassen.[1]

Eine zweite Vorbemerkung betrifft die kritische Perspektive, mit der ich an die Themenstellung herangehe. Diese erweitert den handlungsorientierten um einen gesellschaftstheoretischen Bezugsrahmen. Damit soll das Ziel verfolgt werden, die in ‚Raumproduktionen' eingelagerten sozialen Auseinandersetzungen und Machtverhältnisse ‚aufzudecken'. Diese Perspektive stärker zu berücksichtigen, ist ein Kennzeichen der angelsächsischen Raum-Debatte. Während in der deutschsprachigen Sozialgeographie und Raumsoziologie der vom handelnden Subjekt ausgehende Konstitutionsprozess im Vordergrund steht, wird dort an einem politisch-ökonomisch befriedigenden Raumbegriff gearbeitet.[2] Der zentrale Referenzautor ist hier *Henri Lefebvre*. Dessen 1974 im Französischen erschienene und 1991 ins Englische übersetzte Schrift *La Production de l'espace* hat nicht nur den Grundstein für einen handlungsorientierten Raumbegriff gelegt, sondern diesen auch in eine Gesellschafts- und Kapitalismuskritik eingebunden. Ähnlich wie Marx, der die Produkte der Industrie nicht in ihrer dinglichen Gestalt, sondern als Resultat eines gesellschaftlichen Produktionsprozesses untersucht hat, entwickelte Lefebvre eine kritische Analyse von Raum, die diesen als gesellschaftlich hergestellten Raum zu erforschen vermag. In der Auseinandersetzung mit Lefebvres Ansatz entstand im angelsächsischen Sprachraum die Gruppe der *radical geography*. Dazu zählen Autoren wie David Harvey, Edward W. Soja, Derek Gregory, Neil Smith und Doreen Massey.[3] Aus sozialethischer Perspektive liegt es nahe, sich dieser Linie des Raumdenkens anzuschließen, weil damit der Fokus auf die gesellschaftliche Verantwortung für ‚räumliche (An-)Ordnungen' (Löw 2001) gelegt und der

1 Damit soll nicht bezweifelt werden, dass räumliche Denkmodelle eine sozialethische Relevanz haben (Schneider 2012b, S. 228ff.). Auch sozialgeographische Arbeiten gehen der Bedeutung von raumbezogenen Semantiken für die Beschreibung sozialer Praktiken und gesellschaftlicher Zusammenhänge nach (vgl. Lippuner 2005; Redepenning 2006, 2008).

2 Auf die unterschiedlichen Schwerpunktsetzungen in den nationalen Wissenschaftskulturen weist u. a. Marc Redepenning hin (2008, S. 319).

3 Der Begriff *radical* kann nur unzulänglich ins Deutsche übersetzt werden. Im angelsächsischen Sprachraum geht der Gebrauch des Begriffes *radical* auf die post-marxistischen, post-kolonialen und feministischen Diskussionen der frühen 1970er Jahre zurück. Eigentlich wäre es am besten, ihn mit *kritisch* zu übersetzen. Auch in angloamerikanischen Debatten wird im Zuge der Internationalisierung der Diskussion das missverständliche *radical* durch das breitere und neutralere *critical* ersetzt (Smith 1997).

Raum „aus dem gesellschaftlichen Herstellungs-, Verwendungs- und Aneignungszusammenhang seines materiellen Substrats“ erklärt werden kann (Läpple 1991, S. 197).

Diesen Anspruch vor Augen mag es überraschen, dass die folgenden Überlegungen zunächst um eine anthropologische Rekonstruktion von raumaneignenden Praktiken kreisen (*Kapitel 2*). Jemanden, der den Ansatz von Henry Lefebvre in seinen unterschiedlichen Facetten kennt, verstört dies weniger. Lefebvre kritisiert nämlich nicht nur entfremdende Wohn-Verhältnisse, er stellt diesen ein ganzheitliches Erleben und Bewohnen des Raumes gegenüber. Daher ist es auch ein Anliegen von ihm, im Anschluss an Maurice Merleau-Ponty, Martin Heidegger und Gaston Bachelard Bedingungen von nicht-entfremdeten Raumaneignungen zu rekonstruieren (Schneider 2012a, S. 298, 306f.). Auch sein viel zitiertes ‚Recht auf die Stadt‘ basiert darauf. In ähnlicher Form greifen wir auch in diesem Beitrag auf anthropologische und phänomenologische Raum-Analysen zurück, um die mit angeeigneten Räumen verbundenen Bedeutungen und Werte hervorzuheben. Auch die ‚Institution‘ des Eigentums ordnen wir in diesen Kontext ein. Ein wichtiges Ziel dieses Abschnitts wird aber sein, die mit dem Eigentum verknüpften Praktiken und Werte nicht auf das Privateigentum zu beschränken. Für das Gemeineigentum lässt sich Analoges darlegen, wie wir sehen werden.

Im *dritten Kapitel* wird in machtkritischer Perspektive der normative Anspruch eines rein individualistisch verstandenen Eigentums an Raum weiter relativiert. Zu diesem Zweck werden die Zusammenhänge zwischen Raumeingrenzungen, Eigentum und Enteignungen offen gelegt. Das *vierte Kapitel* widmet sich dann dem zweiten zentralen Aspekt des kapitalistischen Umgangs mit Raum (neben dem Eigentum): der Kommodifizierung des Raumes. Dazu wird auf die Analysen von Karl Polanyi zurückgegriffen. Auf der Basis seiner Ausführungen wird die Frage beantwortet, warum es gerade bei Raumaneignungen und Raumverteilungen wichtig ist, dem Markt Grenzen zu setzen. Verdeutlicht wird dies am Beispiel der Ernährungssicherung und der Verteilung von menschenwürdigem Wohnraum. Im letzten und *fünften Kapitel* werden die Hinweise zur Bedeutung von kollektiven Aneignungsprozessen aufgegriffen und mit Lefebvres Idee eines ‚Rechts auf die Stadt‘ verknüpft. Dabei wird gezeigt, dass es nicht ausreichend ist, ein individuelles Recht auf Ernährung und Wohnung zu definieren, um dem Markt Grenzen zu setzen. Eine entscheidende Frage wird sein, ob Bürger sich als kollektive Eigentümer des (städtischen) Raumes verstehen und für seine (Wieder-)Aneignung kämpfen. In diesem Zusammenhang wird dann auch auf die weltweit sich ausbreitenden ‚Recht auf Stadt‘-Initiativen eingegangen.

2 Die anthropologische Basis: Der Zusammenhang zwischen Aneignen, Haben und Eigentum

Eine zentrale Frage dieses Beitrages ist: Können (geographische) Räume in Waren verwandelt werden, um sie auf Märkten zu verkaufen? Dieser Vorgang hat zur Voraussetzung, dass auf ‚Räume' Eigentumsansprüche angemeldet werden. Denn nur dann, wenn es einen Eigentümer gibt, können auch Sachen in Waren verwandelt werden. Nur Eigentümer haben das exklusive Recht, Waren zu verkaufen und den Käufern diesen Eigentumstitel zu übertragen (Harvey 2014, S. 58). Diese Voraussetzung kann nicht nur juristisch, sondern auch anthropologisch entschlüsselt werden. Den folgenden, auf anthropologischen und phänomenologischen Raumanalysen fußenden Ausführungen liegt die scheinbar paradoxe Intuition zugrunde, auf der Basis einer Rekonstruktion von Aneignungspraktiken den Wert des Eigentums sowohl zu plausibilisieren als auch zu relativieren. Für einen sozialethischen Zugang ist diese Herangehensweise von Bedeutung, weil damit ein interner Maßstab für die Diagnose und Kritik von pathologischen Entwicklungen offengelegt werden kann (Schneider 2012a, S. 385ff.).

2.1 Das Wechselverhältnis von Aneignung und Eingrenzung

Für einen anthropologisch-phänomenologischen Raumzugang ist charakteristisch, dass die räumliche Verfasstheit des Menschen als ein Existential menschlichen Daseins betrachtet wird. Weil der Mensch ein leibliches Wesen ist, so der Ausgangspunkt, kommt er nicht einfach irgendwo im Raum vor, sondern erfährt sich selbst als räumlich ‚situiert' und die Welt als räumlich ‚ausgedehnt'. Durch die leibliche ‚Bewegung', die leiblichen ‚Sinne' und die leibliche ‚Befindlichkeit' spannt sich ein räumliches Beziehungsgefüge auf. „Je nach Art und Grad der leiblichen Beteiligung" (Waldenfels 2005, S. 184) kann dann daher zwischen einem ‚Bewegungs- und Handlungsraum', einem ‚Wahrnehmungsraum' und einem ‚atmosphärischen Raum' der Stimmungen unterschieden werden. Die auf relationalen Beziehungen fußenden Raumkonstitutionen haben nicht selten die Form von Aneignungspraktiken. Um den Menschen spannt sich ein räumliches Beziehungsgefüge auf, weil er nicht einfach ‚im' Raum vorkommt, sondern sich die Dinge um sich herum aneignet und auf diese Weise von einem ‚Hier' eine Beziehung zu einem ‚Dort' aufbaut. Bereits die Tatsache, dass wir den Raum besiedeln und bewohnbar machen, ist eine Aneignungspraxis. Dieses Beispiel verweist zudem auf ein zweites Merkmal von Raumkonstitutionen (neben den relationalen Beziehungen), auf die Unterscheidung zwischen einem Eigenen und einem Fremden. Jede Aneignung eines Raumes führt zur Scheidung von Binnenraum und Außenraum, von Drinnen und Draußen. Man schafft sich einen Raum, indem eine Heimwelt von einer Fremdwelt abgesondert wird (vgl. Waldenfels 1997, S. 66ff., S. 186, 2009, S. 112).

Parallelen und Vorstufen zu der menschlichen Besiedlungs- und Eingrenzungspraxis finden sich in der Herausbildung tierischer Umwelten, etwa in der Absteckung eigener Territorien (vgl. Uexküll und Kriszat 1970). Tiere besetzen und markieren Räume, auf die sie gegenüber Artgenossen Anspruch erheben und die sie verteidigen. Die Markierungen, mit denen Tiere ihr Territorium ein- und abgrenzen, beruhen auf unterschiedlichen Merk-Malen (vgl. Eibl-Eibesfeld 1967, S. 309ff.). Bei Vögeln sind es akustische Signale, ihre Rufe und Gesänge. Säugetiere geben ihren Territorien mittels Drüsensekreten, Harn oder Kot bestimmte Geruchsmarken. Andere verteidigen ihr Revier, indem sie sich selbst zur Schau stellen, so zum Beispiel verschiedene Primaten durch Genitalpräsentation.

Das tierische Territorium erfüllt zwei Funktionen: Zum einen handelt es sich um Brutstätten oder Jagdreviere, also um Räume, die der Befriedigung elementarer Bedürfnisse wie Fortpflanzung und Ernährung dienen (Leyhausen 1968, S. 119). Zum anderen haben die markierten Räume die Funktion, abgegrenzte Schutz- und Ruheräume zu sein. Das tierische Territorium wird deshalb auch als ‚das Heim' bezeichnet (Bollnow 2004, S. 298; Portmann 1953, S. 273).

Beide Gesichtspunkte spielen auch bei der menschlichen Raumaneignung eine Rolle. Beim Menschen ist zwar das Territorialverhalten nicht mehr angeboren, sondern weitgehend kulturell geprägt und erlernt (Fuchs 2000, S. 308). Allerdings ist der Zweck der territorialen Abgrenzung beim Menschen derselbe wie bei Tieren. Menschen besiedeln Räume und machen sie durch Rodung, Bepflanzung, Bewässerung und Bebauung urbar, um zum einen Nahrung zu produzieren und zu lagern, und zum anderen um sich vor Gefahren und vor der Witterung zu schützen.

Das Phänomen, die Wildnis zu besiedeln und den Raum bewohnbar zu machen, ist nicht auf eine sesshafte Kultur beschränkt. Auch der Nomade markiert und steckt Räume ab (Schneider 2012a, 314ff.). Wenn Nomaden weiterziehen, ist der von ihnen bewohnte Raumausschnitt nicht mehr derselbe wie vorher. Allerdings impliziert deren Beziehung zum Territorium ein anderes Verhalten zum Raum als dies bei Sesshaften der Fall ist. Gilles Deleuze und Félix Guattari sprechen in diesem Zusammenhang von zwei Arten von Raum: Den Raum der Nomaden nennen sie den glatten Raum und den Raum der Sesshaften den gekerbten Raum (Deleuze und Guattari 1992; 2006).[4] ‚Glatt' ist der Raum der Nomaden deshalb, weil die

4 Auf die bleibende Bedeutung der Unterscheidung zwischen Nomadentum und Sesshaftigkeit machen die Beiträge des Heftes *Aus Politik und Zeitgeschichte* (26-27/2015) vom 22. Juni 2015 aufmerksam.

Verteilungen und Markierungen, die in ihm stattfinden, nicht manifest werden, sondern nur für die Zeit der Nutzung bestehen. Demgegenüber konstituiert die dauerhafte Nutzung des Raumes einen ‚gekerbten Raum', in dem die Verkehrs- und Handelswege fixiert und die Nutzung invariabel, das heißt an Boden gebunden ist. Während Nomaden immer wieder ihre Zelte abbrechen und sich auf den Weg machen, leben Sesshafte in festen, unverrückbaren Behausungen. Sie verharren dauerhaft an ihrem Wohnsitz.

In machtkritischer Perspektive ist es natürlich angebracht, die Konflikte zwischen Nomadentum und Sesshaftigkeit in den Blick zu nehmen. Spätestens seit der Frühen Neuzeit wird nomadischen und halbnomadischen Lebensweisen ein Raumaneignungsmodell aufoktroyiert, das dem der Sesshaftigkeit entspricht (Jureit 2015). Wir werden diese Fragestellung in Kap. 3 des vorliegenden Beitrages streifen, insofern dort auf die Problematik von ‚enteignenden Raumaneignungen' eingegangen wird. Nun konzentrieren wir uns allerdings auf eine anthropologische Deutung von Deleuzes und Guattaris idealtypischen Unterscheidungen. Unabhängig davon, ob Nomade oder sesshaft – der Mensch kommt nicht einfach in Räumen vor. Er erschließt sich Räume, er durchstreift sie, er markiert und begrenzt sie, er besiedelt, bebaut und bewohnt sie. Der Mensch ist sowohl unterwegs als auch situiert, er entdeckt neue Räume und grenzt doch ständig Räume ein. Diese zwei Aspekte der räumlichen Verfasstheit des Menschen sind aufeinander bezogen. Um sich auf Neues einzulassen (und etwas dazu zu lernen), sind Grenzüberschreitungen notwendig. Nur so können (neue) Relationen aufgebaut werden. Das Entdecken von Neuem führt zu Begrenzungen, die dann wieder in Entgrenzungen münden. Das Scharnier für dieses Wechselverhältnis sind Aneignungspraktiken. Wenn ich aufbreche und die Grenzen des schon Eigenen überschreite, entdecke ich Fremdes, und indem ich es entdecke, eigne ich mir dieses Fremde an. In dieser Hinsicht lässt sich das menschliche Bedürfnis nach Eigentum auf die Dialektik von Grenzüberschreitung und Grenzsetzung zurückführen. Denn Aneignungen haben Eingrenzungen und den Schutz des Eigenen zur Folge.

2.2 Das Prinzip Wand: Der Schutz des Eigenen

Aus der Aneignungs- und Eingrenzungspraxis kann ein weiteres Phänomen herausgearbeitet werden, das auch für die Entschlüsselung des Werts von Eigentum bedeutend ist. Was angeeignet und eingrenzt wird, ist das Eigene – und auf dieses Eigene erhebt man einen Anspruch und schützt es vor Verletzungen durch andere. Ervin Goffman spricht daher von ‚Territorien des Selbst' (Goffman 1974). Er hat dabei vor allem den ‚körperzentrischen' persönlichen Raum im Blick (1974, S.

55ff.).[5] Daneben gibt es ‚ortsgebundene' Territorien des Selbst. Diese dienen meist der Behausung. Oft spricht man hier auch von Heimterritorien (Habermas 1999, S. 117). Charakteristisch für diese „ist die Grenze gegenüber dem Fremdem, also Unerwarteten, möglicherweise Gefährlichen" (Habermas 1999, S. 121). Das paradigmatische Beispiel für ein Heimterritorium ist das Haus. Hier strukturieren die Wände die Umwelt in ein Innen und ein Außen. Der Innenraum ist durch materielle Barrieren von der Außenwelt abgeschirmt und wird deshalb als sicherer Raum erlebt (Habermas 1999, S. 117).

In den Augen von Peter Sloterdijk zählt das Bedürfnis, sich einen abgegrenzten Raum zu schaffen, in dem man sich zurückziehen kann und der vor Gefahren und anderen Menschen schützt, zu den anthropologischen Grundkonstanten. Lebende Organismen können seiner Ansicht nach nur bestehen, wenn sie für Abschließung sorgen (2004, S. 540). Bereits bei den primitivsten Gesellschaftsbildungen, so Sloterdijk, ist das „Prinzip Wand" (2001, S. 203) im Spiel. Selbst dort, wo von architektonischen Realisationen eines von Dach und Mauer, Tür und Schloss umhegten Raumes nicht die Rede sein kann, existieren Phantommauern, die Eigenes vom Fremden, Privates vom Öffentlichen abgrenzen. Auch für Wolfgang Sofsky gehört die Mauer – gebaut oder ungebaut – „zu den wichtigsten Erfindungen der Menschheit, gleich dem Rad, Pflug oder der Schrift" (Sofsky 2007, S. 30). Denn die Mauer ist es, die vor Übergriffen schützt und hinter die sich ein Individuum zurückziehen kann (hierzu auch Kühne zu Warschau in diesem Band).

2.3 Das Wechselverhältnis von Aneignen, Haben und Sein

Um das Wechselverhältnis von Raumaneignung, Eingrenzung und Schutz des Eigenen zu entschlüsseln, ist es hilfreich, das Phänomen des Raum-Habens zu analysieren (Schneider 2012a, S. 402ff.). ‚Aneignen' und ‚Haben' haben nämlich eine folgenreiche Beziehung: Den Raum, den ich mir aneigne, mache ich mir zu eigen. Das Ergebnis ist: Ich ‚habe' einen Raum. Der Raum wird durch das aneignende Tun zum Eigenraum beziehungsweise Besitzraum (Bollnow 2004, S. 284). Der Raum, den der Einzelne hat, ist daher nicht einfach ein Objekt. Er hat einen Bezug zur Identität des Einzelnen. Dieser Zusammenhang wird im Fol-

5 Der körperzentrische persönliche Raum, in der Verhaltensforschung auch *personal space* genannt, ist die den Körper umgebende Zone. Diese bildet so eine Art Blase, einen Raum um eine Person herum mit unsichtbaren Grenzen, in die ein Fremder nicht eindringen sollte. Der Klassiker auf diesem Gebiet heißt *The Hidden Dimension* von Edward T. Hall (1966). Vgl. zum Thema *personal space* auch Habermas 1999, S. 113ff..

genden durch eine sprachanalytische Explikation des Wechselverhältnisses von Aneignen und Haben (1) und durch entwicklungspsychologische Beobachtungen (2) verdeutlicht.

(1) Aneignen und Haben sind zwei Seiten derselben Medaille. Die Dinge, die ich mir tätig ‚aneigne', habe ich. Das, was ich ‚habe', ist mir nicht fremd. Es ist ‚meines', meine ‚Habe'. Das, was ich ‚mein' nenne, mit dem bin ich verbunden, mit dem identifiziere ich mich. Mit was ich mich identifiziere, das beeinflusst meine Identität, mein ‚Sein'. Das heißt: Aneignen, Haben und Sein sind miteinander verbunden (Sartre 1962, S. 742). Als Ergebnis des Aneignungsprozesses drückt das Haben – so wie die Aneignung – eine Relation aus. Insofern ich etwas habe, stehe ich in Beziehung zu einem Etwas (Graumann 1987, S. 282). Charakteristisch für die Haben-Relation ist die Entgegensetzung von Innen und Außen (Marcel 1968: Sein, S. 170). Das gilt auch für das Raum-Haben. Einen Raum, den ich habe, ist ein Raum, in dem ein Drinnen von einem Draußen abgegrenzt ist. Im Unterschied zum Aneignen hat demnach das Haben „den prägnanteren Sinn des Besitzens" (Bollnow 2004, S. 285). Es ist ‚mein' Raum, den ich habe und den ich als meinen Besitz verteidige. Im Haben wird aus der allgemein verstandenen, nicht genauer bestimmbaren Mengenbezeichnung, Raum' der konkrete, umgrenzte und abgegrenzte Raum, den ich mein eigen nenne.

(2) Dass Aneignung, Haben und Sein zusammenhängen, verdeutlichen entwicklungspsychologische Beobachtungen. So meinen bei Kleinkindern Äußerungen des ‚Habenwollens' und des ‚Selbermachens' meist dasselbe. Das Kleinkind versucht, Vorgemachtes ‚selber' zu machen oder mitzumachen. Es schreit ‚Ha'm' oder ‚Selber', wenn es den Löffel nicht bekommt, nach dem es greift. Um sich die Dinge aneignen zu können, muss es sie ‚haben'. ‚Haben' heißt hier unverkennbar greifen und halten. Mit den eigenen Händen werden die ersten Dinge, derer das Kind habhaft wird, ‚begriffen' und ‚gehandhabt'. Der kleinkindliche Schrei ‚Ha'm' und ‚Selber' bezieht sich aber nicht nur auf das aneignende ‚Tun' und ‚Haben', sondern auch auf das ‚Sein' (Graumann 1987, S. 284ff.). Mit dem immer gekonnteren Umgang mit der Welt der Dinge löst sich das heranwachsende Kind aus der Unselbstständigkeit. Entwicklungspsychologen haben daher den ersten Dingen, zu denen das Kleinkind ein besonderes Verhältnis aufbaut, besondere Beachtung geschenkt. Donald W. Winnicott bezeichnet diese als „Übergangsobjekte", weil sie als der erste Besitz von etwas zwar noch ganz eng in die interpersonale (symbiotische) Beziehung zur Mutter eingebunden sind, aber diese bereits, zeitweise, vertreten oder ersetzen können (1973; Habermas 1999, S. 350ff.). Mit zunehmendem Alter weitet sich der Bereich des Eigenen aus. Hierzu gehören der eigene Stuhl, die eigene Ecke, schließlich der verborgene Platz, an dem das Kind ganz allein für sich sein kann, beziehungsweise, wo es einen Teil seiner Habe, seine

Schätze verstecken kann: Steine, Muscheln, Kuscheltiere, Modellautos et cetera. In der Pubertät und im Übergang zum Erwachsenenalter signalisieren das eigene Zimmer, das eigene Taschengeld, der eigene Schlüssel, das eigene Fahrzeug und die eigene Wohnung die Ausweitung von Haben-Relationen und den Zuwachs an Verfügungsgewalt.[6] Die Selbstständigkeit, die der Heranwachsende anstrebt, beruht wesentlich auf dem Verfügenkönnen über Zeit, Wissen, Dingen und Räume, die er ‚hat'. Die Aneignung und das Haben dienen dem (Selbst-)Sein.

2.4 Das Verhältnis von Aneignung und Eigentum

Die bisherigen Überlegungen zur Bedeutung eingegrenzter Räume für das menschliche Leben weisen darauf hin, dass der angeeignete Raum, den man sein Eigen nennt, mehr ist als ein räumlicher Bereich. Zu beachten ist: Die Aneignung und Eingrenzung von Räumen geht auf soziale Praktiken zurück. Es ist nicht (nur) ein angeborener Trieb, dass sich Menschen zu ihrem Schutz Heim-Territorien schaffen. Wenn dies so wäre, dann würden sich menschliche Behausungen nicht vom Fuchsbau oder von der Bienenwabe unterscheiden (Häußermann und Siebel 2000, S. 12). Was den Menschen von dem Tier auszeichnet, ist seine „Fähigkeit zur reflektierenden Selbstbewertung". Harry Frankfurt nennt dies auch die Fähigkeit, „‚Wünsche zweiter Stufe' zu bilden" (2001, S. 67). Tiere sind demgegenüber nur zu „Wünschen erster Stufe" fähig. Sie haben zwar Wünsche und Einstellungen, können aber nicht reflexiv dazu Stellung nehmen. Menschen sind demgegenüber in der Lage, die sie antreibenden Kräfte zu bewerten und ihre sozialen Praktiken danach auszurichten (Frankfurt 2005, S. 23). Auch das menschliche Bedürfnis, sich Räume anzueignen und zwischen einem Eigenen und Fremden zu unterscheiden, ist nicht einfach ein Trieb, sondern eine Praxis, die eine Bedeutung und einen Wert hat. Weil sie für unsere Identität so wichtig sind, schützen wir diese Räume. Aus diesem Grund sind sie für uns ein ‚Gut'. Sie sind dies, weil eigene Räume ein Ort sein können, an denen wir frei von Fremdbestimmungen sind, an denen wir souverän und selbstbestimmt leben können (Rössler 2001, S. 136ff., 260ff.).

Den weiteren Überlegungen liegt folgende These zugrunde: Eigenen Räumen eine Bedeutung beziehungsweise einen Wert zuzusprechen ist eine Praxis, die in analoger Weise auch für die Bedeutung von Eigentum eine Rolle spielt. So weist Hannah Arendt darauf hin, dass der Begriff des Eigentums ursprünglich den räumlichen Bezirk bezeichnete, in dem eine Familie lebte (Arendt 1998, S. 76). Das Eigentum zählte zur *conditio humana*. Es „war nicht möglich, kein Eigentum,

6 Zur Vielfalt von geliebten Objekten vgl. Habermas 1999.

nicht seine eigenen vier Wände zu haben; daher galt das Leben des Sklaven, der wohl Besitz, aber kein Eigentum haben konnte, als ein des Menschen unwürdiges, als ein unmenschliches Leben" (ebd., S. 79). Auch bildete das Eigentum die selbstverständliche Voraussetzung für die Ausübung der Bürgerrechte. Davon ausgehend entwickelte sich dann der Rechtsgrundsatz, dass es „Pflicht des öffentlichen Gemeinwesens ist, […] [die] Zäune und Grenzen zu wahren, welche das Eigentum und Eigenste eines Bürgers von dem seiner Nachbarn trennen und gegen ihn sicherstellen" (ebd., S. 78).

Dass sich aus dem Wechselverhältnis von Aneignung und Eigentum normative Kriterien ergeben, darauf verweist auch Martha C. Nussbaum in ihrem an der Förderung der menschlichen Fähigkeiten und Potentiale orientierten Ansatz. Ihrer Ansicht nach ist „die Fähigkeit, sein eigenes Leben in seiner eigenen Umgebung und seinem eigenen Kontext zu leben" (1999, S. 58), eine der menschlichen Grundfähigkeiten. Die Grundlage dafür ist in ihren Augen der Wunsch nach ‚Getrenntsein'. Eine Form davon ist, dass Menschen als Handelnde sich etwas aneignen und als Ergebnis dieses Prozesses etwas ihr Eigen nennen. Ein Beispiel hierfür ist, „seinen eigenen Raum und seine eigene Umgebung zu haben" (Nussbaum 1999, S. 55). Gesellschaften unterscheiden sich nach Ansicht von Nussbaum zwar danach, in welchem Maße sie ein starkes Getrenntsein zulassen und fördern, aber ein grundsätzliches Bedürfnis danach gibt es überall.

2.5 Das Eigentum: Basis und Ausdruck von Selbstbestimmung

Die bisherigen Überlegungen machten deutlich, dass es einen auf raumaneignende Praktiken zurückgehenden Zusammenhang zwischen dem Schutz des eigenen Raumes und des Eigentums gibt. Der gemeinsame normative Bezugspunkt ist die Selbstbestimmung. Der zentrale Wert des eigenen Raumes liegt darin, ein Raum der Selbstbestimmung zu sein (Rössler 2001, S. 136ff.). In ähnlicher Form gibt es auch einen Zusammenhang zwischen dem Schutz des Eigenen und der Selbstbestimmung. Dass beide Formen, der Schutz der Privatsphäre und des Schutz des Eigentums, gerade im Liberalismus eine so große Bedeutung haben, ist daher kein Zufall. John Locke hat dies treffsicher erkannt. Eigentum und Selbstbestimmung sind seiner Ansicht nach aufeinander verwiesen, und zwar aus zwei Gründen. In pragmatischer Hinsicht befreit Eigentum den Einzelnen aus traditionellen Verhältnissen der Abhängigkeit, die auch Schutz boten (Castel 2011, 205f.). Weil Eigentum eine eigenständige Existenzgrundlage bietet, macht es unabhängig. Sein eigener Herr kann nur sein, wer auf Eigentum zurückgreifen kann, so seine Annahme.

Das Eigentum verschafft Unabhängigkeit, insofern es dafür sorgt, dass man nicht mehr wie nach feudalem Recht ‚der Mann' einer anderen Person ist.

Der zweite Aspekt ist in den normativen Kontext integriert, den Locke als Eigentum an seiner Person bezeichnet. „Mit der in einen Gegenstand investierten Arbeit wird die Rechtsqualität der Person auf den Gegenstand übertragen. Der Gegenstand wird somit in die menschenrechtlich geschützte ursprüngliche Eigensphäre integriert und zu einem Teil der Person" (Kersting 2008, S. 504). Karl Marx wird dann später sagen, dass die Trennung zwischen Subjekt, Aneignungspraxis (Arbeit) und Sache zu einer Situation der Entfremdung führt. Locke hebt den positiven Zusammenhang hervor: Was ich mir angeeignet habe, ist mein Eigen. Ja, was ich mir angeeignet habe, auf das soll ich auch ein Recht haben: „Der Mensch ist Herr seiner selbst und Eigentümer seiner eigenen Person und ihrer Handlungen oder ihrer Arbeit" (Locke 1977 [1689], § 44).

In einer gewissen Parallele zur Privatsphäre ist also für Locke das Eigentum sowohl Grundlage für als auch Ausdruck von Selbstbestimmung und Freiheit. Das ist dann auch der zentrale Grund dafür, dass in der auf Locke zurückgehenden liberalen Tradition das Recht auf Eigentum zu den grundlegenden Menschenrechten zählt und das Kernstück fast aller Vertragstheorien bildet.

Eigentum als Ausdruck von Selbstbestimmung und Freiheit zu verstehen, hatte auch zur Konsequenz, die Ausübung der Bürgerrechte – wie bei den alten Griechen – an den Besitz von Eigentum zu binden. Die Annahme war: Der Kleinbauer mit seiner Parzelle, der Handwerker mit seinem eigenen Laden sind infolge ihres Eigentums frei und unabhängig und können in vollem Maße an bürgerlichen Rechten teilhaben (Castel 2011, S. 206).

Derartige Einschränkungen der Bürgerrechte können in modernen Demokratien keine Geltung beanspruchen. Allerdings hat der Zusammenhang zwischen Eigentum, Freiheit und demokratischer Teilhabe an Bedeutung eher gewonnen als verloren. Der französische Soziologe Robert Castel weist zum Beispiel darauf hin, dass soziale Sicherungsformen für Arme und Benachteiligte dieselbe Funktion haben wie der Privatbesitz für Eigentümer: sie dienen ihrer Sicherheit. In Anlehnung an Henri Hetzfeld bezeichnet er es deshalb als ‚Sozialeigentum'. Dieses, so Castel, verschafft Armen und Benachteiligten „die nötigen Voraussetzungen sozialer Unabhängigkeit". Weil ihnen soziale Rechte zugesprochen werden, haben sie den „Status vollständiger Individuen". Die sozialen Sicherungssysteme seien daher die „Grundvoraussetzung sozialer Bürgerschaft" (Castel 2011, S. 208).

2.6 Eigentum jenseits des Besitzindividualismus

Der Begriff des Sozialeigentums weist darauf hin, dass der Zusammenhang zwischen Aneignung, Eigentum und Selbstbestimmung nicht notwendiger Weise die Institution des privaten Eigentums zur Konsequenz haben muss. Aus der Sozialgeschichte kennen wir vielfältige Formen des Gemeineigentums, die auf derselben sozialen Praxis beruhen (Ostrom 1999). Auch hier nennen Menschen Boden und Güter ihr Eigen, auch hier bildet das Eigentum die Grundlage für die Existenzsicherung, Unabhängigkeit und Selbstbestimmung. Allerdings wird kein exklusiver, individueller Anspruch auf das Eigene erhoben. Vielmehr geht es um eine kooperative Aneignung, die das Angeeignete zu einem Gemein-Eigenen macht, zum Eigentum eines Gemeinwesens (zum Beispiel einer Dorfgemeinschaft).

Vor allem in ökonomischen Ansätzen wird die Tragfähigkeit und Effizienz von kollektiven Bewirtschaftungsformen mit dem Hinweis auf die ‚Tragik der Allmende' in Zweifel gezogen. Unter dieser Überschrift legte der US-amerikanische Biologe Garret Hardin in einem 1968 veröffentlichten Aufsatz dar, dass Gemeingüter nicht ausreichend gepflegt und erhalten werden, da der Einzelne stets bestrebt ist, für sich selbst einen möglichst großen Ertrag zu erwirtschaften und viele Kosten auf die Gemeinschaft abzuwälzen. Für Gemeingüter ergebe sich daraus fast zwangsläufig eine Übernutzung. Hardins Bild von der Weide, auf die alle Herdenbesitzer ihre Schafe treiben, weil alle freien Zugang (*open access*) haben, hat großen Einfluss erlangt. In seinen Augen macht jeder Herdenbesitzer dasselbe – angesichts der Gelegenheit, sich an der Weide schadlos zu halten: Er fügt seiner Herde ein Schaf hinzu, dann noch eins und noch eins und so fort. So wird die Weide schnell übernutzt. Hardin war überzeugt, dass diese Dynamik so lange wirkt, bis die Weide niemandes Schaf mehr ernährt. Diesen Effekt bezeichnet er als unvermeidliche Tragik der Allmende.

Die Kritik an Hardins Tragik-Argument bildet den Ausgangspunkt des Ansatzes der Politikwissenschaftlerin und Wirtschaftsnobelpreisträgerin Elinor Ostrom.[7] In ihrem Werk ‚Die Verfassung der Allmende' (1999) zeigt sie, „wie Menschen durchaus nachhaltige Strategien entwickeln können, in denen sie Ressourcen gemeinsam nutzen und zwar auf sparsame und die Ressourcen erhaltende Weise" (Wintergerst 2014, S. 219). Ostrom entlarvt die ‚Grobschlächtigkeit' von Hardins Argumentationsgang. Während dieser von einer Situation eines ‚unverwalteten Gemeingutes' und des ungehinderten Zugangs zu Land, das niemandem gehört (Niemandsland), ausging, sind Gemeingüter de facto in der Regel kein Niemandsland und haben klar definierte Nutzergruppen. Zwar habe Hardin zu Recht darauf

7 Elinor Ostrom erhielt im Jahr 2009 als erste Frau den Wirtschaftsnobelpreis.

hingewiesen, dass wertvolle Ressourcen übernutzt werden können, wenn der Zugang zu ihnen unbegrenzt ist, aber dies sei keine unvermeidliche Tragik. Vor allem die Nutzer lokaler Ressourcen können sich Regeln geben und die Einhaltung dieser Regeln überwachen, um eine nachhaltige Ressourcenbewirtschaftung zu garantieren. Ostrom bezieht sich auf Feldstudien, die sie mit ihrem Forscherteam in aller Welt durchgeführt hat. Diese belegen ihrer Ansicht nach, dass lokale Nutzergruppen mitunter ganz allein, manchmal auch mit Unterstützung von außen, vielfältige Regeln für die kooperative Nutzung ihrer Ressourcen entwickeln. Dass Vereinbarungen aufgestellt und eingehalten werden, sei daher nicht gleichbedeutend mit der Forderung nach einem Staat. Auch durch freiwillige Selbstorganisation können Gemeinressourcen verwaltet werden. Die Ressourcen werden durch diesen kollektiven Aneignungsprozess zu einem *Common*.[8]

Das Faktum des Gemeineigentums macht auf einen wunden Punkt der ‚politischen Theorie des Besitzindividualismus' (Macpherson 1973) aufmerksam. Dieser geht von der Vorstellung eines isolierten, souveränen Individuums aus, das exklusiv über Eigentum verfügen kann. Das Problem dabei ist: Der Mensch wird hier als eine in sich abgeschlossene und selbstständige Einheit betrachtet – mit unterschiedlichen Sphären um sich, die er sein Eigen nennen kann. In normativer Hinsicht verbunden ist damit die Vorstellung einer negativen Freiheit (Honneth, 2011, S. 44ff.). Für diese ist bestimmend, den Subjekten einen eigenen und geschützten Raum zu sichern, der den Rahmen dafür bietet, seine Freiheit ‚auszuleben'. Die dafür notwendige Aneignungspraxis basiert auf einer Ich-Es-Relation. Dass sich auch Ich und Du gemeinsam ein Es aneignen können, ist nicht im Blick. Von Aneignungspraktiken auszugehen und den anthropologischen Sinn von Eigentum ernst zu nehmen, muss aber nicht zwangsläufig ein individualistisches oder gar atomistisches Menschenbild zur Konsequenz haben. So ist zum Beispiel Nussbaums Plädoyer für ein starkes Getrenntsein mit einem von kommunitaristischem Gedankengut inspirierten Ansatz verknüpft. Nussbaum geht davon aus, dass der Mensch nicht einfach ungebunden und autark, sondern in ein Netzwerk sozialer Beziehungen verwoben ist (1999, S. 53). Damit rückt die triadische Ich-Du-Es-Relation in den Fokus. Für eine Gemeinschaft von Subjekten sind wechselseitige Abhängigkeiten nicht einfach (nur) Zwang. Sie sind die Basis für eine soziale Praxis, mit der Boden und Dinge gemeinsam genutzt und gebraucht werden. Bevor dieser Gedanke weiterverfolgt und eine Alternative zum Besitzindividualismus vorgestellt wird, wird

8 Zur Renaissance von Commons-Initiativen vgl. Helfrich 2012.

der phänomenologisch-anthropologische Zugang zu Aneignungsprozessen um eine ideologie- und machtkritische Perspektive erweitert.[9]

3 Enteignende Raumaneignungen

Zur Aneignungspraxis zählt das Einhegen, Eingrenzen und Begrenzen. Dadurch wird Eigenes vom Fremden unterschieden. Für das Privateigentum ist etwas Analoges kennzeichnend. Auch hierfür sind Eingrenzungen notwendig, im Fall von Grund und Boden zum Beispiel Markierungen wie Grenzsteine und Zäune oder gar Grundbucheintragungen. Dies ist alles so lang unproblematisch, solange nicht mehrere einen Anspruch auf die Nutzung anmelden. Die Frage ist dann: Wessen Anspruch ist legitim? Und was ist die Grundlage für die Legitimität des Anspruchs? Ernüchternd ist die Feststellung, dass nicht selten Machtverhältnisse entscheiden, wem was gehört und wer wo Zugang hat. Auch wenn die ‚Aneignung' nachträglich legalisiert wird, so beruht sie im Letzten auf dem Akt der Einzäunung und Inbesitznahme. Das Unbehagen daran ist seit Rousseau ein einflussreicher Topos in der Kritik des Privateigentums. Dessen berühmter Einleitungssatz zum zweiten Teil des Diskurses über die Ungleichheit unter den Menschen von 1755 verfehlt nicht seine Wirkung: „Der erste, der ein Stück Land eingezäunt hatte und es sich einfallen ließ zu sagen: ‚dies ist mein' und der Leute fand, die einfältig genug waren, ihm zu glauben, war der wahre Gründer der bürgerlichen Gesellschaft. Wie viele Verbrechen, Kriege, Morde, wie viel Not und Elend und wie viele Schrecken hätte derjenige dem Menschengeschlecht erspart, der die Pfähle herausgerissen oder den Graben zugeschüttet und seinen Mitmenschen zugerufen hätte: ‚Hütet euch, auf diesen Betrüger zu hören; ihr seid verloren, wenn ihr vergeßt, daß die Früchte allen gehören und die Erde niemandem'" (Rousseau 2008 [1755], S. 173). Rousseaus Verdacht, dass die Eigentumsordnungen der bürgerlichen Gesellschaft auf der „rohen Geste der Inbesitznahme" (Sloterdijk 2009) und ‚enteignenden Aneignungen' basieren, hat auch die ‚Kritik der politischen Ökonomie' von Karl Marx beeinflusst. Auch wenn man sich diesem Theoriestrang nicht anschließen will, so ist es doch verblüffend, wie stark die Neuzeit von dem Zusammenhang von Enteignung und Aneignung geprägt ist. Nach Ansicht von Zygmunt Bauman ist die Entdeckung und Eingrenzung von neuen, bisher unbekannten Räumen eine der stärksten Ob-

9 Ein interessantes Beispiel hierfür ist das Thema Landschaft. Diese gilt (im Sinne eines Wahrnehmungsraumes) im germanischen Sprachraum als Allmende, wobei die materiell konstitutiven Flächen in individuellem Eigentum befindlich sind (hierzu mehr bei Röhring 2008; Kühne 2013). Für diesen Hinweis danke ich Olaf Kühne.

sessionen der Moderne. Die andere Seite der Medaille ist: Diese Raumaneignungen hatten ‚Enteignungen' der indigenen Bevölkerungen und Raum-‚Eroberungen' zur Konsequenz (Bauman 2000, S. 25, 2003, S. 136; siehe auch Jureit 2015).

Was Bauman beklagt, wird in Carl Schmitts territorialem Verständnis staatlicher Ordnung positiv bewertet. Schmitt beschreibt nämlich die „Weltgeschichte [...] als eine Geschichte von Landnahmen" (1981, S. 73). Dieser Anschauung liegt kein biologisches Erklärungsmuster zugrunde, vielmehr ist sie die Konsequenz eines „genealogisch-rechtsphilosophischen Ursprungsdenkens" (Dünne 2006, S. 376), in dem der begrenzte und eingenommene Raum die Funktion eines ‚Urgrunds' politischen Handelns einnimmt. Am Anfang eines jedes Gemeinwesens steht, so Schmitt, „der konstitutive Vorgang einer Landnahme" (Schmitt 1950, S. 19): „Mit Landnahmen und Städtegründungen ist nämlich stets eine erste Messung und Verteilung des nutzbaren Bodens verbunden. So entsteht ein erstes Maß, das alle weiteren Maße in sich enthält. [...] Alle folgenden Rechtsbeziehungen zum Boden des von dem landnehmenden Stamm oder Volk eingeteilten Landes, alle Einrichtungen der durch eine Mauer geschützten Stadt oder einer neuen Kolonie sind von diesem Ur-Maß her bestimmt, und jedes ontonome, seinsgerechte Urteil geht vom Boden aus" (Schmitt 1950, S. 16). Schmitt rechtfertigt in diesem Zusammenhang koloniale Annexionen und bewertet die vom christlichen Abendland angewandte Logik der territorialen Machtausweitung positiv (Schmitt 1950, S. 54ff., 1981, S. 72ff.). In seinen Augen wurde in der Neuen Welt durch die europäischen Kolonialherren „ein Stück Boden aus einem Raum herausgenommen, der bis dahin als *frei* galt" (Schmitt 1950, S. 16). Dies geschah dadurch, so Schmitt, dass die Entdecker Zeichen setzten und den Raum kartographisch ‚ergrenzten' (Schmitt 1950, S. 96ff.; Sloterdijk 2001, S. 911ff.).[10] Nach seinem Verständnis gelangten die entdeckten Länder und die dort lebenden Menschen unter die Hoheit der neuen Herren, wenn sie zu lokalisierten, aufgezeichneten, abgegrenzten und benannten Größen geworden waren. Die Einheit von Sichtung, Landung, Inbesitznahme, Benennung, Kartierung und Beurkundung machte den rechtlich folgenreichen und vollständigen Akt einer Entdeckung aus. An sie schließt sich die eigentliche Unterstellung eines Landes unter die Rechtshoheit des Entdeckers an (Schmitt 1950, S. 101f.).

Aus diesen kurzen Ausführungen zu Schmitts Raumtheorie wird deutlich, dass dieser die Aneignung von Raum im Sinne von Raumeroberung versteht. Nach An-

10 Nach Ansicht von Schmitt spielen Raummedien, insbesondere Karten, bei der Festsetzung territorialer Ansprüche durch europäische Nationen in der Frühen Neuzeit eine große Rolle. Sie leisten ihm zufolge einem „globalen Liniendenken" (Schmitt 1950, S. 55) Vorschub, mittels dessen sich die europäischen Nationen ihrer weltweiten Einflusssphären versichern, ohne dabei gegenseitig in Konflikt zu geraten.

sicht des Theologen Kurt Anglet zeigt sich in der „Macht- und Raum-Konzeption“ von Carl Schmitt der „imperiale Gestus des Menschen, der sich die Welt [...] als den ihm zugehörigen Raum zu *ergrenzen* sucht“ (Anglet 2007, S. 10). Sie kann auch als dunkle Seite des selbstbestimmten, auf Eigentum, Souveränität und Ausdehnung bedachten modernen Selbst gedeutet werden. Ein Anzeichen dafür ist, dass die ‚imperialen Raumeroberungen‘ nicht nur von einem geopolitischen Denker wie Carl Schmitt gerechtfertigt wurden. Ein Liberaler wie John Locke hat gewaltsame Enteignungen und Raumeroberungen mit der Rede von der ‚herrenlosen Sache‘ legitimiert. Gemäß dieser Lehre kann Grund und Boden nur dann rechtmäßig als Eigentum betrachtet werden, wenn er produktiv verwendet wird. So wurde die Inbesitznahme irischer Ländereien durch die Briten und die Auslöschung und Enteignung ‚unproduktiver‘ indigener Völker in Amerika und Afrika damit gerechtfertigt, Platz für ‚produktive‘ Kolonisatoren zu schaffen (Harvey 2014, S. 60). Diese Begründungsstrategie diente aber nur der Vernebelung einer brutalen Enteignungspraxis: „Bei indigenen Völkern waren oft Nießbrauchrechte bestimmend für die Landnutzung (zum Beispiel beim Wanderackerbau). Die Kolonialmächte verfügten dagegen über exklusive Eigentumsrechte, was sehr häufig zu Konflikten führte. Nomaden oder Wanderbauern sahen sich plötzlich durch Zäune und Stacheldraht auf ihrem Weg gestoppt. Sie wurden daran gehindert, Land zu nutzen, das traditionell zu ihrer Verfügung stand, weil es jetzt das Eigentum von jemandem war, selbst wenn es nicht genutzt wurde“ (Harvey 2014, S. 59).

Dass Enteignungspraktiken nicht nur der dunklen Vergangenheit angehören, zeigt das sich ausbreitende *land grabbing* (Landraub) (Liberti 2012): „In Afrika werden gegenwärtig die gewohnheitsmäßigen und kollektiven Land- und Ressourcenrechte der Menschen Hals über Kopf in exklusive Privateigentumsrechte umgewandelt – nicht selten durch betrügerische Geschäfte zwischen Dorfchefs (die das Land üblicherweise nur treuhänderisch für ihre Leute verwalten) und ausländischen Interessenten“ (Harvey 1994, S. 60).

4 Die Kommodifizierung von Raum – Reflexionen im Anschluss an Karl Polanyi

4.1 Die Vermarktung von nichtmarktfähigen Ressourcen

Land grabbing ist ein gutes Beispiel dafür, dass im Kapitalismus Enteignungen nicht allein deswegen verbreitet sind, weil es die Institution des privaten Eigentums gibt. Es muss ein zweiter Aspekt hinzutreten: die Kommodifizierung und Monetarisierung von Grund und Boden. Die Umwandlung von Gemeineigentum in Privateigentum (zum Beispiel durch die *Enclosure*-Bewegung in Großbritannien) und die Landnahme in den Kolonien war mit einer Vermarktlichung verknüpft. Grund und Boden zu besitzen wurde „für eine immer mächtiger werdende Rentiersklasse ein zentraler Bereich der Kapitalakkumulation und Vermögensbildung" (Harvey 2014, S. 80).

Wohl niemand hat dieses Phänomen und die damit verbundenen Konsequenzen so klar erkannt wie der Wirtschaftshistoriker und Anthropologe Karl Polanyi. In seinem einflussreichen Werk ‚*The Great Transformation*' legt er dar, dass die Schaffung von Märkten für Arbeit, Land und Geld der entscheidende Einschnitt im Übergang zum Kapitalismus ist. Der zentrale Punkt in seiner Diagnose ist, dass die Vermarktung von an sich nicht marktfähigen Gütern wie ‚Arbeit', ‚Land' und ‚Geld' die Basis und der Ausgangspunkt für die Tendenz des Kapitalismus ist, alle Aspekte des Lebens der Kommodifizierung, Monetarisierung und Privatisierung zu unterwerfen. Arbeit, Land und Geld in marktfähige Güter zu verwandeln ist daher nicht einfach ein weiterer Aspekt der ‚Kolonisierung der Lebenswelt' (Jürgen Habermas) durch Marktimperative, sondern der entscheidende Wendepunkt in der Transformation der Gesellschaft in eine reine Marktgesellschaft. Den Marktmechanismen Grenzen zu setzen und Schutzmechanismen einzurichten, müsste sich daher genau auf diese Bereiche konzentrieren. Dies ist in den Augen von Polanyi nicht nur eine Option, sondern ein Muss. Dies nicht zu tun, führe über kurz oder lang „zur Zerstörung der Gesellschaft" (Polanyi 2013, S. 108). Von „Zerstörung der Gesellschaft" spricht Polanyi, weil mit dem Einbezug der Arbeit und des Bodens in den Marktmechanismus die „Gesellschaftssubstanz schlechthin den Gesetzen des Marktes" (2013, S. 106) untergeordnet wird. Die Bedrohung ist so tiefgehend, weil die Arbeit „die Menschen selbst" sind, „aus denen jede Gesellschaft" ist, und der „Grund und Boden" die natürliche Umgebung, in der die Gesellschaft existiert (Polanyi 2013, S. 106). Warum diese „Substanzen" durch die Vermarktlichung „zerstört" werden, erläutert Polanyi so: „Das System, das über die Arbeitskraft eines Menschen verfügt, würde gleichzeitig über die physische, psychologische und moralische Ganzheit ‚Mensch' verfügen, der mit dem Etikett ‚Arbeitskraft' versehen ist. Menschen, die man auf diese Weise des Schutzmantels der kulturspezifischen Institutionen beraubte, würden an den Folgen gesellschaftlichen Ausgesetztseins zugrunde gehen; sie würden als die Opfer akuter gesellschaftlicher Zersetzung durch Laster, Perversion, Verbrechen und Hunger sterben. Die Natur würde auf ihre Elemente reduziert werden, die Nachbarschaften und Landschaften verschmutzt, die Flüsse vergiftet, die militärische Sicherheit gefährdet und die Fähigkeit zur Produktion von Nahrungsmitteln und Rohstoffen zerstört werden. Schließlich würde die Marktverwaltung der Kaufkraft zu periodischen Liquidierungen von Wirtschaftsunternehmen führen, das sich Geldmangel und Geldüberfluß für die Wirtschaft als ebenso verhängnisvoll auswirken würden, wie Überschwemmungen und Düngeperioden für primitive Gesellschaften." Keine Gesellschaft könne, so schließt Polanyi, „die Auswirkungen eines derartigen Systems grober Fiktionen auch nur kurze Zeit ertragen, wenn ihre menschliche und natürliche Substanz gegen das Wüten dieses teuflischen Mechanismus nicht geschützt würden" (Polanyi 2013, S. 108f.).

Das Wirken dieses selbstzerstörerischen Mechanismus zu dämpfen kann in den Augen von Polanyi nur gelingen, wenn „schützende Gegenströmungen" an Einfluss gewinnen und Schutzvorkehrungen institutionalisiert werden, die fähig sind, den „Marktmechanismus in Bezug auf Arbeit, Boden und Geld einzuschränken" (Polanyi 2013, S. 112, 182ff.). Polanyi spricht hier vom „Selbstschutz der Gesellschaft" (2013, S. 182) und meint damit „Schutzgesetze, Schutzvereinigungen und andere Interventionsmittel" (2013, S. 185). Eine Tendenz zu einem ‚verwilderten Kapitalismus' liegt demgegenüber vor, wenn alte Schutzvorkehrungen demontiert werden, ohne neue aufzubauen (Honneth 2013). Dann sehen wir uns jener ‚teuflischen Mühle' des sich selbst überlassenen Kapitals gegenüber, von der Polanyi spricht. Die Flexibilisierung des Arbeitsmarktes und Prekarisierung von Arbeit sind dafür ein aktuelles Beispiel. Sie „lassen jene ‚soziale Frage' erneut zur Herausforderung werden, von der das 20. Jahrhundert in seiner zweiten Hälfte angenommen hatte, dass sie zum erfolgreich bewältigten Erbe des 19. Jahrhunderts gehört" (Honneth 2002, S. 155). Dass diese Tendenzen mehr oder minder breitenwirksam diskutiert und Schutzvorkehrungen wie der Mindestlohn eingeführt werden, weist allerdings darauf hin, dass das Problembewusstsein für die Verwilderung des Faktors Arbeit wächst. Spätestens nach der Finanzkrise von 2008 gilt dies wenigstens zum Teil auch für den Finanzmarkt. Ob und inwieweit die Vermarktung von Grund und Boden gezähmt werden muss, wird demgegenüber immer nur anhand von Einzelphänomenen wie der Mietenexplosion und der Immobilienblase diskutiert. Der grundsätzlichen An-Frage, ob Ausschnitte des geographischen Raumes und natürliche Ressourcen überhaupt eine Ware sein können, begegnet man selten. Wenn man Polanyi ernst nimmt, müsste man aber genau hier ansetzen. Die Natur zu isolieren „und einen Markt daraus zu machen, war das vielleicht absurdeste Unterfangen unserer Vorfahren" (Polanyi 2013, S. 243), erläutert er. Absurd ist es, weil Land keine Ware sein kann – so wie auch Arbeit und Geld es nicht sein können (vgl. ebd., S. 107).

4.2 Die ‚landvölkische' Gegenbewegung: Die Sicherung der Eigenversorgung

Wenn Polanyi an diesen Stellen von Land oder Grund und Boden spricht, meint er die räumlichen Lebensumstände, mit denen der Mensch untrennbar verwoben ist (2013, S. 243). Ohne Land könne der Mensch nicht leben (Polanyi 2013, S. 244). Polanyi hat damit zunächst nichts anderes im Blick, was in der anthropologisch-phänomenologischen Tradition die ‚räumliche Verfasstheit' des Menschen genannt wird. Mit dieser Redeweise wird in Erinnerung gerufen, dass der Mensch nicht einfach ein ‚ungebundenes', frei schwebendes Wesen ist. Menschen sind leibliche Wesen, die die Welt als räumlich ‚ausgedehnt' und sich selbst als räumlich ‚situiert' erfahren. Räumlich situiert zu sein bedeutet aber nicht, dass der Mensch ‚in' einem Raum-Container lebt. Der Mensch lebt nicht einfach ‚im' Raum, sondern entdeckt und gestaltet ihn – und zwar durch den alltäglichen Umgang mit dem, was um ihn herum ist. Der Mensch eignet sich die Dinge um sich herum an. Diesen Gedanken haben wir bereits oben entfaltet, um die anthropologische Funktion des Eigenen und damit des Eigentums zu entschlüsseln. Polanyi spricht etwas Ähnliches an, wenn er dazu mahnt, Grund und Boden nicht auf ihre ökonomische Funktion zu verkürzen. Er ruft darüber hinaus gehende Funktionen in Erinnerung und beschreibt diese so: Boden „verleiht dem Menschen Stetigkeit, er ist der Ort der Behausung, er ist eine Bedingung für seine physische Sicherheit, er bedeutet Landschaft und Jahreszeiten" (Polanyi 2013, S. 244). Die Vermutung liegt nahe, dass Polanyi hier nichts anderes im Blick hat, was ich an anderer Stelle „Anthropologie des Wohnens" genannt habe (Schneider 2012a, S. 307ff.). In der Terminologie von Karl Marx – und das ist wohl eher die Tradition, an die Polanyi anschließt – könnte man auch vom Gebrauchswert des (geographischen) Raumes sprechen (Harvey 2014, S. 32). Das mich umgebende Land hat einen Gebrauchswert, weil ich darauf ein Haus bauen kann, das mir ein Dach über dem Kopf und einen Raum für Privatheit und familiäre Beziehungen bietet. Ich kann darauf aber auch Nahrungsmittel anbauen. Der Gebrauchswert von Dingen orientiert sich an der Bedürfnisbefriedigung. Den Raum um uns eignen wir uns deshalb nicht nur zum Spaß und im Spiel an (das auch), sondern um basale Grundbedürfnisse wie Wohnen und Ernährung zu befriedigen.

Was passiert nun, wenn der Raum – ob bebaut oder unbebaut – zu einer Ware wird, die auf dem Markt gekauft und verkauft werden kann? Er hat dann nicht mehr nur einen Gebrauchs-, sondern auch einen Tauschwert. Für Polanyi ist dieser Schritt „ein entscheidender Teil des phantastischen Konzepts einer Marktwirtschaft" (2013, S. 244). In seiner historischen Rekonstruktion nennt er drei Stadien, die diese ‚Entwicklung' befeuerten: „Das erste Stadium war die Kommerzialisierung des Bodens, was die feudale Bodenrente in Bewegung brachte. Das zweite war die gewaltige Steigerung der Produktion von Nahrungsmitteln und organischen Rohstoffen zur Befriedigung der Bedürfnisse einer rapide zunehmenden Industriebevölkerung in landesweitem Maßstab. Das dritte Stadium war die Ausdehnung dieses Systems der Überproduktion auf überseeische und Kolonialgebiete. Mit diesem letzten Schritt wurde das Land und seine Erzeugnisse schließlich in das System des selbstregulierenden Marktes eingebaut“ (Polanyi 2013, S. 245).

Es ist nicht Ziel dieses Beitrages, die von Polanyi rekonstruierten historischen Übergänge zu überprüfen und weitere Aspekte hinzuzufügen. Es kann nur schwer bezweifelt werden, dass unterschiedliche, aber ‚wahlverwandtschaftlich' aufeinander bezogene Entwicklungen zur Vermarktlichung des physischen Raumes geführt haben. Spätestens nachdem Anfang des 19. Jahrhunderts der Industriekapitalismus für Fabriken und Arbeiterquartiere benötigte, wurde ihr Besitz zu einer Ware, um zwei Raum-Funktionen über den Markt regeln zu lassen: die Produktion und Verteilung von Nahrungsmitteln sowie den Bau und die Verteilung von Wohnungen. Dass hier allerdings dem Markt Grenzen gesetzt und Interventionen notwendig sind, zeigt sich daran, dass auf unterschiedlichen politischen Ebenen Raumplanungen durchgeführt werden. Diese Option verliert aber immer mehr an Einfluss, was auch damit zusammenhängt, dass in der Raumpolitik immer mehr ökonomische Interessen den Ton angeben (Schneider 2012b, S. 26f.; Häußermann et al. 2008, S. 279ff.; Müller und Sträter 2011, S. 147ff.; Holm 2012, S. 106ff.). Um demgegenüber die Bedeutung von Schutzvorkehrungen und Interventionen in der Raumverteilung hervorzuheben, ist ein Blick in Polanyis Darstellung der ‚schützenden Gegenbewegungen' aufschlussreich. In Bezug auf Grund und Boden hebt er die Bedeutung ‚reaktionärer Kräfte' hervor. Er meinte damit den „agrarischen Protest“ der Bauernschaft und der Großgrundbesitzer gegen die „verheerenden Auswirkungen der Mobilmachung von Grund und Boden“ (Polanyi 2013, S. 251). An anderer Stelle spricht er von der „Bauernschaft, die vom Virus des Liberalismus noch am wenigsten angesteckt war“ (Polanyi 2013, S. 255).

Polanyi selbst sieht das zentrale Problem darin, dass durch die Integration des landwirtschaftlichen Sektors in den weltweiten Freihandel die ‚Abhängigkeiten' vermehrt wurden. An einer anderen Stelle spricht er von den „neuen und ungeheuren Gefahren der weltweiten Interdependenz“ (2013, S. 247). Polanyi verweist auch hier auf so etwas wie eine Gegenbewegung. Er bezieht sich auf die Phase nach dem Ersten Weltkrieg, als die Sicherung der „landwirtschaftlichen Autarkie“ zum Leitbild erhoben und „das gedankenlose Vertrauen auf den Weltmarkt […] durch einen panikartigen Aufbau der Produktionskapazitäten bei Lebensmitteln ersetzt“ (2013, S. 257) wurde. Anzumerken ist hier: Autarkie anzustreben ist ein zweischneidiges Schwert. Nicht weit ist hier die Gefahr, in einen Lokalpatriotismus abzugleiten, für den geodeterministische Fehlschlüsse sowie Isolierungs- und Abgrenzungsstrategien kennzeichnend sind. Beispiele hierfür liefern das ,Land-und-Leute-Paradigma' der frühen Landschaftsforschung (Körner 2005)[11] und die nordamerikanische Tradition eines radikalen Bioregionalismus (Muraca 2014, S. 66f.). Auch faschistische und nationalsozialistische Bewegungen kreisen um das ,Ideal' der Selbstversorgung. So ist derzeit in ostdeutschen und französischen Dörfern, die von neofaschistischen Gruppierungen dominiert werden, der Verweis auf Selbstversorgung ein verbreiteter Topos (Muraca 2014, 64f.).

Polanyi ist sich des reaktionären Zusammenhangs bewusst. Er interpretiert allerdings das Bedürfnis nach Autarkie nicht nur als eine Abwehrhaltung. In seinen Augen kann sich dahinter auch das emanzipatorische Verlangen nach Autonomie und Souveränität verbergen. Das Vorhaben, sich von der Abhängigkeit von Fremdversorgungsstrukturen zu ,befreien', muss nicht in einen sich abgrenzenden und sich abschottenden Lokalpatriotismus münden. Es kann auch die Form einer relationalen Aneignungspraxis annehmen, für die die Interaktion, Koordination und Vernetzung zwischen verschiedenen Regionen ein zentraler Bestandteil ist. Aktuell gibt es viele Beispiele, wo im Lokalen Selbstversorgungsstrukturen gefördert und zugleich weltoffen, solidarisch und emanzipatorisch zusammengearbeitet wird. In diesem Sinne experimentiert die weltweit aktive *Transition-Town*-Bewegung in Städten und Gemeinden mit dem Übergang in ein postfossiles Zeitalter, indem sie diese von fossilen Energieträgern unabhängig macht und dadurch ihre Autonomie und Widerstandsfähigkeit gegen Krisen zu stärken versucht (Hopkins 2010, 2013). Die Erhöhung regionaler Resilienz ist in diesem Zusammenhang zu einem ,neuen' Leitbild geworden (Schneider 2015).

Auch im agrarpolitischen Kontext haben ,landvölkische', auf Autonomie und Resilienz bedachte Gegenbewegungen weiterhin eine große Strahlkraft. Slogans wie ,Die Bauern nicht dem Weltmarkt zu opfern' (Riegler et al. 1999) oder ,Bauern gegen Agromultis' (Bové und Dufour 2001) werden getragen von dem Leitbild der Ernährungssouveränität. Entwicklungspolitische Organisationen orientieren sich ebenfalls daran und kritisieren eine einseitig auf Exportorientierung ausgerichtete Agrarpolitik. Eine im Mai 2015 im Auftrag des bischöflichen Hilfswerks MISEREOR veröffentlichte Studie zeigt am Beispiel von Tansania, dass großflächige Investitionen durch private Konzerne nicht zu Ernährungssicherung und Armutsminderung führen, sondern eher zu Landraub, Landverknappung und Landkonflikten (Twomey et al. 2015). Sich in diesem Zusammenhang am Leitbild der Eigenversorgung zu orientieren, hat eine emanzipatorische Stoßrichtung. Nicht um die reaktionäre Verteidigung traditioneller Werte und kollektiver Identitäten

11 Diesen Hinweis verdanke ich Olaf Kühne.

geht es hier, sondern um „Kämpfe für die Unabhängigkeit der lokalen Ernährungsproduktion vom globalen Markt (Ernährungssouveränität) oder gegen die unter *Landgrabbing* bekannte Übernahme von Flächen durch fremde Regierungen oder multinationale Konzerne, die vorher kollektiv genutzt wurden“ (Muraca 2014, S. 65).

In den bisherigen Ausführungen haben wir uns in Anlehnung an Polanyi auf Schutzvorkehrungen konzentriert, die der Versorgung mit Nahrungsmitteln dienen. Mit dem Bau von Wohnungen und den Chancen auf dem Wohnungsmarkt befasst sich dieser weniger. Damit verbundene Entwicklungen und Fragen sollen nun – über Polanyi hinausgehend, aber in seinem Sinne – reflektiert werden.

4.3 Schutzvorkehrungen im Wohnungsmarkt

Im ersten Abschnitt dieses Beitrages haben wir zwei Funktionen der Raumaneignung unterschieden, die der Befriedigung elementarer Bedürfnisse dienen: zum einen die Raumaneignung zum Zweck der Ernährung (durch die Ergrenzung von Jagdrevieren oder landwirtschaftlich nutzbaren Böden), zum anderen die Raumaneignung zum Zweck des Wohnens. Den Konsequenzen einer Vermarktlichung der Ernährungsfunktion sind wir im vorangegangenen Abschnitt nachgegangen. Nun richten wir den Fokus auf die Wohnungsfrage. Sobald diese von Tauschwerten bestimmt wird, wird „der Gebrauchswert von Wohnraum zunächst zu einer Sparanlage und dann zu einem Spekulationsobjekt für Konsumenten, Produzenten, Finanziers und viele[n] andere[n] Akteure[n] (Immobilienmakler, Kreditberater, Rechtsanwälte, Versicherungsmakler usw.), die von dem Boom auf dem Immobilienmarkt profitieren wollten“ (Harvey 2014, S. 40; vgl. auch Holm 2014, S. 25ff.; Holm 2012, S. 102ff.; Krätke 1996). Die Gefahr dabei ist: Die Bereitstellung von angemessenen Wohnungen für die Masse der Bevölkerung (im Sinne von Gebrauchswerten) gerät ins Hintertreffen.

Die Sozialgeschichte zeigt, dass es einen wechselvollen Kampf um die Frage gibt, ob Wohnungen eher als Gebrauchswert oder Tauschwert angesehen werden. Für ersteres ist charakteristisch, dass die Wohnungsversorgung wenigstens zum Teil den Marktkräften entzogen wird. Im Anhang zu seinem Buch ‚*The Great Transformation*‘ nennt Polayni ein konkretes Beispiel für eine, dem Schutz der Bevölkerung dienende Intervention in den Wohnungsmarkt (2013, S. 377ff.). Er schildert die Strategie der Stadt Wien nach dem Ersten Weltkrieg. Das als ‚rotes Wien‘ bekannt gewordene Ergebnis erregte vor allem durch die Regulierung des Wohnungsmarktes Aufsehen: „[D]ie Mieten wurden auf einen Bruchteil ihres früheren Niveaus herabgesetzt, die Gemeinde Wien errichtete große Wohnhäuser auf gemeinnütziger Basis und beschaffte sich das erforderliche Kapital durch Steuern" (ebd., S. 377f.). In den Augen von Polanyi „erbrachte das Wiener Experiment einen der aufsehenerregenden kulturellen Triumphe in der Geschichte des Westens". Es „leitete einen ebenso beispiellosen moralischen und günstigen Aufstieg einer hochentwickelten Industriearbeiterschaft ein, die – unter dem Schutz des Wiener Systems – den erniedrigenden Auswirkungen einer schweren Wirtschaftskrise widerstand und ein Niveau erreichte, das in keiner anderen Industriegesellschaft von der Bevölkerung je übertroffen wurde" (ebd., S. 378f.).

5 Der Raum ist keine Ware – Lefebvres Einfluss auf aktuelle Gegenbewegungen

5.1 Privatisierung und Kommodifizierung des städtischen Raumes

Die Frage nach Schutzvorkehrungen im Wohnungsmarkt ist eine den Kapitalismus ständig begleitende Herausforderung. Das soziale Elend unter dem rein marktwirtschaftlich organisierten Wohnungsmarkt des 19. Jahrhunderts, die extreme Wohnungsnot, die durch die Kriegszerstörungen des 20. Jahrhunderts entstanden waren, die heimat- und wohnungslosen Flüchtlingsströme, die Folgen, die aktuelle Immobilienblasen und Mietenexplosionen nicht zuletzt für die Mittelschicht haben, die steigende Zahl von Obdachlosen in den Industrieländern und die Millionen von Menschen, die in Entwicklungsländern nicht einmal die Chance haben, in einer Hütte oder einem Wellblechverschlag zu hausen – all dies ist ein bleibender Ansporn, die Sorge um gesicherten und bezahlbaren Wohnraum als eine zentrale politische Herausforderung anzusehen. Nicht zufällig ist ein individuelles Recht auf angemessenen Wohnraum in die Menschenrechtskataloge aufgenommen worden.[12] Darüber hinaus ist es aber wichtig, die gesellschaftskritische Perspektive nicht aus dem Blick zu verlieren. Für ein Recht auf Wohnung einzutreten bleibt so lange nichts anderes als ein Tropfen auf den heißen Stein, so lange nicht struktu-

12 In der ‚Allgemeinen Erklärung der Menschenrechte' von 1948 heißt es in Art. 25: „Jeder hat das Recht auf einen Lebensstandard, der seine und seiner Familie Gesundheit und Wohl, einschließlich Nahrung, Kleidung, Wohnung, ärztliche Versorgung und notwendige soziale Leistungen gewährleistet sowie das Recht auf Sicherheit im Falle von Arbeitslosigkeit, Krankheit, Invalidität oder Verwitwung, im Alter sowie bei anderweitigem Verlust seiner Unterhaltsmittel durch unverschuldete Umstände". Im ‚Internationalen Pakt über wirtschaftliche, soziale und kulturelle Rechte' (1966) ist das Recht auf „menschenwürdigen Wohnraum" festgeschrieben worden.

relle Verschiebungen und ‚Enteignungen' im Blick sind. Gemeint ist „das Hereinziehen des urbanen Lebens in den ökonomischen Verwertungsprozess" (Schmid 2011, S. 42). Eben dies ist die Perspektive, mit der Henry Lefebvre an die ‚soziale Produktion des Raumes' heranging. Seine Ausführungen gipfeln in der Feststellung, dass nicht mehr nur ein ‚Stück Raum', nicht mehr nur der Grund und Boden, sondern der Raum selbst zur Ware wird: „Die Entfaltung der Welt der Ware ergreift das die Objekte enthaltende Gefäß. Sie beschränkt sich nicht mehr auf die Inhalte, auf die Objekte im Raum. Seit kurzem wird sogar der Raum gekauft und verkauft. Nicht der Grund, der Boden, sondern der soziale Raum als solcher, das Produkt als solches" (Lefebvre 1972, S. 162). Diese Diagnose hat an Aktualität eher gewonnen als verloren. In beinahe keinem stadtsoziologischen Beitrag fehlt ein kritischer Hinweis auf die Privatisierung und Kommodifizierung des städtischen Raums. Zum einen beruft man sich darauf, dass immer mehr städtische Teilräume von ökonomischen Verwertungsinteressen besetzt werden. Beispiele hierfür sind die aus dem Boden sprießenden Einkaufszentren, Multiplex-Kinos, Fast-Food-Ketten und Boutiquen. Zum anderen werden „die Qualitäten des urbanen Raumes selbst, Differenz, Begegnung, Kreativität, Teil [...] von ökonomischen Dispositiven und systematischer Ausschöpfung von Produktivitätsgewinnen. Solche Prozesse sind schon lange sichtbar bei der Besetzung und Kontrolle des öffentlichen Raumes durch private Akteure". Gerade in Metropolen „bilden *Malls*, *entertainment centers* oder auch privatisierte Bahnhöfe und Metrostation quasiöffentliche Räume, die durch private Interessen kontrolliert werden. Ihre *raison d'être* liegt ausschließlich darin, Mehrwert zu generieren. Entsprechend sind sie so gestaltet, dass sie das urbane Leben in kommerziell verwertbare Bahnen lenken und auf markt- und konsumorientierte Praktiken reduzieren. Diese Formen der ökonomischen Domination beginnen sich heute auf ganze Stadtteile auszudehnen. Dabei werden die Menschen, die Bewohner und die Besucher zu bloßen Statisten des großen urbanen Spektakels" (Schmid 2011, S. 43).

5.2 Das Recht auf die Stadt

Henry Lefebvre hat der Kommodifizierung des städtischen Raumes das ‚Recht auf die Stadt' (1968) entgegengesetzt. Er versteht darunter die kollektive Wiederaneignung des städtischen Raumes, einer Wiederaneignung, bei der „der Austausch nicht über den Tauschwert, Handel oder Gewinn vermittelt ist" (Lefebvre 1968, S. 108). Das ‚Recht auf die Stadt' umfasst das ‚Recht auf Zentralität' (Lefebvre 1972, S. 144), also den Zugang zu den Orten des gesellschaftlichen Reichtums, der städtischen Infrastruktur und des Wissens; und das ‚Recht auf Differenz' (Lefebvre 1974, S. 77), das für eine Stadt als Ort des Zusammentreffens, des Sich-Erkennens und Anerkennens sowie der Auseinandersetzung steht. Das ‚Recht auf die Stadt' bezieht sich somit auf die Stadt als physische Form als auch auf die mit ihr in Beziehung stehenden sozialen Verhältnisse und Praktiken (Gebhard und Holm 2011, S. 8). Zum einen ist mit ihm die Forderung verbunden, dass alle Teile der Bevölkerung einen Zugang zu den Ressourcen der Stadt haben. Das ‚Recht auf die Stadt' will aber mehr, als einen übergeordneten konzeptionellen Rahmen für die Befriedigung von Grundbedürfnissen wie Arbeit, Ernährung, Wohnung und Gesundheit zu schaffen. Lefebvre hatte eine Erweiterung dieser Rechte um Aspekte im Sinn, die bislang vernachlässigt blieben (Schmid 2011, S. 27). Ihm ging es um die Möglichkeit zu kollektiven Aneignungen des öffentlichen Raumes. David Harvey bringt diesen Zusammenhang folgendermaßen zum Ausdruck: „Das Recht auf Stadt ist also weit mehr als das Recht auf individuellen Zugriff auf die Ressourcen, welche die Stadt verkörpert: Es ist das Recht, die Stadt nach unseren eigenen Wünschen zu verändern und neu zu erfinden. Darüber hinaus ist es ein kollektives anstelle eines individuellen Rechts, da das Neuerfinden der Stadt unvermeidlich von der Ausübung einer kollektiven Macht über die Urbanisierungsprozesse abhängt" (Harvey 2013, S. 28).

Lefebvres Idee hat in den letzten Jahren ein weltweites Revival erfahren und vielfältige Bewegungen inspiriert, die sich gegen die Privatisierung und den ‚Verkauf' des städtischen Raumes wehren (Holm und Gebhard 2011). Die auf ihn sich berufenden Initiativen sind eine Gegenbewegung zu der Enteignung des öffentlichen Raumes durch das Finanzkapital und die Ökonomie. Eine wichtige Rolle spielt hier das 2001 begonnene Projekt der ‚*Habitat International Coalition (HIC)*'. Der Zusammenschluss von Nichtregierungsorganisationen im Umfeld des Weltsozialforums hat eine Welt-Charta des Rechts auf die Stadt verabschiedet. Diese definiert das ‚Recht auf die Stadt' als „gleiches Nutzungsrecht von Städtern innerhalb der Prinzipien der Nachhaltigkeit, Demokratie, Chancengleichheit und sozialer Gerechtigkeit", als „kollektives Recht der BewohnerInnen, insbesondere der benachteiligten und marginalisierten Gruppen". Die Charta enthält eine Vielzahl von sozialen Menschen- und Freiheitsrechten, Rechte der politischen Teilhabe und Rechte des Zugangs zu Infrastruktur. Dabei wird das Recht auf die Stadt – ganz im Sinne von Lefebvre – nicht als ein Zusatz auf einer Liste von Rechten verstanden, sondern als kollektiver Hebel zu deren Verwirklichung (Mathivet 2010).

5.3 Kollektive Aneignungen: Die Erschaffung einer urbanen Allmende

Der Slogan ‚Wem gehört die Stadt' bringt das zentrale Anliegen von ‚Recht auf Stadt'-Initiativen gut zum Ausdruck: die kollektive (Wieder-)Aneignung und demokratische Kontrolle des städtischen Raumes. Nicht ohne Grund hat der von Andrej Holm und Dirk Gebhard (2011) herausgegebene Sammelband zu ‚Recht auf Stadt'-Initiativen den Untertitel ‚Theorie und Praxis städtischer Aneignungen'. Harvey spricht sogar von der „Erschaffung einer urbanen Allmende" (Harvey 2013, S. 127ff.). Er greift dabei Elinor Ostroms Untersuchungen zu Gemeingütern auf (1999). Den städtischen Raum als eine Allmende zu verstehen, geht seiner Ansicht nach über eine Politik hinaus, die öffentlichen Räume und öffentlichen Güter zur Verfügung stellt. Der Blick sei hier einseitig auf den Staat und die kommunale Verwaltung als Dienstleister gerichtet; die Bürger verbleiben in der passiven Rolle des Kunden beziehungsweise Dienstleistungsempfängers – in der Hoffnung, der Staat oder die Kommune wird den Zugang zu öffentlichen Gütern schon gewährleisten. Für Gemeingüter ist demgegenüber charakteristisch, dass kollektive Aneignungsprozesse im Mittelpunkt stehen. ‚Öffentliche Güter' sind ‚Dienstleistungen' des Staates. ‚Gemeingüter' sind Güter, die Menschen gemeinsam nutzen und verwalten, indem sie, basierend auf Traditionen oder sozialen Normen und Praktiken, ihre eigenen Regeln aushandeln. Gemeingüter sind nicht einfach nur Eigentum der Stadt, sie sind gemeinsam genutzte Güter der Bürger und damit Bürgereigentum. Damit verbunden ist, dass sich die Bürger von ihrer Zuschauer- und Kundenrolle verabschieden und „politisch aktiv werden", um einen „Kampf um Aneignung öffentlicher Räume und Güter" (Harvey 2013, 137) zu führen. Mit Bürger ist dabei der *citoyen*, der am Gemeinwohl orientierte politisch Tätige gemeint, nicht der *bourgeois*, also der wirtschaftlich Tätige und auf sein individuelles Wohl Bedachte.

Die von Harvey aufgezeigte Perspektive geht über die Frage hinaus, ob und dass Räume und Güter angeeignet werden. Vielmehr stehen der Aneignungs-‚Prozess' und die diesen beeinflussenden Machtverhältnisse im Fokus. Nicht ob ein Raum oder ein Gut eine bestimmte Eigenschaft hat, ist dann die entscheidende Frage. Es ist auch nicht ausreichend, Grenzen des Marktes zu definieren. Ob und wie diese bestimmt werden, ist das Ergebnis einer sozialen Praxis und der in sie eingeschriebenen Machtverhältnisse. ‚Wem gehört die Stadt' ist in diesem Zusammenhang ein Aufruf, Raum-Aneignungen nicht einfach dem politischen System oder ökonomischen Interessen zu überlassen, sondern eine „gesellschaftliche Praxis des *commoning*" zu wagen (Harvey 2013, S. 138; Helfrich 2012). ‚Recht auf Stadt'-Initiativen, die dies tun, greifen implizit auf die anthropologische Bedeutung von Aneignungsprozessen zurück – ohne den Engführungen des Besitzindividualismus zu verfallen. Sie machen deutlich, dass das eigentliche Problem nicht das Eigentum ist, sondern „der individuelle Charakter von Eigentum" (Harvey 2013, 146). Sie zeigen, dass es jenseits des Gegensatzes von Privateigentum und Staatseigentum eine Form von Eigentum gibt, die auf eine kollektive Praxis zurückgeht. Schon Elinor Ostrom hat auf der Basis ihrer empirischen Untersuchungen zur Allmende eine Theorie des kollektiven Handelns entwickelt, die „auf Selbstorganisation und Selbstverwaltung beruht" (2012, S. 22). Sie wendet sich damit gegen die gängige Theorie kollektiven Handelns, die den Staat als einzige Alternative zum Markt ansieht (Wintergerst 2014). David Harvey schließt sich dem teilweise an, ohne den Schluss daraus ziehen zu wollen, den Staat ganz aus der Verantwortung zu lassen. Dieser muss in seinen Augen weiterhin „gezwungen werden, mehr und mehr öffentliche Güter für öffentliche Zwecke zur Verfügung zu stellen". Ganz im Sinne von Ostrom ist aber auch Harvey davon überzeugt, dass die Selbstermächtigung von Bürgern ebenso wichtig ist, wenn nicht wichtiger: „Bevölkerungsgruppen müssen sich selbst organisieren, um diese Güter auf eine Art und Weise in Besitz zu nehmen, zu nutzen und zu ergänzen, die die Qualität der nichtkommodifizierten und ökologischen Gemeingüter sowie die Gemeingüter der sozialen Reproduktion erweitert und verbessert" (Harvey 2013, S. 161; zum ‚gemeinschaftlichen Wohnen' siehe Carriou in diesem Band). Die aktive Aneignung von Räumen und Gütern, die demokratische und subsidiäre Festlegung von Regeln, die Kontrolle und Entscheidungshoheit über die Lebensbedingungen und die Selbstermächtigung von Bürgern sind Leitbilder, die vielen sozialen Bewegungen gemeinsam sind. Vielleicht sind diese weltweit sich ausbereitenden Aufbrüche aktuelle Beispiele für das, was Polanyi Gegenströmungen gegen den Marktmechanismus genannt hat. Das, was sich heute unter Überschriften wie *Right to the City*, *Transition Town*, *Commoning*, Renaissance der Genossenschaften, Gemeinwohl-Ökonomie, Postwachstum und *Buen Vivir* entwickelt, sind Praxisformen, die vor Marktmechanismen schützen und wechselseitige Dienst- und Hilfeleistungen bieten. So befreien sie aus Abhängigkeiten. Sie sind ein Beitrag zu mehr Mitbestimmung, Selbstermächtigung, Einfluss und Kontrolle – und in diesem Sinne nicht ganz unbedeutend für eine Verlebendigung der lokalen Demokratie, für die Entwicklung nachhaltiger Muster des Arbeitens und Wirtschaftens und für den Abbau sozialer Ungleichheiten.

Vielleicht gewinnt damit etwas an Bedeutung, was – wie zu Beginn des Beitrags erwähnt – Papst Franziskus und die katholische Soziallehre die allgemeine Bestimmung der Erdengüter nennen. Damit könnte eine weitere Tradition revitalisiert werden, die einen Begriff des Eigentums jenseits des Gegensatzes von Privat- und Staatseigentum kennt.

6 Fazit und Ausblick

Im vorliegenden Beitrag wurde zunächst ein anthropologischer Zugang gewählt, um das Wechselverhältnis von Aneignung, Haben und Selbstbestimmung zu entschlüsseln. Es wurde gezeigt, dass sowohl das Privat- als auch das Gemeineigentum darauf beruhen. Auch die ,Recht auf Stadt'-Initiativen schließen daran an. Mit dem Ziel, den Urbanisierungsprozess zu kontrollieren, fordern sie letztlich „unter neuen Vorzeichen ein altes Selbstbestimmungsrecht" ein (Schmid 2011, S. 47). Dieses ,alte', Eigentumsansprüchen zugrunde liegende Recht auf Selbstbestimmung wird allerdings von eingrenzenden Mauern befreit. Das ,Prinzip Wand' wird im wahrsten Sinne des Wortes relativiert. Die abgrenzende Container-Logik wird durch eine relationale Beziehungslogik ersetzt. Das individuelle, sich vom Du und der Natur distanzierende Verständnis von Freiheit wird abgelöst von einem Verständnis von „sozialer Freiheit" (Honneth 2011, S. 81ff.).

Die Container-Logik ist zwar *ein* Aspekt von Aneignungspraktiken, allerdings werden diesem im Rahmen dieser Logik auf die Abgrenzung von Eigenem und Fremdem verkürzt. Dies ist vor allem dann der Fall, wenn der Fokus auf den Schutz des Eigenen vor Gefahren, Bedrohungen oder Unangenehmem gerichtet wird. Diese Logik bildet den *background* für die Abschottung Europas vor so genannten Flüchtlingsströmen. Sie spielt aber auch für Abgrenzungsprozesse innerhalb von Städten eine wichtige Rolle. Ein Beispiel hierfür sind die sich ausbreitenden *gated communities*. Um diese als Ergebnis von machtbasierten Aneignungspraktiken zu deuten, bietet es sich an, auf den Ansatz von Pierre Bourdieu zurückzugreifen. Dessen Zugang zu Raumfragen soll am Schluss dieses Beitrages in Form eines Ausblickes angedeutet werden. Auch Bourdieu greift bei seiner Beschreibung des Verhältnisses von sozialem und physischem Raum auf die anthropologische Kategorie der Aneignung zurück (Bourdieu 1997, S. 163ff.; Schneider 2012a, S. 501ff.). Der physische Raum ist seiner Ansicht nach immer schon ein ,angeeigneter' physischer Raum. Anders aber als viele anthropologisch argumentierende Autoren gibt Bourdieu dem Modell der Raumaneignung eine soziale Basis. Wie kaum ein anderer geht er auf den Zusammenhang von Raum, Macht und sozialer Ungleichheit ein. Seiner Ansicht nach regelt die jeweilige Ausstattung mit ökonomischem, sozialem und kulturellem Kapital die Möglichkeiten, sich Raum anzueignen. Hinsichtlich des Ergebnisses differenziert Bourdieu zwischen unterschiedlichen Formen von Raumprofiten (Bourdieu 1991, S. 31, 1997, S. 163f.). So verschafft die aus Aneignungspraktiken resultierende „Verfügungsmacht über Raum [...] die Möglichkeit, Dinge und Menschen auf (physische) Distanz zu halten" (Bourdieu 1991, S. 31). Die für die Auswahl von Lebens-Räumen wichtige Praxis, erwünschten Personen und Dingen nahe und unerwünschten Personen und Dingen fern zu sein, wird durch die Aneignung und den Besitz von Raum verfestigt. Um unter sich zu bleiben und nicht in räumlichen Kontakt mit Personen zu kommen, die einem sozial fern stehen, werden sichtbare und unsichtbare Grenzziehungen vorgenommen. Die Folge ist zum Beispiel: Es entstehen auf der einen Seite Luxusviertel und *gated communities* und auf der anderen Seite ‚benachteiligte Wohnviertel'. Diese Andeutungen sollen genügen, um auf den vielfältigen Ertrag von Ansätzen zu verweisen, die die anthropologische Kategorie der Aneignung in einen macht- und gesellschaftskritischen Kontext einbinden.

Aus sozialethischer Perspektive können die rein auf Abgrenzung zielenden Praktiken als defizitär bewertet werden. Der Bezugspunkt ist dabei, dass die Zweipoligkeit von Aneignungsprozessen, die Relationalität und die Eingrenzung, ‚entspannt' und damit verkürzt wird. Immer dann, wenn die Abgrenzung einseitig hervorgehoben wird, gilt es, den relationalen Charakter von Raumaneignungen zu betonen.

Auch Papst Franziskus kann hierfür als ein Fürsprecher dienen. In seiner Enzyklika ‚*Laudato si*' (2015) wirbt er nicht nur für die Bedeutung von Gemeingütern, sondern auch für eine relationale Beziehungs-Logik. Ausgehend vom Leitsatz, dass alles miteinander verbunden ist (2015, Nr. 91, 117, 138, 240), kritisiert er eine menschliche Selbstherrlichkeit, der es vorrangig um das Abgrenzen, Herrschen und Erobern geht. Papst Franziskus wirbt demgegenüber für ein Menschenbild, bei dem das Hüten und Bewahren sowie die Achtung der relationalen Beziehungsgefüge im Mittelpunkt stehen. Er spricht in diesem Zusammenhang von einer „ganzheitliche[n] Ökologie" (2015, Nr. 137, 141). Der Mensch ist demnach nicht einfach ein ‚ungebundenes', frei schwebendes Wesen. Er ist ein ‚Selbst im Kontext', verankert und verwoben in soziale und natürliche Zusammenhänge. Diese Modifikation des Personenverständnisses kann an das traditionelle christliche Menschenbild anschließen. Papst Franziskus entwickelt es aber unter Bezugnahme auf das besonders in Lateinamerika verbreitete Konzept des *buen vivir* (Acosta 2015) weiter. Auch ist er als ehemaliger Erzbischof von Buenos Aires den ‚Recht auf Stadt'-Initiativen Lateinamerikas mehr verbunden, als vielen Europäern bewusst ist.[13] Nicht zufällig finden sich daher in seinen Texten immer wieder Passagen zur kollektiven Aneignung von städtischen Räumen. Ein Aufruf aus seinem Schreiben *Evangelii Gaudium* (2013) soll diesen Beitrag abschließen: „Wie schön sind die Städte, die

13 ‚Recht auf Stadt'-Initiativen sind in Lateinamerika weit verbreitet. Die bereits erwähnte Welt-Charta des Rechts auf die Stadt wurde von lateinamerikanischen Initiativen initiiert. In die brasilianische Verfassung von 2001 sind Bestimmungen aufgenommen worden, die das ‚Recht auf die Stadt' garantieren (Mengay und Pricelius 2011). Zu ‚Recht auf Stadt'-Initiativen in Buenos Aires vgl. Dohnke 2011.

das krankhafte Misstrauen überwinden, die anderen mit ihrer Verschiedenheit eingliedern und aus dieser Integration einen Entwicklungsfaktor machen! Wie schön sind die Städte, die auch in ihrer architektonischen Planung reich sind an Räumen, die verbinden, in Beziehung setzen und die Anerkennung des anderen begünstigen!" (2013, Nr. 210)

Literatur

Acosta, A. (2015 [2012]). *Buen Vivir. Vom Recht auf ein gutes Leben*. München: oekom.
Anglet, K. (2007). *Entgrenzung des Raums. Traktat über Auferstehung*. Würzburg: Echter.
Arendt, H. (1998 [1958]). *Vita activa oder vom tätigen Leben*. 10. Auflage. München: Piper.
Bauman, Z. (2003 [2000]). *Flüchtige Moderne*. Frankfurt (Main): Suhrkamp.
Bauman, Z. (2000). Völlig losgelöst. In J. Engelmann & M. Wiedemeyer (Hrsg.), *Kursbuch Arbeit. Ausstieg aus der Jobholder-Gesellschaft – Start in eine neue Tätigkeitskultur?* (S. 23-37). Stuttgart & München: Deutsche Verlags-Anstalt.
Bollnow, O. F. (2004 [1963]). *Mensch und Raum*. 10. Auflage. Stuttgart: Kohlhammer.
Bourdieu, P. (1991). Physischer, sozialer und angeeigneter physischer Raum. In M. Wentz (Hrsg.), *Stadt-Räume. Die Zukunft des Städtischen* (S. 25-34). Frankfurter Beiträge, Bd. 2. Frankfurt (Main); New York: Campus.
Bourdieu, P. (1997 [1993]). Ortseffekte. In ders. et al., *Das Elend der Welt. Zeugnisse und Diagnosen alltäglichen Leidens an der Gesellschaft* (S. 159-167). Konstanz: UVK Verlagsgesellschaft.
Bové, J., & Dufour, F. (2001 [1999]). *Die Welt ist keine Ware. Bauern gegen Agromultis*. Zürich: Rotpunktverlag.
Castel, R. (2011 [2008]). Was ist soziale Sicherheit? Die sozio-anthropologische Dimension sozialer Sicherung. In ders. (Hrsg.), *Die Krise der Arbeit. Neue Unsicherheiten und die Zukunft des Individuums* (S. 199-218). Hamburg: Hamburger Edition.
Deleuze, G., & Guattari, F. (1992 [1980]). *Tausend Plateaus. Kapitalismus und Schizophrenie II*. Berlin: Merve.
Deleuze, G., & Guattari, F. (2006 [1980]). 1440 – Das Glatte und das Gekerbte. In J. Dünne & S. Günzel (Hrsg.), *Raumtheorie. Grundlagentexte aus Philosophie und Kulturwissenschaften* (S. 434-443). Frankfurt (Main): Suhrkamp.
Dohnke, J. (2011). *„Dem Europäer erschien es wie geschenkt". Tourismus und Recht auf Stadt in San Telmo (Buenos Aires)*. In A. Holm & D. Gebhardt (Hrsg.), Initiativen für ein Recht auf Stadt. Theorie und Praxis städtischer Aneignungen (S. 221-244). Hamburg: VSA.
Eibl-Eibesfeldt, I. (1967). *Grundriß der vergleichenden Verhaltensforschung. Ethologie*. München: Piper.
Frankfurt , H. G. (2005 [2004]). *Gründe der Liebe*. Frankfurt (Main): Suhrkamp.
Frankfurt, H. G. (2001 [1971]). Willensfreiheit und der Begriff der Person. In ders., *Freiheit und Selbstbestimmung. Ausgewählte Texte* (S. 65-83). Hrsg. v. M. Betzler und B. Guckes. Berlin: Oldenbourg Akademieverlag.
Franziskus, Papst (2013). *Evangelii Gaudium. Apostolisches Schreiben*. Hrsg. v. Sekretariat der Deutschen Bischofskonferenz. Bonn.
Franziskus, Papst (2015). *Laudato si'. Über die Sorge für das gemeinsame Haus*. Hrsg. v. Sekretariat der Deutschen Bischofskonferenz. Bonn.
Fuchs, T. (2000). *Leib, Raum, Person. Entwurf einer phänomenologischen Anthropologie*. Stuttgart: Klett-Cotta.
Gebhard, D., & Holm, A. (2011). Initiativen für ein Recht auf Stadt. In A. Holm & D. Gebhardt (Hrsg.), *Initiativen für ein Recht auf Stadt. Theorie und Praxis städtischer Aneignungen* (S. 7-23). Hamburg: VSA.

Goffman, E.(1974 [1971]). *Das Individuum im öffentlichen Austausch. Mikrostudien zur öffentlichen Ordnung*. Frankfurt (Main): Suhrkamp.
Graumann, C. F. (1987). Haben und Habenwollen. In E.-J. Lampe (Hrsg.), *Persönlichkeit, Familie, Eigentum. Grundrechte aus der Sicht der Sozial- und Verhaltenswissenschaften* (S. 274-289). Opladen: VS Verlag für Sozialwissenschaften.
Grossrath, J. (2015). Wo der Papst irrt. Die Enzyklika des Papstes ist voller Zivilisationskritik und antiliberaler Zerrbilder. Das Gute der industriellen Gegenwart kommt kaum vor. *Frankfurter Allgemeine Zeitung* vom 20.06.2015. http://www.faz.net/aktuell/wirtschaft/wirtschaftspolitik/gelobt-sei-der-fortschritt-wieso-der-papst-falsch-liegt-13657060.html. Zugegriffen: 17. Juli 2015.
Habermas, T. (1999 [1996]). *Geliebte Objekte. Symbole und Instrumente der Identitätsbildung*. Frankfurt a. M.: Suhrkamp.
Hall, E. T. (1966). *The Hidden Dimension*. New York: Anchor.
Harvey, D. (2013). *Rebellische Städte. Vom Recht auf Stadt zur urbanen Revolution*. 2. Auflage. Berlin: Suhrkamp.
Harvey, D. (2014). *Siebzehn Widersprüche und das Ende des Kapitalismus*. Berlin: Ullstein.
Häußermann, H., & Siebel, W. (2000 [1996]). *Soziologie des Wohnens. Eine Einführung in Wandel und Ausdifferenzierung des Wohnens*. 2., korrigierte Auflage. Weinheim & München: Juventa .
Häußermann, H., Läpple, D., & Siebel, W. (2008). *Stadtpolitik*. Frankfurt (Main).
Helfrich, S. (Hrsg.). (2012). *Commons. Für eine neue Politik jenseits von Markt und Staat*. Bielefeld: Transcript.
Hobkins, R. (2010 [2008]). *Energiewende. Das Handbuch. Anleitung für zukunftsfähige Lebensstile*. 2. Auflage. Frankfurt (Main): Zweitausendeins.
Hobkins, R. (2014 [2013]). *Einfach. Jetzt. Machen! Wie wir unsere Zukunft selbst in die Hand nehmen*. München: oekom.
Holm, A. (2012). Wem gehört die Stadt. Machtkonstellationen in umkämpften Räumen. In M. Lemke (Hrsg.), *Die gerechte Stadt. Poltische Gestaltbarkeit verdichteter Räume* (S. 93-115). Stuttgart: Franz Steiner.
Holm, A. (2014). *Mietenwahnsinn. Warum Wohnen immer teurer wird und wer davon profitiert*. München: Knaur.
Holm, A., & Gebhardt, D. (Hrsg.). (2011). *Initiativen für ein Recht auf Stadt. Theorie und Praxis städtischer Aneignungen*. Hamburg: VSA.
Honneth, A. (2002). Organisierte Selbstverwirklichung. Paradoxien der Individualisierung. In ders. (Hrsg.), *Befreiung aus der Mündigkeit. Paradoxien des gegenwärtigen Kapitalismus* (S. 141-158). Frankfurt (Main) & New York: Campus.
Honneth, A. (2011). Das Recht der Freiheit. Grundriß einer demokratischen Sittlichkeit. Berlin: Suhrkamp.
Honneth, A. (2013). Verwilderungen des sozialen Konflikts. Anerkennungskämpfe zu Beginn des 21. Jahrhunderts. In A. Honneth, O. Lindemann & S. Voswinkel (Hrsg.), *Strukturwandel der Anerkennung. Paradoxien sozialer Integration in der Gegenwart* (S. 17-39). Frankfurt (Main) & New York: Campus.
Jureit, U. (2015). Herrschaft im kolonialen Raum: Territorialität als Ordnungsprinzip. *Aus Politik und Zeitgeschichte* 26-27 (22. Juni 2015), 10-17.

Kersting, W. (2008). Das Eigentum und seine Formen – Philosophische Begründungen. In A. Rauscher (Hrsg.), *Handbuch der Katholischen Soziallehre* (S. 501-510). Berlin: Duncker & Humblot.

Körner, S. (2005). Landschaft und Raum im Heimat- und Naturschutz. In M. Weingarten (Hrsg.), *Strukturierung von Raum und Landschaft: Konzepte in Ökologie und der Theorie gesellschaftlicher Naturverhältnisse* (S. 107-117). Münster: Westfälisches Dampfboot.

Krätke, S. (1996). *Stadt – Raum – Ökonomie: Einführung in aktuelle Problemfelder der Stadtökonomie und Wirtschaftsgeographie*. Basel: Birkhäuser.

Kühne, O. (2013). *Landschaftstheorie und Landschaftspraxis. Eine Einführung aus sozialkonstruktivistischer Perspektive*. Wiesbaden: Springer VS.

Läpple, D. (1991). Essay über den Raum. Für ein gesellschaftswissenschaftliches Raumkonzept. In H. Häußermann, D. Ipsen & Th. Krämer-Badoni (Hrsg.), *Stadt und Raum. Soziologische Analysen* (S. 157-207). Pfaffenweiler: Centaurus.

Lefebvre, H. (1968). *Le droit à la ville. Espace et politique*. Paris: Anthropos.

Lefebvre, H. (1972 [1970]). *Die Revolution der Städte*. München: List.

Lefebvre, H. (1974). *La production de l'espace*. Paris: Anthropos.

Leyhausen, P. (1968 [1954]). Vergleichendes über die Territorialität bei Tieren und den Raumanspruch des Menschen. In K. Lorenz & P. Leyhausen (Hrsg.), *Antriebe tierischen und menschlichen Verhaltens. Gesammelte Abhandlungen* (S. 118-130). München: Piper.

Liberti, S. (2012). *Landraub. Reisen ins Reich des neuen Kolonialismus*. Berlin: Rotbuch.

Lippuner, R. (2005). *Raum, Systeme, Praktiken. Zum Verhältnis von Alltag, Wissenschaft und Geographie*. Stuttgart: Franz Steiner.

Locke, J. (1977 [1689]). *Zwei Abhandlungen über die Regierung*. Frankfurt (Main): Suhrkamp.

Löw, M. (2001). *Raumsoziologie*. Frankfurt (Main): Suhrkamp.

Macpherson, C. B. (1973 [1962]). *Die politische Theorie des Besitzindividualismus. Von Hobbes bis Locke*. Frankfurt (Main): Suhrkamp.

Marcel, G. (1968 [1935]). *Sein und Haben*, Paderborn: Schöningh.

Mathivet, Ch. (2010). The Right to the City: Keys to Understanding the Proposal for „Another City is possible". In A. Sugraynes & Ch. Mathivet – Habitat International Coalition (HIC), *Cities for All: Proposals and Experience towards the Right to the City* (S. 21-26). Santiago (Chile).

Mengay, A., & Pricelius, M. (2011). Das umkämpfte Recht auf Stadt in Brasilien. Die institutionalisierte Form der „Stadt Statute" und die Praxis der urbanen Wohnungslosenbewegung des MTST. In A. Holm & D. Gebhardt (Hrsg.), *Initiativen für ein Recht auf Stadt. Theorie und Praxis städtischer Aneignungen* (S. 245-270). Hamburg: VSA.

Müller, W., & Sträter, W. (2011). Wer lenkt die Stadt? Wie die Neoliberalisierung der Stadt die kommunale Selbstverwaltung aushebelt. In B. Belina, N. Gestring, W. Müller & D. Sträter (Hrsg.), *Urbane Differenzen. Disparitäten innerhalb und zwischen Städten* (S. 132-162). Münster: Westfälisches Dampfboot.

Muraca, B. (2014). *Gut leben: Eine Gesellschaft jenseits des Wachstums*. Berlin: Wagenbach.

Nussbaum, M. C. (1999 [1990]). Der aristotelische Sozialdemokratismus. In dies. (Hrsg.), *Gerechtigkeit oder Das gute Leben* (S. 24-85). Frankfurt (Main): Suhrkamp.

Ostrom, E. (1999 [1990]). *Die Verfassung der Allmende. Jenseits von Markt und Staat.* Tübingen: Mohr Siebeck.

Ostrom, E. (2012). *Was mehr wird, wenn wir teilen. Vom gesellschaftlichen Wert der Gemeingüter.* Hrsg., überarbeitet und übersetzt von Silke Helfrich. 2. Auflage. München: oekom.

Polanyi, K. (2013 [1944]). *The Great Transformation. Politische und ökonomische Ursprünge von Gesellschaften und Wirtschaftssystemen.* 10. Auflage. Berlin: Suhrkamp.

Portmann, A. (1953). *Das Tier als soziales Wesen.* Zürich: Rhein-Verl.

Redepenning, M. (2006). *Wozu Raum? Systemtheorie, critical geopolitics und raumbezogene Semantiken.* Leipzig: Leibniz-Institut für Länderkunde.

Redepenning, M. (2008). Eine selbst erzeugte Überraschung: Zur Renaissance von Raum als Selbstbeschreibungsformel der Gesellschaft. In J. Döring & T. Thielmann (Hrsg.), *Spatial Turn. Das Raumparadigma in den Kultur- und Sozialwissenschaften* (S. 317-340). Bielefeld: Transcript.

Riegler, J., Popp, H. W., & Kroll-Schlüter, H. (Hrsg.). (1999). *Die Bauern nicht dem Weltmarkt opfern! Lebensqualität durch ein europäisches Agrarmodell.* Graz: Stocker.

Röhring, A. (2008). Gemeinschaftsgut Kulturlandschaft. Dilemma und Chancen der Kulturlandschaftsforschung. In D. Fürst, L. Gailing, K. Pollermann & A. Röhring (Hrsg.), *Kulturlandschaft als Handlungsraum. Institutionen und Governance im Umgang mit dem regionalen Gemeinschaftsgut Kulturlandschaft* (S. 35-48). Dortmund: Rohn.

Rössler, B. (2001). *Der Wert des Privaten.* Frankfurt (Main): Suhrkamp.

Rousseau, J.-J. (2008 [1755]). *Discours sur l'origine et les fondements de l'inégalité parmi les hommes / Diskurs über den Ursprung und die Grundlagen der Ungleichheit unter den Menschen.* Kritische Ausgabe des integralen Textes mit sämtlichen Fragmenten und ergänzenden Materialien nach den Originalausgaben und den Handschriften neu ediert, übersetzt und kommentiert von H. Meier. 6. Auflage. Paderborn: Schöningh.

Sartre, J.-P. (1962 [1943]). *Das Sein und das Nichts. Versuch einer phänomenologischen Ontologie.* Hamburg: Rowohlt.

Schmid, Ch. (2011). Henri Lefebvre und das Recht auf die Stadt. In A. Holm & D. Gebhardt (Hrsg.), *Initiativen für ein Recht auf Stadt. Theorie und Praxis städtischer Aneignungen* (S. 25-51). Hamburg: VSA.

Schmitt, C. (1950). *Der Nomos der Erde – im Völkerrecht des Jus Publicum Europaeum.* Berlin: Duncker & Humblot.

Schmitt, C. (1981 [1942]). *Land und Meer. Eine weltgeschichtliche Betrachtung.* Köln; Lövenich: Hohenheim.

Schneider, M. (2012a). *Raum – Mensch – Gerechtigkeit. Sozialethische Reflexionen zur Kategorie des Raumes.* Paderborn: Schöningh.

Schneider, M. (2012b). Spatial turn in der christlichen Sozialethik. Ein Plädoyer. *Jahrbuch für Christliche Sozialwissenschaft 53*, 221-244.

Schneider, M. (2015). Auf Verwundbarkeiten achten, Resilienz stärken. Perspektiven für widerstandsfähige und lernende ländliche Räume. In S. Franke (Hrsg.), *Armut im ländlichen Raum? Analysen und Initiativen zu einem Tabu-Thema* (S. 119-125). Hanns-Seidel-Stiftung, Argumente und Materialien zum Zeitgeschehen Nr. 97. München. http://resilienz.hypotheses.org/459. Zugegriffen: 25. Juni 2015.

Sloterdijk, P. (2001 [1999]). *Sphären, Bd. 2: Globen*. 2. Auflage. Frankfurt (Main): Suhrkamp.

Sloterdijk, P. (2004). *Sphären, Bd. 3: Schäume*. Frankfurt (Main): Suhrkamp.

Sloterdijk, P. (2009). Die Revolution der gebenden Hand. *Frankfurter Allgemeine Zeitung* (13.06.2009). http://www.faz.net/aktuell/feuilleton/debatten/kapitalismus/die-zukunft-des-kapitalismus-8-die-revolution-der-gebenden-hand-1812362.html. Zugegriffen: 31. Juli 2015.

Smith, N. (1997). Geography Marxism and Geography in the Anglophone World. *Geographische Revue 3*, 5-22.

Sofsky, W. (2007). *Verteidigung des Privaten. Eine Streitschrift*. Bonn: Bundeszentrale für politische Bildung.

Twomey, H., Schiavoni, C. M., & Mongula, B. (2015). *Impacts of large-scale agricultural investments on small-scale farmers in the Southern Highlands of Tanzania. A Right to Food Perspective*. Hrsg. v. Bischöflichen Hilfswerk MISEREOR. http://www.misereor.de/fileadmin/redaktion/A_Right_to_Food_Perspective_EN_2015.pdf. Zugegriffen: 31.07.2015.

Uexküll, J. v., & Kriszat, G. (1970 [1934]). *Streifzüge durch die Umwelten von Tieren und Menschen. Ein Bilderbuch unsichtbarer Welten*. Stuttgart.

Waldenfels, B. (1997). *Topographie des Fremden. Studien zur Phänomenologie des Fremden, Bd. 1*. Frankfurt (Main): Suhrkamp.

Waldenfels, B. (2005 [1985]). Gänge durch die Landschaft. In ders., *In den Netzen der Lebenswelt* (S. 179-193). 3. Auflage. Frankfurt (Main): Suhrkamp.

Waldenfels, B. (2009). *Ortsverschiebungen, Zeitverschiebungen. Modi leiblicher Erfahrung*. Frankfurt (Main): Suhrkamp.

Winnicott, D. W. (1973 [1971]). *Vom Spiel zur Kreativität*. Stuttgart: Klett-Cotta.

Wintergerst, T. (2014). Zur Ethik der sozialen Innovation – Das handlungsfähige ‚Wir' bei Elinor Ostrom als Grundlage der Nachhaltigkeitstransformation. In M. Miosga & S. Hafner (Hrsg.), *Regionalentwicklung im Zeichen der Großen Transformation. Strategien für Ressourceneffizienz, demografischen Wandel und Innovationsfähigkeit* (S. 217-251). München: oekom.

Die Bedeutung von Alltagsästhetik im Kontext der Polarisierung und Hybridisierung von Städten

Eine Spurensuche

Rainer Kazig

Zusammenfassung

Der Beitrag berichtet vom Ergebnis einer Spurensuche, die der Frage nach der Bedeutung der Ästhetisierung des Alltags für das Verständnis von Polarisierung und Hybridisierung von Städten nachgegangen ist. Die Suche baut auf der Beobachtung auf, dass trotz der weitgehenden Übereinkunft über den hohen Stellenwert des Trends der Alltagsästhetisierung insbesondere der zentrale Aspekt des ästhetischen Wahrnehmens bisher für das Verständnis von Prozessen der Stadtentwicklung nur ungenügend betrachtet wurde. Auf der einen Seite wird mit Blick auf die Alltagsästhetik herausgestellt, wie alltagsästhetisches Wahrnehmen praktische Relevanz erhalten kann. Mit Emotionen, ästhetischen Korrespondenzen und der Einbindung in soziale Konstruktionsprozesse werden drei Aspekte herausgestellt, wie ästhetische Wahrnehmung grundsätzlich für die Stadtentwicklung von Belang sein kann. Auf der anderen Seite wird der Fokus auf die Forschung zu Polarisierung und Hybridisierung gerichtet und aufgezeigt, in welcher Weise hier bereits implizit mit ästhetischen Kategorien argumentiert wird beziehungsweise ästhetisches Wahrnehmen trotz dominierender gegenläufiger Argumentation im Alltag präsent ist.

1 Einführung

Die Ästhetisierung des Alltags ist ein zentrales Kennzeichen der gegenwärtigen, postmodernen Dienstleistungsgesellschaften. Es scheint heute kaum noch einen Lebensbereich zu geben, in dem ästhetische Kriterien nicht von Bedeutung sind. Insofern ist es auch für die Stadtforschung von Interesse zu fragen, inwieweit die Alltagsästhetik einen Schlüssel für das Verständnis der betrachteten Phänomene liefert. Insbesondere der dabei zentrale Aspekt des ästhetischen Wahrnehmens wurde bisher in empirischen Arbeiten kaum angemessen untersucht. Erklären lässt sich dieses Manko mit der Vorstellung, dass ästhetische Wahrnehmungen mit Methoden der empirischen Sozialforschung nicht erfasst werden könnten und daher allein Gegenstand geisteswissenschaftlicher Auseinandersetzungen sein sollten (Helbrecht 2003). Obwohl die grundsätzliche Unbegründetheit dieser Vorstellung inzwischen mehrfach widerlegt wurde (bspw. Rautio 2009; Kazig 2012), steckt eine empirisch fundierte Auseinandersetzung mit alltagsästhetischen Wahrnehmungen in der Stadtforschung noch weitgehend in den Anfängen. Dies gilt auch für die hier im Mittelpunkt stehenden Themen der Polarisierung und Hybridisierung von Stadtentwicklung.

Der vorliegende Beitrag möchte diesem Manko mit einer Art von Spurensuche entgegentreten. Auf der einen Seite führt sie in den Bereich der Alltagsästhetik, um zu verdeutlichen, inwieweit ästhetisches Wahrnehmen mehr als nur ein sich selbst genügender, aus dem Alltag herausgelöster Moment ist. Denn vielfach haftet auch den alltagsästhetischen Bezügen noch die Vorstellung an, dass sie ähnlich wie ästhetische Wahrnehmungen von Kunst in einer eigenen Sphäre angesiedelt sind, die weitgehend vom restlichen Leben abgetrennt ist. In diesem ersten Schritt der Spurensuche wird deshalb herausgestellt, wie alltagsästhetisches Wahrnehmen grundsätzlich praktische Relevanz erhält und damit auch für die Stadtentwicklung von Belang sein kann. Auf der anderen Seite wendet sie sich der Forschung zu Polarisierung und Hybridisierung zu. In der Forschung zur Polarisierung wird danach gesucht, ob sich ästhetische Kategorien nicht bereits in empirische Arbeiten ‚eingeschlichen' haben, ohne dass sie als solche ausgewiesen sind. Diese Entwicklung ist durchaus plausibel, wenn man sich – wie bereits angesprochen wurde – die weitgehend ausgebliebene Rezeption alltagsästhetischer Arbeiten in der sozialwissenschaftlichen Stadtforschung vor Augen hält. In der Forschung zur Hybridisierung wird der Blick auf die Diskussion zur Zwischenstadt gelenkt, die noch weiter geht: Thomas Sieverts, der Begründer des Begriffs der Zwischenstadt, postuliert nämlich sowohl bei den Planern als auch den Nutzern die Abwesenheit ästhetischer Sensibilität in Bezug zu dieser Raumkategorie. Hier wird unter Bezug auf eine exploratorische empirische Arbeit gezeigt, dass zumindest bei Bewohnern dieses hybriden Stadtraumes durchaus alltagsästhetische Bezüge zu dem Umfeld ihrer Wohnung bestehen und die für den Zwischenstadtbegriff wichtige These der Abwesenheit ästhetischer Sensibilität zu überdenken ist.

2 Alltagsästhetisches Wahrnehmen

Die Ästhetisierung des Alltags hat in der Disziplin der Ästhetik insbesondere auf Seiten der Rezeptionsästhetik eine erhebliche Dynamik ausgelöst, die unter anderem zu der Etablierung der Alltagsästhetik als einem eigenen Feld geführt hat. In diesem Zusammenhang haben sich neue Zugänge und Begriffe etabliert, mit denen sich die vielfältigen Formen des Ästhetischen im Alltag adäquater erfassen lassen als mit den traditionellen, allein auf den Bereich der Kunst bezogenen Ansätzen. Gleichzeitig hat sich im Zuge dieser Entwicklung die bereits bestehende Polyvalenz des zentralen Begriffs ‚ästhetisch' weiter verstärkt (Welsch 1996), so dass im Folgenden zunächst das hier zugrunde gelegte Verständnis des Ästhetischen erläutert wird. Es bezieht sich auf eine vom Autor dieses Beitrags formulierte situative Alltags- und Umweltästhetik (Kazig 2012), die ihrerseits auf verschiedenen Autoren der deutsch- und englischsprachsprachigen Alltags- und Umweltästhetik aufbaut. Von besonderer Bedeutung sind dabei die Arbeiten des deutschen Philosophen Martin Seel (1996, 2000).

Der Ansatz der situativen Ästhetik fasst das Ästhetische als eine spezifische Form des Wahrnehmens – oder mit den Worten von Kleimann (2002) ausgedrückt – als ein spezifisches Weltverhältnis, das auf die „phänomenale Präsenz" des Gegenstandes der Wahrnehmung bezogen ist (Seel 2000, S. 52). Es ist durch das Interesse an der Form des Wahrnehmungsgegenstandes gekennzeichnet. Das ästhetische Wahrnehmen lässt sich beispielsweise an dem Blick auf einen Platz verdeutlichen, bei dem dieser in seiner gesamten sinnlichen Gegebenheit erfasst wird. Ein weiteres Kennzeichen des ästhetischen Wahrnehmens ist ein Verweilen bei dieser Form der Aufmerksamkeit. Hiermit wird zum Ausdruck gebracht, dass die Fokussierung auf die phänomenale Gegebenheit des Wahrnehmungsgegenstandes im Vordergrund steht und durch keine anderen Anforderungen gestört wird. Diese Situation der ungestörten Aufmerksamkeit gegenüber dem Wahrnehmungsgegenstand kann in alltäglichen Situationen allerdings auf wenige Sekunden beschränkt sein. Das ästhetische Wahrnehmen eines Platzes kann beispielsweise während des Wartens an einer Ampel oder beim Sitzen in einem Café erfolgen. Gewissermaßen als Folge des Verweilens bei dem Wahrnehmungsgegenstand stellt die Gegenwartorientierung ein weiteres Merkmal des ästhetischen Wahrnehmens dar (Kazig 2012, S. 87). Mit diesen Merkmalen ist ein Minimalbegriff des ästhetischen Wahrnehmens gekennzeichnet. Hierauf aufbauend können verschiedene Differenzierungen für eine genauere Kennzeichnung des ästhetischen Wahrnehmens unternommen werden, das in der jeweiligen Situation zum Einsatz kommt. Im Folgenden soll auf drei für das Anliegen dieses Textes wichtige Dimensionen der Differenzierung eingegangen werden.

An erster Stelle kann zwischen Gegenstandswahrnehmung und Atmosphärenwahrnehmung unterschieden werden (Böhme 2001). Gerade die Atmosphärenwahrnehmung hat im Alltag eine große Bedeutung, da hier vielfach der Gesamtcharakter einer Situation wahrgenommen wird. Diese lässt am Beispiel des Platzes verdeutlichen, wenn dieser beispielsweise als urban, gemütlich, trostlos oder abstoßend wahrgenommen wird. Die ästhetische Wahrnehmung bezieht sich dann weniger auf die gegenständliche Dimension des Platzes, sondern entsteht als ein eher diffuses Empfinden der Atmosphäre bei der Präsenz auf dem Platz. Das ästhetische Wahrnehmen von Atmosphären ist im Kontext dieser Spurensuche auch deshalb von besonderem Interesse, weil es der emotionalen Betroffenheit als Aspekt des ästhetischen Wahrnehmens explizit einen Platz einräumt. In der deutschsprachigen Diskussion hat insbesondere Böhme (2001, S. 73ff.) deutlich gemacht, dass das Wahrnehmen einer Atmosphäre über die sich verändernde Befindlichkeit einer Person erfolgt. In der anglophonen Umweltästhetik wird entsprechend von *embodiment* gesprochen (Berleant 2004, S. 83ff.). Durch diese Anerkennung der emotionalen oder affektiven Dimension als Aspekt des ästhetischen Wahrnehmens hat die Atmosphärenästhetik mit der allein auf Urteile und Rationalität beruhenden Urteilsästhetik Kant'scher Tradition gebrochen (Liessmann 2009, S. 27ff.). Aber auch in einer stärker an einer Gegenstandswahrnehmung orientierten Alltagsästhetik hat Liessmann (2009) mit dem Konzept der gemischten Empfindungen einen wichtigen Beitrag zu Rehabilitierung einer emotionalen Betroffenheit als Dimension ästhetischer Wahrnehmungen geleistet. Im Kontext der Problemstellung dieses Beitrages sind Emotionen deshalb von besonderem Interesse, weil sie als ein Bindeglied zwischen ästhetischen Wahrnehmungen und Handlungen die praktische Bedeutung alltagsästhetischer Wahrnehmungen nachvollziehbar machen. Die angesprochene Wahrnehmung eines Platzes als trostlos bleibt in diesem Sinn nicht interessenlos, sondern kann beispielsweise dazu führen, dass er gemieden und nicht als Treffpunkt für eine Verabredung oder ein Gespräch ausgewählt wird.

Darüber hinaus leitet sich eine praktische Relevanz ästhetischer Wahrnehmungen auch aus den Reflexionen und Imaginationen ab, die sie begleiten können. Reflexive und imaginative Elemente stellen für viele Autoren einen wichtigen Aspekt ästhetischer Wahrnehmung dar. In diesem Sinn bezeichnet Kleimann (2002, S. 10 Hervorhebung i. O.) das ästhetische Weltverhältnis als ein Interesse an der „*sinn-*

lich-sinnhaften Seite der Welt". Im Rahmen der hier unternommenen Spurensuche erscheinen zwei Aspekte der kognitiven Dimension ästhetischen Wahrnehmens von besonderem Interesse: ästhetische Korrespondenzen sowie die Integration ästhetischer Urteile in soziale Konstruktionsprozesse. Ästhetische Korrespondenzen beruhen darauf, dass ästhetische Wahrnehmungen mit gedanklichen Bezügen zu Lebensmöglichkeiten verbunden werden können. Am Beispiel des Platzes kommen ästhetische Korrespondenzen etwa zum Einsatz, wenn dieser im Sommer dahingehend bewertet wird, ob das Erscheinen des Platzes und seiner Caféterrassen für ein angeregtes privates Gespräch unter Freunden geeignet erscheint. Es wird für das Gespräch bevorzugt ein Platz mit Terrassen ausgewählt, der in seiner Gestaltung mit den persönlichen Präferenzen für einen sommerlichen Gesprächsort korrespondiert und in diesem Sinn einen adäquaten Rahmen bereitstellt. Die Bedeutung ästhetischer Korrespondenzen hat mit der Ästhetisierung des Alltags erheblich an Bedeutung gewonnen. Im privaten Bereich der eigenen Wohnung oder des eigenen Hauses können sie durch die Einrichtung des Wohnraums hergestellt werden. Hierfür steht heutzutage ein weit differenziertes Repertoire an Objekten zur Verfügung, mit denen der Wohnraum den eigenen Ansprüchen entsprechend gestaltet werden kann. Für öffentliche Räume fehlt hingegen diese Möglichkeit der persönlichen Einflussnahme. Gleichzeitig bestehen jedoch Hinweise darauf, dass auch in öffentlichen Räumen in zunehmendem Maß nach ästhetischen Korrespondenzen gesucht wird. Dies zeigt sich beispielsweise in einer Untersuchung zu den Standortfaktoren kreativer Dienstleistungsunternehmen (Helbrecht 2004). Sie konnte zeigen, dass das ‚*look&feel*' eines Standortes, das als Begriff zum Ausdruck ästhetischer Korrespondenz angesehen werden kann, als zentraler Standortfaktor für diese Kategorie von Unternehmen gilt.

Reflexion und Imagination sind als Dimensionen ästhetischen Wahrnehmens nicht nur in Hinblick auf ästhetische Korrespondenzen von Interesse. Auf Grundlage ihrer kognitiven Dimension können ästhetische Wahrnehmungen zudem wesentlich an der subjektiven Konstruktion von Wirklichkeit teilhaben. Innerhalb der deutschsprachigen Humangeographie wurde in jüngerer Zeit insbesondere die Bedeutung von Diskursen für die gesellschaftliche Konstruktion der Wirklichkeit herausgestellt und damit ein subjektloser und eher textbezogener Ansatz für die Analyse von Bedeutungen und sozialen Konstruktionen stark gemacht (Glasze und Mattissek 2009). Die Frage der Konstruktion von Bedeutungen kann jedoch auch auf subjektiver Ebene gestellt werden. In diesem Zusammenhang sind auch alltagsästhetische Situationen von Bedeutung, da sie einen Moment besonderer Aufmerksamkeit in der Begegnung mit der Welt darstellen, in der nicht nur das Erscheinen der Welt bewusst erlebt wird, sondern auch soziale Konstruktionen aktualisiert oder verändert werden können. Auch dieser Zusammenhang lässt sich am Beispiel des Platzes verdeutlichen. Die ästhetische Wahrnehmung des Platzes als trostlos kann in die Konstruktion des Viertels einfließen, in dem dieser Platz gelegen ist. Die ästhetische Wahrnehmung des Platzes kann sich aber auch auf den Planer des Platzes beziehen, soweit dieser dem Wahrnehmenden bekannt ist. In diesem Fall könnte die ästhetische Wahrnehmung zu der Konstruktion des Planers als unfähig oder zynisch beitragen. Diese beiden Beispiele verdeutlichen, dass die Ausrichtung des Konstruktionsprozesses in alltagsästhetischen Zusammenhängen nur schwer vorhersehbar ist. Während im Bereich der Kunstrezeption durch didaktische Maßnahmen durchaus Einfluss auf die Konsequenzen ästhetischer Wahrnehmungen genommen wird, fehlt diese Einflussnahme in alltagsästhetischen Zusammenhängen weitgehend.

Die Spurensuche auf Seiten der Alltagsästhetik konnte verdeutlichen, wieso alltagsästhetische Wahrnehmungen keineswegs als aus dem Alltag herausgelöste Momente zu verstehen sind. Durch ihre emotionale Dimension, die Bedeutung ästhetischer Korrespondenzen sowie durch ihre Einbindung in soziale Konstruktionsprozesse können sie in vielfältiger Weise über den Moment der Wahrnehmung hinausgehend praktische Bedeutungen erlangen (dazu auch Kühne zu Warschau in diesem Band). Im Folgenden wird die Blickrichtung geändert und die Spurensuche in der Forschung zu Polarisierung und Hybridisierung weitergeführt.

3 Begegnungen, Alltagsästhetik und Polarisierung

An erster Stelle wird der Frage nachgegangen, ob und in welcher Weise Alltagsästhetik mit der Entstehung sozialer Polarisierung in Verbindung steht. Dabei wird Polarisierung nicht allein ökonomisch als ein Ausdruck gestiegener Ungleichheiten im Zuge der Transformation zu postindustriellen Gesellschaften verstanden. Vielmehr wird davon ausgegangen, dass in den pluralisierten und durch Einwanderung gekennzeichneten Gegenwartsgesellschaften Europas ein weiter gefasstes Verständnis von Polarisierung angemessen ist, das auch die symbolische Dimension der Kategorisierung von Bevölkerungsgruppen und die Entwicklung von Vorurteilen und Stigmata einbezieht. Vorurteile und Stigmatisierungen können dabei in zweifacher Hinsicht zum Tragen kommen. Sie können Missachtungen gegenüber bestimmten Bevölkerungsgruppen zum Ausdruck bringen und sie symbolisch an den Rand der Gesellschaft drängen. Vorurteile und Stigmata können zudem eine zentrale Grundlage für Benachteiligungen beispielsweise beim Zugang zu Arbeit oder Wohnraum bilden und auf diese Weise sozio-ökonomische Polarisierungstendenzen unterstützen.

In der Stadtforschung erfolgt eine Auseinandersetzung mit der Entstehung beziehungsweise dem Aufbrechen von Vorurteilen insbesondere im Rahmen der Geographie der Begegnungen. Sie ist zu Beginn der 2000er Jahre zunächst im angelsächsischen Raum entstanden und nimmt die eher kurzfristigen und flüchtigen Begegnungen von Fremden in öffentlichen und halböffentlichen Räumen in den Blick (Dirksmeier et al. 2011). Sie lenkt das Forschungsinteresse damit auf einen Bereich städtischer Sozialbeziehungen, denen bis dato in der geographischen Stadtforschung wenig Aufmerksamkeit gewidmet wurde. Ein wichtiges Themenfeld innerhalb der Geographie der Begegnungen bezieht sich auf die Begegnungen von Fremden in öffentlichen Räumen der ‚multikulturellen' Stadt und deren Beitrag für eine Zunahme an Toleranz und einem Abbau von Vorurteilen beziehungsweise entgegengesetzt zu deren Bestärkung (Valentine 2008). Mit dieser Fragestellung hat die Geographie der Begegnungen eine kritische Auseinandersetzung mit der auf die Kontakt-Hypothese von Allport (1971) zurückgehende und in der Diskussion über öffentliche Räume weit verbreitete Annahme eingeleitet, dass Begegnungen mit Fremden im städtischen Raum quasi automatisch das Verständnis für kulturelle Differenz und damit Toleranz förderten (Wiesemann 2015, 11ff.). Wegen dieses Fokus ist die Geographie der Begegnungen auch für die Auseinandersetzung mit Polarisierung von Interesse. Denn sie beinhaltet auch die Frage nach der Entwicklung von Vorurteilen gegenüber Migranten, die vielfach zu den Verlierern des Polarisierungsprozesses gezählt werden und deshalb in diesem Zusammenhang eine besonders relevante Personengruppe darstellen.

Die sinnliche Vergegenwärtigung des Anderen stellt ein konstitutives Element von Begegnungen dar und legt deshalb nahe, dass Begegnungen auch von ästhetischen Wahrnehmungen begleitet sind. Diese Überlegung wird von Naukkarinens (1998) Ästhetik der menschlichen Erscheinung unterstützt, der bei Begegnungen mit menschlichen Erscheinungen auch unvermeidbar ästhetische Dimensionen erwartet. Von besonderem Interesse ist dabei die Frage, ob die ästhetischen Wahrnehmungen eher mit einer Schwächung oder Stärkung von Vorurteilen einhergehen und insofern einer Polarisierung entgegenwirken oder sie verstärken. Innerhalb der noch jungen Geographie der Begegnungen, in der bisher noch wenige empirische Arbeiten vorliegen, liefert eine Untersuchung von Begegnungen in einem von Migrantinnen und Migranten geprägten Quartier in Köln erste Antworten auf diese Frage (Wiesemann 2015). Von den sieben in der Arbeit herausgearbeiteten Logiken von Begegnungen beruht die als „Momente bloßer Visibilität" (Wiesemann 2015, S. 111) bezeichnete, mit einer Bestätigung und Stärkung von Vorurteilen gegenüber Fremden einhergehende Begegnungsform allein auf ästhetischen Wahrnehmungen. Ihre Logik besteht darin, dass sich bestehende Vorurteile bei Personen ohne Migrationshintergrund gegenüber Fremden in den Wahrnehmungen ihres Erscheinens in den öffentlichen Räumen des Quartiers wiederfinden und dadurch eine Bestätigung und Stärkung erfahren. In diesem Sinn wird beispielsweise das bestehende Vorurteil der Unterdrückung türkischer Frauen bestätigt, wenn wahrgenommen wird, dass sie hinter ihren Männern hergehen oder mehr Tüten und Taschen tragen als ihre Männer beziehungsweise dass sie ein Kopftuch tragen. In gleicher Weise werden beispielsweise Vorurteile gegenüber türkischen Männern als proletenhaft in Wahrnehmungen ihrer Bekleidung in Form von Jogginghosen, ihrer Sprechweise oder ihrer künstlichen Bräunung bestätigt. Während die Untersuchung gezeigt hat, dass bei Personen ohne Migrationshintergrund zahlreiche Vorurteile gegenüber Türkinnen und Türken durch ästhetische Wahrnehmungen ihrer Präsenz und ihres Verhaltens in öffentlichen Räumen bestätigt werden, konnte ein destabilisierender Einfluss ästhetischer Wahrnehmungen auf Vorurteile allenfalls in Ansätzen festgestellt werden. Insofern stellt diese Untersuchung die in der Stadtforschung weit verbreitete These in Frage, dass öffentliche Räume allein durch die Möglichkeit der sinnlichen Erfahrbarkeit von Vielfalt in Begegnungen zu mehr Toleranz und Anerkennung von Vielfalt führen würden (beispielsweise bei Sennett 1983; oder Feldtkeller 1995) und dadurch auch einer Polarisierung entgegenwirken. Da es sich hier um die Ergebnisse einer Fallstudie in einem spezifischen Quartier handelt, sind in jedem Fall weitere Untersuchungen in anderen Städten und Quartieren notwendig, um zu einem umfassenderen Verständnis der Bedeutung ästhetischer Wahrnehmungen in Begegnungen zu gelangen.

4 Wohnstandortwahl und Alltagsästhetik

Nachdem zuvor der Frage nachgegangen wurde, wie alltagsästhetische Wahrnehmungen mit der Entstehung von Polarisierungen verbunden sind, richtet sich der Fokus im Folgenden auf die stadträumliche Ausprägung dieser Entwicklung. Die Spurensuche verlagert sich damit in das Themenfeld der Entwicklung sozialräumlicher Polarisierungen und der ihnen zugrunde liegenden Wohnstandortentscheidungen. Vor dem Hintergrund der gegenwärtig großen Bedeutung der Alltagsästhetik innerhalb des eigenen Wohnraums (Melchionne 2007) ist es naheliegend danach zu fragen, in welcher Weise ästhetische Ansprüche auch jenseits der eigenen Wände und gegebenenfalls des Gartens von Bedeutung sind und bei der Wohnstandortwahl zum Tragen kommen. Es geht mit anderen Worten darum, aufzuspüren, inwieweit alltagsästhetische Korrespondenzen mit Bezug zum Wohnumfeld bei der Wohnstandortwahl zum Tragen kommen, die für Prozesse der sozialräumlichen Polarisierung städtischer Räume von Belang sind. Vor einem detaillierten Blick auf diese Zusammenhänge muss allerdings die Bedeutung des

Ästhetischen für Wohnstandortentscheidungen und damit für die Entwicklung sozialräumlicher Polarisierung leicht eingeschränkt werden. Diese Einschränkung bezieht sich auf öffentlich geförderte Wohnungen, die für die Entwicklung von sozialräumlichen Polarisierungen von Städten nicht unbedeutend sind. Sie werden überwiegend zugewiesen, so dass in diesem, für die sozialräumliche Polarisierung durchaus relevanten Segment des Wohnungsmarktes keine alltagsästhetischen Präferenzen zum Ausdruck gebracht werden können.

Wie bereits im vorausgegangenen Abschnitt hat die Spurensuche auch hier wieder zu Personen mit Migrationshintergrund geführt[1]. Da sie – wie bereits angesprochen – tendenziell als Verlierer im Prozess der Polarisierung angesehen werden, ist eine Auseinandersetzung mit ihren Wohnstandortentscheidungen für das Verständnis einer sozialräumlichen Polarisierung von Städten von Interesse (zur differenzierten Raumaneignung von Parkanlagen durch Migranten siehe Bruns in diesem Band). Im Zentrum steht dabei die Frage, ob sie mit der Wahl ihres Wohnstandortes sozialräumliche Polarisierungen tendenziell verstärken oder ihnen entgegenwirken, das heißt, ob sie bevorzugt in ein von Migrantinnen und Migranten geprägtes Quartier ziehen oder eher ein in der Bevölkerungszusammensetzung gemischtes Wohngebiet bevorzugen und ob dabei ästhetische Kriterien im Vordergrund stehen. Für die Spurensuche sehr hilfreich war eine Untersuchung zu Wohnstandortentscheidungen türkischer Migranten in Köln (Wiesemann 2008), die in einer Typologie von Haushalten mündet. Unter den vier vorgeschlagenen Typen von Haushalten (ethnisch-distanzierte, bildungsorientierte, preisgebundene und ethnisch-verbundene Haushalte) kommen sowohl beim ethnisch-distanzierten als auch beim ethnisch-verbundenen Haushalt explizit ästhetische Kriterien bei der Wahl des Wohnstandortes zum Tragen, allerdings mit diametral entgegengesetzten Wirkungen. Sie beziehen sich in beiden Fällen auf die sichtbare Präsenz ethnisch geprägter Lebensformen im Quartier.

Ethnisch-distanzierte Haushalte führen selbst eine ‚moderne', das heißt nicht an ethnischen Bezügen orientierte Lebensweise. Sie bewerten Viertel mit einer sichtbaren ethnischen Prägung des öffentlichen Lebens negativ und beschreiben sie als ‚traditionell' oder ‚zurück geblieben'. Sie stehen für sie im Widerspruch zu der eigenen moderne Lebensweise und werden deshalb als Wohnstandort vermieden. In einem überwiegend von deutschen Bewohnern geprägten Viertel zu woh-

1 Bei Wohnstandortentscheidungen für einen Zuzug in gentrifizierte Stadtgebiete deuten sich ebenfalls ästhetisch motivierte Kriterien an, die eine Durchmischung fördern und damit einer Polarisierung entgegenstehen. Da eine differenzierte Auseinandersetzung mit dieser durchaus kontrovers diskutierten Frage (Helbrecht 2011) den Umfang dieses Textes überschreiten würde, kann hier nur kurz darauf hingewiesen werden.

nen korrespondiert hingegen mit ihrer eigenen modernen Lebensweise und führt zu einem Wohlbefinden im Quartier. Neben der Suche nach Korrespondenz ist ihre Wohnstandortwahl zudem von der Überlegung geprägt, dass das Bild des Viertels auf den Haushalt projiziert werden könne (zu diesem Aspekt siehe auch Freitag in diesem Band). In einem ethnisch geprägten Viertel zu wohnen ginge für sie mit der Sorge einher, dass Dritte das Bild des Viertels auf den Haushalt projizieren und sie als traditionell und zurück geblieben angesehen würden. In einem von deutschen Bewohnern geprägten Quartier hingegen sehen sie sich diesem Risiko nicht ausgesetzt. Im Gegensatz dazu beziehen sich ethnisch-verbundene Haushalte positiv auf ‚ethnische' Elemente. Sie wählen ihren Wohnstandort in einem Stadtviertel mit einer sichtbaren ethnischen Prägung, weil ihre eigene Lebensweise mit der des Viertels positiv korrespondiert. Auf Grundlage dieser Korrespondenz entsteht für sie ein Gefühl von Geborgenheit und Heimat in der Stadt. Das Korrespondenzerleben ist aber bei ethnisch-verbundenen Haushalten nur einer der Gründe für einen Zuzug in ein ethnisch geprägtes Quartier und wird durch soziale und funktionale Motive ergänzt.

5 Alltagsästhetik in der Zwischenstadt?

In der deutschsprachigen Diskussion über hybride Stadträume nimmt der von Sieverts (1999) geprägte Begriff der Zwischenstadt eine herausragende Stellung ein (vgl. für eine weiter gefasste Diskussion hybrider Stadträume Kühne 2012). Hinsichtlich des Bezugs zur Alltagsästhetik dieser Räume sind Sieverts Überlegungen von besonderem Interesse, weil sie sowohl auf Seiten der Planer als auch der Bewohner und Nutzer eine anästhetische, das heißt jegliche ästhetische Sensibilität ausblendende Haltung in Bezug auf diese Räume postulieren. Sieverts geht – mit anderen Worten – davon aus, dass die genannten Personengruppen den Räumen der Zwischenstadt ohne jeglichen ästhetischen Anspruch begegnen. Dieses Postulat ist auf den ersten Blick durchaus nachvollziehbar, weil die Entwicklung der Zwischenstadt überwiegend von funktionalen und ökonomischen Logiken geprägt ist und die Räume der Zwischenstadt wenige oder keine Merkmale aufweisen, die denen der ästhetisierten Innenstädte oder Innstadtrandgebiete ähneln. Hält man sich allerdings die Eingangsüberlegungen zur Alltagsästhetisierung als gesellschaftlichem Megatrend vor Augen, erscheint es durchaus als zweifelhaft, dass die Bewohner der Zwischenstadt ihre ästhetische Sensibilität gegenüber ihrem näheren oder weiteren Wohnumfeld praktisch ausblenden beziehungsweise über eine solche erst gar nicht verfügen. Eine explorative Untersuchung von Bewohnern einer Zwischenstadtgemeinde im Münchener Umland bestätigt diese Zweifel

(Teske 2011). Sie konnte verschiedene Kategorien alltagsästhetischer Bezüge der Bewohner der Gemeinde zu ihrem Wohnumfeld herausarbeiten, von denen drei im Folgenden diskutiert werden. Sie illustrieren an einem deutschen Beispiel, wie der von Kühne (2012, S. 432ff.) zur Kennzeichnung der hybriden Stadtlandschaft von Los Angeles als Metapher entwickelte ‚Eintopf' von ihren Bewohnern mehr oder weniger genossen wird.

Alltagsästhetische Bezüge zum eigenen Garten stellen eine erste Kategorie dar. Obwohl sie nicht den öffentlichen, sondern den privaten Raum betreffen, sollen sie hier kurz betrachtet werden. Die alltagsästhetischen Wahrnehmungen sind vielfältig und beziehen sich auf der einen Seite auf Pflanzen und Tiere im Garten sowie auf die Atmosphäre beim Aufenthalt im Garten. Der Garten ermöglicht darüber hinaus mit dem Bepflanzen und Pflegen des Gartens Aktivitäten der Gestaltung von Räumen der alltagsästhetischen Resonanz. Anders als das Einrichten der Wohnung, das eher eine einmalige Aktivität darstellt, ermöglicht der Garten, dem Rhythmus des Jahres angepasst, fortlaufend gestalterische Tätigkeiten. Der private Garten als Ort alltagsästhetischer Episoden ist selbstverständlich nicht spezifisch für die Zwischenstadt, sondern dürfte in gleicher Weise auch in der Kernstadt zum Tragen kommen. Einfamilienhäuser und Doppelhaushälften und die dazugehörigen Gärten stellen jedoch die prägende Wohnform der Zwischenstadt dar, so dass die Kultivierung alltagsästhetischer Episoden mit Bezug zum privaten Garten auf jeden Fall eine wichtige Form alltagsästhetischer Bezüge der Bewohner dieser Räume darstellt. Grundsätzlich scheint sich an dieser Kategorie alltagsästhetischer Bezüge die These von Hauser und Kamleithner (2006, S. 89f.) zu bestätigen, dass Ästhetik in der Zwischenstadt in erster Linie im privaten Bereich zu suchen ist. Die Untersuchung von Teske (2011) konnte allerdings zeigen, dass diese Aussage nur von eingeschränkter Gültigkeit ist. Denn sie konnte zumindest auf Seiten der Bewohner durchaus über private Räume hinaus gehende ästhetische Sensibilitäten und Wahrnehmungen ausmachen.

An erster Stelle sind hier die Ränder der Zwischenstadt zu nennen, an denen sich ästhetische Wahrnehmungen im Erleben von Weite, den jahreszeitlichen Veränderungen von Natur und Landschaft sowie der technisierten und verbauten Landschaft festmachen. Während die beiden ersten Formen ästhetischen Erlebens durchgehend mit positiven Empfindungen verbunden sind, wird die technisierte und verbaute Landschaft an den Rändern der Zwischenstadt von einigen Bewohnern durchaus negativ erlebt und bewertet. Diese Form alltagsästhetischen Erlebens ist mit Spaziergängen und sportlichen Aktivitäten verbunden. Beide Aktivitäten werden bewusst wegen der Möglichkeiten positiver ästhetischer Wahrnehmungen an den Siedlungsrändern der Zwischenstadt ausgeführt. Neben den Rändern bildet das Zentrum der Zwischenstadtgemeinde – das in der Fallstudie als ein Amalgam aus einem Rathausbau aus den 1970er Jahren, einem daran angrenzenden Altenzentrum aus den 1980er Jahren, umgestalteten Bauernhäusern sowie einem großen, weitgehend leeren Platz hinter den beiden erstgenannten Gebäuden in keiner Weise den klassischen Vorstellungen von einem Ortszentrum entspricht – einen weiteren Fokus für die alltäglichen ästhetischen Wahrnehmungen ihrer Bewohner. Sie sind allerdings durchgehend mit negativen Bewertungen und Empfindungen verbunden, das heißt, das Zentrum wird im Sinn einer Objektästhetik als unschön oder gar als hässlich erlebt. Trotz ihrer negativen Urteile müssen die Bewohner das Zentrum aufsuchen, weil sich dort Einkaufsmöglichkeiten und Dienstleistungsreinrichtungen befinden, die sie für ihre alltägliche Versorgung benötigen.

Die Herausarbeitung der Siedlungsränder und der Zentren als Bezugsräume für alltagsästhetische Wahrnehmungen liefert Anregungen sowohl für die wissenschaftliche als auch die planerische Diskussion über die Zwischenstadt im Speziellen sowie über hybride Stadträume im Allgemeinen. Sie fordert auf der einen Seite zu einer gestalterischen Auseinandersetzung mit den Siedlungsrändern auf, die – verglichen mit jener zu Zentren und historischen Elementen der Städte – allenfalls einen marginalen Stellenwert hat. Die Konzentration der negativen ästhetischen Wahrnehmungen auf die Ortsmitte verdeutlicht auf der anderen Seite die kulturelle Bedeutung, die den Zentren als Orten alltagsästhetischer Bedeutung zukommt – auch in Zwischenstadtgemeinden.

6 Fazit und Ausblick

Die Spurensuche hat ergeben, dass alltagsästhetische Wahrnehmungen sowohl mit Polarisierung als auch Hybridisierung von Stadtentwicklung verwoben sind. Alltagsästhetische Wahrnehmungen können auf der symbolischen Ebene als ein Zugang angesehen werden, um Prozesse der Entstehung von Polarisierung besser zu verstehen. Sowohl die Auseinandersetzung mit Begegnungen und der Entstehung von Vorurteilen als auch mit der Wohnstandortwahl haben gezeigt, dass ästhetische Wahrnehmungen insbesondere mit Bezug zu ethnisch kodierten Merkmalen der Bevölkerung von Belang sind und in diesem Zusammenhang durchaus wichtige Einsichten in die Entwicklung von Polarisierung der Stadtentwicklung leisten kann. Um ein tiefer gehendes und differenzierteres Verständnis der Bedeutung alltagsästhetischer Wahrnehmungen zu erlangen, ist es für die künftige Forschung wichtig, ästhetische Wahrnehmungen explizit als einen Faktor für die Dynamik von Vorurteilen bei der Begegnung mit Fremden als auch bei der Wohnstandortwahl zu thematisieren. Mit Blick auf hybride Räume hat die Spurensuche ergeben, dass die These von einer anästhetischen beziehungsweise einer allein auf die privaten Räume bezogenen ästhetischen Haltung für Bewohner der Zwischenstadt unzutreffend ist. Sie finden hier durchaus Orte und Situationen positiver ästhetischer Wahrnehmungen, die zur Lebensqualität in diesen hybriden Stadträumen beitragen. Sie leiden auf der anderen Seite aber auch an unausweichlichen negativen ästhetischen Wahrnehmungen, beispielsweise an trostlos gestalteten Zentren oder den Ausblick auf monotone Fassaden und Vorgärten von Nachbarhäusern. Insgesamt kann diese Spurensuche als eine – auch über die Themen der Polarisierung und Hybridisierung hinausgehende – Aufforderung an die Stadtforschung verstanden werden, sich auch in empirischen Arbeiten differenzierter mit alltagsästhetischen Wahrnehmungen auseinander zu setzen, um deren Rolle in der Entwicklung von Stadt und Stadtgesellschaft differenzierter zu verstehen.

Literatur

Allport, G.W. (1971). *Die Natur des Vorurteils*. Wiesbaden: Kiepenheuer & Witsch.

Berleant, A. (2004). *Re-thinking Aesthetics: Rogue Essays on Aesthetics and the Arts*. Aldershot: Ashgate.

Böhme, G. (2001). *Aisthetik. Vorlesungen über Ästhetik als allgemeine Wahrnehmungslehre*. München: Wilhelm Fink Verlag.

Dirksmeier, P., Mackrodt, U., & Helbrecht, I. (2011). Geographien der Begegnung. *Geographische Zeitschrift* 99, 84-103.

Feldtkeller, A. (1995). *Die zweckentfremdete Stadt. Wider die Zerstörung des öffentlichen Raumes*. Frankfurt (Main): Campus.

Glasze, G., & Mattissek, A. (Hrsg.). (2009). *Handbuch Diskurs und Raum. Theorien und Methoden für die Humangeographie sowie die sozial- und kulturwissenschaftliche Raumforschung*. Bielefeld: Transcript.

Hauser, S., & Kamleithner, C. (2006). *Ästhetik der Agglomeration*. Wuppertal: Verlag Müller + Busmann (= Schriftenreihe Zwischenstadt, Nr. 8).

Helbrecht, I. (2003). Der Wille zur „totalen Gestaltung“: zur Kulturgeographie der Dinge. In P. Reuber & G. Wolkersdorfer (Hrsg.), *Kulturgeographie. Aktuelle Ansätze und Entwicklungen* (S. 149-170). Heidelberg: Spektrum.

Helbrecht, I. (2004). Bare Geographies in Knowledge Societies – Creative Cities as Text and Piece of Art: Two Eyes, One vision. *Built Environment 30*, 191-200.

Helbrecht, I. (2011). Die „Neue Intoleranz“ der Kreativen Klasse. Veränderungen in der Stadtkultur durch das Arbeitsethos der flexiblen Ökonomie. In F. Koch & T. Frey (Hrsg.), *Die Zukunft der europäischen Stadt. Stadtpolitik, Stadtplanung und Stadtgesellschaft im Wandel* (S. 119-135). Wiesbaden: VS Verlag.

Kazig, R. (2012). Konturen einer situativen Umweltästhetik. *Geographische Zeitschrift 100*, 84-102.

Kleimann, B. (2002). *Das ästhetische Weltverhältnis. Eine Untersuchung zu den grundlegenden Dimensionen des Ästhetischen*. München: Wilhelm Fink Verlag.

Kühne, O. (2012). *Stadt – Landschaft – Hybridität. Ästhetische Bezüge im postmodernen Los Angeles mit seinen modernen Persistenzen*. Wiesbaden: Springer VS.

Liessmann, K. P. (2009). *Ästhetische Empfindungen*. Wien: Facultas.wuv.

Melchionne, K. (2007). Living in Glass Houses. Domesticity, Interior Decoration, and Environmental Aesthetics. In A. Berleant & A. Carlson (Hrsg.), *The Aesthetics of Human Environments* (S. 175-189). Peterborough: Broadview Press

Naukkarinen, O. (1998). *Aesthetics of the Unavoidable: Aesthetic Variations in Human Appearance*. Saarijärvi: Gummerus Kirjapaino Oy.

Rautio, P. (2009). On Hanging Laundry. The Place of Beauty in Managing Everyday Life. Contemporary Aesthetics 7. http://www.contempaesthetics.org/newvolume/pages/article.php?articleID=535. Zugegriffen: 19. Juni 2015.

Seel, M. (1996). *Eine Ästhetik der Natur*. Frankfurt (Main): Suhrkamp.

Seel, M. (2000). *Ästhetik des Erscheinens*. Frankfurt (Main): Suhrkamp.

Sennett, R. (1983). *Verfall und Ende des öffentlichen Lebens. Die Tyrannei der Intimität*. Frankfurt (Main): Fischer.

Sieverts, T. (1999)[2]. *Zwischenstadt. Zwischen Ort und Welt, Raum und Zeit, Stadt und Land*. Basel: Birkhäuser, Gütersloh: Bauverlag.

Teske, V. (2011). *Die Alltagsästhetik von Zwischenstädtern – Eine Fallstudie in Eching bei Freising*. München: o.V. (unveröffentlichte Diplomarbeit am Department für Geographie der Ludwig-Maximilians-Universität München, Betreuer: Prof. Dr. Rainer Kazig).

Valentine, G. (2008). Living with difference: reflections on geographies of encounter. *Progress in Human Geography 32*, 323-337.

Welsch, W. (1996). *Grenzgänge der Ästhetik*. Stuttgart: Reclam jun.

Wiesemann, L. (2008). Wohnstandortentscheidungen türkischer Migranten im Vergleich. Eine Typologie charakteristischer Entscheidungsmuster. In: F. Hillmann & M. Windzio (Hrsg.), *Migration und städtischer Raum. Chancen und Risiken der Segregation und Integration* (S. 193-211). Opladen: Budrich UniPress.

Wiesemann, L. (2015). *Öffentliche Räume und Diversität. Geographien der Begegnung in einem migrationsgeprägten Quartier – das Beispiel Köln-Mülheim*. Münster: LIT Verlag.

Kulturell diverse Raumaneignung

Eine Diskussion am Beispiel öffentlicher Parkanlagen

Diedrich Bruns

Zusammenfassung

Wenn es im öffentlichen Raum zu interkulturellen Alltagskontakten kommt, hängt es von verschiedensten Faktoren ab, ob und wie weit solche Kontakte Integration und Akkulturation begünstigen oder behindern. Am Beispiel städtischer Parks zeigt sich, wie sehr schon die Kenntnis über die Existenz solcher Anlagen und die Einschätzung ihrer Erreichbarkeit kulturspezifisch verschieden sein können. Besonders unterschiedlich aber werden Möglichkeiten eingeschätzt, in Parks bestimmte Aktivitäten auszuüben. Und die Bedeutung, Identität usw. eines Parks kann davon abhängen, wie Menschen diesen Betätigungen dort in kulturspezifischer Weise nachzugehen vermögen. Diversitätssensible Raumforschung steht erst am Anfang. Sie muss selbst trans-kulturell konzipiert sein. In Bezug auf städtische Freiräume fragt sie nach den sich durch verschiedene Kulturen und entsprechende Raumaneignungen und -aktivitäten wandelnde Raumanforderungen und -präferenzen sowie nach den diesen zugrunde liegenden Wert- und Moralvorstellungen. Auf entsprechenden Kenntnissen aufbauend lassen sich die integrative Eignung öffentlicher Parks und anderer Anlagen sowie die Aussichten auf eine Planung, Gestaltung und Entwicklung städtischer Freiräume einschätzen, welche die sozialen Wirklichkeiten stadträumlicher und gesellschaftlicher Hybridisierung, Fragmentierung, usw. anerkennt.

1 Raumaneignung als Ausdruck kulturell spezifischer Alltagspraxis

Kulturell vielfältiges Zusammenleben lässt sich zelebrieren, etwa in diversitätssensiblen Städten wie Brüssel und New York City, die gern als Referenz für gelingende Integration zitiert werden. Durch Ängste verstärkt kann Diversität aber auch zu Spannungen führen, etwa wenn mehrere Kulturen und ihre verschiedenen Manifestationen räumlicher Aneignung öffentlich aufeinander treffen, wie zum Beispiel in manchen Vorort-Straßen von London und Paris. Unmittelbar persönlicher Kontakt zwischen kulturell verschiedenen Personen und Gruppen kann einerseits Stereotype überwinden und Vorurteile abbauen helfen, andererseits konfliktverstärkend wirken. Wie wirkungsvoll und nachhaltig sind interkulturelle Alltagsbegegnungen bezüglich Integration? Kommt es im öffentlichen Raum zu Kulturen verbindenden oder eher zu ab- und ausgrenzenden Verhaltensweisen? Welche Rolle spielen Wertzuschreibungen zu bestimmten Orten und Räumen beim Auf- beziehungsweise Abbau gegenseitigen Vertrauens? Nachfolgende Diskussion nimmt öffentliche Parkanlagen als Beispiel, um entsprechende Fragen zu erörtern.

Neben Faktoren wie Alter, Geschlecht, Einkommen und Gesundheit (Ward Thompson et al. 2010) spielen bei der Aneignung und Nutzung öffentlicher Parkanlagen ‚kulturelle Praxen' vermutlich eine Rolle, doch bekannt ist über sie wenig (Rishbeth 2004; Peters et al. 2010; Bruns et al. 2015). Der Begriff ‚kulturelle Praxis' (Müller und Werner 2006) drückt aus, dass ‚Kultur' weniger als territorial definierte ‚Vereinnahmung' als vielmehr als eine zum Beispiel im Kontext von Migration zu beobachtende ‚Verräumlichung' verschiedener kulturell geprägter Denk- und Handlungsweisen zu verstehen ist. Zur Untersuchung kulturell differenzierter Raumaneignung können grundsätzliche und angewandte Fragestellungen Anlass geben, etwa solche die aus Diskrepanzen zwischen kulturbedingt spezifischen Raumbedarfen beziehungsweise -anforderungen einerseits und den sich tatsächlich bietenden räumlichen und sozialen Möglichkeiten anderseits herrühren. Bisher überwiegen Anwendungsbezüge aufweisende Untersuchungen, wie in Bezug auf Pflege und Gestaltung öffentlicher Parks und Freizeitanlagen (vgl. Rishbeth 2001; Gobster 2002; Özgüner 2011) oder wie zu deren möglicherweise integrativ-katalytischer Rolle (vgl. Shinew et al. 2004; Müller 2009; Matejskova und Leitner 2011). Überblicke zu Forschungen über Beziehungen zwischen Raumaneignung (Rishbeth 2014) oder -präferenzen (wie etwa Aktivitäten in öffentlichen Parks) und kulturellem Hintergrund sind rar (Stodolska 2000; Stodolska und Livengood 2006; Gómez 2006; Floyd et al. 2008; Goossen et al. 2010). Auf die Nutzung und Aneignung städtischer Freiräume für Festivals (Musik, Theater usw.) und für politisch oder anderweitig motivierte Aktionen (zum Beispiel Demonstrationen, Aufmärsche) wird hier nicht eingegangen, auch wenn es zweifellos Bezüge zu hier diskutierten Fragen gibt (Ein klassisches Beispiel ist ‚Speakers Corner' im Londoner Hyde Park, ein jüngeres der Stuttgarter Schlosspark).

2 Fragen diversitätssensibler Grundlagen- und Anwendungsforschung

Kulturell bedingte Ausdifferenzierung hinsichtlich bestimmter Tätigkeiten, Vorlieben und Anforderungen wird theoretisch im Rahmen unter anderem von ‚Akkulturation' erklärt (Arends-Tóth und van de Vijver 2007), einem Konzept, das Prozesse beschreibt, innerhalb derer zum Beispiel Zuwanderer ein neues Umfeld erschließen. Hierbei mag es eine Rolle spielen, welcher Zuwander-Generation einzelne Personen jeweils angehören (Stodolska 2000; Deng et al. 2005). Neben konvergierenden Entwicklungen sind mit ‚Akkulturation' auch Ausdifferenzierungen und Prozesse individueller oder kollektiver Umfeld-Aneignung abbildbar; über kurz oder lang kann es dabei zu Ortsverbundenheit beziehungsweise ‚*place attachment*' führen (Rishbeth und Powella 2013; Rishbeth 2014), etwa wenn einzelne Personen und Gruppen bestimmte Freiräume mit besonderen Bedeutungen belegen (Johnson 1998; Ehrkamp 2005), und wenn es zu interkulturellen Interaktionen kommt (Shinew al. 2004). Öffentliche Parks bieten hierfür grundsätzlich gute Voraussetzungen.

Menschen schätzen öffentliche Anlagen, in denen sie bestimmten Betätigungen einzeln oder gemeinsam nachgehen können. Anzunehmen ist, dass Freiraumaktivitäten und -präferenzen eng zusammenhängen. Sowohl grundsätzlich als auch für Aufgaben räumlicher Gestaltung und Entwicklung wichtig zu wissen wäre daher, welchen Aktivitäten Menschen in kulturspezifischer Art und Weise nachgehen (siehe dazu Abbildung 1) beziehungsweise wie sie diese aus jeweils anderer kultureller Warte wahrnehmen und einordnen und welche Wert- und Moralvorstellungen dabei zugrunde liegen.

Abbildung 1 Taiji Tanzgruppe, Bai-Lu-Zhou Park, Nanjing (links) ; Zwei Taiji Tänzer, Parc de la Villette, Paris (rechts)
Quelle: Yi Fang 2009, Bruns 2013.

Kulturspezifika können unter anderem mit Vorstellungen darüber zusammenhängen, was ‚sich gehört' und was man in der Öffentlichkeit ‚tut' oder was ‚üblicherweise nicht gern gesehen' wird, oder damit, ob bestimmte Aktivitäten vorwiegend individuell oder gemeinschaftlich ausgeübt werden. So gehören beispielsweise Fußball spielende Gruppen sowie einzelne Skater heute zur weltweit anzutreffenden Stadtszenerie, wohingegen gemeinschaftliches Tanzen mehrerer Menschen verschiedenen Alters auf Plätzen und in Parks zum kulturellen Repertoire zum Beispiel argentinischer und chinesischer Stadtszenerien zählen; Orten, wo solches Tanzen stattfindet, kommt hier besondere gesellschaftliche Bedeutung zu (Zhang 2014). In welchem Maße kulturell spezifische Verhaltensweisen und ihnen zugrunde liegende Raumverständnisse Einzug auch in andere Gegenden der Welt halten und dabei Migrationsprozessen oder Moden folgen (etwa durch Entstehen einer Tango-Szene in multikulturellen westeuropäischen Städten) und wie Phänomene solcher Transformationen in der Öffentlichkeit bewertet werden und welche sozialen oder sonstigen Wirkungen sie entfalten, sind bisher noch weitgehend unbeantwortete Fragen.

Solche Fragen müssen sich Sozial-, Human- und Planungswissenschaften in grundsätzlicher Weise stellen. Denn, wenn Migration zu Veränderungen der Nutzung, des Erscheinungsbildes und der Bedeutung öffentlicher Grünflächen wie beispielsweise Parkanlagen wesentlich beiträgt, wird auch zu untersuchen sein, wie solche (materiellen und immateriellen) Veränderungen jeweils von verschiedenen Migranten und Nicht-Migranten wahrgenommen und eingeschätzt werden. Dass entsprechende Wahrnehmungs- und Bewertungsunterschiede auf ‚kulturelle Wurzeln' zurückzuführen sein können, zeichnet sich zum Beispiel in vergleichenden Studien über Freiraumnutzungen und -wertschätzungen durch Einheimische, Migranten (Turer Baskaya 2015) oder Touristen ab (Gkoltsiou 2015). Sich gegenseitig beeinflussende Akkulturation kann mit kultureller Vermischung und Bereicherung einhergehen. In multi-kulturell geprägten Freiräumen ist aber auch – für Außenstehende unsichtbar – gegenseitiges Absondern zu beobachten, etwa wenn bestimmte Parkanlagen oder Parkbereiche (wie beispielsweise fischreiche Teiche) durch Vertreter oder Gruppen bestimmter kultureller Zugehörigkeit (zum Beispiel passionierte Angler aus Flüchtlingskreisen) in Beschlag genommen und andere (zum Beispiel Modellboot-Verein, Aquarienfreunde) dadurch ausgegrenzt werden. Besonders unter Stress- und Konfliktbedingungen (Krieg, Flucht/Vertreibung, Pandemien, Erdbeben usw.) kann es dazu kommen, dass Menschen kulturell unterschiedlicher Zugehörigkeit zur Transformation öffentlicher Anlagen so beitragen, dass die von ihnen regelmäßig vereinnahmten Flächen zu Bereichen kulturspezifischer Prägung mutieren (zum Beispiel Treffpunkte bestimmter Flüchtlingsgruppen, Aktionsräume bestimmten ‚Ethnien' zugehörigen ‚Gangs') und es dabei zur kulturellen Fragmentierung einzelner Gebiete oder deren zeitlich gestaffelter Nutzung durch kulturell verschiedene Gruppen kommt (Trovato 2015) (siehe dazu auch Schönwald in diesem Band). Vormals kollektiv als Identität stiftend wahrgenommene Räume gehen dabei unter Umständen verloren, wie etwa Alon-Mozes (2015) am Beispiel großer Parks in Israel zeigt, die früher in kulturell durchmischter und heute in zunehmend segregierter Art und Weise genutzt werden. Anderseits bilden sich in der Praxis täglichen Zusammenlebens womöglich neue, gemeinsam getragene Wertzuschreibungen und Präferenzen heraus, wie dies zum Beispiel bei gemeinsamer Parknutzung durch Jugendliche und Schüler unterschiedlicher Herkunft zu beobachten ist. Castiglioni et al. (2015) arbeiten dies im Verglich von Kindern italienischer Herkunft und solcher mit Migrationshintergrund heraus, bei denen sich – trotz unterschiedlicher funktionaler Bedürfnisse – weitgehend ähnliche Raumaneignungen beobachten lassen.

3 Interkulturelle Beobachtungen aus studentischen Projekt- und Studienarbeiten

Ergänzend zur Grundlagen- und Anwendungsforschung scheint es wichtig, das Bewusstsein von Raum- und Planungsfachleuten hinsichtlich der Rolle kulturell bedingter Wahrnehmungs- und Wertspezifika verschiedener Bevölkerungskreise zu schärfen. Beginnen sollten interkulturelle Erfahrungen bereits in Ausbildung und Studium. Als Teil praxisorientierter didaktischer Konzepte haben beispielsweise Studierende der Stadt- und Landschaftsplanung der Universität Kassel unter dem Titel ‚interkulturell_real' Projekt- und Studienarbeiten durchgeführt, die es ihnen erlauben, eigene ‚inter-kulturelle Praxen' auszubilden und in städtischen Freiräumen mit dort Ansässigen multi-kulturell Kontakt zu haben (vorzugsweise in mehreren Sprachen). Dabei kommt es über das Sammeln interkultureller Alltagserfahrung hinaus auch zu Erkenntnissen, die weitergehende Hinweise für eine diversitätssensible räumliche Planung und Forschung geben (Bruns und Paech 2015[1]).

Im Rahmen von ‚interkulturell_real' zeichnen sich bei nahezu allen Altersgruppen Tendenzen hinsichtlich der Freiraumpräferenzen ab, die sich zum Teil – aber nicht ausschließlich –kulturspezifisch deuten lassen. Generell wollen jüngere Personen städtische Parkanlagen überwiegend in aktiver Weise nutzen, etwa um Sport zu treiben oder um zu spielen, und um zu ‚chatten' und zu ‚chillen'. Ältere Personen scheinen in Parks deutlich häufiger ruhige Erholung zu suchen und ‚die Umgebung genießen' zu wollen. Solche Präferenzen führen nicht zur Segregation der Altersgruppen oder Kulturen im Raum: auffällig ist die Vorliebe älterer Menschen, den Aktivitäten von Kindern und Jugendlichen zuzuschauen, zum Beispiel wenn Großeltern gerne mit Kleinkindgruppen zum Spielplatz gehen. In allen Kulturkreisen, auch in Kreisen chinesischer und türkischer Einwanderer, haben sich offenbar ähnliche Vorlieben als Praxis täglicher Parknutzung etabliert. Aus Ergebnissen studentischer Praxisübungen lassen sich aber keine Antworten auf die Frage finden, ob zeitgleiches Spielen und Zuschauen als Gelegenheit gegenseitiger Annährung genutzt wurde und ob dies bei Kindern, Jugendlichen und Älteren verschieden ausfällt. Deutlich wird, welch wichtige Rolle aus der Sicht vieler Migranten gemeinschaftliches Freizeiterlebnis spielt; eine öffentliche Parkanlage sollte Geselligkeit ermöglichen und zugleich Angebote für verschiedene Alters- und Interessengruppen bereithalten. Im Gespräch erklären zum Beispiel viele der über 26jähigen Personen türkischer beziehungsweise chinesischer Herkunft, dass sie Parks schätzen, wo sie sich mit Familie und Kindern gemeinsam aufhalten und dort auch länger als eine Stunde verweilen können (dann allerdings nicht täglich, sondern 1- bis 2-mal pro Woche). Gut, so hört man häufig, sei es dort, wo sich Betätigungsmöglichkeiten für alle Altersgruppen fänden.

Ausstattung und Qualität öffentlicher Parks spielen bei räumlichen Ausdifferenzierungen offenbar eine Rolle (wobei diese nicht ohne Berücksichtigung zum Beispiel von Sympathien oder Antipathien zwischen kulturell verschiedenen Gruppen eingeschätzt werden dürfen). Bemerkenswert ist, dass in unmittelbarer Wohnumgebung liegende öffentliche Grünflächen auch dann aufgesucht werden, wenn diese eine aus Sicht der Befragten unzureichende Ausstattung aufweisen. So

1 Inhalte dieses Kapitels beruhen, sofern nicht anders angegeben, auf der Publikation Bruns und Paech 2015.

wird der Kasseler ‚Nordstadtpark' als nicht ausreichend mit Spiel- und Sitzmöglichkeiten ausgestattet eingeschätzt (der Park weist hauptsächlich offene Rasenflächen und wenige Bänke auf). Dieser Park wird umso mehr genutzt, wenn größere Gruppen Betätigungsfelder zum gemeinsamen Spielen (zum Beispiel Ballspiele) und Picknicken beziehungsweise Grillen suchen. Neben angenehmen Gerüchen und Ruhe bevorzugen viele der durch Studierende Befragten (einschließlich der jüngsten) bei Parkbesuchen das Gefühl, ‚in der Natur' zu sein – ein Gefühl, das die eindrucksvollen Gehölzbestände alter Parks durchaus vermitteln können (zum Aspekt der Ästhetik siehe Kazig sowie Kühne in diesem Band). Im Gegensatz dazu werden selbst gut erreichbare öffentliche Grünflächen gemieden, deren Gehölzbestand den Eindruck eines ‚dunklen Waldes' vermitteln. Die Tatsache, dass der Kasseler ‚Park Schönfeld' von türkisch- und chinesisch-stämmigen Menschen aller Altersgruppen so gut wie nicht aufgesucht wird, könnte zum Beispiel teilweise auf dessen vorwiegend dichten Gehölzbewuchs zurückzuführen sein. In der Literatur finden sich Hinweise darauf, dass als ‚wild' eingestufte Gebiete von Mitgliedern verschiedener Kulturen als gefährlich wahrgenommen werden (Buijs et al. 2009; Johnson et al. 2011).

Es bedarf also genauer Unterscheidung, ob es Lebensstil- beziehungsweise Einkommensgründe oder zusätzlich auch Kulturspezifika oder sonstige Faktoren sind, die zur Bevorzugung bestimmter Parks führen. Dies gilt für Fragen der Erreichbarkeit und Zugänglichkeit (materiell und immateriell). Die Frage der Bevorzugung zentrumsnaher oder -ferner Parks durch Migranten ist nach den studentischen Beobachtungen nicht ohne Kenntnis weiterer Faktoren zu beantworten – ähnlich wie schon bei jenem schon klassisch zu nennenden Befund, dass ‚Black Americans' überwiegend zentrumsnahe Parkanlagen nutzen, während ‚White Americans' fern vom Zentrum entfernt liegende Parks präferieren (West 1989). Einerseits können die Gründe hierfür vielfältiger Natur sein, zum anderen können durch Gentrifizierung von Innenstädten oder innenstadtnaher Bereiche im Laufe der Zeit Änderungen eintreten (Kühne und Schönwald 2015). In Kassel zeigt sich bei (leitfaden-gestützten) Gesprächen mit 85 türkischstämmigen Frauen ein anderes Bild als in studentischen Befragungen (online gestellter Fragebogen) 60 chinesisch stämmiger Personen (Bruns und Paech 2015, S. 60ff.). Für letztere ist zwar wichtig, ob ein Park wohnungsnah liegt; mehr aber, so sagen sie, käme es auf die ‚schöne Umgebung', auf ‚Ruhe' und besonders auch auf die ‚Bekanntheit' der Anlagen an. Die großen Parks mit vielfältigen Freizeitangeboten stünden im Mittelpunkt ihres Interesses, während die als ‚langweilig' eingestuften kleineren Anlagen ohne ansprechende Gestaltung in ‚unsauberer' Umgebung weniger beliebt zu sein scheinen. Bei den türkischstämmigen Frauen, die Parks nicht allein, sondern meist in kleinen oder am liebsten in großen Gruppen nutzen, spielt die Erreichbarkeit der für Freizeitzwecke aufgesuchten Parkanlagen eine große Rolle. So geben zum Beispiel 17-25jährige türkischstämmige Frauen an, den an die Kasseler Innenstadt angrenzenden Park ‚Karlsaue' besonders häufig aufzusuchen; dieser Park lasse sich zu Fuß in weniger als einer viertel Stunde von der Wohnung aus beziehungsweise ‚nach dem Shoppen' rasch erschließen.

Die Bekanntheit eines Parks scheint bei Menschen mit Migrationshintergrund mit ausschlaggebend für einen Besuch (insbesondere am Wochenende) zu sein. Dies gaben knapp über ein Drittel der insgesamt 145 von Studierenden befragten Personen an. Offen blieb, ob damit gemeint ist, das Parks einzelnen Personen oder Gruppen besonders bekannt sind, oder ob es um den Berühmtheitsgrad der Anlagen geht. Im Rahmen von ‚Interkulturell_real' wurde der auf der UNESCO Welterbe-Liste stehende ‚Bergpark Wilhelmshöhe' mehrfach als besonders beliebtes Ziel benannt. Tatsächlich ist der Anteil von Personen mit Migrationshintergrund an der Zahl aller Parkbesucher gering (Schneider 2015). Es stellt sich die Frage, ob diese Parkbesuche kulturhistorisch oder anders motiviert sind (so schon Zube und Pitt 1981). Aus den studentischen Arbeiten kristallisiert sich auch die Frage heraus, ob und wie weit Kenntnisse über die Existenz, Bedeutung und Beschaffenheit von Parkanlagen und Wertzuweisungen kulturspezifischer Natur oder eher macht- und bildungsbedingt sind. Solche Fragen müssen Raumwissenschaften ernst nehmen. So ergab sich zum Beispiel in persönlichen Gesprächen mit Personen, die nur in Begleitung anderer Familienmitglieder öffentliche Räume aufsuchen (dürfen), dass solche Personen etwa von der Existenz des Bosporus in Istanbul oder der Elbe in Hamburg unter bestimmten Umständen selbst dann nichts wissen, wenn sie nur wenige hundert Meter vom Ufer entfernt dauerhaft ansässig sind.

4 Ausblick

Wenige Studien haben sich bislang grundlegend der Frage zugewendet, ob und wie Menschen verschiedener Kulturen ihre räumliche Umgebung entweder ähnlich oder eben kulturspezifisch verschieden wahrnehmen und welche Gemeinsamkeiten und Unterschiede es hinsichtlich der Präferenz für bestimmte Alltagsbetätigungen und dafür geeignete Teile und Qualitäten der Alltagsumgebung gibt (Newell 1997; Deng et al. 2005; Bruns und Kühne 2015). Insgesamt tut sich eine enorme Forschungslücke auf (Gobster 2002), etwa in Bezug auf die in verschiedenen Kulturen offenkundig unterschiedliche Wertschätzung von Natur- und Kulturgütern, von Freizeit als Konzept und Lebensinhalt (wegen derer öffentliche Anlagen nach wie vor hauptsächlich aufgesucht werden). In systematischen Untersuchungen über Freiraumverhalten und -präferenzen wurde bisher zum Beispiel wenig nach den

Bedeutungen gefragt, die Vertreter verschiedener Kulturen in Parks auszuübenden Tätigkeiten zumessen. Erkenntnisse dazu ließen wichtige Rückschlüsse auf die Wertschätzung der Anlagen selber zu (Deng et al. 2005). Beispiele sind einfache Aktivitäten wie ‚Spazierengehen', ‚Joggen' und ‚Radfahren', die in mitteleuropäischen, türkischen und chinesischen Städten in offensichtlich ganz unterschiedlicher Art und Weise ausgeübt und deren Betätigungsgebiete dementsprechend unterschiedliche soziale Bedeutung zukommen. Kulturelle Unterschiede beziehen sich dabei nicht nur darauf, was sich in der Öffentlichkeit zu tun ‚gehört', sondern auch auf den Grad der Individualität beziehungsweise Kollektivität. Für kollektivistische Betätigungen müssen Freiräume anders beschaffen sein als für individualistische. Im Rahmen einschlägiger Forschung auch Gruppen ins Auge zu fassen kann bedeuten, verschiedene kollektivistische Formen der Raumnutzung/-aneignung eher abbilden zu können, als dies zum Beispiel bei Befragungen von Individuen der Fall wäre. Gemeinschaftliche Formen der Freiraumnutzung sind vielfach verbreitet; sie sind Teil kultureller Praxen pluri- und interkulturell geprägter städtischer Raumaneignung.

Erst auf der Grundlage systematischer Forschung ließe sich auch die möglicherweise integrative Eignung öffentlicher Parks und anderer Anlagen einschätzen, welche die sozialen Wirklichkeiten stadträumlicher und gesellschaftlicher Hybridisierung, Fragmentierung usw. anerkennt. Annahmen über Integration fördernde transkulturelle Kontakte, die in öffentlichen Parks bei Alltagsbetätigungen zustande kommen können, sind bisher durch keine systematischen Studien belegt (vor allzu optimistischen Hoffnungen warnen Matejskova und Leitner 2011, S. 717), scheinen aber bei jungen Leuten besonders nahe zu liegen (Seeland et al. 2009). Anderseits scheint die Frage nach wie vor ungeklärt, ob und wie öffentlich zugänglich und verfügbar Parks durch kulturell verschiedene Personenkreise wahrgenommen werden. Diese Fragen hängen mit Prinzipien von Inklusion und ‚*socio-environmental justice*' zusammen (Kabisch und Haase 2014).

In Bezug auf Parks (und für Landschaften insgesamt) stellt sich Forschern eine besondere, mithilfe öffentlicher Mitwirkung möglicherweise aber zu bewältigende Herausforderung: Mit der Geschwindigkeit kultureller Interpretationsdynamik und den sich dabei rasch wandelnden und – kaum realisiert – bald wieder verflüchtigenden und mischenden Vorlieben (‚Moden') vermögen Parkanlagen aufgrund ihrer baulichen Fügung und des langsamen Pflanzenwachstums nicht mitzuhalten (Rishbeth 2004, S. 312). In ihrer Raumwahrnehmung nehmen Menschen bestimmte in der Vergangenheit ansetzende Vorstellungsfäden auf und lassen sich dabei und beim rasanten Einweben dieser Fäden in die Vorstellungsmuster der Gegenwart und Zukunft von kulturellen Spezifika leiten (Stephenson 2008, S. 135). Wenn eng miteinander verbundene Forschungsgegenstände sich in so unterschiedlicher Geschwindigkeit sozusagen unter den Augen der Forscher verändern, dann verwundert es nicht, dass entsprechende Forschung bisher rar blieb.

Herausforderungen stellen sich schließlich durch Einflüsse regionaler und disziplinärer Forschungstraditionen, wie zum Beispiel verschiedene Modelle und Theorien zu beziehungsweise über Migration, Raum, Landschaft und Raumwahrnehmung illustrieren (Marjolein et al. 2012; Kloek et al. 2013). Integrierte, transdisziplinäre und multikulturelle Raum- und Landschaftsforschung ist ein noch in den Anfängen steckendes, aber zunehmend wichtiger werdendes Arbeitsgebiet.

Literatur

Alon-Mozes, T. (2015). National Parks for a Multicultural Society; Planning Israel's past and present national parks. In D. Bruns, O. Kühne, A. Schönwald & S. Theile (Hrsg.), *Landscape Culture – Culturing Landscapes. The Differentiated Construction of Landscapes* (S. 173-184). Wiesbaden: Springer VS.

Arends-Tóth, J. & van de Vijver, F. J. R. (2007). Acculturation attitudes: a comparison of measurement methods. *Journal of Applied Social Psychology* 37 (7), 1462-1488.

Bruns, D. & Kühne, O. (2015). Zur kulturell differenziereten Konstruktion von Räumen und Landschaft als Herausforderung für die räumliche Planung im Kontext von Globalisierung. In B. Nienaber & U. Roos (Hrsg.), *Internationalisierung der Gesellschaft und die Auswirkungen auf die Raumentwicklung.* Arbeitsberichte der ARL 13 (S. 18-29). Hannover: Akademie für Raumforschung und Landesplanung.

Bruns, D. & Paech, F. (2015). ‚Interkulturell_real' in der räumlichen Entwicklung. Beispiele studentischer Arbeiten zur Wertschätzung städtischer Freiräume in Kassel. In B. Nienaber & U. Roos (Hrsg.), *Internationalisierung der Gesellschaft und die Auswirkungen auf die Raumentwicklung.* Arbeitsberichte der ARL 13 (S. 54-71). Hannover: Akademie für Raumforschung und Landesplanung.

Bruns, D., Kühne, O., Schönwald, A. & Theile, S. (Hrsg.). (2015). *Landscape Culture – Culturing Landscapes. The Differentiated Construction of Landscapes.* Wiesbaden: Springer VS.

Buijs, A. E., Elands, B. H. M. & Langers, F. (2009). No Wilderness for Immigrants: Cultural Differences in Images of Nature and Landscape Preferences. *Landscape and Urban Planning 91* (3), 113-123.

Castiglioni, B. (2015). Landscape perception as a marker of immigrant children's integration. An explorative study in the Veneto region (Northeast Italy). In D. Bruns, O. Kühne, A. Schönwald & S. Theile (Hrsg.), *Landscape Culture – Culturing Landscapes. The Differentiated Construction of Landscapes* (S. 207-221). Wiesbaden: Springer VS.

Deng, J., Walker, G. J. & Swinnerton, G. (2005). Leisure attitudes: A comparison between Chinese in Canada and Anglo-Canadians. *Leisure/Loisir 29* (2), 239-273.

Ehrkamp, P., (2005). Placing identities: Transnational practices and local attachments of Turkish immigrants in Germany. *Journal of Ethnic and Migration Studies 31* (2), 345-364.

Floyd, M. F., Bocarro, J. & Thompson, T. D. (2008): Research on race and ethnicity in leisure studies: A review of five major journals. *Journal of Leisure Research 40*, 1-22.

Gobster, H. (2002). Managing Urban Parks for a Racially and Ethnically Diverse Clientele. *Leisure Sciences 24* (2), 143-159.

Gómez, E. (2006). The ethnicity and public recreation participation (EPRP) model: an assessment of unidimensionality and overall fit. *Leisure Sciences 28* (2), 245–266.

Goossen, M., Elands, B. & van Marwijk, R. (Hrsg.). (2010). *Recreation, tourism and nature in a changing world. The Fifth International Conference on Monitoring and Management of Visitor Flows in Recreational and Protected Areas. Wageningen.* http://mmv.boku.ac.at/downloads/mmv5-proceedings.pdf. Zugegriffen: 22. April 2013.

Gkoltsiou, A. (2015). Greek and Tourist concepts of landscape. In D. Bruns, O. Kühne, A. Schönwald & S. Theile (Hrsg.), *Landscape Culture – Culturing Landscapes. The Differentiated Construction of Landscapes* (S. 161-172). Wiesbaden: Springer VS.

Kabisch, N. & Haase, D. (2014). Green justice or just green? Provision of urban green spaces in Berlin, Germany. *Landscape and Urban Planning 122*, 129-139.

Johnson, C. Y., Bowker, J. M., Bergstrom, J. C. & Cordell, H. K. (2004). Wilderness values in America: does immigrant status or ethnicity matter? *Society and Natural Resources 17* (7), 611-628.

Kloek, M. E., Buijs, A. E., Boersema, J. J. & Schouten, M. G. C. (2013). Crossing borders: review of concepts and approaches in research on greenspace, immigration and society in northwest European countries. *Landscape Research 38* (1): 117-140.

Kühne, O. & Schönwald, A. (2015): *San Diego – Eigenlogiken, Widersprüche und Entwicklungen in und von ‚America's finest city'*. Wiesbaden: Springer VS.

Marjolein, E., Kloek, A., Buijs, E., Boersema, J. J., Matthijs, G. & Schouten, C. (2012). Crossing Borders: Review of Concepts and Approaches in Research on Greenspace, Immigration and Society in Northwest European Countries. *Landscape Research 38* (1), 117-140.

Matejskova, T. & Leitner, H. (2011). Urban encounters with difference: the contact hypothesis and immigrant integration projects in eastern Berlin. *Social & Cultural Geography 12* (7), 717-741.

Müller, C. (2009). Zur Bedeutung von Interkulturellen Gärten für eine nachhaltige Stadtentwicklung. In D. Gstach, H. Hubenthal & M. Spitthöver (Hrsg.), *Gärten als Alltagskultur im internationalen Vergleich. Garden as everyday culture – an international comparison*. Arbeitsberichte des Fachbereichs Architektur, Stadtplanung, Landschaftsplanung 169, 119-134.

Müller, C. & Werner, K. (2006). *Von der Kultur zur Interkultur – Begriffliche Grundlagen der modernen Migrationsgesellschaft*. Skripte zu Migration und Nachhaltigkeit 4, Stiftung Interkultur. München.

Newell, P. B. (1997). A cross-cultural examination of favourite places. *Environment and Behavior 29* (4), 495-514.

Özgüner, H. (2011). Cultural Differences in Attitudes towards Urban Parks and Green Spaces. *Landscape Research 36* (5), 599-620.

Peters, K., Elands, B. & Buijs, A. (2010) Social interactions in urban parks: Stimulating social cohesion? *Urban Forestry and Urban Greening 9* (2), 93-100.

Rishbeth, C. (2001). Ethnic Minority Groups and the Design of Public Open Space: an inclusive landscape? *Landscape Research 26* (4), 351 – 366.

Rishbeth, C. (2004). Ethno-cultural Representation in the Urban Landscape. *Journal of Urban Design 9* (3), 311–333.

Rishbeth, C. & Powella, M., (2013). Place Attachment and Memory: Landscapes of Belonging as Experienced Post-migration. *Landscape Research 38* (2), 160-178.

Rishbeth, C. (2014). Articulating Transnational Attachments through On-Site Narratives. In L. C. Manzo & P. Devine-Wright (Hrsg.), *Place Attachment. Advances in Theory, Methods and Applications* (S. 100-111). London & New York: Routledge.

Schneider, K. (2015). *„Neue Wege" in der Landschaftsarchitektur eine landschaftsarchitektonische Analyse des Orientierungsverhaltens im öffentlichen Freiraum - am Beispiel des Bergpark Kassel-Wilhelmshöhe*. Dissertation am Fachbereich 6, Universität Kassel (in Vorber.).

Shinew, K. J., Glover, T. D. & Parry, D. C. (2004). Leisure spaces as potential sites for interracial interaction: community gardens in urban areas. *Journal of Leisure Research 36*, 336–355.

Seeland, K., Dübendorfer, S. & Hansmann, R. (2009). Making friends in Zurich's urban forests and parks: The role of public green space for social inclusion of youths from different cultures. *Forest Policy and Economics 11* (1), 10-17.

Stephenson, J. (2008). The Cultural Values Model: An integrated approach to values in landscapes. *Landscape and Urban Planning 84*, 127-139.

Stodolska, M. (2000). Looking beyond the invisible: Can research on leisure of ethnic and racial miniorities contribute to leisure theory? *Journal of Leisure Research 32* (1), 156-160.

Stodolska, M., Livengood, J. S. (2006). The influence of religion on the leisure behavior of immigrant Muslims in the United States. *Journal of Leisure Research 38* (3), 293-320.

Travato M. G. (2015). Territories in Transitions, Beirut Cityscape. In D. Bruns, O. Kühne, A. Schönwald & S. Theile (Hrsg.), *Landscape Culture – Culturing Landscapes. The Differentiated Construction of Landscapes* (S. 151-160). Wiesbaden: Springer VS.

Turer Baskaya, F. A., (2015). Urban Open Space Uses and Perceptions of Turkish Immigrants and Migrants: A Comparative Study on Germany and Turkey. In D. Bruns, O. Kühne, A. Schönwald & S. Theile (Hrsg.), *Landscape Culture – Culturing Landscapes. The Differentiated Construction of Landscapes* (S. 141-147). Wiesbaden: Springer VS.

Ward Thompson, C., Aspinall, P. & Bell, S. (Hrsg.). (2010). *Innovative Approaches to Researching Landscape and Health: Open Space: People Space 2*. Abingdon: Routledge.

Zhang, K., (2014). *Understanding recreational services of urban riverfront space for planning purposes. The case of Tianjin, China"*. Dissertation, Universität Kassel. http://nbn-resolving.de/urn:nbn:de:hebis:34-2014072845763

Zube, E. H. & Pitt, D. G. (1981). Cross-cultural perceptions of scenic and heritage landscapes. *Landscape Planning 8* (1), 69-87.

Sozialräumliche Segregation in ländlich bezeichneten Räumen

Simone Linke

Zusammenfassung

‚Soziale Segregation' ist ein gut untersuchtes Phänomen in urban bezeichneten Räumen. Dieser Beitrag unternimmt den Versuch, herauszufinden, ob die Voraussetzungen für eine sozialräumliche Segregation auch in ländlich bezeichneten Räumen gegeben sind beziehungsweise wie sehr die Pluralisierung und Differenzierung der Gesellschaft im Zuge der Postmodernisierung auch in ländlich bezeichneten Räumen zu beobachten ist. Ausgehend von einer konstruktivistischen Perspektive wurde im Rahmen einer qualitativen Untersuchung eine als Dorf bezeichnete Siedlung betrachtet. Diese Agglomeration besteht aus einem alten Kern und zwei Neubausiedlungen aus den 1990er Jahren. Anhand von Experteninterviews und der Auswertung von verschiedenem Datenmaterial konnte herausgearbeitet werden, dass sich die räumliche Aufteilung der als Dorf bezeichneten Siedlung auch zum Teil mit einer sozialen Differenzierung deckt. Allerdings muss die sozialräumliche Segregation hier auch auf verschiedenen Ebenen betrachtet werden. Im Allgemeinen ist zu betonen, dass die Heterogenisierung der Gesellschaft auch in ländlich bezeichneten Räumen stattfindet und sich teilweise auch räumlich darstellt. Bei einer genaueren Betrachtung gibt es bestimmte Faktoren, die eine sozialräumliche Segregation entweder verstärken oder im Laufe der Zeit wieder relativieren.

1 Einführung

Stadt und Dorf galten lange Zeit als gegensätzlich, verbunden mit Zuordnungen wie Stadt*gesellschaft* gegenüber der Dorf*gemeinschaft*. Bereits Ende des 19. Jahrhunderts beschreibt der Soziologe Tönnies Unterschiede zwischen den Begriffen *Gemeinschaft* und *Gesellschaft*: „In Gemeinschaft mit den Seinen befindet man sich, von der Geburt an, mit allem Wohl und Wehe daran gebunden. Man geht in die Gesellschaft wie in die Fremde" (1887, S. 4). Für ihn bedeutet das Leben in *Gemeinschaft* Vertrautheit und Zugehörigkeit, wohingegen die *Gesellschaft* eher temporär und oberflächlich zu sein scheint (ebd., S. 5). Tönnies schreibt *Gesellschaft* eher den *Städten*, *Gemeinschaft* dagegen den *Dörfern* zu. Hier sei die *Gemeinschaft* intensiver und leidenschaftlicher (ebd., S. 5). Diese homogenen Einteilungen, wie Tönnies sie beschreibt, sind in dieser Form nicht mehr nachvollziehbar. Die stark gegensätzlichen Zuschreibungen der *Gemeinschaft* als das Bekannte und die *Gesellschaft* als das (zunächst) gänzlich Unbekannte wirkt haltlos in der heutigen Zeit. Denn auch die Beziehungen der Bewohnerinnen und die Bewohner der schwach verdichteten Agglomerationen in ländlich bezeichneten Räumen werden im Zuge des postmodernen Wertewandels heterogener und individualisierter (vgl. Hainz 1999) und weisen nicht mehr die Vertrautheit und Zugehörigkeit auf, die Tönnies ihnen zugeschrieben hat. Sie gleichen sich den stark verdichteten Agglomerationen, den sogenannten Städten, in ihrer Differenziertheit an. Die Grenzen der unterschiedlichen sozialen und räumlichen Beziehungen zwischen *Dorf* und *Stadt* verschwimmen und stellen die Forschung vor neue Fragen: Ist im Zuge von Pluralisierung und Heterogenisierung auch in ländlich bezeichneten Räumen eine sozialräumliche Segregation, verstanden als ungleiche Verteilungen von Wohn- und Lebensräumen, möglich?

In urban bezeichneten Räumen ist Segregation ein bereits gut untersuchtes Forschungsfeld, mit Schwerpunkten beispielsweise auf Menschen mit Migrationshintergrund, Menschen mit geringem Einkommen, alte Menschen oder Arbeitslose (vgl. Strohmeier und Alic 2006). Jedoch nicht nur die Unterbringung von Asylsuchenden in ländlich bezeichneten Räumen lässt vermuten, dass sich die soziale Zugehörigkeit der Bevölkerung bereits stark unterscheidet. Eine Pluralisierung der Lebensstile nimmt auch in ländlich bezeichneten Räumen zu (vgl. Linke 2014) und aus diesem Grund steigt auch die Ausdifferenzierung der Sozialräume an (Häußermann und Siebel 2004, S. 139). Diese Entwicklung ist bislang jedoch kaum untersucht. Die auf diesen Fokus gerichtete Betrachtung einer als Dorf bezeichnete Siedlung konnte hier neue Erkenntnisse gewinnen. Durch die Analyse der räumlichen Struktur und die Aussagen verschiedener befragter Personen sollte untersucht werden, ob und inwiefern eine sozialräumliche Segregation vorhanden ist und wie die Bevölkerung diese wahrnimmt. Die aus konstruktivistischer Perspektive durchgeführte qualitative Untersuchung stellt die Aussagen der Bürgerinnen und Bürger in den Mittelpunkt und bildet somit zusammen mit dem theoretischen Rahmen die Grundlage für erste Erkenntnisse.

2 Theoretischer Rahmen

Ohne auf demographische und gesellschaftliche Entwicklungen von ländlich bezeichneten Räumen in den letzten Jahrhunderten genauer einzugehen (vgl. hierzu Henkel 1999), lässt sich behaupten, dass diese Räume seit jeher durchaus sozialen und räumlichen Wandlungsprozessen unterlagen und unterliegen. Als Dorf bezeichnete Siedlungen waren auch immer schon durch verschiedene soziale Gruppierungen gekennzeichnet. Jedoch haben sich im Laufe der Zeit die Gründe für die soziale und räumliche Differenzierung geändert: Waren damals noch Zugehörigkeit zu sozialen Klassen und Schichten (wie zum Beispiel Stand und Herkunft; Lienau 2000, S. 109f.) ausschlaggebend, sind es heute unter anderem Lebensstile, die zu einer Gruppenbildung führen (Häußermann und Siebel 2004, S. 144).[1] Diese Entwicklung ist Teil der *Postmodernisierung der Gesellschaft*, ein Wandel der Wertesysteme, der sich in wenigen Stichworten grob umreißen lässt: Pluralisierung, Individualisierung und Flexibilisierung der Gesellschaft (vgl. hierzu unter anderem Bauman 2008; Huyssen 1986; Koslowski et al. 1986; Kühne 2006, 2012; Lyotard 1987; Soja 1989; Wood 2003).

2.1 Ländlich bezeichnete Räume

Wandlungsprozesse im Zuge der Postmodernisierung, die seit einigen Jahrzehnten beobachtet werden können, wurden bislang hauptsächlich in städtisch bezeichneten Räumen untersucht. Sie lassen sich jedoch auch in ländlich bezeichneten Räumen feststellen. Auch hier existieren häufig moderne und postmoderne Merkmale nebeneinander, in manchen Bereichen sind postmoderne Tendenzen bereits sehr deutlich ausgeprägt (beispielsweise die steigende Bedeutung des Dienstleistungssektors, die Rückbesinnung auf historische und traditionelle Werte; vgl. hierzu Linke 2014). Die Dörfer sind im Zuge dieses Wandels nicht (mehr) das, was einige Autorinnen und Autoren in ihnen sehen beziehungsweise gesehen haben.

1 Auf die soziale Differenzierung beziehungsweise Segregation wird im nächsten Abschnitt genauer eingegangen.

Dass die Bevölkerung ländlich bezeichneter Räume nicht mehr durch landwirtschaftliche Tätigkeit geprägt ist[2] und sich gesellschaftlich auch nicht mehr nur durch die „Dominanz personaler und informaler Sozialbeziehungen auszeichnet" (Schäfers 1980, S. 16), ist mittlerweile weit verbreitet. Schäfers spricht in dem Zusammenhang aber durchaus noch von vorhandenen Gegensätzen, zum Beispiel von konservativem Wahlverhalten, Kirchentreue und der höheren Geburtenrate in dörflich bezeichneten Agglomerationen (1980, S. 17f.). Auch wenn diese Aussage schon über drei Jahrzehnte her ist, bleiben die Zuschreibungen der gegensätzlichen Ideensysteme von Stadt und Land bis heute weitgehend bestehen. Laut Lienau ist die Sozialstruktur von ländlich bezeichneten Siedlungen weiterhin durch „eine sozial noch überschaubare Gesellschaft" (2000, S. 13) gekennzeichnet. Das mag in einigen Betrachtungen (noch) der Fall sein – gesellschaftliche Unterschiede der ländlich und der städtisch bezeichneten Gesellschaft gibt es durchaus – jedoch lässt sich feststellen, dass sich sogenannte *Stadt-* und *Dorfbevölkerungen* angleichen. Die Dichotomie zwischen *Stadt* und *Land* löst sich auf.[3] Während Sieverts Ende der 1990er Jahre von der verstädterten Landschaft oder von der verlandschafteten Stadt, also der Zwischenstadt spricht (vgl. Sieverts 2001), beschreiben viele Autorinnen und Autoren schon seit einigen Jahrzehnten nicht mehr den Gegensatz Stadt-Land. Sie sprechen von Übergängen, also von einem *Stadt-Land-Kontinuum* (vgl. Kötter 1969; Schäfer 1980, S. 16, Hervorhebung im Original). Dieser Übergang stellt allerdings einen Status *dazwischen* dar, das heißt also laut dieser Definition, dass es durchaus noch *reine* Formen von Stadt und Land gibt. Das wiederum ist aus konstruktivistischer Perspektive kritisch zu hinterfragen. Aus diesem Grund spricht Kühne auch von der Stadt-Land-*Hybridität* (2012).

Merkmale, die für gewöhnlich der städtisch bezeichneten Gesellschaft zugeschrieben wurden, wie Heterogenität, „starke Stratifizierung und Mobilität, formale, sekundäre Sozialbeziehungen" (Schäfers 1980, S. 16), sind immer mehr auch ländlich bezeichneten Gesellschaften zuzuschreiben – sogar denen, die nicht im Einzugsbereich einer Metropolregion liegen. Auch wenn die Erforschung dieser sozialen Strukturen in ländlich bezeichneten Räumen in den letzten Jahrzehnten nur wenig Aufmerksamkeit erhalten hat, lässt sich das Bild von den sogenannten homogenen *Dorfgemeinschaften* kritisch hinterfragen. Hainz stellt Ende der 1990er Jahre fest, dass sich „jedes Dorf [...] aus einer sozial strukturell hochdifferenzierten Einwohnerschaft zusammen[setzt]. Diese Auffächerung (zum Beispiel nach Bildungsgrad, Wirtschaftsbereich, Stellung im Beruf und wirtschaftlicher

2 In Bezug auf den Anteil der sozialversicherungspflichtigen Beschäftigten.

3 Auch die räumliche und strukturelle Dichotomie löst sich auf, die Entwicklung ist allerdings nicht das Schwerpunktthema in diesem Beitrag.

Lage […]) macht das überkommene Bild *homogener* Dorfgesellschaften obsolet" (1999, S. 264, Hervorhebung im Original). Auch Spellerberg schreibt 2014, dass es problematisch ist, von „spezifisch dörflichen und spezifisch ländlichen Lebensweisen und Lebensstilen" auszugehen (Spellerberg 2014, S. 199f.).

Nicht nur die Sozialstruktur, auch der sozialräumliche Bezug beziehungsweise die Nachbarschaften in einer als Dorf bezeichneten Siedlung haben sich verändert. Die etymologische Bedeutung von Nachbarschaft ist *naher Bauer* (Häußermann und Siebel 2004, S. 110). Dieser Begriff beschrieb einst die Abhängigkeiten voneinander, die in der heutigen Zeit so nicht mehr vorhanden sind. Der räumliche Bezug in ländlich bezeichneten Agglomerationen verändert sich, löst sich somit auf (vgl. Häußermann und Siebel 2004, S. 110ff.). Läpple und Walter (2007, S. 117f.) beschreiben in diesem Zusammenhang zwei verschiedene Verbindungen: Starke (Verbindung zwischen Familie, Vertrauten, Freunden, Wissensaustausch auf diesen Personenkreis reduziert) und schwache Verbindungen („beiläufige und *schwache* Kontakte", Wissensaustausch erweitert; Hervorhebung im Original). Laut ihrer Meinung finden sich schwache Verbindungen hauptsächlich in der *Stadtgesellschaft*. Persönliche Beziehungen werden heutzutage aber auch in ländlich bezeichneten Räumen durch die nicht mehr vorhandenen Abhängigkeiten von jedem selbst ausgewählt und sind nicht mehr (räumlich) vorgeschrieben (Häußermann und Siebel 2004, S. 111). Aus diesem Grund tritt nicht jeder mit jedem in einer als Dorf bezeichneten Siedlung in eine ‚starke Verbindung', sondern es häufen sich dort auch ‚schwache Verbindungen'. Durch ‚schwache Verbindungen' wird der „enge Horizont" (Läpple und Walter 2007, S. 118) erweitert, Netzwerke gebildet und somit der „Fluss der Informationen und Ressourcen" vergrößert (ebd.).

Diese Ausführungen bestätigen die Auflösung der Stadt-Land-Dichotomie, von der mittlerweile viele Forschende sprechen (vgl. unter anderem Franzen et al. 2008; Kühne 2012). Die Theorie der Verflüssigung von Grenzen im Zuge der Postmodernisierung (vgl. Bauman 1999, 2008) zeigt sich auch in der Praxis: Strukturen, Werte und Gesellschaften folgen der Hybridisierung und der Pluralisierung. Das bedeutet, sie folgen keinen starren, eindeutigen Regeln und lassen sich nicht mehr eindeutig zuordnen: Beispielsweise sind Stadt und Dorf immer auch gleichzeitig Hybride, in denen sich jeweils auch verschiedene Zuschreibungen des anderen finden lassen[4] und ein Raum kann durch die Postmodernisierung der Ge-

4 Kühne spricht in diesem Zusammenhang vom „Eindringen städtisch-funktionaler Architektur in ländlicher geprägte Gebiete" (Kühne 2012, S. 167).

sellschaft verschiedene, zum Teil auch gegenläufige Wertzuschreibungen in einer Person hervorrufen.[5]

2.2 Sozialräumliche Segregation

Die Auseinandersetzung mit dem Forschungsfeld ‚Segregation' zeigt gleichzeitig, dass die Grenzen zwischen *Stadt* und *Land* in der häufig durch Positivismus geprägten Fachwelt durchaus noch vertreten sind. Segregation ist fast ausnahmslos in Zusammenhang mit Stadtforschung zu finden. Häußermann und Siebel beschreiben beispielsweise in ihrem Werk Stadtsoziologie (2004) den Begriff der Segregation ausschließlich anhand des Typus Stadt. Da die sogenannte *Stadt* aus konstruktivistischer Perspektive eine verdichtete Agglomeration ist und ein sogenanntes *Dorf* – stark vereinfacht ausgedrückt – im Grunde *nur* ein weniger verdichteter Raum, können manche Aussagen auch auf diese Formen der Agglomerationen übertragen werden. Als Dörfer bezeichnete Siedlungen sind – ebenso wie sogenannte Städte – Sozialräume. Die Segregation beschreibt Strukturen einer Agglomeration beziehungsweise eines Sozialraums, in der verschiedene Bevölkerungsgruppen „nicht gleichmäßig" verteilt sind (Häußermann und Siebel 2004, S. 139). In der Fachwelt findet sich häufig die Trennung der Begriffe räumlicher und sozialer Segregation. Allerdings betonen auch viele Forschende den Zusammenhang der beiden Komponenten. So spricht Dangschat von der „sozialen Bedeutung des Raumes" (2007, S. 24ff.) und Holzinger beschreibt die Wechselbeziehung zueinander: „Räumliches und Soziales bedingen einander; nicht eine Seite ist die bestimmende […]" (2007, S. 67). Aus diesem Grund wird in diesem Artikel von der sozialräumlichen Segregation gesprochen.

Waren früher, wie bereits genannt, Klassen- und Schichtzugehörigkeiten die ausschlaggebenden Kriterien für soziale und räumliche Differenzierung, sind es heute zum Teil andere Ausgrenzungsmechanismen, zum Beispiel die Herkunft, die Beschäftigung und auch kulturelle Unterschiede (ebd.). Sehr häufig werden Segregationsprozesse im Zusammenhang mit Migrationshintergründen untersucht (siehe auch Gans und Ritzinger 2014; Strohmeier und Alic 2006), jedoch weisen Häußermann und Siebel darauf hin, dass Segregation in der heutigen Zeit zu-

5 Ist die Energiewende beispielsweise für eine Person ein durchaus gewünschtes und erstrebenswertes Ziel, kann es sein, dass sie den Bau einer Windkraftanlage in unmittelbare Nähe aus ästhetischen Gründen ablehnt. Hier zeigt sich ein Pluralismus, der sich an verschiedenen Wertesystemen bedient.

nehmend auch durch Lebensstile geprägt ist (2004, S. 144). Ausschlaggebend für Segregation ist allerdings nur, dass ein Unterschied vorhanden ist, nicht welcher.

In einem sogenannten Dorf in ländlich bezeichneten Räumen wohnen für gewöhnlich weniger Menschen mit Migrationshintergrund als in städtisch bezeichneten Räumen. Auch die Einkommensmöglichkeiten sind aufgrund der geringen Bevölkerungsdichte begrenzt (Franzen et al. 2008, S. 9ff.). Neben den häufig angenommenen fehlenden ausgeprägten sozialen Unterschieden spielen auch die fehlenden räumlichen Unterschiede eine Rolle: Aufgrund der geringen Dichte und Größe waren lange Zeit auch die Möglichkeiten der Häuser- beziehungsweise Grundstückswahl eher gering. Da diese zwei Kategorien (soziale und räumliche Unterschiede) Voraussetzungen für Segregation sind (vgl. Häußermann und Siebel 2004, S. 143), erscheint es einleuchtend, dass diese Prozesse bisher kaum in ländlich bezeichneten Agglomerationen untersucht wurden – es fehlte der Forschungsbedarf.

Aufgrund des postmodernen Wertewandels entwickelt sich, wie bereits angedeutet, die sogenannte Dorfbevölkerung in den letzten Jahrzehnten durchaus zu einer pluralen und heterogenen Gesellschaft. Einige Merkmale hierfür sind beispielweise die Individualisierung auch der ländlich bezeichneten Gesellschaft (vgl. Hainz 1999), die Zuwanderung von sogenannten *Städtern* oder *Zugezogenen* und die steigende Anzahl der Asylbewerberinnen und Asylbewerber, die seit 2014 auch wieder verstärkt in ländlich bezeichneten Räumen untergebracht werden. Auch die Siedlungsentwicklung weist eine wachsende Differenzierung von Wohnangeboten auf, einerseits durch Neubaugebiete, anderseits durch wachsenden Leerstand in bestehen Siedlungsteilen (vgl. Linke 2014). „Neubausiedlungen führen ein Eigenleben am Dorfrand", so Herrenknecht und Wohlfahrt (2013), die hiermit die Voraussetzungen ansprechen, die auch in ländlich bezeichneten Räumen zu einer sozialräumlichen Segregation führen können.

3 Die sozialräumliche Segregation einer als Dorf bezeichneten Siedlung

Um der Annahme sozialräumlicher Segregation in ländlich bezeichneten Räumen nachzugehen, wurde eine sehr schwach verdichtete, als Dorf bezeichnete Siedlung untersucht, die laut Bundesinstitut für Bau-, Stadt- und Raumforschung (2011) einen *peripheren Lagetyp*[6] aufweist: die Siedlung Schönau in Niederbayern. Das

6 Diese Bezeichnungen sind aus konstruktivistischer Perspektive zu hinterfragen, allerdings geben sie Hinweise darauf, dass ein sogenanntes Dorf in sehr ländlich bezeich-

bedeutet in diesem Fall unter anderem, dass die Siedlung verhältnismäßig weit von einer Metropolregion entfernt (Entfernung über 100 km) und demnach nicht in einem sogenannten Suburbanisationsraum liegt. Auch die verkehrliche Infrastruktur wird als ‚schlecht' bezeichnet: die nächste Autobahn ist circa 30 Minuten und der nächste Bahnhof[7] circa 15 Minuten entfernt (jeweils durchschnittliche Fahrtdauer mit PKW). Die Siedlung befindet sich im sogenannten niederbayerischen Hügelland, das laut Fehn im Jahre 1935 als *Bauernland* bezeichnet wurde: „Dieses vom Verkehr umflutete – aber nicht durchflutete Bauernland [...]. Es war immer Bauernland und wird es auch immer bleiben. [...] In ihm erwuchsen keine Kulturmittelpunkte, kein Bischofssitz und keine Residenzstadt. München, Freising, Landshut, Straubing, Passau, Braunau, Burghausen: sie alle liegen im Umkreis um das Hügelland, keines davon mittendrin." (1983, S. 21). Diese Aussage (vor allem der Begriff *Bauernland*) ist natürlich aus heutiger Sicht obsolet geworden, allerdings beschreibt sie eine (infra)strukturelle Besonderheit, die zum Teil auch heute noch von der Bevölkerung in ähnlicher Form so wahrgenommen wird.

Zumindest landschaftlich[8] ist die Gemeinde, in der der untersuche Raum liegt, auch noch landwirtschaftlich geprägt: 2012 waren noch 58,6 % landwirtschaftlich genutzte Fläche (Bayerisches Landesamt für Statistik und Datenverarbeitung 2014). So kann angenommen werden, dass die untersuchte Agglomeration von der Bevölkerung sowie von Außenstehenden durchaus als ländlich wahrgenommen wird.

3.1 Datengrundlagen und methodisches Vorgehen

Um einen Überblick zu erhalten, wie sich soziale und räumliche Strukturen darstellen und ob es sogar zu einer sozialen Segregation in einer schwach besiedelten Agglomeration kommt, ist eine methodische Triangulation zielführend (vgl. Flick 2008). Zum einen ist es von Bedeutung, die räumlichen Strukturen zu analysieren. Neben Kartenmaterial der bayerischen Vermessungsverwaltung von 2014 wurden auch Luftbilder von verschiedenen Internetportalen (google.de, bing.de) untersucht. Zusätzlich wurden mehrere Ortsbegehungen durchgeführt. Diese bestanden

---

neten Räumen liegt.

7 Hier handelt es sich um einen Bahnhof ausschließlich mit Regionalbahnverkehr (kein Verkehr von Regional-Express- und Intercity-Express-Zügen.

8 Der bedeutungsoffene Begriff Landschaft wird als Überbegriff für unbebaute, nichtversiegelte Räume verwendet, die im allgemeinen Sprachgebrauch häufig als Landschaft bezeichnet werden; vgl. Kühne 2013.

nicht nur aus Spaziergängen mit der Kamera, sondern auch aus Aufenthalt im ortsansässigen Supermarkt und in der Bäckerei. Mit dieser Methode waren also auch teilnehmende und nichtteilnehmende Beobachtungen integriert.

Eine weitere Hauptmethode neben der Untersuchung von vorhandenem Datenmaterial bestand in der Befragung von Expertinnen und Experten. In dem Fall sind das Personen, die überdurchschnittlich gute Kenntnisse in Bezug auf die Siedlung haben. Insgesamt wurden vier Expertinnen und Experten[9] befragt, die jeweils in mindestens zwei der folgenden Institutionen/Organisationen vertreten waren: Mitglied des Gemeinderates (inklusive Bürgermeisteramt beziehungsweise Stellvertretung), Mitglied der Gemeindeverwaltung, Vertreter beziehungsweise Mitglied von ortsansässigen Vereinen und engagierte Personen in der örtlichen Sozialarbeit. Somit kann davon ausgegangen werden, dass die Expertinnen und Experten umfassende Kenntnisse über die Bevölkerung besitzen, da sie sich im Rahmen ihrer Tätigkeiten mit den Bewohnerinnen und Bewohnern der als Dorf bezeichneten Siedlung beschäftigen. Die Gespräche fanden im Januar 2015 statt und dauerten jeweils circa zwei Stunden. Die Personen wurden nach einem leitfadengestützten Fragenbogen befragt, anschließend wurde das Interview vollständig transkribiert[10] und in engem Zusammenhang mit der räumlichen Analyse ausgewertet.

Eine weitere Besonderheit liegt im engen Bezug der Autorin zu der als Dorf bezeichneten Siedlung.[11] Durch den engen Bezug zu dieser Siedlung zeigen sich durchaus einige Herausforderungen bei der Untersuchung. So raten beispielweise Froschauer und Lueger (2003, S. 33), keine persönlich bekannten Personen zu interviewen. Dies könnte von dem Forschenden dazu gebraucht werden, Gesprächspartner zu benutzen, um die Untersuchung abzusichern. Aus diesem Grund wurde bei der Vorbereitung und während der Interviews darauf geachtet, möglichst offene Fragen zu stellen, die zu keiner von der Interviewerin gewünschten Antworten führen sollten. Die möglichen Vorteile für die Wahl der bekannten Siedlung überwogen im Hinblick auf die Forschungsergebnisse. Aufgrund der auch aktuell noch regelmäßigen Besuche im untersuchten Raum konnten viele Informationen durch teilnehmende und nichtteilnehmende Beobachtungen gewonnen werden. Diese wurden, wie bereits angeführt, zum Beispiel beim Einkauf im ortsansässigen Supermarkt, in der Bäckerei oder auf dem Wertstoffhof gesammelt.

9 Aus datenschutzrechtlichen Gründen werden keine Angaben gemacht, aus denen die Identität der befragten Personen hervorgeht.

10 Bei der Transkription wurde der niederbayerische Wortlaut an das Hochdeutsche angepasst.

11 Die Siedlung ist der Geburtstort der Autorin und war 18 Jahre lang ihr Lebensmittelpunkt.

Ein weiterer, durchaus bedeutender Aspekt ist die Akzeptanz in der Bevölkerung. Durch die teilweise jahrelangen Bekanntschaften hat sich ein Vertrauensverhältnis entwickelt. Die Autorin war somit in der Lage, gleich zu Beginn ein positives Gesprächsklima herzustellen, in dem ein offenes Forschungsgespräch entstehen konnte (Froschauer und Lueger 2003, S. 62f.). Trotz der persönlichen Verbindung wurde zu keinem Zeitpunkt das Vertrauen der interviewten Personen ausgenutzt. Die Befragten wurden über die Verwertung der Informationen aufgeklärt und die Interviewerin achtete auf die Anonymität der Befragten sowie der erwähnten Personen. Durch die guten Kenntnisse der Autorin über die Siedlung konnte sie sich in die Lage der Personen hineinversetzen und ausführliche Antworten erzielen. Laut Kleemann et al. (2009, S. 18) sind Forschende durchaus in ihrem persönlichen, „sozio-kulturellen Kontext verhaftet" und kulturelle Differenzen können nur dann vermieden werden, „wenn die Forschenden ebenfalls exakt dem beforschten sozialen Kontext entstammten" (ebd.).

3.2 Der untersuchte Raum

Der untersuchte Raum, die als Dorf bezeichnete Siedlung Schönau in Niederbayern, liegt im Regierungsbezirk Niederbayern, Landkreis Rottal-Inn. Die Einwohnerzahl liegt derzeit bei etwa 735 Personen, Tendenz leicht steigend[12]. In Bezug auf das Wahlverhalten der Bevölkerung zeichnet sich ein stark christlich-konservatives Bild ab: Ein Mitglied der Partei CFWG (Christlich Freie Wählergemeinschaft) bekleidet das erste Bürgermeisteramt, ein Mitglied der CSU das zweite und ein Mitglied der SPD das dritte Bürgermeisteramt. Die 14 Sitze des Gemeinderats sind wie folgt verteilt: sechs Sitze gingen bei der Kommunalwahl 2014 an die CSU, vier an die CFWG und vier an die SPD. Bevor 2014 einem Mitglied der CFWG das Bürgermeisteramt übertragen wurde, wurde die Siedlung seit jeher von der CSU geführt.

Die ehemalige Hofmark wird heutzutage als *Kirchdorf* bezeichnet – räumliches und soziales Zentrum ist beziehungsweise war die neugotische Kirche (siehe Abbildung 1) mit einem vorgelagerten, großzügigen Kirchplatz. In der Nähe des Kirchplatzes befindet sich auch ein mittelalterliches Wasserschloss (siehe Abbildung 2). Dieses Schloss ist von einem Park umgeben, der nach Motiven eines englischen Landschaftsparks geplant und errichtet wurde. Bewohnt wird das Schloss von Nachkommen des alten, bayerischen Adelsgeschlechts Riederer von Paar. Das Vorhandensein eines Schlosses sowie einer Adelsfamilie stellt eine Besonderheit

12 Mündliche Aussage der Gemeindeverwaltung Schönau am 23.02.2015.

der Struktur dar. Das Grundstück ist öffentlich gewidmet, ist aber – ebenso wie viele weitere Ländereien – im Besitz des Barons und seiner Familie.

Abbildung 1 Links: Neugotische Kirche;
Abbildung 2 Rechts: Mittelalterliches Wasserschloss. Aufnahme März 2015.
Quelle: Copyright: Simone Linke.

Erhaltene historische Gebäude sind die Kirche, ein ehemaliges Brauereigebäude (siehe Abbildung 3), das Wasserschloss, ein Bankgebäude, zwei Wirtshäuser (der Gasthof zur Post, siehe Abbildung 4, ist derzeit geschlossen und dient im Moment als Unterkunft für Asylbewerber), der Posthalterstadl[13] (früher Pferdestall der Adelsfamilie, siehe Abbildung 5) und der Kulturstadl (früher ebenfalls Stallung für Tiere der Adelsfamilie, siehe Abbildung 6). Die beiden letztgenannten Gebäude wurden zum Teil aufwändig saniert, was durchaus nicht nur Zustimmung in der Bevölkerung gefunden hat. Die historische Bausubstanz wird vom Großteil der Bevölkerung nicht wertgeschätzt. Es wurden Stimmen vernommen, dass Parkplätze anstelle des Kulturstadels sinnvoller seien und es wurde sogar die Meinung geäußert, dass die Zerstörung des Posthalterstadls durch beispielsweise einen Brand vor der finanziell sehr aufwändigen Sanierung wünschenswert gewesen wäre. Diese drastischen Äußerungen stellen eher Meinungen von Einzelpersonen dar, die grundlegende Haltung gegen die finanziellen Investitionen in diese alte Bausubstanz ist allerdings die Meinung der überwiegenden Mehrheit der Bevölkerung.

13 Ein *Stadl* ist eine süddeutsche Bezeichnung für Scheune.

Abbildung 3 Links Ehemalige Brauerei;
Abbildung 4 Rechts: Gasthof zur Post. Aufnahme März 2015.
Quelle: Copyright: Simone Linke.

Abbildung 5 Links: Kirche, rechts davon Posthalterstadl;
Abbildung 6 Rechts: Kulturstadl. Aufnahme März 2015.
Quelle: Copyright: Simone Linke.

Wie in vielen anderen ländlich bezeichneten Räumen sind auch hier Prozesse zu verzeichnen, die die Infrastruktur schwächen. Die Hausarztpraxis steht seit mehreren Jahren leer und auch der Lebensmittelmarkt im Kern der Siedlung ist an den Rand des besiedelten Raumes gezogen. Diese Veränderungen werden von den Bewohnerinnen und Bewohnern sehr bedauert und tragen ihrer Meinung nach dazu bei, dass die von ihnen so bezeichnete ‚Dorfgemeinschaft nicht mehr das ist, was sie mal war'. In diesem Zusammenhang ist zu erwähnen, dass der von den befragten Personen häufig verwendete Begriff ‚Dorfgemeinschaft' im Sinne von *einer* Personengruppe verwendet wird, die einen starken Zusammenhalt in Bezug auf die gesamte Agglomeration aufweist und die Personen sich innerhalb dieser Gruppe bekannt und vertraut sind.

3.3 Sozialräumliche Strukturen im untersuchten Raum

Die räumliche und soziale Struktur haben einen engen Zusammenhang. Die als Dorf bezeichnete Siedlung ist so aufgebaut, dass sie – vereinfacht dargestellt – aus drei Teilen besteht (siehe Abbildung 7). Ausgangspunkt bildet die ursprüngliche Siedlung Schönau, von den Bewohnerinnen und Bewohnern meist als *Alt-Schönau* bezeichnet wird. Anfang der 1990er Jahre entstand im Nordwesten, am Rand der Agglomeration ein Gewerbegebiet. Viele Gewerbetreibende sind zu Beginn der Gebietsentstehung aus Kostengründen in das Gebiet gezogen und haben mittlerweile das Gewerbe aufgegeben. Aus diesem Grund ist in diesem Gebiet mittlerweile etwa 40 % reine Wohnnutzung zu verzeichnen. Dieser Ortsteil hat verschiedene Bezeichnungen: *Industriegebiet*[14], *Sportplatzsiedlung* (da sich in unmittelbarer Nähe des Gebietes auch die Sportflächen und Treffpunkte des Fußball-, Tennis- und Schützenvereins befinden) und auch *Setzermann-Siedlung*. Die letzte Bezeichnung stammt daher, dass die Familie Setzermann in diesem Ortsteil einen Großteil der Gewerbe- und auch Wohnflächen besitzt und vermietet. Nachfolgend wird in diesem Zusammenhang vom *Industriegebiet* gesprochen, da dies die meist genannte Bezeichnung war.

Mitte der 1990er Jahre gab es im Südosten der Agglomeration eine zusätzliche Erweiterung, ein reines Wohngebiet mit ausschließlich Einfamilienhäusern. Zu erwähnen ist in diesem Zusammenhang die Topographie: das Wohngebiet liegt auf einem Hügel, von dem aus die gesamte Agglomeration gesehen werden kann, die ‚unten' liegt. Zwei der drei Bezeichnungen für dieses Gebiet greifen diese Situation auf – die Siedlung wird entweder *oberes Dorf*, *Moaberg* (der landwirtschaftliche Hof des ehemaliges Besitzers des Grundstückes heißt *Moa*), *Schuldenberg* (Erklärung folgt) oder *Edelbeckstraße* (Haupterschließungsstraße in dem Wohngebiet) genannt. Die Bewohnerinnen und Bewohner dieser Siedlung nennen sich selber *oberes Dorf*, die restliche Agglomeration wird von Ihnen als *unteres Dorf* bezeichnet. Die Bezeichnung *unteres Dorf* wird ansonsten von keinem verwendet, da viele Bewohnerinnen und Bewohner hierin eine Abwertung sehen. Im Weiteren wird die Bezeichnung *Edelbeckstraße* verwendet, da dieser Begriff keine negative Konnotation hervorruft.

Bei der Frage an die Expertinnen und Experten nach verschiedenen Personengruppen in der als Dorf bezeichneten Siedlung, die sich in irgendeiner Art und Weise von anderen Gruppen unterscheiden, wurden jeweils die drei obengenann-

14 Obwohl hier eher Gewerbe- als Industrienutzungen ansässig sind, wir es von der Bevölkerung als *Industriegebiet* bezeichnet.

ten Siedlungsteile erwähnt. Die räumlich abgrenzbaren Strukturen sind demnach identisch mit den sozial abgrenzbaren Strukturen.

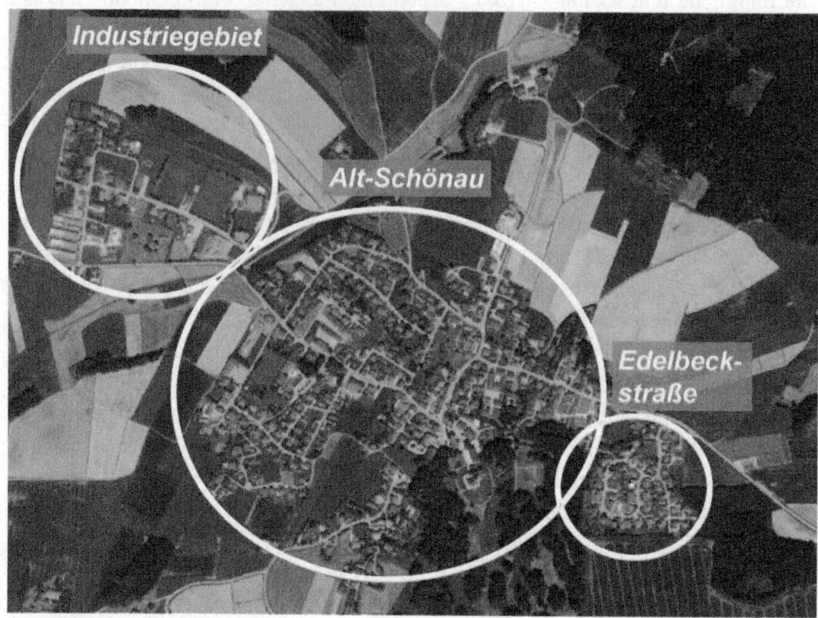

Abbildung 7 Sozialräumliche Strukturen in Schönau. Hervorhebungen durch die Autorin.
Quelle: Kartengrundlage: Geobasisdaten © Bayerische Vermessungsverwaltung 2014.

3.3.1 Alt-Schönau

In Alt-Schönau, bestehend aus freistehenden Einfamilienhausstrukturen (siehe Abbildung 8) und dem etwas verdichteten *Dorfkern* (siehe Abbildung 9), wohnen die meisten Personen, nur ein geringer Prozentsatz sind sogenannte *Zugezogene*. Von den befragten Personen, die ebenfalls aus diesem Gebiet stammen, werden die *Schönauer*[15] (nur in diesem Ortsteil lebende Personen werden als *Schönauer* bezeichnet) eher mit negativen Zuschreibungen verknüpft. Die *Schönauer* im

15 Die weibliche Form Schönauerin wird hierbei inkludiert, es wird im Folgendem nur der männlich Begriff ‚Schönauer' verwendet, aus dem Grund, da der in den Gesprächen verwendete Begriff ausnahmslos nur in männlicher Form verwendet wurde.

Allgemeinen seien laut Frau G. „langweilig", wirken „schwer" oder „träge"[16] und „wollen am liebsten, dass alles so bleibt, wie es ist"[17]. Zu Beginn einer anstehenden Veränderung sind sie durchweg skeptisch, beispielsweise bei bevorstehenden Erweiterungen oder bei der Einführung eines Kulturprogrammes in einem sanierten historischen Gebäude. In diesem Gebiet wohnt auch die Familie des Barons im Wasserschloss. Der Baron hat eine Sonderstellung, die jedoch auch heute nicht hinterfragt wird. Beispielsweise sitzen er und seine Familie an Feiertagen in der Kirche in einer Empore. Spreche ich Personen darauf an, sind häufige Reaktionen: „das war ja immer schon so"[18] – auch wenn die frühere, durchaus gängige Meinung ‚die sind etwas besseres' heute nicht mehr vorhanden ist. Bei der Frage, wie Personen vom *Industriegebiet* auf dieses Verhalten reagieren, erhielt ich die Antwort von Frau B., „die Siedlung kann das nicht sehen, weil die gehen nicht in die Kirche"[19]. Herr H. führt das etwas unterwürfig und träge erscheinende Verhalten der *Schönauer* auf die geschichtlichen Besitzverhältnisse zurück (frühere Herrschaft der Adelsfamilien): „die Schönauer sind grundsätzlich immer unterdrückt worden. Und das merkt man auch noch"[20].

Abbildung 8, 9 *Alt-Schönau*. Aufnahme März 2015.
Quelle: Copyright: Simone Linke.

16 Quelle: Gespräch der Autorin mit Frau G. am 11.01.2015.
17 Quelle: Gespräch der Autorin mit Frau S. am 12.01.2015.
18 Quelle: Gespräch der Autorin mit Frau B. am 18.01.2015.
19 Quelle: Gespräch der Autorin mit Frau B. am 18.01.2015.
20 Gespräch mit Herrn H. am 20.01.2015

3.3.2 Edelbeckstraße

Das reine Wohngebiet *Edelbeckstraße* auf einem Hügel am südöstlichen Rand von Schönau bildet die jüngste Siedlungserweiterung (siehe Abbildung 10 und 11). Hier herrschen zum Teil unterschiedliche Auffassungen über die dort lebenden Personen. Einig sind sich die befragten Personen Frau G., Frau S., Frau B., und Herr H. darüber, dass die Bewohnerinnen und Bewohner dieses Gebietes zu Beginn kaum, mit der Zeit aber laut der Befragten „immer besser in die Gemeinschaft integriert" waren[21]. Sie werden dennoch aber nicht als *Schönauer* bezeichnet. Die steigende Integration in die sogenannte ‚Dorfgemeinschaft' wurde auf die engeren Kontakte im Zusammenhang mit den kindergarten- und schulpflichtigen Kindern zurückgeführt. Da in dieses Gebiet hauptsächlich junge Familien gezogen sind, lernten sich die Eltern aus *Alt-Schönau* und der *Edelbeckstraße* besser kennen und laut Aussage der Befragten auch besser leiden. Drei der vier Befragten gaben an, dass sie das Gefühl haben, die Bewohnerinnen und Bewohner der *Edelbeckstraße* denken zum Teil, sie sind etwas Besseres. Die Befragten empfinden sie teilweise als arrogant. Ein möglicher Grund hierfür kann sein, dass hier sehr große und dem Anschein nach teure Häuser gebaut wurden. In diesem Zusammenhang wurde auch die Bezeichnung *Schuldenberg* für diesen Ortsteil geprägt: Einige der neuen Häuser wurden nach wenigen Jahren wieder verkauft, da sich – laut Aussage der Befragten – die Bauherren zu sehr verschuldet haben. Die Bewohnerschaft der *Edelbeckstraße* hat untereinander einen größeren Zusammenhang als mit der Bewohnerschaft in *Alt-Schönau*. Davon zeugen eigene Straßenfeste und die geringe Zugehörigkeit zu ortsansässigen Vereinen.

Abbildung 10, 11 Wohngebäude der *Edelbeckstraße*. Aufnahme März 2015.
Quelle: Copyright: Simone Linke.

21 Quelle: Gespräche der Autorin mit Frau G. am 11.01.2015, Frau S. am 12.02.2015, Frau B. am 18.01.2015 und Herrn G. am 20.01.2015.

3.3.3 Industriegebiet

Die Bewohnerinnen und Bewohner des *Industriegebiets* sind die, die am meisten von der Personengruppe der *Alt-Schönauer* separiert sind. Aussagen wie von Frau B., das sind „die Grünen", die „Alternativen", die sind „ökologisch"[22] und von Frau S., „die leben einfach anders"[23], zeugen davon, dass die Personen einen durchaus anderen Lebensstil verfolgen, wie die meisten anderen Bewohnerinnen und Bewohner aus *Alt-Schönau*. Auch die Holzbauweise der Gebäude unterscheidet sich von den Häusern der anderen Ortsteilen (siehe Abbildung 12). Allerdings findet sich hier meist keine abwertende Haltung gegenüber diesen alternativen Lebensstilen. Die Bewohnerinnen und Bewohner von *Alt-Schönau* und dem *Industriegebiet* akzeptieren sich durchaus gegenseitig, aber es wird von keiner Seite der enge Kontakt gesucht. Nur vereinzelt wird vernommen, dass die Bewohnerinnen und Bewohner des *Industriegebietes* „nicht ganz ernst genommen werden"[24] und manchmal gibt es eine Beschwerde über die ‚schlampige Siedlung', die nach der Meinung einiger weniger Personen nicht aufgeräumt genug wirkt (siehe Baumaterialien neben der Straße auf Abbildung 13). Angesprochen wurde auch das durchschnittlich hohe Alter der Bewohnerschaft im *Industriegebiet*. Zwei Befragte gaben an, dass es hier ja nur wenige Kinder gibt und das Kennenlernen der Eltern durch Kindergarten und Schule aus diesem Grund nicht stattfinden konnte. Allerdings ist zu hinterfragen, ob das Kennenlernen auch gleich zu außerschulischen, freundschaftlichen Kontakten geführt hätte, da die Lebensstile der Bewohnerschaft des *Industriegebietes*, wie eben geschildert, durchaus größere Abweichungen zu den Lebensstilen der Bewohnerschaft der *Edelbeckstraße* aufweisen. Der Zusammenhalt zwischen den Personen im *Industriegebiet* ist laut Einschätzung der befragten Personen sehr hoch. Wie bereits angedeutet, gibt es nur wenige gesellschaftliche Kontakte mit *Alt-Schönau* oder der *Edelbeckstraße*. Sehr wenige im *Industriegebiet* wohnende Personen sind in ortsansässigen Vereinen Mitglied. Die eigens organisierten Veranstaltungen (häufig Ausstellungen und Märkte) jedoch finden in regelmäßigen Abständen statt. Auch wenn diese als öffentlich beworben werden, finden sich hier nur wenige *Schönauer*. Allerdings erwähnten die interviewten Personen, dass das Interesse der *Schönauer* in Bezug auf diese Veranstaltungen ansteigt und schon die eine oder andere positive Aussage darüber vernommen wurde. Ich habe im Untersuchungszeitraum zwei der Veranstaltungen besucht und einen leichten An-

22 Quelle: Gespräch mit Frau B. am 18.01.2015

23 Quelle: Gespräch mit Frau S. am 12.01.2015

24 Quelle: Gespräch mit Frau B. am 18.01.2015

stieg der *Schönauer* als Besuchende feststellen können. Allerdings handelte es sich hierbei jeweils nur um wenige Personen.

Abbildung 12, 13 Wohngebäude und Gewerbe der *Edelbeckstraße*. Aufnahme März 2015.
Quelle: Copyright: Simone Linke.

Im Allgemeinen wurde von den befragten Personen angesprochen, dass es Zugezogene nicht leicht hätten, in die sogenannte ‚Dorfgemeinschaft' aufgenommen zu werden. Hier ist allerdings auch anzumerken, dass alle Befragten angegeben haben, dass der Zusammenhalt der Personen untereinander im Allgemeinen nicht sehr stark ausgeprägt ist und schon einmal stärker war. Trotzdem wird von allen befragten Personen von der ‚Dorfgemeinschaft' gesprochen. Frau G., die selbst vor knapp 30 Jahren nach Schönau (genauer gesagt nach *Alt-Schönau*) gezogen ist, wurde zu Beginn „kritisch beäugt" und ihrer Meinung nach als „Eindringling" wahrgenommen[25]. Erst nach acht bis neun Jahren fühlte sie sich zugehörig, würde sich aber trotzdem auch heute nicht als *Schönauer* bezeichnen. Sehr negativ wird in der als Dorf bezeichneten Siedlung über Zugezogene gesprochen, wenn sie gleich von Anfang an Änderungsvorschläge zu manchen Situationen anbringen (beispielsweise Straßenführung) oder sich über Gegebenheiten beschweren, die für die alteingesessenen Personen ‚normal' sind, wie der Geruch einer etwas außerhalb liegenden Schweinezuchtanlage. Laut Aussage einer Person der Gemeindeverwaltung kommen Beschwerden fast ausnahmslos von Zugezogenen. Ob das nun daran liegt, dass die *Schönauer* von je her *gewohnt* seien, sich nicht gegen Missstände zu wehren oder ob die Hemmschwelle zugezogener Personen niedriger ist, sei dahingestellt. Manche Personen werden nach einigen Jahren weitgehend in

25 Quelle: Gespräch mit Frau G. am 11.01.2015

die ‚Dorfgemeinschaft' integriert, häufig geht es jedoch nicht über eine Tolerierung hinaus (vgl. hierzu ebenfalls Kühne und Spellerberg 2010).

Alle Befragten waren sich einig darüber, dass eine Vereinsmitgliedschaft positive Auswirkungen auf die Zugehörigkeit zur sogenannten Dorfgemeinschaft hat, jedoch die Zugezogenen nur sehr selten in einen Verein eintreten. In diesem Zusammenhang wurde auch angesprochen, dass die allgemeinen Mitgliederzahlen in jedem Verein stark abgenommen haben. Es mangelt sowohl an Nachwuchs (weniger betroffen hiervon ist der Fußballverein) als auch an Personen, die sich für ein Amt in der Vorstandschaft bereiterklären. Im Rahmen der Gespräche über ehrenamtliches Engagement wurde von zwei Personen erwähnt, dass sich die zugezogenen Personen im Elternbeirat zwar durchaus engagieren, jedoch auf eine andere Art: „Weil die sagen, wir wollen da erst mal dabei sein, wenn unsere Kinder etwas aufführen und nicht hinter der Ladentheke stehen und etwas verkaufen"[26]. Laut Aussagen der Befragten war das vor den Siedlungserweiterungen anders. Diese beiden Befragten vermuteten ebenfalls, dass die Größe der Agglomeration etwas mit dem Zusammenhalt beziehungsweise der Intensität der Beziehungen der Personen untereinander zu tun hat: „Ich glaube, umso kleiner ein Dorf ist, umso besser ist auch die Dorfgemeinschaft"[27] oder „auf der einen Seite verstehe ich die Leute schon, die sagen, umso größer ein Dorf wird, umso fremder wird man sich"[28].

In jedem Gespräch habe ich auch Fragen zur Kirche gestellt. Zum Teil wurde jedoch auch, bereits ohne die Frage gestellt zu haben, auf das Thema eingegangen. Deutlich ist auch in Schönau der Rückgang der Bedeutung der Kirche. Sehr viel weniger Personen besuchen die Kirche als noch vor 30-40 Jahren (vgl. hierzu ebenfalls Pollack 2014). Ein Großteil der Schuld dafür wird auch dem letzten Pfarrer zugeschrieben. So sagt Frau S.: „Der letzte Pfarrer war nicht gut. Der war halt Pfarrer, weil er Pfarrer war. Der wollte das nie werden, das hatte er auch mal öffentlich gesagt. Und genau so hatte das in der Dorfgemeinschaft gelebt. Der ist hingegangen, wo er hingehen hat müssen und alles andere war ihm egal"[29]. Der neue indische Pfarrer kommt in der Bevölkerung gut an und es wird von den Befragten erwartet, dass die Besucherzahlen wieder ansteigen – allerdings nicht mehr so, wie es ‚früher' war. Die Kirchenzugehörigkeit nimmt auch hier – wie in vielen anderen städtisch und ländlich bezeichneten Räumen – weiterhin ab.

26 Quelle: Gespräch mit Frau S. am 12.01.2015

27 Quelle: Gespräch mit Frau B. am 18.01.2015

28 Quelle: Gespräch mit Frau S. am 12.01.2015

29 Ebd.

3.3.4 Heim für Asylsuchende

Die Aufnahme von Asylsuchenden in einem alten Gebäude mitten im Kern von *Alt-Schönau* (ehemaliges Gasthaus ‚Zur Post‘) wurde von den Befragten anfangs als heikel bezeichnet. Bereits Anfang der 1990er Jahre gab es eine vergleichbare Situation. Laut Aussagen der Befragten ist das damals „wirklich nicht gut gelaufen“[30]. Es gab anscheinend keine Personen, die sich der Asylsuchenden angenommen hätten. Genauer ist keine der befragten Personen auf dieses Thema eingegangen. Durch diese Hintergrundinformation lässt sich vielleicht erklären, dass zu der Zeit, als bekannt wurde, dass erneut Asylsuchende nach Schönau kommen, „die Leute Angst hatten“[31]. Vereinzelt wurden auch rassistische Sprüche vernommen. Manche befürchteten, ‚man könne dann ja die Kinder nicht mehr alleine aus dem Haus lassen‘. Allerdings waren diese Befürchtungen laut der Befragten unbegründet. „Es läuft eigentlich perfekt“[32] ist die Aussage von Frau S., die in der Gemeindeverwaltung arbeitet. Es gibt in Schönau eine Freiwilligen-Gruppe von circa 30 Personen, die sich intensiv um die Asylsuchenden kümmern. Es werden Deutschkurse angeboten, Kleider- und Fahrradsammelaktionen und gemeinsame Feste veranstaltet. Alle Befragten gaben an, dass sie seitdem keine negativen Äußerungen von der Bevölkerung vernommen haben. Die einzigen öffentlichen Beschwerden gab es in einem Fall, als die Kinder der Asylsuchenden ohne Licht mit ihren Fahrrädern durch die Straßen fuhren. Allerdings zweifelte eine Befragte an, ob es negative Äußerungen zwar trotzdem gibt, sie jedoch nicht öffentlich ausgesprochen werden.

Interessant ist die Zusammensetzung der Gruppe der freiwilligen Helfer. Von den etwa 30 engagierten Personen sind etwa drei Viertel aus dem *Industriegebiet*, der Rest ist in *Alt-Schönau* wohnhaft. Nur eine Person wohnt in der *Edelbeckstraße*. Die wenigen subjektiven Deutungsversuche der Befragten erklären diesen Sachverhalt nicht ausreichend: „Ich habe das Gefühl, auch wenn er Schuldenberg heißt, denen geht es zum großen Teil allen ziemlich gut. Und ich finde, wenn es einem recht gut geht, dann macht man auch eher zu. So quasi, Hauptsache mir nehmen sie nichts weg. Passiert doch oft so, wenn‘s einem recht gut geht, dann vergessen Sie den Bezug zum einfachen Menschen. Oder die Angst um unsere Steuergelder, wo kommt denn das jetzt hin?“[33].

30 Quelle: Gespräch mit Herrn H. am 20.01.2015

31 Quelle: Gespräch mit Frau G. am 11.01.2015

32 Quelle: Gespräch mit Frau S. am 12.01.2015

33 Quelle: Gespräch mit Frau G. am 11.01.2015

3.4 Zusammenfassung der Ergebnisse

Werden die sozialräumlichen Strukturen in Schönau betrachtet, lassen sich durchaus Anzeichen von sozialräumlicher Segregation finden. In der Wahrnehmung der Bewohnerinnen und Bewohner gliedert sich die Agglomeration räumlich und sozial in drei Teile: *Alt-Schönau*, das *Industriegebiet* und die *Edelbeckstraße*. Obwohl diese Ortsteile mit unterschiedlich bewerteten Zuschreibungen besetzt sind, stellt sich Segregation in der untersuchten Agglomeration nicht als *Ausgrenzung* dar, sie beschreibt in diesem Zusammenhang eher Teilräume beziehungsweise fragmentierte Räume, ganz im Zeichen der heterogenen, postmodernen Raumstruktur (dazu auch die Einleitung in diesem Sammelband). Die Personen dieser Räume werden dem Anschein nach nicht bewusst von anderen ausgegrenzt oder gemieden, sondern es scheint eine Art freiwillige Segregation zu sein, im Einverständnis der meisten Bewohnerinnen und Bewohner. Die Segregation hat jedoch durchaus bestimmte soziale Normen, die, so scheint es, von allen eingehalten werden. Beispielsweise werden die Personen aus den beiden neueren Ortsteilen nie als *Schönauer* bezeichnet und bezeichnen sich selber auch nicht so, sie gelten also nicht direkt als ortszugehörig. Selbst Zugezogene, die seit mehr als 30 Jahren in *Alt-Schönau* wohnen (und nicht mit einem *Schönauer* verheiratet sind), bezeichnen sich selber nicht als *Schönauer*, sondern sagen nur, sie wohnen in Schönau.

Auch wenn es dem Anschein nach keine ‚Dorfgemeinschaft' im Sinne *einer* Gruppe in Bezug auf die gesamte Agglomeration gibt, ist der Zusammenhalt innerhalb der drei fragmentierten Räume zum Teil hoch. Mehrfach wurde in diesem Zusammenhang von den Befragten bemerkt, dass sowohl die Bewohnerinnen und die Bewohner des *Industriegebietes* und der *Edelbeckstraße* innerhalb ihres Ortsteiles einen sehr großen Zusammenhalt zu haben scheinen, wobei die Ortsteile durchaus zu unterscheiden sind. Die Bewohnerinnen und der Bewohner der *Edelbeckstraße* haben sich im Laufe der Zeit mehr der Personengruppe in *Alt-Schönau* zugewandt als die Bewohnerinnen und Bewohner des sogenannten *Industriegebietes*. Die sogenannte ‚Dorfgemeinschaft' wird von den befragten Personen im Allgemeinen als sehr schwach beziehungsweise als schwächer werdend wahrgenommen. Diese Abnahme dieses Zusammenhalts wird von den Bewohnerinnen und Bewohnern von *Alt-Schönau* in engem Zusammenhang mit den beiden Siedlungserweiterungen gesehen („Ich glaube, umso kleiner ein Dorf ist, umso besser ist auch die Dorfgemeinschaft"[34]). Diese Korrelation zwischen der Größe der Bevölkerung und der Stärke der sozialen Kontakte ist jedoch wissenschaftlich nicht

34 Quelle: Gespräch mit Frau B. am 18.01.2015

belegt, hier spaltet sich die Fachwelt (vgl. Häußermann und Siebel 2004, S.104 ff.; Schmied 1985, S. 110f.)

Nicht nur diese Angst vor Veränderung führt zu der Konstruktion einer sehr christlich-konservativen Bevölkerung. Die Befragten empfinden *Alt-Schönau* mit seinen Bewohnerinnen und Bewohnern als altmodisch und sogar rückständig. Dennoch zeichnen sich auch hier durchaus postmoderne Tendenzen ab: Die Gesellschaft wird auch hier heterogener, individualisierter und pluraler. Ein Beispiel ist die Aufgeschlossenheit gegenüber den Asylsuchenden (auch wenn die Aufnahme der Asylsuchenden kein freiwilliger Prozess war). Alle Befragten waren überrascht, dass die anfängliche Skepsis der Bewohnerinnen und Bewohner schnell verflogen ist und es soweit keine negativen Vorfälle oder stark ablehnende Haltungen gegenüber den neuen Bewohnerinnen und Bewohnern gab. Auch wenn es vereinzelt negative Äußerungen gibt, ist die Mehrheit der Bevölkerung positiv gestimmt. Neben freiwilligen aktiven Helferinnen und Helfern ist der Großteil der restlichen, als Dorf bezeichneten Siedlung passiv hilfsbereit, zum Beispiel durch Kleiderspenden.

4 Ausblick

Eine sozialräumliche Segregation kann auch in ländlich bezeichneten Regionen nachgezeichnet werden, wie am Beispiel von der Siedlung Schönau deutlich geworden ist – wenn auch nicht mit der Anonymität der Segregation in städtisch bezeichneten Räumen. Dangschat führte vor einigen Jahren aus, dass Segregation mit der Zeit zunehme (2007, S. 42). Diese Aussage, übertragen auf ländlich bezeichnete Räume, muss auf zwei verschiedenen Ebenen betrachtet werden. Auf der übergeordneten Ebene gibt es die Tendenz, dass soziale Segregation vermehrt auch in sogenannten Dörfern stattfinden kann. Das liegt – stark vereinfacht ausgedrückt – am postmodernen Wertewandel der Gesellschaft. Plurale und heterogene Gesellschaften ermöglichen erst die Differenzierung von Sozialstrukturen. Die räumliche Segregation in schwach verdichteten Agglomerationen ist zwar deutlich eingeschränkt, wird aber ebenfalls im Zuge der Postmodernisierung – wenn auch in geringem Umfang – ermöglicht. Hier seien nur kurz zwei Aspekte genannt. Zum einen wandert die Bevölkerung mehr als noch vor einigen Jahrzehnten: sogenannte „fragmentierte Erwerbsbiographien" (Kühne 2013, S. 101) erfordern häufigere Umzüge und daher auch Häuserverkäufe. Zum anderen führen finanzielle Umstände zum Teil dazu, dass Gemeinden, die nunmehr häufig unternehmerisch agieren, sich weiterhin für die Neuausweisung von Wohngebieten entscheiden, um unter anderem Steuern zu erwirtschaften, wodurch sich die Bewohnerschaft verändert.

Auf der untergeordneten Ebene lässt sich allerdings am Beispiel der *Edelbeckstraße* feststellen, dass sich sozialräumliche Segregation auch wieder auflösen kann. Hier bestätigt sich die These von Schmied (1985, S. 62, 175ff.): „Die soziale Integration nimmt mit zunehmender Wohndauer zu. Der Aufbau sozialer Beziehungen braucht Zeit und es ist zu erwarten, daß [sic!] Neuzugezogene noch weniger soziale Kontakte haben als Alteingesessene". Laut Aussagen der Befragten waren es vor allem Kontakte über kindergarten- oder grundschulpflichtige Kinder oder die Mitgliedschaft in einem Verein, die die sozialen Beziehungen zwischen den Bewohnerinnen und Bewohnern der *Edelbeckstraße* und *Alt-Schönau* verstärkt haben. Diese Entwicklung hat sich allerdings nicht zwischen dem *Industriegebiet* und *Alt-Schönau* eingestellt. Hier liegt die Vermutung nahe, dass sich Lebensstile zu stark unterscheiden (konservative versus alternative Lebensstile). Hinzu kommt, dass es auch zu keiner Sozialisierung durch gemeinsame Kinder in Kindergarten oder Grundschule kommt, da die Bewohnerinnen und Bewohner des *Industriegebietes* meist entweder bereits erwachsene Kinder haben oder kinderlos sind. Hier führt auch der Faktor Zeit nicht zu einer Integration, aber zumindest zu Akzeptanz. Es scheint allerdings, dass in diesem Zusammenhang die Anwesenheit der Asylsuchenden einen positiven Beitrag zur Integration leistet, da sich die Gruppe der freiwilligen Helferinnen und Helfer vor allem aus Bewohnerinnen und Bewohnern des *Industriegebiets* und aus *Alt-Schönau* näherkommt. Dies ist allerdings nur eine Vermutung und kann aufgrund der durchgeführten Untersuchung nicht endgültig bestätigt werden.

Hier sind weitere Untersuchungen notwendig. Wie verhalten sich beispielsweise andere schwach verdichtete Agglomerationen in Bezug auf sozialräumliche Segregation und hat die Einwohnerzahl, wie von den hier befragten Personen angenommen, in irgendeiner Weise Einfluss darauf? Sind es nur die Neubaugebiete, die sich sozialräumlich differenzieren? Diese Fragen können hier nicht beantwortet werden, allerdings kann festgestellt werden, dass die Voraussetzungen für eine sozialräumliche Segregation in ländlich bezeichneten Räumen durchaus vorhanden sein können.

Die Arbeit zeigt: Wird die zu Beginn angesprochene Unterscheidung zwischen *Dorfgemeinschaft* und *Stadtgesellschaft* wieder aufgenommen, folgt, dass sich die *Dorfgemeinschaft* mehr zu einer *Dorfgesellschaft* entwickelt – einer Gesellschaft mit mehr *schwachen* als *starken Verbindungen* (vgl. Läpple und Walter 2007). Dabei nimmt die Tendenz zur sozialräumlichen Segregation zu. Laut Tönnies geht der Mensch in die Gesellschaft „wie in die Fremde" (1887, S. 4) – allerdings kann aus dieser *Fremde* durchaus auch *Bekanntes* werden.

Literatur

Bauman, Z. (1999). *Unbehagen in der Postmoderne*. Hamburg: Hamburger Edition.

Bauman, Z. (2008). *Flüchtige Zeiten. Leben in der Ungewissheit*. Hamburg: Hamburger Edition.

Bayerisches Landesamt für Statistik und Datenverarbeitung (2014). *Statistik kommunal 2013. Eine Auswahl wichtiger statistischer Daten für die Gemeinde Schönau*. https://www.statistik.bayern.de/statistikkommunal/09277144.pdf. Zugegriffen: 25. Januar 2015.

Bundesinstitut für Bau-, Stadt- und Raumforschung (2011). *Raumtypen 2010. Bezug Lage*. http://www.bbsr.bund.de/BBSR/DE/Raumbeobachtung/Raumabgrenzungen/Raumtypen2010_krs/Download_KarteLageKrs.pdf?__blob=publicationFile&v=3. Zugegriffen: 25. Januar 2015.

Dangschat, J. S. (2007). Soziale Ungleichheit, gesellschaftlicher Raum und Segregation. In J. S. Dangschat & A. Hamedinger (Hrsg.), *Lebensstile, soziale Lagen und Siedlungsstrukturen*. Forschungs- und Sitzungsberichte / Akademie für Raumforschung und Landesplanung Bd. 230 (S. 21-50). Hannover: Akademie für Raumforschung und Landesplanung.

Fehn, H. (1983). Niederbayerisches Bauernland (1935). In G. Henkel (Hrsg.), *Die ländliche Siedlung als Forschungsgegenstand der Geographie*. Wege der Forschung 616 (S. 21-59). Darmstadt: Wissenschaftliche Buchgesellschaft.

Flick, U. (2008). *Triangulation. Eine Einführung*. Qualitative Sozialforschung Bd. 12. Wiesbaden: VS, Verlag für Sozialwissenschaften.

Franzen, N., Hahne, U., Hartz, A., Kühne, O., Schafranski, F., Spellerberg, A., & Zeck, H. (2008). *Herausforderung Vielfalt. Ländliche Räume im Struktur- und Politikwandel*. E-paper der ARL Nr. 4. http://shop.arl-net.de/media/direct/pdf/e-paper_der_arl_nr4.pdf. Zugegriffen: 03. März 2015.

Froschauer, U., & Lueger, M. (2003). *Das qualitative Interview. Zur Praxis interpretativer Analyse sozialer Systeme*. UTB Soziologie 2418. Wien: WUV.

Gans, P., & Ritzinger, A. (2014): Räumliche Auswirkungen der internationalen Migration. Einführung. In P. Gans (Hrsg.), *Räumliche Auswirkungen der internationalen Migration*. – Forschungsberichte der ARL 3 (S. 1-9). Hannover.

Hainz, M. (1999). *Dörfliches Sozialleben im Spannungsfeld der Individualisierung*. Schriftenreihe der Forschungsgesellschaft für Agrarpolitik und Agrarsoziologie e.V. Bonn 311. Bonn.

Häußermann, H., & Siebel, W. (2004). *Stadtsoziologie. Eine Einführung*. Frankfurt am Main: Campus.

Henkel, G. (1999). *Der ländliche Raum. Gegenwart und Wandlungsprozesse seit dem 19. Jahrhundert in Deutschland*. Studienbücher der Geographie. Stuttgart, Leipzig: B. G. Teubner.

Herrenknecht, A., & Wohlfahrt, J. (2013). Die „Zwischenstadt" auf dem Lande. Der Zwischenstadt-Diskurs im ländlichen Raum. In A. Herrenknecht & J. Wohlfahrt (Hrsg.), Pro-Regio-Online. *Zeitschrift für den ländlichen Raum 1* (2003), 51-67, http://www.pro-regio-online.de/downloads/zwl1.pdf. Zugegriffen: 03. März 2015.

Holzinger, E. (2007). Raum verloren, Räume gewonnen - Veränderungstendenzen der räumlichen Organisation der Gesellschaft. In J. S. Dangschat & A. Hamedinger (Hrsg.), *Lebensstile, soziale Lagen und Siedlungsstrukturen*. Forschungs- und Sitzungsberichte /

Akademie für Raumforschung und Landesplanung 230 (S. 51-70). Hannover: Akademie für Raumforschung und Landesplanung.
Huyssen, A. (1986). Postmoderne- eine amerikanische Internationale? In A. Huyssen & K.R. Scherpe (Hrsg.), *Postmoderne. Zeichen eines kulturellen Wandels*. Rowohlts Enzyklopädie (S. 13-44). Reinbek bei Hamburg: Rowohlt Taschenbuch Verlag.
Kleemann, F., Krähnke, U., & Matuschek, I. (2009). *Interpretative Sozialforschung. Eine praxisorientierte Einführung. Lehrbuch*. Wiesbaden: VS Verlag für Sozialwissenschaften.
Koslowski, P., Spaemann, R., & Löw, R. (1986). *Moderne Oder Postmoderne? Zur Signatur des gegenwärtigen Zeitalters*. Civitas Resultate 10. Weinheim: Acta Humaniora, VCH Verlagsgesellschaft.
Kötter, H. (1969). Zur Soziologie der Stadt-Land-Beziehungen. In R. König, H. Kötter & A. Silbermann (Hrsg.), *Grossstadt, Massenkommunikation, Stadt-Land-Beziehungen*. Handbuch der empirischen Sozialforschung (S. 1–41). Bd. 10. Stuttgart: Ferdinand Enke Verlag.
Kühne, O. (2006). *Landschaft in der Postmoderne. Das Beispiel des Saarlandes*. Wiesbaden: Deutscher Universitäts-Verlag.
Kühne, O. (2012). *Stadt – Landschaft – Hybridität. Ästhetische Bezüge im postmodernen Los Angeles mit seinen modernen Persistenzen*. Wiesbaden: Springer VS.
Kühne, O. (2013). *Landschaftstheorie und Landschaftspraxis. Eine Einführung aus sozialkonstruktivistischer Perspektive*. Wiesbaden: Springer VS.
Kühne, O., & Spellerberg, A. (2010). *Heimat in Zeiten erhöhter Flexibilitätsanforderungen. Empirische Studien im Saarland*. Wiesbaden: VS Verlag für Sozialwissenschaften.
Läpple, D., & Walter, G. (2007). Stadtquartiere und gesellschaftliche Integrationsmuster. In J. S. Dangschat & A. Hamedinger (Hrsg.), *Lebensstile, soziale Lagen und Siedlungsstrukturen*. Forschungs- und Sitzungsberichte / Akademie für Raumforschung und Landesplanung 230 (S. 111-138). Hannover: Akademie für Raumforschung und Landesplanung.
Lienau, C. (2000). *Die Siedlungen des ländlichen Raumes*. Braunschweig: Westermann.
Linke, S. (2014). *Postmoderne Tendenzen in ‚ländlich bezeichneten Räumen'. Chancen und Herausforderungen für die Raumentwicklung*. In O. Kühne & F. Weber (Hrsg.), Bausteine der Regionalentwicklung (S. 109-124). Wiesbaden: Springer VS.
Lyotard, J. F. (1987). Das Erhabene und die Avantgarde. In J. Le Rider & G. Raulet (Hrsg.), *Verabschiedung der (Post-)Moderne? Eine interdisziplinäre Debatte*. Deutsche Text-Bibliothek 7 (S. 251-268). Tübingen: Narr.
Pollack, D. (2014). Religiöser Wandel in Deutschland: Muster und Zusammenhänge. In M. Hainz, G. Pickel, D. Pollack, M. Libiszowska-Żółtkowska & E. Firlit (Hrsg.), *Zwischen Säkularisierung und religiöser Vitalisierung. Religiosität in Deutschland und Polen im Vergleich*. Veröffentlichungen der Sektion Religionssoziologie der Deutschen Gesellschaft für Soziologie (S. 19-30). Wiesbaden: Springer VS.
Schäfers, B. (1980). Die ländliche Welt als Alternative. Zum Wandel des Stadt-Land-Verhältnisses. In H.-G. Wehling (Hrsg.), *Das Ende des alten Dorfes?* Kohlhammer-Taschenbücher Bürger im Staat 1051 (S. 11-20). Stuttgart et al.: Kohlhammer.
Schmied, W. (1985). *Ortsverbundenheit und Lebensqualität*. Schriftenreihe der Forschungsgesellschaft für Agrarpolitik und Agrarsoziologie 270. Bonn: Forschungsgesellschaft für Agrarpolitik und Agrarsoziologie.

Sieverts, T. (2001). *Zwischenstadt. Zwischen Ort und Welt, Raum und Zeit, Stadt und Land*. Bauwelt-Fundamente 118. Basel: Bertelsmann Fachzeitschriften, Birkhäuser.

Soja, E. W. (1989). *Postmodern geographies. The reassertion of space in critical social theory. Radical thinkers*. London, New York: Verso.

Spellerberg, A. (2014). Was unterscheidet städtische und ländliche Lebensstile? In P. A. Berger, C. Keller, A. Klärner & R. Neef (Hrsg.), *Urbane Ungleichheiten. Neue Entwicklungen zwischen Zentrum und Peripherie*. Sozialstrukturanalyse (S.199-232). Wiesbaden: Springer VS.

Strohmeier, K. P., & Alic, S. (2006). *Segregation in den Städten. Gesprächskreis Migration und Integration*. Bonn: Friedrich-Ebert-Stiftung, Abt. Wirtschafts- und Sozialpolitik.

Tönnies, F. (1887). *Gemeinschaft und Gesellschaft. Abhandlung des Communismus und des Socialismus als empirischer Culturformen*. Leipzig: Fues.

Wood, G. (2003). *Die Wahrnehmung städtischen Wandels in der Postmoderne. Untersucht am Beispiel der Stadt Oberhausen*. Stadtforschung aktuell 88. Opladen: Leske + Budrich.

Warschau – das postsozialistische Raumpastiche und seine spezifische Ästhetik

Olaf Kühne

Zusammenfassung

Die materielle Entwicklung Warschaus wird von Manifestationen der sozialistischen Moderne und der demokratisch-marktwirtschaftlichen Postmoderne geprägt. Die sozialistische Moderne hinterließ insbesondere eine vom Kulturpalast und anderer sozialistischer Monumentalarchitektur geprägte Innenstadt sowie Plattenbausiedlungen. Gerade letztere dokumentieren auch den Willen, einer sozialistisch-egalitären Gesellschaft eine entsprechende materielle Fassung zu geben. Die materiellen Manifestationen der Postmodernisierung verweisen auf eine andere Konzeption von Gesellschaft: Individualisierung, Konsum, Entstaatlichung. Entsprechend nehmen die Polarisierungs- und Fragmentierungstendenzen im Raumpastiche Warschaus deutlich zu. Besonderes Symbol hierfür sind *gated communities*, die in unterschiedlicher Ausstattung und Größe errichtet werden und so eine spezifische ‚Ästhetik der Angst' erzeugen.

1 Einleitung

Nach nahezu drei Jahrzehnten der ökonomischen, sozialgemeinschaftlichen und politischen Systemtransformation zeigen die Räume Ostmittel- und Osteuropa Entwicklungen, die sich als spezifisch post-sozialistisch beschreiben lassen (siehe unter anderem Andrusz et al. 2011; Czepczyński 2008; Marcińczak et al. 2015; Stanilov 2007). Diese spezifischen regionalen Entwicklungspfade wurzeln teilweise in der sozialistischen Ära und lassen sich teilweise in die vorsozialistische Zeit zurückverfolgen. Einen wesentlichen Beitrag zur Ausprägung postsozialistischer Raumstrukturen und -funktionen leisteten dabei zwei Schübe forcierter Entwicklung: Der erste Schub war mit der sozialistischen Raumstrukturierung verbunden, diese ist mit der sozialistischen Industrialisierung nach dem Zweiten Weltkrieg, insbesondere in den 1950er Jahren, verbunden, die die zumeist agrarisch geprägten Staaten Ostmitteleuropas Teil der industrialisierten Welt werden ließ (Popjaková 1998). Der zweite Schub forcierter Entwicklung ist mit der Etablierung eines demokratisch-marktwirtschaftlichen Gesellschaftssystems infolge des real existierenden Sozialismus 1989 verbunden. Im Kontext dieses Übergangs erfolgte eine Implementierung postfordistischer ökonomischer, politischer und sozialgemeinschaftlicher Logiken, in ihren insbesondere für Südkalifornien ausgiebig analysierten räumlichen Konsequenzen von Fragmentierungen, Polarisierungen und Hybridisierungen (unter vielen: Davis 2004; Dear 2000; Scott 1988; Soja 1989, 1995 und 1996). Die räumlichen Folgen und Nebenfolgen dieser Umbrüche schlagen sich in speziellen ästhetischen Erscheinungen nieder. Beide Ebenen, sowohl die physisch-räumlichen Veränderungen als auch deren ästhetische Konsequenzen, sollen in diesem Beitrag am Beispiel Warschaus behandelt werden.

Gerade Warschau war in den vergangenen acht Jahrzehnten Schauplatz physischer Manifestation von Machtinteressen und ästhetischer (Um-)Deutungen. In diesem Zeitraum hat Warschau „einen intensiven Wechsel von der ‚Nachkriegsruine', über die Funktion einer Industriestadt im Sozialismus bis zur gegenwärtigen Funktion einer Metropole vollzogen" (Czesak et al. 2015, S. 167). Daher weist die polnische Hauptstadt eine besondere Eignung für eine exemplarische Untersuchung des Themas auf.

2 Ästhetik, Landschaft und Pastiche – einige Vorbemerkungen

Die soziale Konstruktion von Landschaften ist stark von ästhetischen Zugängen zu Raum beeinflusst (genaueres siehe Kühne 2013). Als Grundstein für die moderne Ästhetik gilt das Werk ‚Aesthetica' von Alexander Gottlieb Baumgarten (2007

[1750-1758]), der den ästhetischen Zugang zu Welt stark an die sinnliche Wahrnehmung knüpfte. Auch wenn sich die Diskussion um ästhetische Zugänge zu Welt stark an das ‚Schöne' knüpft, das häufig als „Einheit in der Vielheit" (Schweppenhäuser 2007, S. 63) verstanden wird, wurden weitere ästhetische Kategorien entwickelt: das Erhabene (das, was beindruckt), das Pittoreske und das Hässliche. Dem Hässlichen attestiert Rosenkranz (1996 [1853], S. 14f.) dabei als dem „Negativschönen" lediglich ein „sekundäres Dasein" (siehe Abbildung 1). Während das Schöne zumeist an kleine Dinge geknüpft werde, werde das Erhabene in der Regel mit Objekten verbunden, die groß und beeindruckend wirkten. War – so Lyotard (1987) – die moderne Ästhetik primär auf das Schöne ausgerichtet, folgt die postmoderne Ästhetik eher der Kategorie der Erhabenheit, schließlich rückt diese vom Vernunftglauben der Moderne ab (Sloterdijk 1987) und Rehabilitiert das Emotionale, das Grundlage des Erlebens von Erhabenheit ist (Lyotard 1987).

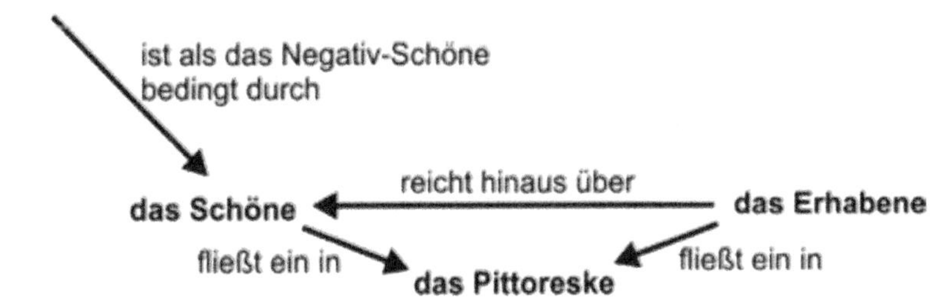

Abbildung 1 Zusammenhänge zwischen den Kategorien des Schönen, des Hässlichen, des Erhabenen und des Pittoresken

Quelle: Kühne 2013, S. 141.

Gemäß konstruktivistischer Perspektiven kann das Ästhetische nicht als Eigenschaft eines Objektes verstanden werden. Es ist vielmehr eine Zuschreibung, so wird Schönheit zum „Produkt des Subjektes und seiner geistigen Anlagen und Fähigkeiten" (v. Hartmann 1924, S. 3). Grundlage der geistigen Anlagen und Fähigkeiten sind gesellschaftliche Vermittlungsprozesse. Das Urteil ‚Krakau ist schön und Warschau nicht' ist entsprechend keine Beschreibung der ästhetischen Eigenschaften der Objektkonstellationen, die ‚Warschau' und ‚Krakau' genannt werden, sondern eine Zuschreibung auf Grundlage gesellschaftlicher Konventionen. So ist der physische Raum der Stadt auch ein „Territorium ästhetischer Raumbildung: der ungleichen Verteilung von Interesse und Neugier oder der Fähigkeit, Amüsement und Freude zu erregen" (Bauman 2009 [1993], S. 251) – jeweils vor dem Bewertungshorizont der gesellschaftlich vermittelten persönlichen geistigen Anlagen.

Ähnlich wie das Ästhetische aus konstruktivistischer Perspektive nicht Eigenschaft eines Objektes ist, sondern eine Zuschreibung, ist auch Landschaft nicht ein Objekt oder eine Konstellation von Objekten, sondern eine Zusammenschau von Objekten durch eine Person. Bei dieser Zusammenschau greift die Person auf gesellschaftlich entwickelte Sehkonventionen zurück (Kühne 2008 und 2013). Diese sind historisch gewachsen – und somit wandelbar sowie soziodemographisch und kulturell differenziert: So wäre die Wertschätzung, die heute den Schwerindustrieanlagen der Moderne zuteilwird, vor 40 Jahren schwer vorstellbar gewesen, junge Frauen beurteilen Windkraftanlagen anders als ältere Männer und der polnische Landschaftsbegriff (*krajobraz*) ist deutlich stärker auf das beobachtende Subjekt bezogen als der deutsche Begriff der Landschaft (der gemeinhin Landschaft als Objekt konstruiert; Bruns 2013; Hernik und Dixon-Gough 2013; Kühne 2013).

Der dritte Begriff, der einer Erläuterung bedarf, ist der des Pastiches: War die Moderne durch die Differenzierung der Gesellschaft und damit ihrer Räume für die Lösung spezifischer Aufgaben geprägt (zum Beispiel Industriegebiete, Wohngebiete), ist die Postmoderne durch De-Differenzierung von Differenzierungen geprägt (Vester 1993): Diese De-Differenzierung entgrenzt und überholt die Polarität von Differenzierung und Entdifferenzierung „durch den Begriff Pastiche" (Vester 1993, S. 29). Das Pastiche wird nicht geprägt durch „Entdifferenzierung, sondern setzt Differenzbildung voraus, um dann zu Hybridkreuzungen, Rekombinationen, Reintegrationen zu führen" (Vester 1993, S. 29). In räumlicher Hinsicht bedeutet dies (Kühne 2012): Das postmoderne Raumpastiche ist durch die hohe distanzbezogene und zeitliche Dynamik von nonvalenten, monovalenten und polyvalenten Räumen geprägt. Räume, die gestern noch einer intensiven industriellen Nutzung unterlagen, werden heute infolge der globalen Konkurrenz aus der Nutzung genommen, morgen sind sie Ikonen der Industriekultur oder es werden hochpreisige Loftwohnungen in ihnen errichtet.

3 Die sozialistische Moderne in Warschau

Die Überformung des materiellen Raumes in der sozialistischen Ära Ostmittel- und Osteuropas basierte auf den Prinzipien kommunistischen/sozialistischen Denkens (Czepczyński 2008). Dabei ist es das Ziel des Kommunismus, „eine klassenlose und staatslose soziale Organisation zu schaffen, begründet in einem gemeinschaftlichen Eigentum der Produktionsmittel" (Czepczyński 2008, S. 60). Dabei wurde dem Städtebau die Funktion zugewiesen, einen zentralen Beitrag zur Schaffung einer sozialistischen Gesellschaft zu leisten (Domański 1997; Kühne 2001; Czepczyński 2008). Allerdings erfuhr das Leitbild einer ‚sozialistischen

Stadt' nur selten und dann eher annährungsweise eine Konkretisierung im physischen Raum, dann eher in Neugründungen wie in Nowa Huta bei Krakau (siehe Czesak et al. 2015), jedoch prägte es die Umgestaltungen städtischer Siedlungen in Ostmitteleuropa nachdrücklich. Darüber hinaus war das Leitbild der sozialistischen Stadt einem Wandel unterworfen: War die stalinistische Ära durch einen „monumentalen Historismus national verbrämter traditioneller Stilformen" (Kadatz 1997, S. 15) geprägt (Abbildung 2), die den Bewohnern der neuen Siedlungen den Eindruck vermitteln sollten, im Sozialismus könne jeder ‚wie ein Bourgeois' (Czepczyński 2008) leben, wurde dieser nach dem Tode Stalins von einer funktionalistisch geprägten Phase abgelöst. In den 1980er Jahren setzte sich eine Liberalisierung des Städtebaus durch, verbunden mit einer Zunahme privaten Wohnungsbaus und einer größeren gestalterischen Pluralität (Czepczyński 2008).

Abbildung 2 Der 1955 fertiggestellte und 234 Meter hohe Kultur- und Wissenschaftspalast stellt die städtebaulich dominanteste Manifestation der stalinistischen architektonischen Leitvorstellung in Warschau dar. Er sollte die Vormachtstellung der Sowjetunion symbolisieren (Czepczyński 2008; Koch 2010) und sprengt die Maßstäblichkeit seiner Umgebung. Bis heute prägt er die Skyline Warschaus (Koch 2012). Die Architektur des ‚Geschenks der Sowjetischen Nation an die Polnische Nation' weist Reminiszenzen an die polnische Renaissancearchitektur auf, wie sie in Krakau und Zamość zu finden ist (Czepczyński 2008). Mit der Errichtung des Kultur- und Wissenschaftspalastes (auf einem vormals dicht besiedelten Gelände) wurde seitens der sozialistischen Machthaber das Ziel verbunden, der „Stadt ihre gewöhnliche Dienstleistungsfunktion zu entziehen und sie zu einem Ort der Verehrung der sozialistischen Idee umzuwidmen" (Czesak et al. 2015, S. 168). Im linken Vordergrund: Ein Repräsentant der zunehmenden Ausdehnung postmoderner ‚Spamscapes' (in Anlehnung an unerwünschte elektronische Post) (Kühne 2012) im postsozialistischen Warschau.

Quelle: Eigene Aufnahme 2015.

Somit lässt sich auch Warschau nicht „nicht auf das Merkmal der typisch sozialistischen Stadt" (Koch 2010, S. 143; ähnl. Koch 2012) reduzieren, doch dominierten zum Ende der sozialistischen Ära die physisch-räumlichen Repräsentanten einer forcierten sozialistischen Industrialisierung als Symbole des Sozialismus und der sozialistischen Urbanisierung (Domański 1997), aber auch die materiellen Manifestationen der politischen Macht. Urbane Landschaften sollten zum Medium der Kommunikation werden und in ihrer Sprache für die „Massen relativ leicht verständlich sein" (Czepczyński 2008, S. 63; Abbildung 2, Abbildung 3). So erinnerte der historisierende Städtebau der 1950er Jahre an die Haussmannisierung von Paris, auch sie machten die Errichtung von Barrikaden nahezu unmöglich und erleichterten den Aufmarsch ‚regulärer' Truppen, zudem waren sie Schauplatz von Aufmärschen und Paraden zur Demonstration politischer Macht und waren Projektionsfläche einer nationale Traditionen aufgreifenden sozialistischen Architektur (Czepczyński 2008).

Abbildung 3 Der Piłsudki-Platz. Zur Repräsentation politischer und militärischer Macht sowie zur Erzeugung des Eindrucks, ‚Teil von etwas Größerem' (Czepczyński 2008) zu sein, waren im sozialistischen Städtebau große Plätze und Magistralen für Aufmärsche und Versammlungen von zentraler Bedeutung.

Quelle: Eigene Aufnahme 2015.

Zum städtebaulichen Erbe aus vorsozialistischer Zeit blieb das Verhältnis der Konstrukteure der sozialistischen Stadt ambivalent, so auch in Warschau: Einerseits galten historische Strukturen als Ausdruck einer ‚überkommenen' bürgerlich-kapitalistischen Gesellschaft und unterlagen (auch, da zumeist in Privatbesitz) einer kontinuierlichen Abnutzung beziehungsweise wurden abgerissen (Domański 1997), andererseits erfolgten umfangreiche Wiederaufbauten: So blieben infolge der weitgehenden Zerstörungen durch den Zweiten Weltkrieg wie auch der Massenabrisse großer Teile Warschaus zu Beginn der sozialistischen Ära nur wenige materielle Repräsentanten des bürgerlichen Warschaus des 19. Jahrhunderts erhalten (Borodziej 2008). Allerdings erfolgte auch eine Rekonstruktion der historischen Altstadt und des Königswegs auf Grundlage von historischen Fotos, Bildern und Plänen nach dem Zweiten Weltkrieg. Damit wurde einerseits das Ziel verfolgt, zu verdeutlichen, „trotz aller Demütigungen eine stolze Nation zu sein" (Koch 2010, S. 153), andererseits sollte damit die Kontinuität europäischer Entwicklung symbolisiert werden (Czepczyński 2008, Abbildung 4). Czesak et al. (2015, S. 178) resümieren die spezifische Ausgangslage von Warschau für die sozialistische Stadtentwicklung wie folgt: „Warschau wurde aus Ruinen wiederaufgebaut und der Wiederaufbau orientierte sich auf die Gründung einer ganz neuen Ordnung".

Abbildung 4 Der nach dem Zweiten Weltkrieg wiederaufgebaute historische Markt. Heute ist er Zentrum des Tourismus in Warschau.

Quelle: Eigene Aufnahme 2015.

Neben der Repräsentation politischer Macht war der sozialistische Städtebau durch eine zweite wesentliche Komponente geprägt: der Daseinsvorsorge. Massenbehausungen, Sport- und Kultureinrichtungen, Schulen und andere wurden zur Umsetzung des ‚humanistischen Projektes des Sozialismus' (Czepczyński 2008) errichtet. Asynchronitäten bei der Fertigstellung der Einrichtungen für die einzelnen Daseinsgrundfunktionen konnten dabei jedoch das ‚humanitäre Projekt' partiell konterkarieren, wenn Wohngebäude bereits bezogen waren, ohne dass Supermärkte oder Sportstätten fertiggestellt worden wären (Prawelska-Skrzypek 1988), gleiches gilt für Entsorgungseinreichtungen wie Kläranlagen – was zu einer Zunahme ökologischer Belastungen führte (Cierpiński 1993; Kühne 2003). Die räumliche Trennung der Daseinsgrundfunktionen implizierte einen steigenden Verkehrsbedarf. Dessen Ausbau erfolgte in Warschau jedoch eher schleppend (Czesak et al. 2015).

Die Phase des funktionalistischen Städtebaus war durch die Minimierung des Planungs- und Bauaufwands durch die Nutzung modernistischer Skalenvorteile geprägt. Monofunktionale Großwohnsiedlungen zogen „eine vereinheitlichende Decke über die städtischen Siedlungen", wodurch „auch die neue Gesellschaftsklasse einer egalitär-gewerkschaftlich organisierten kommunistischen Arbeiterschicht erzeugt" (Lichtenberger 1995, S. 30) wurde. Dabei wurde der Schwerpunkt der Siedlungstätigkeit vom Stadtzentrum an die Ränder der Stadt verlegt, wie in Warschau mit der Großsiedlung Ursynów (in Bezug auf Stadtentwicklung allgemein siehe auch Stakelbeck und Weber 2010; Weber 2013). Die im Jahre 1975 fertiggestellte Großsiedlung war die größte Siedlungserweiterung jener Ära. Sie beherbergte nach Fertigstellung rund 130.000 Einwohner (Koch 2010; vgl. auch Gawryszewski 2010). Ein wesentliches Element der sozialistischen Industrialisierung Warschaus war die Errichtung der Huta Warszawa (siehe auch Abbildung 5; hier der angrenzende Stadtteil Warschau-Bielany). Dieses Projekt war ein Ausdruck des politischen Kalküls, schließlich sollte in der Hauptstadt eine sozialistische Arbeiterschaft angesiedelt werden. Ökonomisch wie ökologisch war das Projekt zweifelhaft, da die Region Warschau weder über Kohle noch nennenswerte Eisenerzvorkommen verfügt (vgl. Kühne 2003).

Abbildung 5 Die Siedlung Warschau-Bielany, im Norden Warschaus, bei der Huta Warszwa. Juchnowicz (1990) charakterisiert die Entwicklung monofunktionaler Großwohnsiedlungen als ‚pathologische Urbanisierung'. Heute wird die Versorgung der Einwohner in Teilen durch westliche Discounter sichergestellt.

Quelle: Eigene Aufnahme 2015.

Der sozialistische Städtebau lässt sich als ein Teil des „rationalistischen Konzepte[s]" der Moderne verstehen, „der europäischen Stadt [...] das Dschungelhafte, Labyrinthische, das Mythische und Bedrohliche aus[zu]treiben" (Siebel 2004, S. 20).

4 Die postsozialistische Postmoderne in Warschau

War die moderne Stadtentwicklung durch eine funktionale Ästhetik geprägt, wird dieses Programm des *form follows function* in der Postmoderne durch die Polyvalenz von *form follows fiction*, *form follows fear*, *form follows finesse* und *form follows finance*, wie sie Ellin (1999) beschreibt, abgelöst. In postsozialistischen Staaten verläuft die Postmodernisierung in Rückkopplung mit der Umstellung von einem sozialistischen zu einem demokratisch-marktwirtschaftlichen Gesellschaftssystem, verbunden mit der Wiedereinführung eines Immobilienmarktes, Privatisierungen von Unternehmen, freier Berichterstattung, freien, gleichen und geheimen Wahlen, der Einführung der regionalen und kommunalen Selbstverwaltung wie auch dem Entstehen neuer Akteure, wie Nicht-Regierungsorganisationen (siehe zum Beispiel Kühne 2003; Czepczyński 2008).

Abbildung 6 Der Grzebowski Platz verdeutlicht stark die patchworkhafte Ästhetik des postmodernen Warschau: links eine Statue von Papst Johannes Paul II. dahinter die Repräsentanten der Einbindung Warschaus in die globale Wirtschaft.

Quelle: Eigene Aufnahme 2015.

In Polen bedeutet die Transformation auch einen weitgehenden Rückzug des Staates (auf allen administrativen Ebenen) aus der räumlichen Planung (beispielsweise Jałowiecki 2012). Die geringe Bedeutung der räumlichen Planung in Polen wird in Warschau besonders deutlich: Hier wurden zwar zahlreiche Planwerke erstellt, deren Auswirkung auf die städtebauliche Entwicklung blieb jedoch marginal, insbesondere, da „die Aussagen beliebig und weitgehend bedeutungslos" (Koch 2010, S. 229) sind. Darüber hinaus wurde der politische Einfluss auf die städtische Entwicklung in Warschau durch die bis 2003 bestehende politisch-administrative Fragmentierung der Hauptstadt unterminiert: Insgesamt waren bis dorthin auf der Ebene des Wojewodschaftsrates, der Stadtkommunen, des gesamtstädtischen Rates, der Stadtkommunenversammlung sowie der Bezirke der Stadtkommune Zentrum insgesamt 779 Räte für die räumliche Entwicklung zuständig (Koch 2010). Piątek verdeutlicht (2008, S. 30) den radikalen aktuellen Gegenentwurf zum sozialistischen Verständnis von Stadtentwicklung: „Das kapitalistische Warschau hatte im Gegensatz zum kommunistischen Warschau keinen großen städtebaulichen Plan. Alles, was nach dem Jahr 1989 passierte, war die Folge spontaner Energie und des starken Widerspruchs gegenüber den Regeln, die 40 Jahre geherrscht hatten". Das Ergebnis dieser ‚Spontaneität' zeigt sich in einer stark durch bauliche und symbolische Widersprüche geprägten Ästhetik des postmodernen Warschaus (Abbildung 6). Eine besondere denotative und konnotative Transformation hat in Warschau die ehemalige Zentrale der PZPR (Polska Zjednoczona Partia Robonticza – Polnische Vereinigte Arbeiterpartei) vollzogen. Dieses, häufig als ‚Weißes Haus' apostrophierte, Gebäude wurde in den 1950er Jahren in der zeittypischen Architektur errichtet und beherbergt heute das Finanzzentrum Warschaus (Czepczyński 2008; Abbildung 7).

Abbildung 7 Die ehemalige Zentrale der Polnischen Vereinigten Arbeiterpartei – einst Symbol der Macht der sozialistischen Partei – dient heute als Finanzzentrum Warschaus den seinerzeit bekämpften Prinzipien des globalen Kapitalismus. Eine größere denotative und konnotative Distanz ist nur schwer konstruierbar.

Quelle: Eigene Aufnahme 2015.

Neben der Umnutzung von stark symbolisch aufgeladenen physischen Strukturen, verbunden mit einer konnotativen Revision (wie bei der Zentrale der Polnischen Vereinigten Arbeiterpartei), werden auch symbolisch stark konnotierte Strukturen ersetzt, mit intensiven konnotativen Umdeutungen, bisweilen auch bei denotativen Anknüpfungen. Ein besonders prägnantes Beispiel hierfür ist der Ort des ehemaligen Stadions Dziesieciolecia (das Stadion des zehnten Geburtstags). Die physische Struktur des Stadions entwickelte sich nach seiner denotativen Außerbetriebnahme als Austragungsort für Sportveranstaltungen (das letzte Fußballspiel fand hier im Jahr 1987 zwischen Polen und Finnland statt) zum Zentrum des basarartigen Handels in Warschau. Am östlichen Ufer der Weichsel, in der Nähe zu Altstadt und des sich heute um den Zentralbahnhof entwickelnden Finanz- und Steuerungsdistrikts (beide auf der Westseite der Weichsel lokalisiert) gelegen, war hier der ‚informelle' Handel, geprägt durch Marktstände, an denen die gesamte Breite der Versorgung von Kleidung über Nahrungsmittel, Elektrogeräte bis hin zu Autoersatzteilen (aber auch Prostitution, Waffen, Drogen, illegalem Alkohol) präsent, insbesondere auf Kunden mit einer geringeren Ausstattung an ökonomischem Kapital fokussiert (Sulima 2012). Die Multiethnizität erreichte hier – besonders präsent auf Seiten der Verkäuferschaft – einen hohen Grad und trug so zur Schaffung eines Ortes hybrider Ästhetik (siehe Kühne 2012 sowie Kühne und Schönwald 2015) bei – drei Straßenbahnhaltestellen vom Zentrum der polnischen Hauptstadt entfernt, aber dennoch geprägt von ‚nomadenartigen' Händlern, die ‚spezifische Waren' insbesondere aus Osteuropa anboten (Sulima 2012). Das Stadion Dziesieciolecia wurde so zum Bestandteil der fragmentierten Stadtlandschaft Warschaus. Bevor das Stadion Dziesieciolecia dem für die Fußballeuropameisterschaft 2012 errichteten Nationalstadion (Abbildung 8) weichen musste, wurde es Gegenstand der künstlerischen Inszenierung, eigens durch Film und Photographie (Sulima 2012).

Abbildung 8 Das für die Fußballeuropameisterschaft 2012 errichtete Nationalstadion ersetzte das ‚Basar'-Stadion Dziesieciolecia, das zu einem Zentrum von Multikulturalität, aber auch devianter Praktiken geworden war. Die das Stadion umgebenden Parkplatzflächen – bei einem kürzlich errichteten Stadion an einem innerstädtischen Standort – verdeutlichen die große Bedeutung, die dem motorisierten Individualverkehr in der polnischen Politik gegenwärtig beigemessen wird.

Quelle: Eigene Aufnahme 2015.

Durch den weitgehenden Verzicht auf eine politisch-administrative Steuerung der Raumentwicklung in Polen werden (ähnlich wie in Los Angeles) die Logiken ökonomischer Raumaneignung und -gestaltung im physischen Raum manifest. Mit dem Kapital internationaler Konzerne wird eine innerstädtische Hochhauslandschaft errichtet, die das ästhetische Deutungsmuster der ‚europäischen Stadt' herausfordert (Abbildung 2). Diese symbolisiert auch die wirtschaftsräumliche Ausnahmestellung Warschaus im polnischen Vergleich, schließlich beträgt das Bruttoinlandsprodukt pro Einwohner etwas über 300 Prozent – bezogen auf den polnischen Durchschnitt (GUS verschiedene Jahrgänge). Globale Konsummuster schlagen sich in physischen Raumstrukturen nieder: „Westeuropäische und nordamerikanische multinationale Konzerne kämpfen mit strategisch an neuen Ausfallstraßen platzierten Hypermärkten und anderen Big-Box-Einzelhandelsangeboten auf der grünen Wiese um zukünftige Marktanteile in der Region und fördern damit ein zunehmend autoabhängiges Konsumverhalten" (Altrock et al.

2005, S. 9). Dies ist verbunden mit einer zunehmenden Belastung der Verkehrsinfrastruktur. Mit der Einführung großer *Shopping Malls* erfolgt die Inszenierung des ‚demonstrativen Konsums' (Abbildung 9). Die Aufforderung hierzu erfolgt mit einer Omnipräsenz von Werbung: Von nahezu allerorten verteilten Flyern über Werbetafeln bis hin zu ganze Häuserfassaden bedeckenden Plakaten, sodass hier von einem Spamscape, in Anlehnung an unerwünschte elektronische Post, gesprochen werden kann (Abbildung 2).

Abbildung 9 Die Shopping Mall ‚Złoty Terasy' (Goldene Terrassen), ein Beispiel für postmoderne Konsumlandschaft, befindet sich in unmittelbarer Nachbarschaft zum Zentralbahnhof und am Rande des durch neue Hochausarchitektur geprägten Finanzviertels. Es wurde 2007 eröffnet und weist eine Verkaufsfläche von rund 65.000 m^2 auf. Sein Baustil ist postmodern-historisierend und damit in Abgrenzung zur modernen Ästhetik des ‚form follows function' gehalten. Die ‚Złoty Terasy' sind ein prägnantes Beispiel der Produktion einer postmodernen Simulation von Urbanität, losgelöst von dem historisch-städtischen Kontext. Investor des Projektes ist die niederländische ING real group, was sich als ein Beispiel der Eingebundenheit der polnischen Hauptstadt in internationale Finanzströme benennen lässt.

Quelle: Eigene Aufnahme 2015.

Mit der Systemtransformation hat sich auch die Leitvorstellung des Wohnens geändert: Aus der „Wohnung als sozialer Dienstleistung" wurde die „Wohnung als

Wirtschaftsgut" (Sailer-Fliege 1999, S. 69) und Wohnung als Ausdruck des Bedürfnisses nach Repräsentation und Distinktion (dazu auch Schneider in diesem Band). Dieser Prozess weist insbesondere zwei Manifestationen im physischen Raum auf: Eine nachholende Suburbanisierung, die ehemals landwirtschaftlich genutzte Flächen im Umland in Anspruch nimmt (siehe beispielsweise Staniszkis 2012). Auch wenn die Suburbanisierung mit Segregationsprozessen verbunden ist, findet diese ihren Höhepunkt in den sich rasch entwickelten *Gated Communities* (siehe hierzu auch Brailich und Pütz 2014). Für Warschau beziffert Kusiak (2012) ihre Zahl auf über 400. Die Motivation, sich in *Gated Communities* anzusiedeln, fasst Kusiak (2012, S. 48) folgendermaßen: „Wer in eine *Gated Community* zog, konnte erstens mit der Adresse angeben, zweitens glauben, dass er dort sicher sei und sich drittens wie in einem amerikanischen Film fühlen" (Abbildung 10). Die ‚Marina Mokotów' ist ein prägnantes Beispiel für die Produktion einer neuen Landschaft der ‚Angst vor dem Fremden' (näheres hierzu bei Kühne 2012), thematisch verortet in einem mediatisierten globalen Diskurses der Angst vor Kriminalität, Angst und Krankheiten (Gąsior Niemiec et al. 2009). *Gated Communities* setzen der Komplexheit der Welt eine entkomplexisierte Welt des gestalteten umzäunten Raumes entgegen (ausführlicher für Warschau Gądecki 2012; für Los Angeles Kühne 2012): Gebäude, der Straßenraum, Park- und Erholungsanlagen sind nach Kriterien der durchschnittlichen ästhetischen Vorstellungen potenzieller Kunden gestaltet. Die *Gated Community* auf einem ehemaligen Industriegelände ist innerstädtisch verkehrsgünstig zwischen dem Flughafen Okęcie und dem Stadtzentrum an einer der bedeutendsten Straßen, Żwirki i Wigury, gelegen und bietet Platz für rund 6.000 Bewohner, denen sowohl Flächen für Freizeitaktivitäten, Parks als auch Geschäfte zur Verfügung stehen (Czepczyński 2008; Johnsson 2012). Gerade die ‚Marina Mokotów' ist ein prägnantes Beispiel für die freiwillige ‚Ghettobildung der Reichen', die von den Ausgeschlossenen argwöhnisch betrachtet wird, wird ihnen durch diese Form der Gentrifizierung ehemals öffentlicher Raum entzogen (Gądecki 2014). Die ‚Angst vor dem Fremden' produziert so eine polarisierende Ästhetik der Angst: Das stereotyp Schöne wird gegen die komplexe Ästhetik des Anderen abgeschottet (siehe Kühne 2012). Auch wenn die ‚Marina Mokotów' ein physisch-räumlich wie symbolisch dominantes Beispiel einer *Gated Community* in Warschau ist, dominiert in der Zahl die ‚alltägliche Gated Communitysierung'. Häufig werden sozialistische Wohnblöcke mit Zäunen umgeben, die mit Schließanlagen gesichert sind (genaueres siehe Gąsior-Niemiec et al. 2009). Auch hier ist die symbolische Neubewertung immens: Aus dem Symbol der Gleichheit wurden diese Blöcke zum Symbol der sozialen Distinktion (zu Distinktion und Landschaft siehe Kühne 2008).

Abbildung 10 Die gesicherte Einfahrt zur Gated Community ‚Marina Mokotów'. Die Zufahrtsstraße wurde prägnant mit ‚Zum Fort' benannt.

Quelle: Eigene Aufnahme 2015.

Die rege Bautätigkeit in Warschau, die sich nicht auf suburbanes Wachstum und die Umnutzung ehemaliger Industrieareale beschränkt, sondern sich in der Bebauung ehemaliger Freiflächen im Sinne einer Nachverdichtung äußert, verringert die Zahl und die Größe klimaaktiver Flächen (Staniszkis 2012). Sowohl Frischluftleitbahnen als auch Kaltluftentstehungsgebiete sind hiervon betroffen. Es ist davon auszugehen, dass die solchermaßen vollzogene Verstärkung stadtklimatischer Spezifika (insbesondere der städtischen Wärmeinsel) im Zuge des globalen Klimawandels zu einer weiter steigenden, insbesondere thermischen Belastung der Bevölkerung führt.

5 Fazit

Die Entwicklung der Staaten Ostmittel- und Osteuropas ist stark durch die forcierte Modernisierung (sozialistischer Interpretation) nach dem Zweiten Weltkrieg und die forcierte Postmodernisierung seit dem Zusammenbruch des real existierenden Sozialismus geprägt. Infolge der Forciertheit der jeweiligen Prozesse erfolgten die Veränderungen des physischen Raumes rasch und mit großer Intensität, zumeist auch mit geringer Korrespondenz mit bestehenden Strukturen. Eine besondere Intensität der Revision physischer Räume erfolgte an Orten mit besonderer Funktion, Zentralität und Symbolkraft, die einem intensiven Fragmentierungs- und Polarisierungsprozess unterliegen. In Polen traf dies stärker noch als die alte Handels- und Bildungsbürgerstadt Krakau und die ‚heilige Stadt Polens', Tschenstochau, die Hauptstadt Warschau. Diese Revision von physischen Räumen zeigt auch, dass Ästhetik niemals als ‚neutral' gelten kann (Czepczyński 2008). Sie ist Ausdruck gesellschaftlicher Machtverhältnisse, physische Objekte werden entfernt, verändert, errichtet oder ersetzt, um bestimmte ästhetische Zuschreibungen zu evozieren. Zugleich werden – mittels institutionalisierter staatlicher Apparate (von der Kinderkrippe über die Schule bis hin zum Fernsehen) – die Prinzipien der ‚sozialistischen Ästhetik' vermittelt.

Der Übergang von sozialistischer Moderne zur postsozialistischen Postmoderne weist, hier im Städtebau, eigens in Warschau, eine aber noch infolge einer weiteren Entwicklung deutlich größere Intensität auf als der Übergang von der Moderne zur Postmoderne in demokratisch-marktwirtschaftlich organisierten Gesellschaften: Infolge der weitgehenden Durchgriffsmöglichkeiten des sozialistischen Staates auf die Gesellschaft, und damit auch auf Räume, konnten die Prinzipien (hier deren sozialistische Interpretation) modernen Städtebaus deutlich intensiver manifestiert werden als in Westeuropa. Doch nicht allein die Modernisierung Ostmitteleuropas, und insbesondere Warschaus, erfolgte intensiver, auch die Postmodernisierung ist durch eine größere Intensität geprägt als in Westeuropa: Durch den nahezu vollständigen Verzicht auf staatliche Planung vollzog sich die räumliche Umgestaltung gemäß postmoderner ästhetisch-ökonomischer Muster prägnanter als in westeuropäischen Gesellschaften, insbesondere dort, wo sich räumlich ökonomisches (aber auch kulturelles und soziales; Bourdieu 2005[1983]) Kapital akkumuliert, in Ostmitteleuropa also Warschau.

Abbildung 11 Ein Beispiel für die Fragmentierung im Raumpastiche von Warschau. Von Obdachlosen okkupierte Brachflächen vor dem Geschäftsgebäude eines global agierenden Konzerns am Warschauer Ostbahnhof.

Quelle: Eigene Aufnahme 2015.

Ergebnis des Transformationsprozesses ist in vielen postsozialistischen verdichteten Räumen die Entwicklung eines postmodernen Raumpastiches: Aus einer symbolisch für große Teile der Bevölkerung verständlichen Raumgestaltung wurde ein Patchwork unterschiedlicher Nutzungen, Umnutzungen, Nutzungsaufgaben, Neuaneignungen, der rasanten Fragmentierung des urbanen Kontexts, Formen, die nur wenige Rückschlüsse auf Funktionen lassen, dafür mit Stilzitaten aus einer globalen Designersprache versehen, die einer Bevölkerung größtenteils unverständlich ist, die in einem sozialistischen Gesellschaftssystem sozialisiert wurde. Entsprechend einer solchen – auch ästhetischen – Sozialisierung bleiben landschaftliche Erwartungen unerfüllt, die emotionale Bindung an Objekte – als Teil heimatlicher Zuschreibungen – wird einer großen Herausforderung unterzogen (vgl. Kühne und Hernik 2015). Infolge der multiplen und untereinander vielfach in Konkurrenz stehenden Autorenschaft der Stadtlandschaft Warschau (beispielsweise im Ringen von Werbeplakaten um Aufmerksamkeit in der Spamscape oder der Repräsentativität von Hochhäusern, dem Ambiente von Shopping Malls usw.) ist die Stadtlandschaft zu einem „Schlachtfeld" (Czepczyński 2008, S. 109; Abbildung 11) geworden, sowohl auf der Ebene des physischen Raumes als auch insbesondere im Diskurs über – vielfach ästhetische – Deutungshoheiten. Ähnlich wie im ‚Prototypen postmoderner Raumentwicklung' Los Angeles wird die postmoderne Fragmentierung des physischen und symbolischen Raumes bisweilen durch Entwicklungen intensiviert, die dem modernistischen Streben nach Ordnung entstammen (wie etwa bei *Gated Communities*; allgemein hierzu siehe Fayet 2003), bisweilen verdrängt dieses modernistische Streben allerdings auch physische Manifeste postmoderner Hybridisierung (wie beim Stadion Dziesieciolecia; vgl. hierzu Kühne 2012).

Die Intensität der Entstehung des postmodernen Raumpastiches in der postsozialistischen Ära – ausgehend von einer sozialistisch-modern geprägten städtischen Raumstruktur – übertrifft in weiten Teilen den raschen Postmodernisierungsprozess des ‚Prototypen' einer postmodernen Siedlung, Los Angeles, deutlich. Hierzu trägt auch der spezifische Entwicklungspfad bei, den Warschau seit dem Zweiten Weltkrieg, von nationalen, internationalen und globalen Entwicklungen beeinflusst, auf Grundlage seiner lokalen Verhältnisse verfolgt: In großen Teilen zerstört und als Hauptstadt symbolisch hochgradig aufgeladen, wurde es stark vom sozialistischen Städtebau und der ihm eingeschriebenen Ästhetik geprägt. Dieser war zunächst an nationalen Architekturtraditionen orientiert, folgte dann aber einer sich in den sozialistischen Staaten nach der stalinistischen Ära durchsetzenden sozialistischen Interpretation der funktionalistischen Moderne. Die Systemtransformation exponierte Warschau – infolge des weitgehenden Verzichts auf planerische staatliche Einflussnahme in Polen – in besonderer Weise der Logik des globalen Wirtschaftssystems und seiner physisch-räumlichen Ansprüche. Das Zusammenspiel globaler, nationaler und lokaler Logiken zeigt sich selbst im ökologischen Kontext: Aufgrund der geringen Durchsetzungsfähigkeit öffentlicher Interessen bleiben städtebauliche Anpassungen an den Klimawandel (Erhaltung von klimaaktiven Flächen) unberücksichtigt, wodurch die Bewohner Warschaus in besonderer Weise gegenüber den Auswirkungen des globalen Klimawandels exponiert werden.

Der spezifische Entwicklungspfad von Warschau zeigt exemplarisch, dass die verdichteten Räume Ostmitteleuropas einen spezifischen Weg zu und in der Postmoderne zeitigen, verbunden mit der Herausbildung eines spezifischen Raumpastiches, das einer spezifischen Ästhetik unterliegt. Insofern lässt sich von einer postsozialistischen Postmodernisierung sprechen, die sich von der westeuropäischen und nordamerikanischen deutlich abhebt.

Literatur

Altrock, U., Güntner, S., Huning, S. & Peters, D. (2005). Zwischen Anpassung und Neuerfindung: Editorial. In U. Altrock, S. Güntner, S. Huning & D. Peters (Hrsg.), *Zwischen Anpassung und Neuerfindung. Raumplanung und Stadtentwicklung in den Staaten der EU-Osterweiterung* (S. 9-24). Berlin: Altrock.

Andrusz, G., Harloe, M., & Szelenyi, I. (Hrsg.). (2011). *Cities after socialism: urban and regional change and conflict in post-socialist societies*. New York: Wiley-Blackwell.

Bandelj, N., & Mahutga, M. C. (2010). How socio-economic change shapes income inequality in post-socialist Europe. *Social Forces 88* (5), 2133-2161.

Bauman, Z. (2009 [1993]). *Postmoderne Ethik*. Hamburg: Hamburger Edition.

Baumgarten, A. G. (2007 [1750-1758]). *Ästhetik*. 2 Bde. Hamburg: Meiner.

Borodziej, W. (2008): Warschau von Warschau aus betrachten. *Bauwelt 12*, 10-19.

Bourdieu, P. (2005 [1983]). Ökonomisches Kapital – Kulturelles Kapital – Soziales Kapital. In P. Bourdieu (Hrsg.), *Die verborgenen Mechanismen der Macht* (S. 49-80). Hamburg: VSA-Verlag.

Brailich, A. & Pütz, R. (2014). Gated Community vs. Großwohnsiedlung. Identitätskonstruktionen in städtebaulichen Auseinandersetzungen einer Transformationsgesellschaft am Beispiel von Warschau-Ursynów. *Europa Regional 20*, H. 2-3, 76-88.

Bruns, D. (2013). Landschaft, ein internationaler Begriff? In D. Bruns & O. Kühne (Hrsg.), *Landschaften: Theorie, Praxis und internationale Bezüge* (S.153-170). Schwerin: Oceano-Verlag.

Cierpiński, J. (1993). Wstęp. W: Warszawa Rozwój Przestrzenny. *Warszawa*, 5-8.

Czesak, B., Pazdan, M., & Rózycka-Czas, R.(2015): Die städtische Landschaft in der Transformation: Krakau und Warschau. In O. Kühne & K. Gawronski (Hrsg.), *Transformation und Landschaft – landschaftliche Folgen gesellschaftlicher Veränderungsprozesse* (S. 165-182). Wiesbaden: Springer.

Czepczyński, M. (2008). *Cultural landscapes of post-socialist cities: representation of powers and needs*. Aldershot et al.: Ashgate Publishing.

Davis, M. (2004 [1998]). *Ökologie der Angst. Das Leben mit der Katastrophe*. München, Zürich: Piper.

Dear, M. J. (2000). *The Postmodern Urban Condition*. Oxford et al.: Blackwell.

Domański, B. (1997). *Industrial control over socialist towns. Benevolence or exploitation?* Westport, London: Praeger.

Ellin, N. (1999). *Postmodern Urbanism*. New York: Princeton Architectural Press.

Fayet, R. (2003). *Reinigungen. Vom Abfall der Moderne zum Kompost der Nachmoderne*. Wien: Passagen-Verlag.

Gądecki, J. (2014). Gating Warsaw. Enclosed Housing Estates and the Aesthetics of Luxury. In M. Grubbauer & J. Kusiak (Hrsg.), *Chasing Warsaw. Socio-Material Dynamics of Urban Change since 1990* (S. 109-132). Frankfurt (Main): Campus.

Gądecki, J. (2014). The maketers of dreams vs. romantic gentrifiers – reflections on consumption in the Polish housing market. Europa Regional 20 (2), 30-41.

Gąsior-Niemiec, A. et al. (2009): Gating a City: The Case of Warsaw. *Regional and Local Studies, special issue 2009*, 78-101.

Gawryszewski, A. (2010). *Ludność Warszawy w XX wieku*. Warszawa: Instytut Geografii i Przestrzennego Zagospodarowania PAN im. Stanisława Leszczyckiego.

GUS – Głowny urząd Statystyczny (verschiedene Jahrgänge): *Rocznik statystyczny*. Warszawa: GUS.

Hartmann, E. v. (1924). *Philosophie des Schönen*. Berlin: Wegweiser-Verlag.

Hernik, J., & Dixon-Gough, R. (2013). The concept and importance of landscape in Polish language and in Poland. In D. Bruns & O. Kühne (Hrsg.), *Landschaften: Theorie, Praxis und internationale* Bezüge (S. 83-98). Schwerin: Oceano-Verlag.

Jałowiecki, B. (2012). Aktuelle Tendenzen der Metropolisierung von Warschau/Aktualny tendenje w metropolizacji Warszawy. In J. Sulzer (Hrsg.), *Stadtheimaten/Miekie ojczyzny* (S. 211-225). Berlin: Jovis.

Johnsson, P. (2012). Gated Communities. Poland holds the european record in housing for the distrustful. *Baltic Worlds 3-4*, 26-32.

Juchnowicz, S. (1990). Zródla patologicznej urbanizacji i kryzysu ekologicznego obszaru Krakowa. - Przyczyny, Terazniejszość, Perspektywy Ekorozwoju Miasta. In Polski Klub Ekologiczny (Hrsg.), *Klęska Ekologiczna Krakowa. Przyczyny, Teraźniejszość, Perspektywy Ekorozwoju Miasta Kraków* (S. 248-255). Kraków: PKE.

Kadatz, H. (1997). *Städtebauliche Entwicklungslinien in Mittel- und Osteuropa. DDR, Tschechoslowakei und Ungarn*. Erkner: IRS.

Koch, F. (2010). *Die Europäische Stadt in Transformation. Stadtplanung und Stadtentwicklungspolitik im postsozialistischen Warschau*. Wiesbaden: VS Verlag für Sozialwissenschaften.

Koch, F. (2012). Anspruch und Realität europäischer Stadtentwicklung: Das Beispiel Warschau/ Aspiracje i rzeczywistość w europejskim rozwoju miast: przykład Warszawy. In J. Sulzer (Hrsg.), *Stadtheimaten/Miekie ojczyzny* (S. 147-168). Berlin: Jovis.

Kühne, O. (2001). The interaction of industry and town in Central Eastern Europe - an intertemporary comparison based on systems theory and exemplified by Poland. *Die Erde 2* (2001), 161-185.

Kühne, O. (2003). *Transformation und Umwelt. Eine kybernetisch-systemtheoretische Analyse*. Mainzer Geographische Studien 51. Mainz: Geographisches Institut.

Kühne, O. (2008). *Distinktion – Macht – Landschaft. Zur sozialen Konstruktion von Landschaft*. Wiesbaden: VS Verlag für Sozialwissenschaften.

Kühne, O. (2012). *Stadt – Landschaft – Hybridität. Ästhetische Bezüge im postmodernen Los Angeles mit seinen modernen Persistenzen*. Wiesbaden: VS Verlag für Sozialwissenschaften.

Kühne, O. (2013). *Landschaftstheorie und Landschaftspraxis. Eine Einführung aus sozialkonstruktivistischer Perspektive*. Wiesbaden: VS Verlag für Sozialwissenschaften.

Kühne, O., & Hernik, J. (2015). Zur Bedeutung materieller Objekte bei der Konstitution von Heimat – unter besonderer Berücksichtigung von deutschstämmigen Objekten deutschen Ursprungs aus der Teilungsära Polens. In O. Kühne & K. Gawronski (Hrsg.), *Transformation und Landschaft – landschaftliche Folgen gesellschaftlicher Veränderungsprozesse* (S. 221-230). Wiesbaden: Springer Fachmedien.

Kühne, O., & Schönwald, A. (2015). *San Diego –Biographien der Eigenlogiken, Widersprüche und Entwicklungen in und von ‚America's finest city'*.Wiesbaden: Springer Fachmedien.

Kusiak, J. (2012). Die Gated-Community-Stadt Warschau. *StadtBauwelt 196*, 41-45.

Lichtenberger, E. (1995). Vorsozialistische Siedlungsmuster, Effekte der sozialistischen Planwirtschaft und Segmentierung der Märkte. In H. Fassmann & Lichtenberger (Hrsg.),

Märkte in Bewegung. Metropolen und Regionen in Ostmitteleuropa (S. 27-35). Wien et al.: Böhlau.
Lyotard, J.-F. (1987). Das Erhabene und die Avantgarde. In J. Le Rider & G. Raulet (Hrsg.), *Verabschiedung von der (Post-)Moderne?* (S. 251-269). Tübingen: Narr.
Marcińczak, S. et al. (2015). Patterns of Socioeconomic Segregation in the Capital Cities of Fast-Track Reforming Postsocialist Countries. *Annals of the Association of American Geographers, 105* (1), 183-202.
Piątek, G. (2008). In Warschau wäre Gleichheit undenkbar. *Bauwelt 12*, 28-37.
Prawelska-Skrzypek, G. (1988). Social differentiation in old central city neighbourhoods in Poland. *Area*, 221-232.
Rosenkranz, K. (1996 [1853]). *Ästhetik des Häßlichen*. Leipzig: Reclam.
Popjaková, D. (1998). Socioekonomická transformácia. *Folia geografica (Presov) 1*, 317-339.
Sailer-Fliege, U. (1999). Wohnungsmärkte in der Transformation: Das Beispiel Osteuropa. In R. Pütz (Hrsg.), *Ostmitteleuropa im Umbruch. Wirtschafts- und sozialgeographische Aspekte Transformation* (S. 69-84). Mainz: Geographisches Institut.
Schweppenhäuser, G. (2007). Ästhetik. Philosophische Grundlagen und Schlüsselbegriffe. Frankfurt (Main), New York: Campus Verlag.
Scott, A. J. (1988). *Metropolis. From the Division of Labor to Urban Form*. Berkeley: University of California Press.
Sloterdijk, P. (1987). *Kopernikanische Mobilmachung und ptolemäische Abrüstung. Ästhetischer Versuch*. Frankfurt (Main): Suhrkamp.
Soja, E. W. (1989). *Postmodern Geographies. The Reassertion of Space in Critical Social Theory*. London et al.: Verso.
Soja, E. W. (1995). Postmodern Urbanization: The Six Restructurings of Los Angeles. In S. Watson & Gibson (Hrsg.), *Postmodern Cities and Spaces* (S. 125-137). Oxford et al.: Blackwell.
Soja, E. W. (1996). *Thirdspace. Journeys to Los Angeles and Other Real and Imagined Places*. Cambridge et al.: Blackwell.
Stanilov, K. (Hrsg.). (2007). *The post-socialist city: urban form and space transformations in Central and Eastern Europe after socialism* (Vol. 92). Dordrecht: Springer.
Stakelbeck, F., & Weber, F. (2010). Heidelberg – Mannheim – Ludwigshafen: Stadtentwicklung zwischen Idealstadtmodellen, Leitbildern und historischem Einfluss. *Mitteilungen der Fränkischen Geographischen Gesellschaft 57*, 51-86.
Staniszkis, M. (2012). Continuity of Change vs. Change of Continuity: A Diagnosis and Evaluation of Warsaws's Urban Transformation. In M. Grubbauer & J. Kusiak (Hrsg.), *Chasing Warsaw. Socio-Material Dynamics of Urban Change since 1990* (S. 81-108). Frankfurt (Main): Campus.
Sulima, R. (2012). The Laboratory of Polish Postmodernity. An Ethnographic Report from Stadium-Bazaar. In M. Grubbauer & J. Kusiak (Hrsg.), *Chasing Warsaw. Socio-Material Dynamics of Urban Change since 1990* (S. 241-268). Frankfurt (Main): Campus.
Tsenkova, S., & Nedovic-Budic, Z. (Hrsg. 2006). *The urban mosaic of post-socialist Europe: space, institutions and policy*. Heidelberg: Physica-Verlag.
Vester, H.-G. (1993). *Soziologie der Postmoderne*. München: Quintessenz-Verlag.

Weber, F. (2013): *Soziale Stadt – Politique de la Ville – Politische Logiken. (Re-)Produktion kultureller Differenzierungen in quartiersbezogenen Stadtpolitiken in Deutschland und Frankreich.* Wiesbaden: Springer VS.

‚Problemgebiete' und Stadtpolitik in Deutschland am Beispiel des Programms ‚Soziale Stadt'

Thomas Franke und Olaf Schnur

Zusammenfassung

Im folgenden Beitrag wird vor dem Hintergrund postfordistischer Stadtentwicklungsprozesse und einiger theoretischer Grundüberlegungen zu sozialer Gerechtigkeit das deutsche Bund-Länder-Programm ‚Soziale Stadt' näher untersucht. Ziel ist es, der Frage auf den Grund zu gehen, inwieweit die Programminhalte und die sozialraumorientierte Programmarchitektur tatsächlich dazu geeignet sind, die Städte ‚sozial' zu gestalten. Dazu werden die inhaltlichen und strategischen Handlungsfelder des Programms eingehender dargestellt und schließlich in einen Metadiskurs (außerhalb des Programmkontextes) und einen Binnendiskurs (programmintern) mit Bezug auf deren Gerechtigkeitsbeitrag überführt. Die Autoren kommen zu dem Fazit, dass das Programm trotz berechtigter Metakritik und offener Fragen aus der Binnensicht eine wesentliche und angesichts der skizzierten Herausforderungen unverzichtbare Rolle im Zielsystem ‚sozialer' Stadtpolitik spiele. Die sozialräumliche, integrative Perspektive könne als eine zentrale handlungsleitende Maxime gelten, die jedoch noch viel stärker in gesamtgesellschaftliche Politikbereiche eingebettet werden müsse.

1 Einleitung

'Ghettos', 'soziale Brennpunkte', '*no go areas*' – es existieren zahlreiche, oft stigmatisierende Begriffe, die bisweilen die Diskurse über Areale der Benachteiligung in unseren Städten bestimmen. Tatsächlich sind in vielen deutschen Städten marginalisierte Gebiete entstanden, in denen sich ökonomische und soziale Probleme konzentrieren und überlagern. Dies kann als Phänomen postfordistischer Restrukturierungsprozesse interpretiert werden, die sich in den letzten zwei Jahrzehnten auch in den Städten entfalten konnten (vgl. etwa Mayer 1996; Neef und Keim 2007). In diesem Zusammenhang haben sich in Deutschland auch der politische Umgang mit Armut und Ausgrenzung in den Städten sowie das Verhältnis von Staat und Bürger verändert. Mit dem Programm 'Soziale Stadt' hat sich in Deutschland seit Ende der 1990er Jahre ein Governance-Modus etabliert, der auf eine kleinräumige und ressortübergreifende Steuerung von Stadtentwicklung im Kontext benachteiligter Quartiere abzielt. Es stellt sich die Frage, inwieweit diese neue Politikform die Städte tatsächlich 'sozial gerechter' macht und welche Handlungsoptionen und Verbesserungsmöglichkeiten programmintern und programmübergreifend bestehen.

2 Von der fordistischen zur postfordistischen Stadt

Die fordistische Stadt kann – zumindest in Westdeutschland – im Rückblick eigentlich als eine 'soziale' Stadt gelten. Mit Hilfe ihrer in Zonen aufgeteilten, von der Idee des Masterplans durchdrungenen Strukturen konnte sich die moderne 'soziale Marktwirtschaft' im Nachkriegsdeutschland stadträumlich manifestieren – gleichermaßen getragen und erwünscht von Vertretern des keynesianischen Wohlfahrtsstaates, namentlich der Immobilien- und Wohnungsunternehmen, der sozialen Träger und Verbände sowie der Kommunalpolitik und -verwaltungen. Die durch die 'Charta von Athen' propagierte und in deutschen städtebaulichen Nachkriegsleitbildern übernommene Funktionstrennung führte zum Bau standardisierter, von Massenproduktion geprägter Neubauten suburbaner Wohnvororte im Einfamilienhausstil, von Großwohnsiedlungen in verschiedenen Stadtlagen, von Bürovierteln oder auch Campus-Universitäten. Zielgruppe war die große gesellschaftliche Mittelschicht, die an ihren unteren Rändern noch durch sozialen Wohnungsbau stabilisiert wurde. Diese funktionalräumliche Differenzierung führte zu einer erhöhten Mobilität, die wiederum durch Produkte für den Massenkonsum (zum Beispiel PKWs und ÖPNV inklusive der Errichtung der dafür notwendigen Infrastrukturen) ermöglicht wurde. Die sozialen und individuellen Kosten für diese massiven Umstrukturierungen konnten durch Vollbeschäftigung und Wirtschaftswachstum kompensiert werden. Im Rahmen von Stadt- und Stadtteilentwicklung wurde versucht, allen Bevölkerungsgruppen einen einfachen Zugang zu den Daseinsgrundfunktionen Wohnen, Arbeiten, Sich Versorgen, Freizeit und Verkehr zu ermöglichen (vgl. Esser und Hirsch 1987).

Dieses fordistische Akkumulationsregime funktionierte bis Anfang der 1970er Jahre, als ein Jahrzehnt der Systemkrisen dessen Niedergang einläutete. Die Logik des folgenden, postfordistischen Regimes hat bis heute ebenfalls erhebliche Auswirkungen auf die Stadtentwicklung. Flankiert durch Globalisierungsprozesse kam es gesamtgesellschaftlich zu einem Rückzug des Staates unter anderem aus sozialen Bereichen, was sich beispielsweise in Privatisierungen sozialer Einrichtungen sowie dem Quasi-Ausstieg aus dem sozialen Wohnungsbau auswirkte. Gleichzeitig entstand ein enormer Druck auf den Arbeitsmärkten, der sich in Phänomenen der Massen- und Langzeitarbeitslosigkeit und zunehmender Armut niederschlägt und durch eine wachsende Bevölkerungsgruppe mit sehr hohen Einkommen sowie eine an den Rändern abschmelzende Mittelschicht mit pluralisierten Lebensstilen konterkariert wird (soziale Polarisierung, vgl. Schäfer 2009). Stadträumlich führte dies – im Kontext neuer Migrationsströme – zu wachsenden Segregations- und Marginalisierungstendenzen und damit einer kleinräumigen Fragmentierung, die je nach städtischem Umfeld und betrachteten Merkmalen unterschiedlich ausfällt (vgl. Dohnke et al. 2012). Einerseits entstehen bis heute zunehmend ‚exklusive' Quartiere für wohlhabendere Bevölkerungsgruppen bis hin zu *Gated Communities* (Kaltenbrunner und Schnur 2014; dazu auch Kühne zu Warschau in diesem Band). Andererseits kristallisieren sich immer mehr Quartiere heraus, in denen sich problematische Entwicklungen überlagern, konzentrieren und verfestigen. In diesem Zusammenhang wurden seit den 1990er Jahren in mehreren Bundesländern Programme zur ‚sozialen Stadtentwicklung' initiiert, die sich gezielt jenen ‚Problemvierteln' widmen und sie vor weiteren Abwärtsspiralen bewahren sollten. Auf das übergreifende Bund-Länder-Programm ‚Soziale Stadt' wird noch näher einzugehen sein.

Im Subtext dieser von zahlreichen Debatten begleiteten und hier nur holzschnittartig skizzierten Gesellschafts- und Stadtentwicklungen schwingen meist Fragen mit, bei denen es um soziale Gerechtigkeit geht – angesichts der zunehmenden gesellschaftlichen Polarisierungstendenzen eine fast zwangsläufige Diskussion. Dieses Thema möchten wir im folgenden Exkurs aufgreifen und später im Hinblick auf die Bewertung aktueller Politikformen in Deutschland einsetzen.

3 Was ist soziale Gerechtigkeit?

Soziale Gerechtigkeit ist moralisch und normativ stark aufgeladen und entzieht sich deshalb einer einfachen Definition (vgl. Langer 2005, S. 21). Darüber hinaus existiert vor dem Hintergrund der oben skizzierten gesellschaftlichen Trends ein Zusammenhang mit sozialer Ungleichheit, sobald wir uns die Frage stellen, wie viel soziale Ungleichheit in einer Gesellschaft als noch tragbar empfunden wird (Sanders 2008, S. 14f.). Es ist hilfreich, sich anhand einiger Grundpositionen der Bandbreite dessen, was ‚sozial gerecht' sein könnte, bewusst zu werden (im Folgenden nach Merkel 2001):

- So steht im Mittelpunkt *liberaler und libertärer Standpunkte* die individuelle Autonomie (gestützt durch ein hohes Maß an Rechtsgleichheit und Vertragsfreiheit). Staatliche Eingriffe (zum Beispiel Umverteilungen) werden weithin abgelehnt. Während Leistungsgerechtigkeit das höchste Gut darstellt, gilt allenfalls die ‚Nothilfe' als gemeinschaftliche Pflichtaufgabe (von Hayek 1971; vgl. Merkel 2001, S. 137).
- *Sozialliberale Positionen* gehen ebenfalls vom Individuum aus, stellen dem ‚ethisch blinden' Markt jedoch Institutionen wie soziale Träger oder Verbände zur Seite, welche für die gerechte Verteilung von Grundgütern (also beispielsweise Rechte, Freiheiten, Einkommen et cetera) zuständig sind (Rawls 1997; vgl. Merkel 2001, S. 137f., vgl. Langer 2005).
- Als eine dritte Perspektive kommt die des *Kommunitarismus* ins Spiel (Walzer 1992; vgl. auch Dingeldey 1997; Reese-Schäfer 1995). Der Kommunitarismus stellt eine heterogene und wenig zusammenhängende Strömung dar, die ein breites politisches Spektrum abdeckt und von bürgerlich-konservativen bis zu sozialistischen Ideen reicht (zum Beispiel Barber 1994). In kommunitaristischen Ansätzen bleibt mehr oder weniger offen, welche Distributionslogiken sich in verschiedenen lokalen Gemeinschaften unterschiedlicher Milieus und Schichtzugehörigkeiten entwickeln. Phasenweise wurden kommunitaristische Ansätze als Brückenkonzepte diskutiert, die zu einer Neuausrichtung sozialdemokratischer Politikformen hätten führen sollen (‚Dritter Weg') und heute zum Beispiel im ‚aktivierenden Staat' ihren Ausdruck gefunden haben (vgl. Vorländer 2001).

In seiner Makro-Analyse über soziale Gerechtigkeit und Varianten des Wohlfahrtskapitalismus leitet Wolfgang Merkel aus diesen drei Positionen (und mit einer Präferenz für sozialliberale Ideen) „fünf zentrale Bereiche der Verteilungsgerechtigkeit" ab (Merkel 2001, S. 140ff.): neben Einkommens- und Vermögensverteilung sind dies vor allem die Vermeidung von Armut sowie die Stärkung von Bildung und Ausbildung, die Inklusion in den Arbeitsmarkt und sozialstaatliche Sicherungsstandards. Ein weiterer Ansatz hat zudem die stadtpolitische Debatte beeinflusst, mit dem weniger die Leistungs- oder Verteilungsgerechtigkeit als die ‚Befähigungsgerechtigkeit' betont wird (unter anderem prominent vertreten durch den indischen Wirtschaftsphilosophen Amarthya Sen). Dieser ‚*capability approach*' führt zu einem Fokus auf ‚*empowerment*' und Bildung, das heißt auch zu einer problemlagenorientierten (statt pauschalen) Bearbeitung sozialer Ungleichheiten (nach Langer 2005, S. 22f.).

Ein Großteil dieser Überlegungen mit ihrer Mischung aus Individualisierung, Institutionalisierung und Gemeinschaftlichkeit spiegelt sich im Ansatz des Programms ‚Soziale Stadt' wider, der im Folgenden dargestellt wird.

4 Interventionen: Das Beispiel ‚Soziale Stadt'

Das Bund-Länder-Programm ‚Stadtteile mit besonderem Entwicklungsbedarf – die soziale Stadt' (kurz: ‚Soziale Stadt') wurde Ende des Jahres 1999 mit dem grundlegenden Ziel gestartet, „unter Beteiligung aller gesellschaftlichen Gruppen die [benachteiligten] Stadt- und Ortsteile zu stabilisieren, aufzuwerten und dort die Lebensqualität zu verbessern" (BMVBS 2012b, S. 26). Dabei sollen singuläre Problemlösungsansätze unterschiedlicher Bereiche wie Wohnen und Wohnumfeld, Bildung und Qualifizierung, Integration und Zusammenleben einem politikfeldübergreifenden, an der jeweiligen Vor-Ort-Realität und -Bedarfslage orientierten ganzheitlichen Ansatz weichen. Im Einzelnen geht es vor allem darum, die Wohn- und Lebensqualität vor Ort zu steigern, die Wohnverhältnisse, Wohnumfelder und den öffentlichem Raum durch städtebauliche Maßnahmen aufzuwerten, die sozialen Infrastrukturen in den ‚betroffenen' Quartieren zu verbessern, die Bildungschancen der Quartiersbewohner zu erhöhen, die lokale Wirtschaft zu stärken, die Sicherheit in den Quartieren zu erhöhen, Zuwanderer zu integrieren und insgesamt die Teilhabe der Gebietsbewohner an ‚ihrer' Quartiersentwicklung deutlich zu stärken (VV 2014).

In dem Programm spielen – so kann man es zusammenfassen – zwei Zielebenen oder –‚welten' gleichzeitig eine Rolle: zum einen erwünschte konkrete Entwicklungen in ‚betroffenen' Quartieren (inhaltliche Handlungsfelder), zum anderen eine neue Form von ‚Governance' beim Umgang mit Quartiersentwicklungen (strategische Handlungsfelder).

4.1 Inhaltliche Handlungsfelder

Bei den inhaltlichen Handlungsfeldern stand und steht das Thema ‚Wohnen und Wohnumfeld' stark im Vordergrund: Die Qualifizierung der ‚baulichen Hülle' ‚benachteiligter' Quartiere – Sanierung und Modernisierung von Wohngebäuden und sozialer Infrastruktur, Wohnumfeldverbesserung unter anderem durch die Entwicklung von Grün- und Freiflächen, Spiel-, Freizeit- und Sportanlagen – bildet den Kern des Programmansatzes, zumal die ‚Soziale Stadt' als Investitionsprogramm der Städtebauförderung nicht für die Finanzierung von Maßnahmen und Projekten auch im sozial-integrativen Bereich aufkommt – hierfür sollen weitere Ressourcen wie beispielsweise andere Förderprogramme bereitgestellt und ‚hinzugebündelt' werden.

An den drängenden Problemzusammenhang Bildungsdefizite-unzureichender Arbeitsmarktzugang-Arbeitslosigkeit-Einkommensarmut knüpfen die Handlungsfelder ‚Schule und Bildung' sowie ‚Lokale Ökonomie' an: In ersterem geht es darum, insbesondere Schulen dabei zu unterstützen, individuelle Benachteiligungen von Schülern und Eltern durch Angebote zu kompensieren, die weit über den schulischen Regelbetrieb hinausgehen: unter anderem Einrichtung von Schülercafés, Sprachförderung, Gewalt- und Kriminalprävention. Auch der intensivere Austausch zwischen Schule und (lokalen) Gewerbetreibenden (Vermittlung von Praktika und Ausbildungsplätzen vor Ort) sowie insgesamt die Entwicklung von Schulen zu quartiersbezogenen Kommunikations- und Begegnungszentren gehören immer mehr zu den Zielen. „Insgesamt geht es also darum, die formale Schulbildung durch eine Vielzahl eher informeller Bildungsmöglichkeiten in der Lebenswelt ‚vor der Haustür' und auch ‚in die Stadt hinein' zu ergänzen oder beide miteinander in Einklang zu bringen" (Bundestransferstelle Soziale Stadt 2014a, S. 17). Im Handlungsfeld ‚Lokale Ökonomie' sollen (im Idealfall ergänzend) Anstrengungen unternommen werden, Arbeitsmarktzugänge durch Beratungs- und Qualifizierungsangebote zu verbessern sowie die quartiersbezogene Wirtschaft mit ihrer Versorgungs- und Arbeitsmarktfunktion zu stärken. „Generell muss jedoch davon ausgegangen werden, dass die Problemursachen im Bereich Lokale Ökonomie noch mehr als bei anderen Handlungsfeldern auf überlokaler und überregionaler Ebene zu suchen sind" (ebd., S. 16) und daher im Quartier kaum nachhaltig angegangen werden können (dazu auch Weber in diesem Band).

Vor dem Hintergrund, dass der Anteil von Zuwandern an der Quartiersbevölkerung in den meisten Programmgebieten deutlich über dem gesamtstädtischen Mittel liegt, wird von den Programmgebern auch dem Handlungsfeld (quartiersbezogene) ‚Integration' besondere Bedeutung beigemessen. Hier geht es unter anderem um die zielgruppenorientierte Verbesserung von Wohn- und Wohnumfeldsituation sowie des ‚Gebrauchswertes' sozialer Infrastrukturen für unterschiedliche Gruppen, die Stärkung der ethnischen Ökonomie sowie um generelle Verbesserungen von Teilhabe- und Mitwirkungsmöglichkeiten speziell von Zuwanderern. Darüber hinaus steht noch eine Reihe weiterer inhaltlicher Handlungsfelder wie ‚quartiersbezogene Gesundheitsförderung' (vgl. unter anderem Böhme und Reimann 2012) oder ‚Umweltgerechtigkeit' auf der Agenda (vgl. unter anderem Umweltbundesamt 2015).

4.2 Strategische Handlungsfelder ‚Ressortübergreifende Zusammenarbeit' und ‚Mittelbündelung'

Die durch das Programm intendierten neuen Governance-Strukturen zielen auf eine stärkere horizontale Vernetzung von Themen, Zuständigkeiten, KnowHow und auch finanziellen Ressourcen auf den Verwaltungsebenen von Bund, Ländern und Kommunen, auf eine stärkere – ebenfalls horizontale – Vernetzung von Akteuren auf der Quartiersebene sowie auf eine intensivere vertikale Zusammenarbeit insbesondere von Kommunalverwaltungen und Quartieren – dies alles auf der Folie einer ‚Sozialraumorientierung', die sich als stärkere Hinwendung zur ‚Realität' vor Ort mit ihren vielfältigen Facetten und deren Interdependenzen übersetzen lässt. Kommunikation, Koordination, Kooperation und Koproduktion sind insgesamt die Handlungsmaximen, die durch das Programm gestärkt werden sollen (vgl. hierzu Franke 2011).

Auf Basis der Überzeugung, dass die miteinander zusammenhängenden ‚Realitäten' vor Ort nicht mehr in sektoraler Aufteilung nach unterschiedlichen ‚Themenzuständigkeiten' sowohl der Kommunalverwaltungen als auch auf den Ebenen von Bund und Ländern ‚bearbeitet' werden sollten, geht es vor allem darum, eben diese verschiedenen Ressorts zusammenzuführen (zu diesem Aspekt siehe in Bezug auf Frankreich Kirszbaum in diesem Band). Nur dadurch könne ein ganzheitlicher Blick auf die Quartiersebene erarbeitet und dann im Idealfall ‚aus einer Hand' agiert werden. Die Bedeutung ressortübergreifender Zusammenarbeit erscheint umso wichtiger, als die Konstruktion des Programms ‚Soziale Stadt' – ganzheitlicher Ansatz bei Finanzierungsmöglichkeiten nur für städtebauliche Investitionen – die Bündelung unterschiedlicher Finanzierungsquellen zur Voraussetzung und damit zu einem wichtigen Ziel ressortübergreifender Zusammenarbeit macht.

Umso gravierender schlagen hier jedoch Restriktionen wie – mit Blick auf die geforderte ‚Mittelbündelung' – bürokratische Verfahren der Beantragung unterschiedlicher Förderprogramme von EU, Bund und Ländern sowie eine vielfach fehlende Abstimmung dieser Förderprogramm zu Buche (vgl. BMVBS 2012c, S.

8f.). Und die Realität der ‚ressortübergreifenden Zusammenarbeit' zeigt vielerorts, dass die ‚Beharrungskräfte' zuvor etablierter Arbeitsformen oftmals wirkmächtiger sind als die neuen – so könnte man sie bezeichnen – verwaltungsreformatorischen Ansätze (‚Ressortegoismen', Festhalten an gewohnten Arbeitsformen). So kommt beispielsweise Zimmer-Hegmann (2013, S. 14f.) zu dem Schluss: „Die ‚Soziale Stadt' ist leider bislang kein kohärenter politischer Ansatz zur Beseitigung von sozialräumlicher Ausgrenzung geworden. In den Fachressorts der Bundesebene und der meisten Länder, die nicht für die Städtebauförderung zuständig sind, findet der integrierte und stadtteilbezogene Ansatz allenfalls am Rande Beachtung. [...] Vor allem die Konzentration von Maßnahmen der Wirtschaftsförderung und der Arbeitsmarktförderung auf die Belange benachteiligter Stadtteile und der dort lebenden Zielgruppen von Arbeitsmarkt- und Beschäftigungsförderungsmaßnahmen" sei ebenso unzureichend wie die Einbindung der Bereiche Bildung und Wohnen in vielen Ländern.

4.3 Strategische Handlungsfelder ‚Aktivierung und Beteiligung' sowie ‚Quartiermanagement'

Angesichts des Wunsches der Programmgeber, in benachteiligten Quartieren die Identifikation der Bewohner mit dem eigenen Lebensraum zu stärken, die als oftmals nur unzureichend bewerteten sozialen Vernetzungen zu intensivieren und ein vielerorts als verbesserungswürdig empfundenes soziales Miteinander zu qualifizieren, „wird es zum zentralen Anliegen der Stadtteilentwicklung, das eigenständige Stadtteilleben wieder aufzubauen, den sozialen Verbund wieder herzustellen und das Zusammenleben im Quartier zu fördern [...]. So soll erreicht werden, dass die Stadtteile schrittweise wieder als Gemeinwesen funktionieren" (Bauministerkonferenz 2005, S. 5). Dies soll vor allem durch Aktivierung und Beteiligung der jeweiligen Quartiersbewohnerschaft und anderer lokaler Akteure wie Gewerbetreibende erreicht werden, die intensiv in die Planung und Umsetzung von Maßnahmen und Projekten zur Quartiersentwicklung einzubeziehen sind. Auch geht es darum, lokale Initiativen und Organisationen stärker miteinander zu vernetzen, um ihre Angebote vor Ort ‚schlagkräftiger' aufeinander abzustimmen. Schließlich sollen die individuellen Handlungskompetenzen einzelner Bewohner erweitert werden (‚*Empowerment*', Stärkung von Sozialkapital).

Um diese Vernetzungen, Aktivierungen, Beteiligungen und Ermöglichungen in den Programmgebieten zu organisieren, wird lokalen Quartiermanagements mit ihrer ‚Kümmerer'- und ‚Motoren'-Funktion zentrale Bedeutung für die Programmumsetzung zugeschrieben. Sie sind auch in den Austausch zwischen Quartier und Verwaltungsebene involviert beziehungsweise organisieren ihn in vielen Fällen, um sowohl vor Ort ,Machbarkeiten' (und ihre Grenzen) kommunizieren als auch in den Verwaltungen ein Bild von der tatsächlichen Situation vor Ort zeichnen zu können (vgl. Bundestransferstelle Soziale Stadt 2014a, S. 30f.). Viele Quartiermanagements ,kämpfen' allerdings damit, angesichts hoher Erwartungen sowohl ,von oben' als auch aus dem Quartier heraus mit einer nur ,dünnen' Personaldecke auf der Basis (stark) befristeter Vertragslaufzeiten ausgestattet zu sein (vgl. Bundestransferstelle Soziale Stadt 2014b).

Als eine zentrale Ressource für Aktivierung und Beteiligung werden dezentrale Budgets gesehen, die vor Ort in Eigenregie verwaltet und aus denen kleinere Maßnahmen und Projekte im Quartier finanziert werden können (,Verfügungsfonds'). In der Regel umfassen solche Fonds zwischen 5.000 und 25.000 Euro jährlich. In den Programmgebieten, die über einen solchen Fonds verfügen, werden überwiegend positive Erfahrungen berichtet: „Die Verfügungsfonds fördern [...] ein durch Eigeninteressen motiviertes, aber mit erkennbaren Gemeinwohlbezügen angereichertes Handeln im Quartier. Es zeigt sich, dass Verfügungsfonds nicht nur über die Projekte Wirkungen erzeugen und in ihrer Vorbereitung sowie Umsetzung Netzwerke stärken, sondern auch dazu beitragen, dass gemeinwohlorientiertes und teilweise gemeinschaftliches Handeln im Quartier einen höheren Stellenwert erhält" (BMVBS 2012a, S. 11). Kritisiert wird jedoch vereinzelt, die Vergabejurys repräsentierten kaum die Zusammensetzung und die verschiedenen Interessengruppen der jeweiligen Quartiersbewohnerschaft, auch weil sie im Gegensatz zu gewählten Vertretern der Lokalpolitik nicht über ein entsprechendes Mandat verfügten (zu diesem Punkt siehe auch Kirszbaum in diesem Band).

5 Rückkopplungen: Mit dem Programm ,Soziale Stadt' zu einer ,sozialen' Stadt?

Im Rückgriff auf die eingangs aufgeworfenen Fragen zum Thema ,soziale Gerechtigkeit' lässt sich der geschilderte Ansatz des Programms ,Soziale Stadt' aus zwei Perspektiven betrachten: aus einer Meta- und einer Binnenperspektive.

5.1 Metadiskurs: Fragen außerhalb des Programmkontextes

Im wissenschaftlichen Kontext werden verschiedene kritische Diskurse über ,soziale' Stadtpolitik geführt, die sich im Kern um die Verteilung der Gestaltungsmacht zwischen den Sphären der Politik und Verwaltung, Ökonomie und Zivilgesellschaft drehen (vgl. Drilling und Schnur 2009). Damit sind auch die oben skizzierten Perspektiven sozialer Gerechtigkeit angesprochen – insbesondere unter der Fragestellung, in welchem Mischungsverhältnis sie in die künftigen Regulationsformen einfließen sollten. Das Programm ‚Soziale Stadt' spielt in diesen Diskussionen eine prominente Rolle, weil mit seiner Einführung von Beginn an Wertvorstellungen mittransportiert wurden, die sich um Konzepte wie Solidarität, Gemeinschaftlichkeit, Bürgergesellschaft, Nachbarschaft et cetera gruppieren lassen.

Auf der Meta-Diskursebene wird vor allem die Frage gestellt, ob die Stärkung der lokalen Zivilgesellschaft wirklich den politischen Nukleus darstellt oder das ‚Soziale' anderen Handlungslogiken unterworfen ist. Hier sollen exemplarisch nur drei Diskurslinien herausgegriffen werden, in denen Inkohärenzen sozialer Stadtentwicklungspolitik problematisiert werden:

- Im breiten Diskurs um neoliberale Gouvernementalität (Foucault 1991, 2010) und die dort zum Tragen kommende poststrukturalistische Perspektive wird eine ‚politische Technologie' thematisiert, die sich einerseits als sozial ausgleichend geriere (‚symbolische Politik'), andererseits aber im Kontext von Leistungsprinzipien (zum Beispiel ‚Fördern und Fordern') sowie der Betonung lokaler Communities beziehungsweise Nachbarschaften (um zum Beispiel ‚gemeinsam Verantwortung zu tragen für unseren Kiez') regulierend auftrete (Rose 2000; vgl. Kamleithner 2009). Diese Maxime führe zu einer Legitimierung von per se unsolidarischen Exklusionsprozessen und zu einem Zurückgeworfensein auf Selbstverantwortlichkeit und einer Aufforderung zur ‚Selbstdisziplinierung'. Die dahinter stehenden Interpretationen von ‚Verantwortung' und ‚Freiheit' werden als problematisch erachtet, denn freie und selbstverantwortliche Individuen könnten beispielsweise an strukturellen gesamtgesellschaftlichen Phänomenen wie Langzeitarbeitslosigkeit, von denen sie selbst betroffen sind, nichts ändern – auch nicht gemeinsam mit anderen Quartiersbewohnern.
- Weiterhin wird auch die Fokussierung auf konsensuale Planung und Kommunikation vielfach als ‚postpolitisch' oder ‚postdemokratisch' kritisiert (Crouch 2008; Rancière 2002). Wo Konsens zur Prämisse wird, bestehe die Gefahr, dass Konflikte als unproduktiv gelten und ‚glattgebügelt' oder soziale Bewegungen marginalisiert würden (vgl. Drilling et al. 2015; Rosemann 2013; vgl. auch Evers 2009).
- Schließlich kritisieren Diskurse über Gentrifizierung und das ‚Recht auf Stadt' (vgl. Lees et al. 2008 sowie Holm und Gebhardt 2011; dazu auch Schneider in diesem Band) ebenfalls politische Ambivalenzen, denn – so die Argumentation – parallel zum Einsatz des Programms ‚Soziale Stadt' würden der soziale

Wohnungsbau stark zurückgefahren oder Gentrifizierungs-Prozesse in geförderten Quartieren zugelassen und damit soziale Ungleichheiten in den Städten nur räumlich verschoben (Schnur 2013).

Diese Diskurslinien weisen auf die Kontingenz der Betrachtung und Bewertung von Stadtpolitik hin. Gleichzeitig bieten sie jedoch nur wenige Argumente für eine praxisorientierte Weiterentwicklung einer Politik im Umgang mit urbaner Fragmentierung und Marginalisierung an. Die Proteste in der Fachwelt, die im Rahmen der drastischen Kürzungen des Programms ‚Soziale Stadt' im Jahr 2011 aufkamen, machten deutlich, dass es trotz mancher Kritik auch in der Wissenschaft eine breite Zustimmung zu den generellen Zielen und Anliegen dieser Politik gibt. Im Folgenden gehen wir deshalb dezidiert auf den Binnendiskurs um das Programm ‚Soziale Stadt' und Restrukturierungsmöglichkeiten ein. Diese sind einerseits programmimmanent, andererseits weisen sie aber auch deutlich über die Programmperspektive hinaus.

5.2 Binnendiskurs: Fragen im Programmkontext

Neben ‚Reichweiten' beziehungsweise der Frage, welche gesamtgesellschaftlichen Aspekte in dem Programm berücksichtigt werden (können), spielen hier – umgekehrt – gesamtgesellschaftliche Fragestellungen eine Rolle, die aus der ‚Programmphilosophie' über die Programmgrenzen hinaus wichtig werden.

Aus der ‚Binnenbetrachtung' des Programms kann eine ganze Reihe von Fragen gestellt werden, die bislang noch nicht ausreichend beantwortet zu sein scheinen:

- Warum gibt es offensichtlich noch erhebliche Hemmnisse oder Hindernisse bei der Institutionalisierung des als zentral erachteten ressortübergreifenden Handlungsansatzes und bei der elementaren Mittelbündelung, sprich: der Herstellung eines grundlegend notwendigen quartiersbezogenen ‚Globalfonds'? (eine Frage, die auch aktuell in Frankreich diskutiert wird, siehe dazu Kirszbaum sowie Weber in diesem Band)
- Inwieweit können administrativ abgegrenzte Programmgebiete lebensweltlich konstituierte Quartiere abbilden (vgl. den Ansatz des ‚Doppelten Gebietsbezugs' von Franke 2011)?
- Inwieweit kann durch eine Verbesserung der baulich-physischen und infrastrukturellen Situation in den Programmgebieten (auch soziale) ‚Benachteiligung' reduziert werden?

- Wer befindet über die Frage, wann eine ‚Verbesserung der Lebensqualität' eingetreten ist – und für wen?
- Wann sind Beratungs- und Qualifizierungsangebote beziehungsweise die individuelle Förderung von Quartiersbewohnern aus wessen Sicht erfolgreich? Bemisst sich dies in Mengeneffekten und/oder in Qualitätszuwächsen?
- Wann können wir von einer ‚gestiegenen Beteiligungs- beziehungsweise Engagementbereitschaft' – wiederum: aus wessen Sicht? – sprechen? Wessen und welche Ziele werden mit einer solchen Bereitschaft verfolgt?
- Was sind eigentlich ‚Bildungserfolge' aus wessen Perspektive? Und auch hier: Bemisst sich dies in Mengeneffekten und/oder in Qualitätszuwächsen?
- Wann sind Zuwanderer aus wessen Sicht ‚besser'(?) oder ‚ausreichend'(?) integriert? Wann ist das soziale Zusammenleben inklusive Identifikation der Wohnadresse mit ‚Heimat', Verbesserung von Nachbarschaften und Netzwerken et cetera ‚gut genug' – und wofür?
- Können ‚benachteiligte' Quartiere durch ein Programm wie die ‚Soziale Stadt' tatsächlich in eine – aus einer bestimmten normativen Perspektive heraus bewerteten – weniger ‚problematische' Situation gebracht werden (Programmziel: ‚selbst tragende Strukturen' erreichen) oder muss es nicht vielmehr darum gehen, sie als ‚normalen' Bestandteil von Stadt zu akzeptieren und sie dann jedoch im Sinne einer solidarischen Stadt dauerhaft besonders zu unterstützen?

Ein Diskurs zu diesen Fragen findet bislang eher selektiv statt – in einzelnen Kommunen und Programmgebieten, in einzelnen Akteurskreisen, in einzelnen wissenschaftlichen Fachbeiträgen und anderen Publikationen. Ein stärkerer gesellschaftlicher Konsens erscheint hier jedoch bedeutsam für (mehr) Antworten auf die Frage nach ‚sozialer Gerechtigkeit': Im Rückgriff auf die eingangs dargestellten Annäherungen an ‚soziale Gerechtigkeit' kann man das Programm als Aufforderung ‚Basisressource' im Sinne einer ‚Chance' verstehen, die von den jeweiligen lokalen Akteuren und Akteursgruppen für ihren eigenen ‚Aufbruch aus der Benachteiligung' genutzt werden oder auch nicht – beispielsweise mit Blick auf Beratungs- und Qualifizierungsangebote (liberaler/libertärer Ansatz). Interpretiert man das Programm als Beitrag zu einer (marktregulierenden) Verteilungsgerechtigkeit gesellschaftlicher Ressourcen, stehen die Finanzmittel, Strukturen und ‚Humanressourcen' im Vordergrund, die anderen Quartieren (und deren Bewohnern) nicht zur Verfügung gestellt werden (sozialliberaler Ansatz). Man kann das Programm auch als Versuch der Verschmelzung dieser beiden ‚Welten' sehen, was im weitesten Sinne bestimmten kommunitaristischen Strömungen zuzuordnen wäre, nach dem Motto: ‚Der (Lokal-)Staat tut hier Einiges, aber Du musst die Chancen ergreifen, die wir Dir bieten!'

In allen drei Fällen drängt sich die weitere Frage auf, welche ,Benachteiligungen' überhaupt auf der Quartiersebene beziehungsweise im individuellen Verantwortungsbereich einzelner Bewohner(gruppen) entstanden sind und deshalb hier beziehungsweise von ihnen tatsächlich in Angriff genommen werden können. Im Umkehrschluss muss gefragt werden, welche ,Benachteiligungen' an anderer Stelle entstehen und daher allenfalls programmflankierend – also außerhalb des Ansatzes ,Soziale Stadt' – adressiert werden müssen: Bildungschancen, Wohnungs- und Arbeitsmarktzugänge, Umgang mit (Langzeit-)Arbeitslosigkeit beziehungsweise generell Bildungs-, Wohnungs-, Integrations- und Arbeitsmarktpolitik (Stichwort sozialer Wohnungsbau) sind nur mittelbar Quartiersangelegenheiten (vgl. Metadiskurs). Dies ist keine neue Erkenntnis, sie bleibt jedoch elementar für eine Betrachtung der ,Programmreichweite'.

Diese ,Reichweitengrenzen' können von zwei Seiten beleuchtet werden: Auf der einen Seite als Schutz des Programmansatzes vor unrealistischen Zielen – die ,Soziale Stadt' wird vor Ort kaum Arbeitsplätze (zumindest nicht in nennenswertem Maße) schaffen können und versteht sich explizit auch nicht als ,Wohnraumbeschaffungsprogramm'. Auf der anderen Seite muss dann aber nach den erwähnten Flankierungen gefragt werden: Wenn das Programm ,lediglich' (oder auch: immerhin!) ,Hüllen' verbessern und an der Linderung von ,Symptomen' ansetzen kann – wo bleiben dann die notwendigen anderen Ressourcen, um den ,großen Wurf' einer tatsächlich sozial gerechten integrativen Stadt- und Quartiersentwicklung zu vervollständigen?

Damit ist die Sphäre außerhalb der eigentlichen Programmarchitektur angesprochen: Eine soziale Stadt mit kleinem ,s' ist eine gesamtgesellschaftliche Aufgabe, zu der das Programm mit großem ,S' einen zentralen Beitrag leistet. Als ,Gesamtgesellschaft' (institutionalisiert auf den verschiedenen politischen und Verwaltungsebenen oder in freien Trägern der Wohlfahrtspflege, ,informell' konstituiert durch das Zusammenwirken der einzelnen Gesellschaftsmitglieder) kann es also weniger darum gehen, das Projekt soziale Stadt einem singulären Städtebauförderungsprogramm zu überlassen, das angesichts dieser erweiterten Betrachtungsperspektive dann doch in seiner Reichweite und seiner Ressourcenausstattung viel zu limitiert ist. Auch kann es nicht darum gehen, die Auseinandersetzung mit strukturellen gesellschaftlichen Problemen wie polarisierte Arbeitsmarktzugänge, Prekarisierung von Arbeit, Arbeitslosigkeit, zunehmende Engpässe in bezahlbaren Wohnungsmarktsegmenten oder Integrationsdefizite auf die Ebene ,benachteiligter' Quartiere zu verschieben. Ein ,sozialräumlicher' und integrativer Blick, also die handlungsleitende Betrachtung der Realitäten vor Ort, scheint generell eine gangbare Strategie zu sein. Sie müsste ,nur' stärkeren Eingang auch in die Arbeitsmarkt-, Wohnungs-, Sozialpolitik von Bund und Ländern finden – nicht die Dezentralisierung auf die Quartiersebene scheint die Lösung zu sein, sondern eine viel stärkere Berücksichtigung des Quartiersansatzes in der Gesellschaftspolitik. Hier hat – quasi in einer Ablösung der eingangs erwähnten ‚Charta von Athen' – die ‚Leipzig Charta' einen Beitrag zu einem solchen neuen Verständnis geleistet, der nun stärkere Berücksichtigung finden muss.

Mit Blick auf eine Stärkung des Sozialen in der Stadt sollte überlegt werden, in den Quartieren mehr Ressourcen und Ressourcenverantwortlichkeit zu verorten, dauerhafte Unterstützungsstrukturen für ‚*Grassroots*'-Initiativen zu institutionalisieren, das lokale Sozialkapital zu fördern et cetera, um den Menschen vor Ort langfristig eine stärkere Teilhabe zu ermöglichen (vgl. Zimmermann 2011; Potz und Thies 2010; Schnur 2003; Roth 1994). Von konstruktivem Engagement und ‚Aktivitäten' vor Ort kann man – das zeigen nicht zuletzt die bisherigen Erfahrungen im Programm ‚Soziale Stadt' – ausgehen. Aus einem solchen Setting können soziale Innovationen entstehen (vgl. Bundestransferstelle Soziale Stadt 2014c), die dann den Programmrahmen im positiven Sinne überschreiten. Hier könnte sich auch die Schnittstelle befinden, an der sich Meta- und Binnendiskurse treffen.

6 Fazit

Soziale Ungleichheit, soziale Polarisierung und sozial-räumliche Fragmentierung, in deren Folge sich unter anderem benachteiligte Stadtquartiere herausgebildet haben, werden von den staatlichen Ebenen Bund, Länder und Kommunen spätestens seit den 1990er Jahren als Problem identifiziert, dem mit integrativen, partizipativen und raumorientierten Ansätzen im Sinne einer ‚*Multi Level Governance*' zu begegnen versucht wird. Prominentestes Beispiel ist das Bund-Länder-Programm ‚Soziale Stadt' mit seinen spezifischen Regularien und daraus abzuleitenden Reichweiten(begrenzungen). Aus den Limitierungen des Programms entsteht eine wichtige Debatte darüber, ob nicht das proklamierte Ziel einer sozialen Stadtentwicklung über das namensgleiche Programm hinaus einen deutlich größeren Ressourcenansatz benötigt – nicht nur in materieller, sondern auch in sozialer und kultureller Hinsicht. Eine soziale Stadt impliziert soziale Gerechtigkeit beziehungsweise eine sozial gerechte Gesellschaft und muss sich der Frage stellen, wer aus welchem Interesse welche Perspektive einnimmt und warum über welche Handlungsmöglichkeiten verfügt.

Literatur

Barber, B. (1994). *Starke Demokratie*. Hamburg: Rotbuch Verlag.

Bauministerkonferenz – Konferenz der für Städtebau, Bau- und Wohnungswesen zuständigen Minister und Senatoren der Länder, ARGEBAU (2005). *Leitfaden zur Ausgestaltung der Gemeinschaftsinitiative „Soziale Stadt"*. Dritte Fassung vom 29.08.2005.

BMVBS – Bundesministerium für Verkehr, Bau und Stadtentwicklung (Hrsg.). (2012a). *Verfügungsfonds in der Städtebauförderung*. Berlin.

BMVBS – Bundesministerium für Verkehr, Bau und Stadtentwicklung (Hrsg.). (2012b). *Städtebauförderung 2012. Merkblatt zu den Programmen der Städtebauförderung*. Berlin.

BMVBS – Bundesministerium für Verkehr, Bau und Stadtentwicklung (Hrsg. 2012c): *Programme des Bundes für die nachhaltige Stadtentwicklung und Soziale Stadt*. Berlin & Bonn (BMVBS-Online-Publikation 3/2012).

Böhme, C., & Reimann, B. (2012). Gesundheitsfördernde Stadtteilentwicklung: mehr Gesundheit im Quartier. In C. Böhme, C. Kliemke, B. Reimann & W. Süß (Hrsg.), *Handbuch Stadtplanung und Gesundheit* (S. 199-209). Bern: Huber.

Bundestransferstelle Soziale Stadt (2014a). *Statusbericht Soziale Stadt 2014. Berichtszeitraum 2009-2014*. Berlin.

Bundestransferstelle Soziale Stadt (2014b). *Transferwerkstatt Soziale Stadt – Investitionen im Quartier. Quartiermanagement vor Ort. 26. Mai 2014. Dokumentation und Auswertung*. Berlin.

Bundestransferstelle Soziale Sadt (2014c). *Diskussionen zum Thema „soziale Innovation". Kurzexpertise*. Berlin.

Crouch, C. (2008). *Postdemokratie*. Frankfurt (Main): Suhrkamp.

Dingeldey, I. (1997). *Das Modell der Gerechtigkeit zwischen Individualismus und Gemeinschaft: Eine Einführung in die Theorie der Gerechtigkeit von John Rawls unter Berücksichtigung der Kritik aus kommunitaristischer Sicht*. Weingarten: Weingartner Hochschulschriften 26.

Dohnke, J., Seidel-Schulze, A., & Häußermann, H. (2012). *Segregation, Konzentration, Polarisierung – sozialräumliche Entwicklung in deutschen Städten 2007–2009*. Difu-Impulse 4. Berlin.

Drilling, M., Oehler, P., & Schnur, O. (2015). Über den emanzipatorisch-utopischen Gehalt von Sozialraumorientierung. *Widersprüche 135* (1), 21-39.

Drilling, M., & Schnur, O. (Hrsg.). (2009). *Governance der Quartiersentwicklung. Theoretische und praktische Zugänge zu neuen Steuerungsformen*. Wiesbaden: VS Verlag für Sozialwissenschaften.

Esser, J., & Hirsch, J. (1987). Stadtsoziologie und Gesellschaftstheorie. Von der Fordismus-Krise zur „postfordistischen" Regional- und Stadtstruktur. In W. Prigge (Hrsg.), *Die Materialität des Städtischen* (S. 31-56). Basel, Boston: Birkhäuser.

Evers, A. (2009). Aktivierung von Zivilgesellschaft in der Sozialen Stadt – ein anderer Blick und mögliche Konsequenzen. *Newsletter Wegweiser Bürgergesellschaft 23*, 1-7.

Foucault, M. (1991). Andere Räume. In M. Wentz (Hrsg.), *Stadt-Räume* (S. 65-72). Frankfurt (Main), New York: Campus Verlag.

Foucault, M. (2010). *Kritik des Regierens. Schriften zur Politik*. Berlin: Suhrkamp.

Franke, T. (2011). *Raumorientiertes Verwaltungshandeln und integrierte Quartiersentwicklung – Doppelter Gebietsbezug zwischen „Behälterräumen" und „Alltagsorten"*. Wiesbaden: VS Verlag für Sozialwissenschaften.
Hayek, F. A. von (1971). *Die Verfassung der Freiheit*. Tübingen: J.C.B. Mohr.
Holm, A., & Gebhardt, D. (2011). *Initiativen für ein Recht auf Stadt. Theorie und Praxis städtischer Aneignungen*. Hamburg: VSA-Verlag.
Kaltenbrunner, R., & Schnur, O. (2014). Kommodifizierung der Quartiersentwicklung. Zur Vermarktung neuer Wohnquartiere als Lifestyle-Produkte. *Informationen zur Raumentwicklung 4*, 471-480.
Kamleithner, C. (2009). „Regieren durch Community": Neoliberale Formen der Stadtplanung. In M. Drilling & O. Schnur (Hrsg.), *Governance der Quartiersentwicklung* (S. 29-48). Wiesbaden: VS Verlag für Sozialwissenschaften.
Langer, A. (2005). Soziale Gerechtigkeit als Anforderung und Herausforderung. Gerechte Verfahren – Befähigung – „anständige Institutionen". *Sozial Extra. Zeitschrift für Soziale Arbeit* 4, 21-25.
Lees, L., Slater, T., & Wyly, E. (2008). *Gentrification*. New York et al.: Routledge.
Mayer, M. (1996). Postfordistische Stadtpolitik. Neue Regulationsweisen in der lokalen Politik und Planung. *Zeitschrift für Wirtschaftsgeographie 40* (1-2), 20-27.
Merkel, W. (2001). Soziale Gerechtigkeit und die drei Welten des Wohlfahrtskapitalismus. *Berliner Journal für Soziologie* 2, 135-157.
Neef, R., & Keim, R. (2007). *„Wir sind keine Sozialen". Marginalisierung und Ressourcen in deutschen und französischen Problemvierteln*. Konstanz: UVK.
Potz, P., & Thies, R. (2010). Zivilgesellschaftliche Netzwerke in der Sozialen Stadt stärken! Gemeinwesenarbeit in der integrierten Stadtentwicklung. *RaumPlanung 148*, 11-16.
Rancière, J. (2002). *Das Unvernehmen*. Frankfurt (Main): Suhrkamp.
Rawls, J. (1997). *Die Idee des politischen Liberalismus*. Frankfurt (Main): Suhrkamp.
Reese-Schäfer, W. (1995). *Was ist Kommunitarismus?* Frankfurt (Main) & New York: Campus Verlag.
Rose, N. (2000). Tod des Sozialen? Eine Neubestimmung der Grenzen des Regierens. In U. Bröckling, Krasmann, S. & T. Lemke (Hrsg.), *Gouvernementalität der Gegenwart. Studien zur Ökonomisierung des Sozialen* (S. 72-109). Frankfurt (Main): Suhrkamp.
Rosemann, T. (2013). Planning in the Face of Democracy. Mit Jacques Rancière über Raumplanung und Demokratie nachdenken *sub/urban. zeitschrift für kritische stadtforschung* 2, 41-60.
Roth, R. (1994). Lokale Demokratie „von unten". Bürgerinitiativen, städtischer Protest, Bürgerbewegungen und neue soziale Bewegungen in der Kommunalpolitik. In R. Roth & H. Wollmann (Hrsg.), *Kommunalpolitik. Politisches Handel in den Gemeinden* (S. 228-244). Opladen: Leske + Budrich.
Sanders, K. (2008). Armut und soziale Gerechtigkeit – Gedanken zum Umbau des Sozialstaates. In K. Sanders & H.-U. Weth (Hrsg.), *Armut und Teilhabe. Analysen und Impulse zum Diskusrs um Armut und Gerechtigkeit* (S. 11-25). Wiesbaden: Springer VS.
Schäfer, C. (2009). Soziale Polarisierung in Deutschland - ein Mythos? *WISO direkt. Analysen und Konzepte zur Wirtschafts- und Sozialpolitik* (Friedrich-Ebert-Stiftung). Juli, 1-4.
Schnur, O. (2003). *Lokales Sozialkapital für die 'soziale Stadt'. Politische Geographien sozialer Quartiersentwicklung am Beispiel Berlin-Moabit*. Opladen: Leske + Budrich.

Schnur, O. (2013). Zwischen Stigma, Subvention und Selbstverantwortung. Ambivalenzen der Quartiersentwicklung in Berlin. *Geographische Rundschau 65* (2), 28-37.

Umweltbundesamt (Hrsg.). (2015). *Umweltgerechtigkeit im städtischen Raum – Entwicklung von praxistauglichen Strategien und Maßnahmen zur Minderung sozial ungleich verteilter Umweltbelastungen*. UBA-Reihe Umwelt & Gesundheit 01/2015. Dessau-Roßlau (Bearbeitung: Deutsches Institut für Urbanistik (Difu): C. Böhme, T. Preuß, A. Bunzel, B. Reimann, A. Seidel-Schulze, & D. Landua).

Vorländer, H. (2001). Dritter Weg und Kommunitarismus. *Aus Politik und Zeitgeschichte* (B16-17), 16-23.

VV-Städtebauförderung 2014 – *Verwaltungsvereinbarung Städtebauförderung 2014 über die Gewährung von Finanzhilfen des Bundes an die Länder nach Artikel 104 b des Grundgesetzes zur Förderung städtebaulicher Maßnahmen* (VV Städtebauförderung 2014).

Walzer, M. (1992). *Sphären der Gerechtigkeit. Ein Plädoyer für Pluralität und Gleichheit*. Frankfurt (Main): Campus.

Zimmer-Hegmann, R. (2013). Integriertes Handeln. Mehrwert fürs Quartier. In Ministerium für Bauen, Wohnen, Stadtentwicklung und Verkehr des Landes Nordrhein-Westfalen (Hrsg.), *Bericht zur Stadtentwicklung 2013. Quartiere im Fokus*. Düsseldorf, 11-16.

Zimmermann, K. (2011). Der Beitrag des Programms „Soziale Stadt" zur Sozialen Stadtentwicklung. In W. Hanesch (Hrsg.), *Die Zukunft der „Sozialen Stadt". Strategien gegen soziale Spaltung und Armut in den Kommunen* (S. 181-201). Wiesbaden: VS Verlag.

The rise and fall of urban regeneration policy in England, 1965 to 2015

Stephen Hall

Summary

This paper provides a history of the evolution of urban regeneration policy in England during the past 50 years. The Conservative and Liberal Democrat Coalition government (2010-2015) presided over the effective cessation of urban regeneration as a form of state sponsored public policy. The objective of countering localised 'market failure' that has characterised English regeneration policy since the 1960s – albeit with different emphases placed by different governments on the role of the state and market, economic growth and social inclusion – has been displaced by a strategy that has the potential to stimulate economic development in areas of market opportunity but does little to address the physical, economic and social malaise of the most deprived urban neighbourhoods. In effect, it is argued, the Coalition government have pursued the market led logical of concentrating growth in London and the South East advocated by neo-liberal economists, but without the necessary counter-balancing regeneration measures in the Midlands and the North.

1 Introduction

This paper provides a commentary on the history of urban regeneration policy in England during the past half century. This history can be described as a process of experimentation and learning in which, until the past half-decade, the aims and objectives of regeneration, the public and private resources committed, and the array of stakeholders engaged have become more ambitious and comprehensive, from modest local education and community safety projects in the 1960s to (would be) transformational multi-thematic programmes in the early 21st century. However, the election of the Coalition government in 2010 and the regime of fiscal austerity that followed marked the effective end of this evolution. For the first time since the 1960s, there exists no formal, state sponsored, urban regeneration policy in England.

The defining characteristics of English urban policy, throughout this period, have been an area-based approach, with regeneration programmes formulated and funded by the state, but implemented by local actors. An important constant has (until very recently) been a narrative of 'market failure'; a definition of regeneration as a process of reversing physical, economic and social decline in areas (located primarily in the core Victorian neighbourhoods and peripheral social housing estates of London and the major industrial conurbations of the Midlands and North, Dorling 2006) where the private market could not achieve this without public intervention. Urban policy in England has, thus, been guided by an *implicit* normative belief that such decline is, indeed, *reversible*, a belief shared in France and Germany (cf. Kirszbaum and Weber in this volume). In practice, urban policy in England has been characterised by multiple and imprecisely articulated objectives, not least in respect of the intended beneficiaries of regeneration (people, place, public authorities) (Hall 2007). Governments of different political persuasions have differed conspicuously in respect of whether the state (enhanced public provision) or the market (increased deregulation) provides the most effective vehicle to address market failure, the relative importance placed on economic development as opposed to social inclusion, and the extent to which these are pragmatic or ideological questions. The chapter presents a short summary of the urban challenge in England then follows the debates and ideological shifts and their implications for urban policy in a chronological order.

2 Context: the urban challenge

The defining feature of the urban geography of England (as elsewhere in Europe) in the second half of the 20th century has been *counterurbanisation*; the growth of small rural, semi-rural and suburban settlements relative to and at the expense of large towns and cities. Between 1951 and 1981, while the total population of England increased by nine percent, London and the six major conurbations (Birmingham, Manchester, Leeds, Liverpool, Newcastle, and Sheffield) experienced a net population loss of more than 10% (DETR 2000). The trend impacts on all towns and cities, with a direct correlation between settlement size and net population loss (Fothergill and Gudgin 1982). The 1980s witnessed a slowing-down of the urban – rural shift (Champion 1989) but, at the end of the century, the trend seemed to have accelerated (outside London), with a further net loss of over 100,000 people in metropolitan England in 2000; an increase of 66% on the figure for 1991 (Allinson 2005).

The regional geography of England has been characterised by a marked division between the prosperous South and traditional industrial North since the 1920s (House of Commons 2003). It has been argued that there exists a direct correlation between economic prosperity and distance from London (ibid.) or even that regional and urban economic prospects can be expressed simply as a function of travelling time (by rail) from the capital (Dorling 2006). In 2013, Gross Value Added per capita was higher than the national average in only two of England's nine regions (London and the South East); GVA per capita in London was more than twice that of the North East region. In 2012, the employment rate in the South East (75%) was eight percent higher than the North East (www.ons.gov.uk).

The economic and social fortunes of English cities are, thus, very dependent on their regional setting. The challenge for cities in the southern half of the country (e.g. Brighton, Bristol, Cambridge, Oxford) is the sustainable *management of growth* and the remediation of isolated 'pockets' of poverty. The fundamental imperative for Northern cities (e.g. Liverpool, Manchester, Newcastle, Sheffield) is the *generation of growth* and the relief of significant concentrations of poverty. London represents a unique case as its 'world city' economy generates extreme divisions between affluence and poverty (Buck et al. 2002).

The UK government has calculated formal measures of deprivation for England since the 1970s. The most recent are the *English Indices of Deprivation 2010* (CLG 2010). These incorporate 38 socio-economic indicators grouped into seven 'domains': income; employment; health and disability; education, skills and training; barriers to housing and services; crime; and living environment (see Noble et al. 2006, for a summary of the methodology of the compilation of such indices, and Deas et al. 2003, for a critique). The lowest level of data presented is the Lower Level Super Output Area (LSOA), the smallest denomination of the national census, typically areas of 1,000 to 3,000 in population. The indices suggest that poverty and social exclusion are predominantly *urban* problems in the English context. Indeed, 98% of the most deprived decile of LSOAs (in which approximately 5 million people live) are located in urban areas (CLG, 2010). The city with the highest density of the most deprived 10% of LSOAs within its boundaries is Liverpool (more than half of all areas within the city are within this category) whereas the highest absolute numbers are found in Birmingham (250 areas) (ibid.).

The distribution of social exclusion is, thus, strongly biased towards urban districts in the Northern and Central regions (plus a significant concentration in Inner London). Danny Dorling – using measures of life expectancy, education, worklessness, poverty, and average house prices – has constructed a series of football style 'league tables' of English cities (Dorling 2006). He notes a tendency for Southern cities to dominate the upper divisions (he identifies Cambridge as the most prosperous city in England), Northern cities to be concentrated in the lower divisions, and Liverpool, 'in a league of its own' as England's most disadvantaged city. Dorling notes a remarkable consistency in historic patterns of poverty and inequality in England. In 2011, the richest one per cent of the population accounted for some 18% of income (Dorling 2012). This represents a return to levels of inequality experienced a century beforehand; in 1978, at the end of the post war Keynesian consensus, the proportion was only four per cent (ibid.). Moreover, the geography of poverty and inequality remains highly entrenched. Dorling (2010) notes that the map of poverty in England of 1890 is more closely correlated to current mortality rates than that of 1990! Indeed, in 1845, Friedrich Engels identified the northern town of Salford and Oldham as having the highest levels of premature mortality in England. This remains the case more than a century later (ibid.)!

The persistence of 'poverty in the midst of plenty' (Dorling 2012) has manifested itself, periodically, in the form of urban unrest. The best known sequence of riots began in St Pauls (Bristol) in the summer of 1980, followed by further serious disturbances in Brixton (London) and Toxteth (Liverpool) a year later, Handsworth (Birmingham) in 1985, Bradford, Oldham, and Burnley in 2001, and, most recently, nationwide in 2011. These events represent an expression of multiple problems: the paucity of economic opportunity in inner city Britain; the socio-economic marginalisation of disadvantaged urban communities; tension between local youth (often, but not always, of minority ethnic origin) and the Police; and identity and citizenship in a multi-cultural society (Rex 1982, Peach 1986, Amin 2003, Hussein and Bagguley 2005, Benyon 2012).

There is little doubt that urban unrest, especially that of the early 1980s, proved crucial in stimulating a policy response from government. The seminal report by senior judge Lord Scarman (1981) on the Brixton riots advocated a concerted societal effort to overcome racial disadvantage and inner city decline. In articulating a rationale for the regeneration policy of the Thatcher administration, following the disturbances in Toxteth, Environment Secretary Michael Heseltine argued '*IT TOOK A RIOT: No sentiment was more frequently expressed to me during my time in Merseyside. There is no escaping the uncomfortable implications*' (DoE 1981, original emphasis). Peter John (2006) explores the relationship between urban unrest, public debate, media coverage and government policy response during the period 1996/7 to 2002/3. He concludes that a 'positive and statistically significant relationship' exists between media coverage of the 1981 riots (uniquely) and the increased government resources devoted to urban regeneration from that date, with other variables (e.g. unemployment rates, public opinion, partisan control, elections) of only secondary importance. In this context, the most recent unrest of summer 2011 stands in stark contrast. The causes of the events were familiar: problematic relations with the Police, deprivation, and lack of opportunity (The Guardian / LSE 2012). However, in contrast to the 1980s, there was no formal public enquiry into the troubles and a government response that emphasised moral decline, welfare reform and penal sanctions, rather than the need for urban regeneration (Benyon 2012).

3 A brief history of English urban policy

The origins of urban policy in England are found in the 1960s. Two factors are important. First, the so-called 'rediscovery of poverty' by scholars such as Peter Townsend (1965) was crucial. Deprivation experienced by urban households was studied extensively during the Victorian period, most famously by Charles Booth (1889) and Seebohm Rowntree (1902). The combination of mid-twentieth century prosperity and the Keynesian welfare state had engendered a complacent belief that the urban poverty observed and documented in previous eras had been eradicated. Second, there was concern that racial tension witnessed in the United States could be replicated in England. This was brought to the fore by the inflammatory but highly influential 'rivers of blood' speech given by Conservative politician Enoch Powell in Birmingham in 1968. Powell predicted racial violence on the streets of England. Quoting Virgil's *Aeneid*, he argued '*As I look ahead, I am filled with foreboding. Like the Roman, I seem to see 'the River Tiber foaming with much blood'. That tragic and intractable phenomenon which we watch with horror on the other side of the Atlantic, but which there is interwoven with the history and existence of the United States itself, is coming upon us here by our own volition and our own neglect'*. The Labour government responded by introducing the 'traditional' Urban Programme. This was premised on the belief that the problems of deprived urban neighbourhoods could be attributed to the socio-economic deficiencies of residents; a 'social pathology' interpretation. The Urban Programme was managed by the Home Office; the ministry responsible for law and order and race relations. It funded small local projects to improve education outcomes and employability.

In 1977, the Labour Government published the White Paper *Policy for the Inner Cities*, which reinterpreted the urban problem as a consequence of structural economic change; deindustrialisation and its impact on urban labour and property markets. This proved to be a watershed in introducing the central narrative of *market failure* that has endured almost to the present. Following a resolutely Keynesian logic, the White Paper argued that private sector disinvestment in urban areas must be countered by enhanced public sector intervention. The Inner Urban Areas Act (1978) introduced the revised Urban Programme. This was based on a partnership approach focused on actors drawn exclusively from the public sector. In selected areas, central government and local authority officials would develop a multi-thematic plan to stimulate economic development and improve public service delivery. Reflecting the shift in the interpretation of the urban problem – from one based on fear of potential social disorder to a more progressive perspective of spatially concentrated multiple deprivation – the new Urban Programme would be managed by the Department for the Environment; the ministry responsible for planning, housing and local government.

The Conservative government of Margaret Thatcher, elected in 1979, rejected the Keynesian ideology of demand management, full employment, and a universal welfare state. Thatcher's objective was to cultivate an 'enterprise culture' by reducing the role of the state to maintaining the conditions for the market to operate efficiently (Hall and Jacques 1983; Gamble 1994). This has been characterised as 'roll back' neo-liberalism; the pursuit of the minimalist state (Peck and Tickell 2002). The Thatcherite approach to urban policy was premised on this basic ideological disposition rather than a rigorous appraisal of the urban problem. Market failure would be overcome by removing the political, fiscal and regulatory obstacles to development. This was a 'pure place' strategy that sought to improve the economic and physical vitality of target areas without axiomatically providing benefits for the resident population (Butler 1991). Its key themes were the creation of profitable investment opportunities for the private sector through property-led regeneration, the primacy of wealth creation over redistribution, and the by-passing of elected local authorities and communities. However, notwithstanding the neo-liberal rhetoric of the Thatcher government, the strategy was very reliant on public sector subsidy in the form of gap financing, tax breaks, land decontamination, site assembly and infrastructure provision (Deakin and Edwards 1993). These principles were embodied in programmes such as the Urban Development Corporations (business led government sponsored agencies charged with the physical renewal of derelict urban areas, most notably London Docklands; Imrie and Thomas 1999) and Enterprise Zones (areas in which exemption from selected taxes and planning regulations were hoped to generate new economic activity; Jones 2006). The Thatcher government also invested in the (physical) renewal of social housing estates through the Estate Action programme (Pinto 1993).

The various regeneration programmes implemented by the Thatcher government and packaged, after the 1987 election, under the banner of 'Action for Cities' were the subject of a landmark evaluation. The report *Assessing the Impact of Urban Policy* (Robson et al. 1994) represents the first comprehensive discussion of evaluation procedure in the English context. Robson and colleagues discuss a number of methodological issues: the difficulty of assessing what might have happened in the absence of intervention; the fact that outcomes may be the result of numerous policies rather than the specific one under consideration; the very different local contexts in which regeneration takes place and the changes in these over time; boundary and 'spillover' effects; the changing mix of programmes in operation (ibid.). The study distills the various program objectives into two main goals: improving employment opportunities and enhancing residential attractiveness. It seeks to identify patters of association between policy inputs and outcomes in these two domains and to interpret these in dialogue with regeneration stakeholders. In so doing, it concludes that urban regeneration programs met with only modest success and that this was highly unevenly distributed with better outcomes in small towns and peripheral communities, rather than the urban core (ibid.).

In 1990, Margaret Thatcher was deposed as Prime Minister. The new administration, headed by John Major, adopted a pragmatic approach to the now manifest shortcomings of the ideologically driven, market oriented Thatcherite regeneration policy of the 1980s. These were: fragmentation (the Thatcher government introduced a confusing 'patchwork quilt' of initiatives); the narrow focus on property development (which had physically renewed many areas but had done very little to remedy underlying socio-economic problems); and, the politically exclusive approach to urban policy making (in which business leaders and state officials worked together to circumvent elected local authorities and communities). This did not imply a diminution of the neo-liberal ethos of Thatcherism in principle. Indeed, market led economic development remained the primary objective. Rather, there was a subtle shift towards a 'place based, people' approach in which improving the economic well-being of residents was a priority (Butler 1991). Major cultivated an approach to urban policy known as 'challenge funding', the key features of which were: a competitive resource allocation model; a partnership based and participative decision making process; targeting of resources on tightly defined neighbourhoods; a multi-faceted approach that addressed economic and social problems; time limits; and, rigorous quantitative evaluation. These principles were embodied in programmes such as City Challenge (Davoudi and Healey 1995; Oatley 1995) in which local partnerships in selected areas were invited to bid for government support and the Single Regeneration Budget (Rhodes et al. 2003, 2005) which extended the principles of challenge funding nationwide (Oatley 1998; Hall and Mawson 1999). The Major administration, despite the divisive and unpopular competitive resource allocation process deployed, developed a more inclusive partnership-based approach to urban policy (Edwards 1995, 1997) that, in many respects (e.g. multi-sector local partnerships, community involvement), established a basic framework for urban policy that endured until almost the present.

The (self-proclaimed) 'New Labour' government of Tony Blair, elected in 1997, represents one of the best known attempts by centre-left Western governments to modernise social democratic politics in response to globalisation and the knowledge economy; a project sometimes referred to as the 'Third Way' (Giddens 2000).

Blair sought to reconcile the neo-liberal ideal of individual choice in the market with the social democratic preoccupation with social justice. This constituted a 'Third Way' in seeking to establish a politics distinctive from pure neo-liberalism (with its antipathy towards public investment and collective action) and traditional socialism, with its high taxes, regulation and domination by producer interests (Blair 1998).

The Blair government continued its Conservative predecessors' pursuit of economic competitiveness through a macro-economic policy built on supply-side reform. Its strategy has been characterised as 'roll out' neo-liberalism in which market supportive forms of governance are developed, in contrast to the Conservative's 'roll back' vision in which a minimum state is sought as an ideological prerogative (Peck and Tickell 2002). Thus, a 'light touch' approach to business regulation prevailed. In 2003, eminent business scholar Michael Porter argued – despite the protestations of business organisations to the contrary – that Britain had the lowest rate of product and market regulation of all OECD countries.

The Blair government is further differentiated from its Conservative predecessors in its pre-occupation with social inclusion and investment in public services. This is reflected, most dramatically, in a massive increase in tax financed public expenditure and investment. Total government expenditure increased, in real terms, by more than 40% between 1997 and 2008, with well above average increases in education and health (HM Treasury 2008). This does not imply a return to traditional Keynesian policy. Indeed, the key difference between new and old Labour was Blair's rejection of demand management and redistributive fiscal policy and its substitution with a strategy of integrating disadvantaged individuals and households into the mainstream economy through supply-side interventions including improving skills and knowledge, building links between the workless and work plus seeking to ensure that 'work pays' through tax reform. The Keynesian ideal of full employment was, thus, substituted by a strategy of full employability.

The Blairite approach to urban policy was informed by Third Way principles. The rejection of demand management required an emphasis on endogenous development rather than national, redistributive intervention; regeneration would be underwritten by government investment but, ultimately, would come from within. The defining features of the Blairite approach were: an attempt to counter market failure through intensive supply side intervention in multiple domains (e.g. vocational training, provision of affordable workspace, supplementary support for school pupils and parents, debt advice and benefit take-up schemes, measures to counter alcohol and drug dependency, incentives for healthy eating and exercise, neighbourhood watch projects, and improved housing and neighbourhood management); devolution of responsibility for enhancing economic competitiveness and social inclusion to local level, but evaluated according to strict national criteria; the pursuit of synergy through multi-sector partnership working (including the Police, National Health Service, other key statutory agencies, business organisations and voluntary and community associations); and, abundant (indeed unprecedented, according to Leunig and Swaffield 2008) public investment linked to a highly technocratic management and evaluation framework emphasising evidence based action and value for money.

New Labour's approach to urban problems was an aggregate of separately conceived and implemented programmes. There was no identifiable overall 'vision'. The so-called 'urban renaissance' agenda, informed by the work of Lord Rogers' Urban Task Force, was associated with the discourse about and response to problems of counter-urbanisation and household growth rather than urban poverty per se. It sought to promote a competitive urban economy, drawing on such influence as Michael Porter's (1990) cluster ideal and Richard Florida's (2005) 'creative class' concept. It also sought to promote a liveable urban environment, influenced by the (apparent) mixed, high density urban living of continental Europe (Colomb 2007). The National Strategy for Neighbourhood Renewal was Labour's principal programme to address the problem of social exclusion at local level and sought to achieve 'strategic transformation' in employment, housing, education, crime and health through new area-based initiatives (e.g. New Deal for Communities, a multi-thematic regeneration programme and Sure Start, a programme designed to assist children under the age of five years) but, more fundamentally, through mainstream agencies and programmes (e.g. the National Health Service) which had not been exploited fully (Hall 2003). The Sustainable Communities Plan, specifically the Housing Market Renewal Pathfinder programme introduced by it, was designed to tackle problems of low housing demand and abandonment in certain neighbourhoods of the Midlands and North through the demolition and refurbishment of housing deemed obsolete and the creation of mixed tenure sustainable communities (Hall and Hickman 2004). The concept of 'sustainable communities' had replaced urban renaissance as the dominant urban narrative by the 2010 election.

The substantial evidence base generated by the New Deal for Communities national evaluation provides a series of important insights into the outcomes of this unprecedented public investment in urban regeneration (Lawless 2011, 2012; Lawless and Beatty 2013). The study established a set of 36 key 'quality of life' indicators against which progress may be assessed. These are divided into three 'people' based (education, health, work) and three 'place' based (crime, community, housing and physical environment) clusters, and include quantitative data and qualitative data gained from a bi-annual survey of residents in all NDC areas. The final national evaluation demonstrates that, of the 36 key variables, 32 show positive (although not always statistically significant) improvement. The biggest positive change has been achieved for 'attitudinal' and 'place' related indicators; e.g. public perception of improvement, fear of crime, satisfaction with area. Conversely, NDC had not brought about significant positive change in respect of 'people' based variables (e.g. employment rates, health outcomes). Moreover, the rate of change in NDC areas was little different to the rate of change recorded for the same variables elsewhere in England. The evaluation concluded by identifying a number of fundamental problems for NDC. First, the programme had been too ambitious in respect of affording a leading role to community representatives. Second, 'people' focused improvements had proved elusive because NDC areas were characterised by a high level of demographic change especially population turnover. Third, NDC exists within a rapidly changing environment for local governance in which new – and more important – government agendas are implemented on a never ending basis.

The three successive election victories of New Labour prompted an identity crisis within the Conservative Party. Their initial response was to consolidate the right-of-centre agenda but this did little to appeal to the wider constituency required to secure electoral success. In 2005, reformist David Cameron was elected party leader. His challenge prior to the 2010 election was to 'detoxify' the unpopular Conservative brand (Blond 2010). This entailed a move to the centre; a transition that met with much opposition from within the party, especially from the residual Thatcherite right. Cameron's brand of Conservatism (underpinned by a narrative of 'Broken Britain' that emphasised the problems of worklessness, family breakdown, addiction, educational failure and indebtedness, and the crucial role of third sector action in addressing these) would demarcate his party from that of Margaret Thatcher (Cameron 2009). Cameron's Conservatism differs from New Labour in respect of the means deployed. The narrative of the 'post bureaucratic age' is crucial here. The Conservatives argue that the Third Way was predicated on a Fabian tradition of 'command and control' style government, creating an over-bureaucratic, over-centralised state that undermined social and personal responsibility. The alternative to this 'big government' model would be the 'Big Society'. This implies, not a simple retrenchment of the public sector, but a re-focusing of its activities to facilitate social renewal (ibid.). Cameron's Conservatism, thus, places great emphasis on devolution; from central to local government, and, from the public to third sector.

The Conservative Party failed to win a parliamentary majority in 2010 and was obliged to form a Coalition government with the (traditionally centre-left) Liberal Democrats. However, given the fiscal crisis inherited by the new government and the imperative to reduce the government budget deficit (equivalent to 11% of Gross Domestic Product in 2010), the narrative of progressive reform has been displaced by a renewed emphasis on 'roll back' neo-liberalism. Indeed, it has been argued that the fiscal crisis has presented as an opportunity for the emergence of a newly invigorated, ideologically driven form of neo-liberal austerity (Taylor Gooby and Stoker 2011; Kitson et al. 2011; Meegan et al. 2013).

The Conservatives did not publish detailed proposals for urban policy prior to the 2010 election. However, the influential pro-Cameron think tank Policy Exchange published a report *Cities Unlimited* in 2008. This concluded that previous generations of regeneration policy had failed to reduce disparities between and within English cities. It recommended that a future Conservative government accept the inevitable logic of market-led restructuring and concentrate growth in the South through the expansion of London. Residual regeneration programmes would remain in the Midlands and North but only as a palliative measure. The report and, especially, the implied acceptance of differential regional trajectories of growth and decline were (in public, at least) rejected by the party leadership. However, these themes have been continued by commentators writing in the neo-liberal tradition. For example, Overmans (2011) argues that – while area regeneration has provided important in the provision of public goods such as social housing and community infrastructure – policy would be best oriented to improving the mobility of people living in deprived neighbourhoods (e.g. by enhancing skills) and increased supply of affordable housing (through deregulation of planning) in affluent areas (ibid.).

An embryonic future Conservative urban policy might be informed by the twin themes of localism and voluntary and community activism. The Tory Party has expressed a particularly strong antipathy towards the (unelected) apparatus of regional governance established by New Labour. Thus, the housing, planning and regeneration powers of the Regional Development Agencies would be redistributed to elected municipal authorities. The Conservatives have also – consistent with the 'Broken Britain' and 'Big Society' meta-narratives – rejected a physical determinist approach to regeneration and have strongly advocated an expanded role for the third sector through the creation of partnerships with residential communities:

'Instead of regeneration flowing down through a series of complex qangos and layers of impenetrable bureaucracy, we will encourage power to be exercised at the very lowest levels of local government by which I mean Parish, Ward, but also street level in order to force faster changes directed by the very people it will most affect'. Nevertheless, in government, the Conservatives and Liberal Democrats have presided over the effective cessation of urban regeneration as a form of public policy. Legacy programmes have been allowed to expire without replacement or, in the case of Housing Market Renewal, simply terminated. Total government expenditure on regeneration was reduced by some two-thirds within the financial year 2011/2012. For the first time since the 1960s, there is no national framework of area based regeneration initiatives and supporting financial and institutional resources in the cities of England (House of Commons 2011). Indeed, it can be argued that the Coalition government has rejected a role for itself in respect of the monitoring and elimination of poverty and social exclusion (Crowley et al. 2012; Lupton and Fitzgerald 2015).

In 2011, the government published a paper *Regeneration to enable Growth: What the government is doing to support community-led regeneration* (CLG 2011) which it describes as a 'tool box' for regeneration. However, the document presents no analysis of the urban problem or the accumulated learning of four decades of regeneration policy and practice; inherited programmes are simply dismissed as 'unsustainable' and 'unaffordable'. The paper lists a series of government sponsored 'regeneration' measures: targeted infrastructure investment (e.g. Crossrail, Thames Gateway); incentives for growth (e.g. Regional Growth Fund to stimulate private sector employment growth, New Housing Bonus to encourage increased house building, and 1980s style Enterprise Zones); deregulation of the planning system; and, encouragement of grass roots community activity through neighbourhood planning and the Big Society (Pugalis and McGuiness 2013).

The policies introduced by the Coalition government may indeed stimulate economic growth and, thus, have a regenerative effective. However, they do not constitute examples of regeneration policy as understood in the past four decades. In particular, the long standing narrative of market failure has been lost. *Regeneration to enable Growth* has the potential to stimulate economic development in areas of market opportunity but does little to address the physical, economic and social malaise of the most deprived urban neighbourhoods (House of Commons 2011). In effect, the Coalition government are pursuing the market led logic of concentrating growth in London and the South East, advocated by *Cities Unlimited*, but without the counter-balancing regeneration measures in the Midlands and North. Indeed, the Coalition 'agenda' for regeneration may be defined in terms of a 'winner takes all' or opportunity rather than needs based approach (Crowley et al. 2012; Lupton and Fitzgerald 2015).

The reductions in regeneration expenditure outlined above form part of a package of austerity measures implemented to reduce the public sector deficit accumulated during the 2008 banking crisis and subsequent recession or, perhaps even, a broader ideological project designed to further reduce the scope of the state facilitated by these crises. It is important, therefore, to consider the impact of the new regime of austerity – especially cuts in mainstream public expenditure – on disadvantaged urban communities. Initial research suggests that this impact will be highly regressive.

Hastings et al. (2012) consider the effect of reductions in local government expenditure on disadvantaged communities. They estimate that the government's 2010 Comprehensive Spending Review, which sets out the broad framework of public expenditure for the first four years of the new Parliament, provides for a reduction in government grant support to local authorities of some 40% in real terms (i.e. discounting for the effects of inflation) for the years 2010/1 to 2014/5. This equates to a reduction in municipal 'spending power' (including locally sourced tax income) of some 25% in real terms over the same period. Hastings and colleagues argue that the geographical effect of these cuts will be uneven, with the most adverse effect being felt in urban disadvantaged communities and only a modest impact in more affluent areas (ibid.). For example, in the first year of austerity (the cuts are 'front loaded') the city of Liverpool is projected to experience a reduction in municipal spending power of 11.3%, compared to a mere 0.6% in the affluent London suburb of Richmond upon Thames (ibid.). In short, the most deprived localities, those that are most dependent on central government grant support stand to lost the most in absolute terms (ibid.).

Beatty and Fothergill (2014) explore the spatial impact of the government's welfare reform agenda. The Coalition government, they argue, have sought to restrict the eligibility of people applying for state benefits, on the one hand, and the value of benefit payments, on the other (ibid.). The geographical impact is uneven because of the differential rates of benefit claims across different localities. They estimate that the government's Welfare Reform Act 2012 seeks to reduce overall spending on state benefits (e.g. on support for income, housing, children, people with disabilities) by some £19 billion per annum; the equivalent of an average reduction in payments of £470 per adult of working age (ibid.) in the UK. Beatty and Fothergill (2014) argue that three types of locality are vulnerable to intense cuts: old industrial areas, coastal towns and inner London Boroughs. For example, Blackpool, a coastal town in North West England, is projected to experience an average reduction of £910 per adult of working age due to its exposure to reductions in housing benefit payments (Blackpool has an atypically large private rented housing stock) and incapacity benefits (long term sickness benefits). Old (mostly urban) industrial areas are also vulnerable to the latter due to long term sickness representing the most common labour market response to deindustrialisation in these areas (ibid.). The areas most affected (e.g. Blackpool) experience a reduction twice that of the national average whereas those least affected (e.g. Hart, Cambridge, Wokingham) all in the affluent south and east of England, experience a reduction half that of the national average. In short, Beatty and Fothergill argue that there exists a 'clear and unambiguous' relationship between the level of cuts and levels of disadvantaged expressed in the Index of Multiple Deprivation (ibid.).

4 Conclusions

There are many parallels between the debates on urban policy in England and elsewhere in Europe: the imperative to respond to urban unrest; the perceived failure of past generations of urban policy and the elusive goal of social inclusion; the promotion of partnership working and public participation; the adaptation of urban economies to competition from within Europe and beyond; the restructuring of urban neighbourhoods to create 'mixed' communities and the problems that this creates (e.g. gentrification). The issues of immigration, diversity and cohesion are also a common concern (albeit expressed in very different forms). However, there are also fundamental differences. It is important to reject the idea of a simple opposition between a neo-liberal England and a 'European social model'. Despite the recurring background narrative of 'light touch' business regulation and 'flexible' labour markets, urban policy in England has, typically (and sometimes paradoxically), been underwritten by substantial tax financed public expenditure and investment. Nevertheless, in contrast to continental Europe, where there has existed an enduring political consensus on the desirability of strong state intervention to secure social objectives, in England there have been crucial ideological differences in respect of the relative importance afforded to public intervention and market deregulation. Indeed, the most recent application of market logic by the Coalition government has undermined the very existence of urban policy as understood in the past half century. The urban question and regeneration has largely disappeared from the discourse of public policy. To the extent that it exists at all, it is expressed in terms of an opposition between social democratic perspectives that argue in favour of a return of area based strategy, albeit with more modest expectations (Crowley et al. 2012; Lupton and Fitzgerald 2015) and neo-liberal commentators who reject these arguments in favour of facilitating enhanced geographic mobility (Leuning and Swaffield 2008; Overman 2011).

References

Allinson, J. (2005). 'Exodus or Renaissance? Metropolitan migration in the late 1990s'. *Town Planning Review 76* (2), 167-190.

Amin, A. (2003). Unruly strangers? The 2001 urban riots in Britain. *International Journal of Urban and Regional Research 27* (2), 460-463.

Beatty, C., & Fothergill, S. (2013). *Hitting the Poor Places Hardest: The local and regional impact of welfare reform*. Sheffield: CRESR.

Blair, T. (1998). *The Third Way: A new politics for a new century*. London: Fabian Society.

Blond, P. (2010). *Red Tory: How the left and right have broken Britain and how we can fix it*. London: Faber and Faber.

Booth, C (1889, reprinted 2012). *The life and labour of people in London*. London: Forgotten Books.

Buck, N., Gordon, I., Hall, P., Harloe, M., & Kleinmann, M. (2002). *Working Capital – life and labour in contemporary London*. London: Routledge.

Butler, S. (1991). The Conceptual Evolution of Enterprise Zones. In R. Green (ed.), *Enterprise Zones: New directions in economic development* (p. 27-40). Newbury Park: Sage.

Cameron, D. (2009). *Making Progressive Conservatism a Reality*. London: DEMOS.

Champion, T. (ed.). (1989). *Counterurbanisation: The changing pace and nature of population deconcentration*. London: Edwin Arnold.

CLG (2010). *The English Indices of Deprivation 2010*. London: Communities and Local Government.

CLG (2011). *Regeneration to Enable Growth: What the government is doing in support of community led regeneration*. London: Communities and Local Government.

Colomb, C (2007). Unpacking New Labour's Urban Renaissance Agenda: Towards a socially sustainable revitalisation of Britain's cities. *Planning Practice and Research 21* (1), 1-24.

Conservatives (2009). *Control Shift: Returning power to local communities*, Conservative Party. London.

Conservatives (2009). *Grant Shapps: We will regenerate deprived communities and inner cities*, Conservative Party. London.

Crowley, L., Brhmie, B., & Lee, N. (2012). *People or Place? Urban policy in an age of austerity*. London: Work Foundation.

Davoudi, S., & Healey, P. (1995). City Challenge: Sustainable process or temporary gesture? *Environment and Planning C* 13, 79-95.

Deakin, N., & Edwards, J. (1993). *The Enterprise Culture and the Inner City*. London: Routledge.

Deas, I., Robson, B., Wong, C., & Bradford, M. (2003). Measuring Neighbourhood Deprivation: A critique of the Index of Multiple Deprivation. *Environment and Planning C 21*, 883-903.

DETR (2000). *Our Towns and Cities the Future – Delivering an urban renaissance*. London, Department for the Environment, Transport and the Regions.

Dorling, D. (2006). Inequalities in Britain 1997 to 2006: The dream that turned pear shaped. *Local Economy 21* (4), 353-362.

Edwards, J. (1995). Social Policy and the City: A review of recent policy developments and literature. *Urban Studies 32* (4-5), 695-712.

Edwards, J. (1997). Urban Policy: The victory of form over substance? *Urban Studies 34* (5-6), 825-843.
Florida, R. (2005). *Cities and the Creative Class*. London: Routledge.
Fothergill, S., & Gudgin, G. (1982). *Unequal Growth: urban and regional employment change in the UK*. London: Heinemann.
Gamble, A. (1994). *The Free Economy and the Strong State: The politics of Thatcherism*. Basingstoke: MacMillan.
Giddens, A. (2000). *The Third Way and its Critics*. Cambridge: Polity Press.
Hall, S., & Jacques, M. (1983). *The Politics of Thatcherism*. London: Lawrence and Wishart.
Hall, S. (2003). The Third Way Revisited: New Labour, spatial policy and the National Strategy for Neighbourhood Renewal. *Planning Practice and Research 18* (4), 267-277.
Hall, S. (2007). Housing, regeneration and change in the UK: Estate regeneration in Tower Hamlets, East London. In H. Beider (ed.), *Neighbourhood renewal and housing markets: Community engagement in the US and UK*. (p. 249-270). Oxford: Blackwell.
Hall, S., & Hickman, P. (2004). Bulldozing the North and concreting over the South? The UK government's Sustainable Communities Plan. *Geocarrefour 79* (2), 143-153.
Hall, S., & Mawson, J. (1999). *Challenge Funding, Contracts and Area Regeneration*. Bristol: Policy Press.
Hastings, A., Bailey, N., Besemer, K., Bramley, G., Gannon, M., & Watkins, D. (2013). *Coping with the Cuts? Local government and poorer communities*. York: Joseph Rowntree Foundation.
HM Treasury (2008). *Public Expenditure Statistical Analysis 2008*. London: Her Majesty's Treasury.
House of Commons (2003). *ODPM: Housing, Planning, Local Government and the Regions Committee. Reducing Regional Disparities in Prosperity – Ninth report of session 2002-3*. London: House of Commons.
House of Commons (2011). *Communities and Local Government Committee, 6th Report, Regeneration*. London: House of Commons.
Hussein, Y., & Bagguley, P. (2005). Citizenship, Ethnicity and Identity: British Pakistanis after the 2001 'Riots'. *Sociology 39* (3), 407-425.
Imrie, R., & Thomas, H. (eds.). (1999). *British Urban Policy: An evaluation of the Urban Development Corporations*. London: Sage.
John, P. (2006). Explaining Policy Change: The impact of the media, public opinion and political violence on urban budgets in England. *Journal of European Public Policy 13* (7), 1053-1068.
Jones, C. (2006). 'The Verdict on British Enterprise Zone Experiment'. *International Planning Studies 11* (2), 109-123.
Kitson, M., Martin, R., & Tyler, P. (2011). The Geographies of Austerity. *Cambridge Journal of Regions, Economy and Society 4*, 289-302.
Lawless, P. (2011). Understanding the scale and nature of outcome change in area-regeneration programmes: evidence from the New Deal for Communities Programme in England. *Environment and Planning C: Government and Policy 29* (3), 520-532.
Lawless, P. (2012). Can area-based regeneration programmes ever work? Evidence from England's New Deal for Communities Programme. *Policy Studies 33* (4), 318-328.

Lawless, P., & Beatty, C. (2013). Exploring Change in Local Regeneration Areas: Evidence from the New Deal for Communities Programme in England. *Urban Studies 50* (5), 942-958.

Leunig, T., & Swaffield, J. (2008). *Cities Unlimited*. London: Policy Exchange.

Lupton, R., & Fitzgerald, A. (2015). *The Coalition's Record on Area Regeneration and Neighbourhood Renewal 2010-2015*. London: London School of Economics.

Meegan, R., Kennett, P., Jones, G., & Croft, J. (2014). Global Economic Crisis and Neo-liberal Urban Governance in England. *Cambridge Journal of Regions, Economy and Society 7*, 137-153

Noble., M, Wright, G., Smith, G., & Dibbens, C. (2006). Measuring Multiple Deprivation at the Small Area Level. *Environment and Planning A 38*, 169-185.

Oatley, N. (1995). Competitive urban policy and the regeneration game. *Town Planning Review 66* (1), 1-14.

Oatley, N. (ed.). (1998). *Cities, Competition and Urban Policy*. London: Paul Chapmen.

Overman, H. (2011). "Policies to Help People in Declining Places" in Strategies for Underperforming places. London: *London School of Economics*, 21-35.

Peach, C. (1986). A geographical perspective on the 1981 urban riots in England. *Ethnic and Racial Studies 9* (3), 396-411.

Peck, J., & Tickell, A. (2002). Neo-liberalising Space. *Antipode 34* (3), 380-404.

Pinto, R. (1993). *The Estate Action Initiative*. London: Ashgate.

Porter, M. (1990). *The Competitive Advantage of Nations*. New York: Free Press.

Pugalis, L., & McGuiness, D. (2013). From a Framework to a Toolkit: Urban regeneration in an age of austerity. *Journal of Urban Regeneration and Renewal 8* (4), 339-353.

Rex, J. (1982). The 1981 Urban Riots in Britain. *International Journal of Urban and Regional Research 6* (1), 99-113.

Rhodes, J., Tyler, P., & Brennan, A. (2003). New Developments in Area Based Initiatives in England: The experience of the Single Regeneration Budget. *Urban Studies 40* (8), 1399-1426.

Rhodes, J., Tyler, P., & Brennan, A. (2005). Assessing the Effect of Area Based Initiatives on Local Area Outcome: Some thoughts based on the National Evaluation of the Single Regeneration Budget in England. *Urban Studies 42* (11), 1919-1946.

Robson, B., Bradford, M., Deas, I., Hall, E., Harrison, E., Parkinson, M., Evans, R., Garside, P., & Harding, A. (1994). *Assessing the Impact of Urban Policy*. London: HMSO.

Rowntree, S. (1902, reprinted 2012). *Poverty: A study of town life*. London: Rare Books Club.

Scarman, J. (1981). *The Brixton Disorders, 10–12th April 1981*. London: HMSO.

Taylor Gooby, P., & Stoker, G. (2011). The Coalition Programme: A new vision for Britain or politics as usual? *Political Quarterly 82* (1), 4-15.

The Guardian/LSE (2012). *Reading the Riots: Investigating England's summer of disorder*. London: The Guardian / London School of Economics.

Townsend, P., & Abel Smith, B. (1965). *The Poor and the Poorest*. London: Bell.

Die Los Angeles Riots von 1992

Von Postmodernisierungsverlierern und der neuen Bedeutung von ‚Ethnizität'

Olaf Kühne

Zusammenfassung

Die Los Angeles Riots von 1992 sind bis heute Gegenstand wissenschaftlicher Befassung, aber auch politischer Auseinandersetzungen. Herrscht über das auslösende Ereignis – die Misshandlung des jungen Schwarzen Rodney King durch Polizisten – weitgehende Einigkeit, sind die Gründe und mehr noch die aus den Ereignissen zu ziehenden Konsequenzen Gegenstand heftiger Auseinandersetzungen. Ist für die einen eine ‚übertriebene staatliche Fürsorgepolitik', die keine Eigeninitiative mehr zulasse (und die entsprechend bekämpft werden müsse), Grund für die Ausschreitungen, gelten für andere systematische Chancenungleichheiten als Grund (die entsprechend mit staatlicher Hilfe hergestellt werden müsse). Die Differenziertheit der den Riots vorausgehenden Ereignissen und die teils schwelenden, teils offenen ‚ethnischen' Konflikte in South Central Los Angeles blieben allerdings sowohl bei der medialen Beichterstattung als auch in der politischen Diskussion weitgehend unreflektiert. Diese Konflikte persistieren allerdings bis heute – insbesondere in Bezug auf die zunehmende Konkurrenz schwarzer Bevölkerung durch hispanische Bevölkerungsteile um Wohnraum und Arbeitsplätze.

1 Einleitung

Als nach einer Verfolgungsjagd durch Los Angeles der junge Schwarze Rodney King kurz nach Mitternacht des 3. März 1992 von Polizisten misshandelt wurde, konnte noch kaum jemand ahnen, dass dies der Auslöser von Unruhen würde, die bis heute Auswirkungen auf das Zusammenleben in Los Angeles haben würden (zu Unruhen in Frankreich siehe Mucchielli, Tijé-Dra sowie Weber in diesem Band). Als die Polizeibeamten trotz evidenter Beweise für die unangemessene Brutalität ihres Eingreifens – ein Unbeteiligter hatte den Vorfall mit seiner Videokamera gefilmt – von einem Gericht im vorwiegend von Weißen bewohnten suburbanen Simi Valley frei gesprochen wurden, begannen sich die Riots Bahn zu brechen. Diese jedoch einfach als ‚Rassenunruhen' zu deuten, erscheint angesichts der komplexen Verhältnisse im sich rasch restrukturierenden Los Angeles stark simplifizierend (Morrison und Lowry 1994). Los Angeles „ist das Terrain und das Thema erbitterter ideologischer Kämpfe" (Davis 2004, S. 42) aus einer Mischung von Postmodernekritik, Kulturpessimismus, Kapitalismuskritik, Typenbildungskritik und vielerlei mehr. Einerseits wird Los Angeles als der „dystypische Albtraum einer ‚Höllenstadt' von gigantischen Ausmaßen" (Soja und Scott 2006, S. 283), und andererseits als die „Verwirklichung einer Art urbaner Utopie und des amerikanischen Traums" (Soja und Scott 2006, S. 283) verstanden. Mit den Riots von 1992 wurde die letzte Position wirkmächtig in Frage gestellt. Zwar gab es in der Nachkriegszeit in den Vereinigten Staaten mehrere Unruhen (wie zum Beispiel in Watts/Los Angeles 1965; Detroit 1967; Newark 1967), doch übertrafen die Ausschreitungen in Los Angeles im Jahr 1992 diese in Heftigkeit und auch Nachwirkungen deutlich. So wurden während der Riots über 50 Menschen getötet, nahezu 2.500 Menschen verletzt, etwa 15.000 verhaftet. Es wurden rund 500 Brände gelegt und etwa 4.000 Geschäfte zerstört beziehungsweise geplündert (Thieme und Laux 1995).

Die Konflikte, die im Kontext der LA Riots kulminierten, wurzeln einerseits in ökonomischer und sozialer Benachteiligung, andererseits in ethnischen Stereotypen, wobei Ethnizität als eine „*Fremdzuschreibung kultureller Identität und Besonderheit*" (Eickelpasch und Rademacher 2004, S. 90; Hervorh. i. O.) verstanden werden kann. Diese wird bis in die Gegenwart von einer diskursiven Formierung einer für sich selbst beanspruchten ‚rassischen' und ‚kulturellen' ‚Normalität' der *White Anglo-Saxon Protestants* (WASPs) gebildet (Haraway 1996). Das Erleben ethnischer Stereotypisierungen erfolgt im Alltagshandeln und auch in der medialen Repräsentation der sozialen Welt (Hunt 1997). Besonderes Ziel der Zuschreibung von ‚Abnormität' wurde in Los Angeles der „Ghetto-Korridor" (Rabinovitz und Siembieda 1977, S. 29) von Downtown L.A. nach Süden in Richtung Long

Beach. Bereits zur Wende der 1960er zu den 1970er Jahren begann Los Angeles, Chicago den „Rang der am stärksten segregierten aller amerikanischen Städte streitig zu machen" (Soja und Scott 1998, S. 10).

Der vorliegende Beitrag stellt die Riots von 1992 in den Kontext gesellschaftlicher Umbrüche, die sich in Los Angeles mit besonderer Intensität vollziehen. Dabei wird ein besonderes Augenmerk auf die Multiethnizität der Konflikte im Süden der Downtown von Los Angeles gelegt.

2 Die LA Riots als Auswirkung fundamentaler gesellschaftlicher Umbrüche

Die Watts Riots von 1965 und mehr noch die LA Riots von 1992 lassen sich – so Soja (1995) – als weit mehr als nur Reaktionen auf die Übergriffe von weißen Polizisten auf Schwarze verstehen. Sie können demnach als Folgen von sozialen Transformationen verstanden werden: Die Riots von Watts können als Produkt und Wendepunkt der exzessiven Modernisierung von Los Angeles begriffen, die LA Riots als Reaktionen auf die rasante Postmodernisierung von Los Angeles gedeutet werden: „Los Angeles war für drei Dekaden seit dem Zweiten Weltkrieg das Zentrum traditioneller Industrieproduktion, aber zehn der zwölf Produktionsanlagen außerhalb der Luftfahrtindustrie schlossen zwischen 1978 und 1982 aufgrund des internationalen Wettbewerbs und steigender Produktionskosten in Südkalifornien" (Cannon 1999, S. 9). Darüber hinaus lassen sich die Riots von Watts und Los Angeles als Geschichte eines alltäglichen Rassismus lesen, der in Los Angeles aber eine besonders intensive Ausprägung erfuhr und bei heute erfährt (vgl. Halle und Rafter 2003). So war Los Angeles bis in die Nachkriegszeit hinein eine „der letzten großen Städte im Westen, die Schwarze als Gäste in Restaurants und Hotels akzeptierte" (Cannon 1999, S. 67). In Los Angeles wurde eine restriktive diskriminierende Wohnungsvergabepraxis verfolgt – selbst nach ihrem Verbot durch das Oberste Gericht im Jahre 1948. Auch die städtische Feuerwehr blieb bis 1955 segregiert. Eine rassistische Gesinnung war bei Polizisten an der Tagesordnung, womit sie den alltäglichen Rassismus in Teilen der Bevölkerung von Los Angeles repräsentierte (Anderson 1998; Cannon 1999). Auf der anderen Seite versuchten sich zahlreiche Schwarze aus den stigmatisierten Stadtteilen und selbstständigen Städten im Süden der Downtown von Los Angeles dem hegemonialen Normen- und Wertesystem der White Anglo-Saxon Protestants angesichts des Teufelskreises geringer Bildungsmöglichkeiten, geringer Berufschancen und einer unzureichenden Gesundheitsversorgung zu entziehen (Abbildung 1). Besonderer Ausdruck dieses Versuchs ist die Gründung von Bünden, die sich den

Durchsetzungsorganen des staatlichen Werte- und Normensystems, insbesondere der Polizei, mit Schusswaffengebrauch widersetzten (vulgo: Banden). Diese Bünde wiederum tragen zur Aktualisierung rassistischer Stereotype bei Polizei und Politik auf den unterschiedlichen Ebenen medialer Berichterstattung bei (Cannon 1999; vgl. auch Soja und Scott 1998).

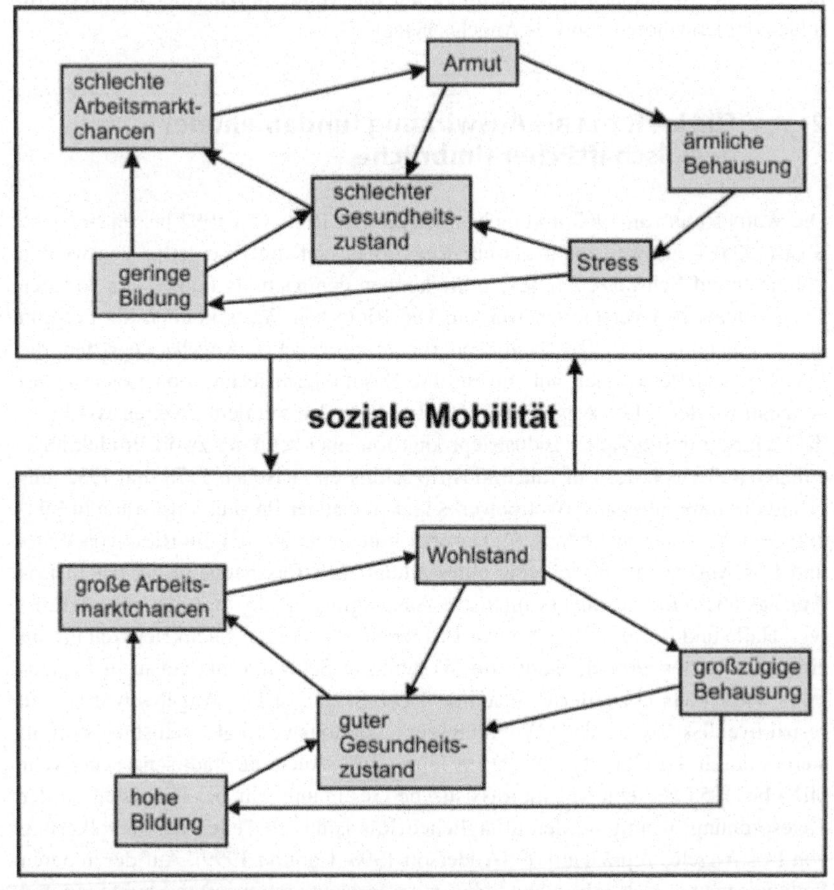

Abbildung 1 Rückkopplungsmechanismen sozialer Milieus in den Vereinigten Staaten als Hemmung für soziale Mobilität.

Quelle: Eigene Darstellung nach Johnston 1982.

3 Medien und Riots – komplexe Verhältnisse

Rodney King symbolisiert für einen großen Teil der afro-amerikanischen Bevölkerung den Rassismus der Ordnungsbehörden. Für das weiße Kleinbürgertum wurde Reginald Denny zum Symbol willkürlich ausbrechender schwarzer Gewalt. Der weiße Lastwagenfahrer wurde – infolge der Unkenntnis der Lage in *South Central*, da sein Lastwagen über kein Radio verfügte – am 29. April 1992 an der Ecke Florence/Normandie Street von Schwarzen aus dem Führerhaus gezerrt und misshandelt (Cannon 1999; Davis 2004). Beide Fälle erzielten ihre Wirkmächtigkeit – unabhängig von der individuellen Grausamkeit – durch ihre filmische Dokumentation (von beiden Ereignissen wurden Videos produziert, die weltweit im Fernsehen gesendet wurden), wodurch sie für eine massenmediale Inszenierung tauglich, zu Simulacren der stereotypen Anschuldigung des Anderen wurden (Cannon 1999, S. xix): „Weil King schwarz ist und die Polizisten weiß sind und weil Denny weiß ist und seine Angreifer schwarz, wurden diese beiden Videofilme eine wirkmächtige Botschaft von Rassismus und Brutalität".

Entsprechend der Logik der Massenmedien, aktuelle Ereignisse vor dem Hintergrund stereotyper Deutungsmuster des Publikums zu inszenieren (vgl. Luhmann 1996), war die telemediale Inszenierung der LA Riots (oder auch Rodney King-Riots) von 1992 auf Plünderungen, ‚das Wüten der Schwarzen' und auf die rivalisierenden Gangs der ‚Crips' und der ‚Bloods' südlich von Downtown von Los Angeles zentriert (siehe Hunt 1997). Diese Art der Berichterstattung findet in den Vereinigten Staaten eine besonders intensive Ausprägung, wie Mack (2014, S. 299f.) pointiert: „Es handelt sich um ein Bombardement mit ‚Faktoiden', wie Norman Mailer sie einmal genannt hat, fabrizierte Wahrheiten, die nur dazu dienen, die Vorurteile des durchschnittlichen Fernsehkonsumenten aufrechtzuerhalten, zu verstärken und sie immer wieder mit neuen interessanten Geschichten auszuschmücken". Entsprechend dieser Logik wurden weder die „schikanöse Massenverhaftung (‚Operation Hammer')" (Davis 2004, S. 417; ähnl. Davis 2002; Cannon 1999) der Polizei von Los Angeles oder die von Stereotypen geleiteten Urteile der Justiz reflektiert (Waldinger und Bozorgmehr 1996). Auch rekurrierte die telemediale Berichterstattung nicht auf die geringen Lebenschancen der Bewohner der entsprechenden Stadtteile (Halle und Rafter 2003). Die Bedeutung der Massenmedien beschränkte sich hinsichtlich ihrer Berichterstattung nicht auf die Aktualisierung von Stereotypen. Die mediale Repräsentation der Riots befand sich in einem direkten Rückkopplungsverhältnis mit diesen: Einerseits eröffnete die (vielfach helikopterbasierte) Life-Berichterstattung den Plünderern eine Orientierungshilfe zur Ermittlung aktuell verfügbarer Beschaffungspotenziale mit geringem Präsenzrisiko von Ordnungskräften. Andererseits eröffnete die Art der Berichterstattung den Plünderern die Deutung, es handele sich bei ihrem Handeln nicht um Diebstahl, sondern eher um die Teilnahme an einer riesigen Life-Gameshow (vgl. Davis 2004).

Die Heterotopie[1] (Foucault 1990 und 2005) *South Central* Los Angeles wurde infolge der medialen Inszenierung zum ästhetischen Symbol der Angst vor dem Anderen. Das Andere war in diesem Kontext das Schwarze, die Innenstadt und die Unordnung. Durch die Semipermeabilität (das heißt, es dringen – so gewünscht – Informationen in den privaten Raum ein, ohne dass diese nach außen transportiert würden) des heimischen Fernsehers gesteuert, wurden ethnische, soziale und räumliche Stereotypen aktualisiert und verfestigt (vgl. Hayden 1997). Die telemediale Darstellung von ‚ethnischer Gewalt' greift dabei auf das Muster der Ästhetik der dynamischen Erhabenheit zurück: Unmittelbare Angst wird gebändigt durch die räumliche Distanz und den Schutz des telemedialen Auges und Ohrs zur Welt (Kühne 2012). Dem suburbanen Fernsehkonsumenten blieb neben einem voyeuristischen ‚wohligen Ekel' das trügerische Bewusstsein eigener (scheinbarer) moralischer Überlegenheit. Diese soziale Distanz wiederum zeitigt Auswirkungen für die Konstruktion von *South Central*, im Folgenden am Beispiel Watts (Fine 2000, S. 144): „Für Weiße, die die Machtelite der Stadt repräsentieren – Politiker, Gewerkschaftsspitzen, Regierungsvertreter – ist Watts eine Terra Incognita, eine abgesonderte Stadt, eine schwarze Stadt in einer weißen Stadt, unbekannt und unverständlich für sie". So wird *South Central* als „Hyperghetto[,] zum ‚Un-Ort' [konstruiert], indem seine Bewohner als Parasiten und Raubtiere stilisiert werden" (Amos 2007, S. 250).

4 Die Multiethnizität der Armutskonflikte im Süden der Downtown: die Konfliktlinien zwischen schwarzen und hispanischen sowie schwarzen und koreanischstämmigen Bevölkerungsteilen

Die dominante Deutung der Riots in der telemedialen Berichterstattung war die eines ‚Wütens' der schwarzen Unterschicht in *South Central* (Hunt 1997). Der zunehmenden Multiethnizität des Konfliktes, wie die Expansion des hispanischen Barrios in ehemals weitgehend von Schwarzen bewohnte Gebiete, wurde medial

1 Foucault (2005, S. 19f.) nennt Räume Heterotopien, die „eine Illusion schaffen, welche die gesamte übrige Realität als Illusion entlarvt oder indem sie ganz real einen anderen realen Raum schaffen, der im Gegensatz zur wirren Unordnung unseres Raumes eine vollkommene Ordnung aufweist".

wenig Bedeutung beigemessen (Grant et al. 1996). Die Multiethnizität des Konfliktes wird auch hinsichtlich der ethnischen Zuordnung der 12.000 im Zusammenhang mit den Riots festgenommenen Personen deutlich: 41 Prozent waren Schwarze, 45 Prozent Latinos und 12 Prozent Weiße (Bierling 2006; siehe auch Bobo et al. 1994; Morrison und Lowry 1994). Bei weitgehend gleich geringen Einkommen der schwarzen und lateinamerikanischen Bevölkerung lassen sich wesentliche Unterschiede zwischen Lateinamerikanern und Schwarzen bei einem Blick auf soziale Bezüge ausmachen: Die Einwanderung von Lateinamerikanern erfolgte zumeist erst spät, im 20. Jahrhundert, verstärkt in dessen letzten Dekaden. In der Regel können sie auf stabilere soziale Bindungen, insbesondere in Form von Familienstrukturen, sowohl in Los Angeles als auch ihren Herkunftsländern zurückgreifen (siehe Kühne und Schönwald 2015). Kirchliche Bindungen, hier in der katholischen Kirche, sind stärker ausgeprägt als bei der schwarzen Bevölkerung (Cannon 1999). Durch diese stärkere soziale Integration sind Personen hispanischer Herkunft zumeist stärker in der Lage, ihre Interessen abzustimmen und ihre Existenz (wenn auch auf bescheidenem Niveau) abzusichern. Zudem setzte die verstärkte Einwanderung, auch von Personen ohne Aufenthaltsgenehmigung, aus Lateinamerika die Stundenlöhne von Ungelernten und Geringqualifizierten in den 1970er und 1980er Jahren zusätzlich unter Druck. Dieser Sektor des Arbeitsmarktes war traditionell stark durch Schwarze geprägt. Durch die wirtschaftliche Krise Anfang der 1990er Jahre durch Kürzungen im Verteidigungshaushalt und Ausfälle im Immobilienbau japanischer Investoren wurden zudem zahlreiche Arbeitsplätze für Personen mit geringer Qualifikation abgebaut, was das Lohniveau weiter sinken ließ. Mit der Wirtschaftskrise und einer staatlichen Transferleistungen gegenüber kritisch eingestellten politischen Grundstimmung wurden Kinderbeihilfe und Gesundheitsvorsorge sowie der städtische Sozialetat gekürzt. Dies verschärfte die Situation der besonders der Gefahr der Arbeitslosigkeit ausgesetzten Un- und Geringqualifizierten – Bevölkerungsteile, die insbesondere im so genannten ‚South Central Industrial Belt', wie Norwalk, Compton, El Segundo, Bell Gardens, Wilmington und Santa Fe Springs, angesiedelt waren, eben jenem Bereich von Los Angeles, der von den Riots von 1992 in besonderer Weise betroffen war (unter vielen: Davis 2002; Laux und Thieme 2006; Starr 2006).

Das Spannungsfeld ethnischer Konflikte im Kontext der LA Riots beschränkt sich nicht auf WASPs, afroamerikanische und lateinamerikanische Bevölkerungsteile, sondern umfasste auch koreanischstämmige Bevölkerungsteile (Keil 1993, 1998). Im Vergleich zu anderen Immigranten sind Zuwanderer aus Korea zumeist mit einem höheren Bildungsgrad ausgestattet und verfügen über eine höhere Bonität. Darüber hinaus weisen sie eine größere Bereitschaft zur Assimilation an die WASP-Kultur auf als Bevölkerungsteile afroamerikanischer und lateinamerikanischer Herkunft (Keil 1993; Thieme und Laux 1995; Waldinger und Bozorgmehr 1996).

Zahlreiche der bei den Riots von 1992 geplünderten Geschäfte wurden von aus Korea stammenden Einwanderern betrieben. Diese waren insbesondere in den 1980er Jahren gegründet worden und füllten ein Vakuum, das durch die Geschäftsverlagerungen jüdischer Einzelhandelsbetriebe in die zahlreichen sub- und desurbanen Siedlungen von Los Angeles entstanden war. Lokal ansässige Afroamerikaner konnten die geforderten Preise häufig nicht zahlen. Mit dem Eigentümerwechsel der Geschäfte erfolgte eine Übertragung der Stereotype: Antisemitische Deutungsmuster seitens der ansässigen afroamerikanischen Bevölkerung wurden auf Koreaner übertragen. Nun wurde auch Koreanern Geldgier und das ‚Ausbluten' schwarzer Statteile durch Transfers des Gewinns in andere Stadtteile unterstellt (Chang 1994a; Freer 1994; Klotkin und Friedman 1993; Cannon 1999). Die Stereotypisierung in der umgekehrten Richtung fasst Steward (1994) wie folgt: Afroamerikaner seien faul, arbeitsscheu, lebten auf Kosten der Gesellschaft, kriminell, seien minderwertig und verdienten eine entsprechende Behandlung. Ferner sei bei ihnen ein starker Neid gegen Koreanischstämmige zu finden, insbesondere was deren Stellung in der amerikanischen Gesellschaft beträfe (vgl. auch Chang 1994a; Freer 1994; Cannon 1999). Diese Stereotypen fungieren als Bezugspunkte zur Definition des Eigenen und des Fremden (unter anderem durch klischeebeladene Musiktexte verfestigt; Chang 1994b; Bobo et al. 1994; dazu auch Tijé-Dra in diesem Band). Darüber hinaus stellen sie eine Kontingenzvernichtung dar: Wahrnehmung wird selektiert, eigenes Handeln strukturiert (Berting und Villain-Gandossi 1999). Ähnlich anderen Städten, wie insbesondere New York, kam es in Los Angeles immer wieder zu – teilweise gewalttätigen – Konflikten zwischen den koreanischstämmigen Ladenbesitzern und den afroamerikanischen Kunden (Chang 1994a; Freer 1994; Halle und Rafter 2003).

Der Konflikt zwischen Afroamerikanern und Koreanern eskalierte nach der Tötung des afroamerikanischen Mädchens Latasha Harlins nach einem Streit über eine Flasche Orangensaft im Wert von 1,79 Dollar. Am 16. März 1991 erschoss die 49jährige koreanisch-amerikanische Ladenbesitzerin Soon Ja Du, deren Laden in den davorliegenden vier Monaten bereits zwei Mal durch Afroamerikaner überfallen worden war, die 15jährige. Die spätere Verurteilung Soon Ja Dus zu 500 Dollar und Arbeitsauflagen führte zu einer Reihe von Übergriffen auf Koreanisch geführte Geschäfte (Chang 1994a; Steward 1994; Cannon 1999; Davis 2004; Starr 2006). Einen wirkungsvollen Schutz der Geschäfte konnten die Behörden indes nicht sicherstellen, was sich auch in der ethnischen Zugehörigkeit der geschädigten Geschäftseigentümer widerspiegelt (Abbildung 2) – mit durchaus weitreichenden Folgen: Hegten weite afro-amerikanische Bevölkerungsteile bereits vor den Riots ein ausgeprägtes Misstrauen gegen staatliche Strukturen und deren Repräsentanten, entwickelte sich bei den Korea-Amerikanern infolge der Riots eine Desillusionierung gegenüber staatlichen Strukturen. Sie warfen den Ordnungsbehörden vor, ihre Läden „nicht vor der Wut der Schwarzen" (Davis 2004, S. 367) geschützt zu haben, während „Polizei und Nationalgarde schnell zur Stelle waren, um die Einkaufszentren Alexander Haagens, eines reichen Financiers der Lokalpolitik [...], zu verteidigen" (Davis 2004, S. 367). Die koreanische Gemeinde gelangte im Zuge der Riots in weiten Teilen zu der Überzeugung, „es gäbe für sie in Los Angeles keine Gerechtigkeit" (Cannon 1999, S. 367), was wiederum die Nachfrage „nach neuen und noch umfangreicheren Schutzvorrichtungen weiter angeheizt" hat (Davis 2004, S. 412). Ethnische Konfliktlinien finden sich aber auch zwischen koreanisch- und hispanischstämmigen Angelinos: Koreanische Ladenbesitzer stellten häufig lateinamerikanische Angestellte ein, da diese billiger seien als andere, gleichzeitig wurden Hispanos als faul, schmutzig, laut und dreckig stereotypisiert (Bobo et al. 1994).

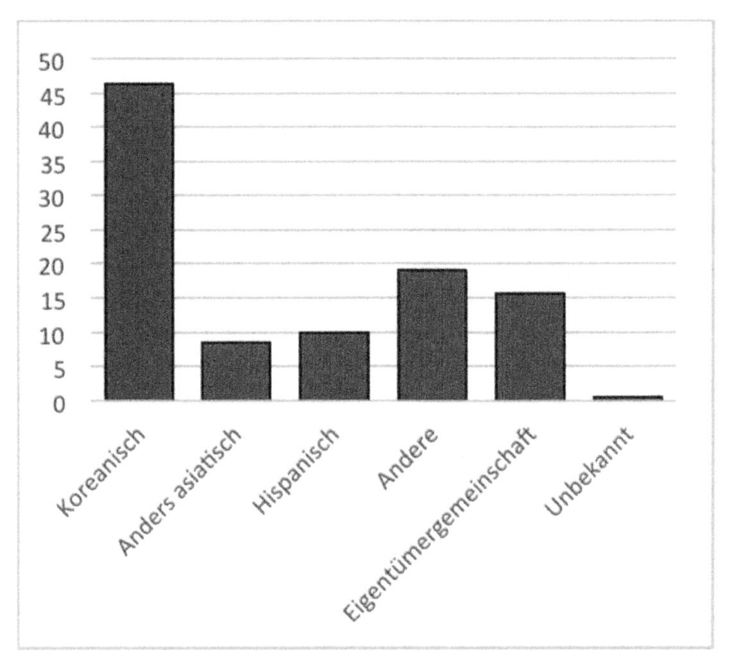

Abbildung 2 Die ethnische Zugehörigkeit der Eigentümer von Geschäften, die während der Riots komplett zerstört wurden (Gesamtzahl dieser Geschäfte: 403).

Quelle: Eigene Darstellung nach: Thierney 1994.

Die Nachwirkungen der Riots blieben in *South Central* Los Angeles lange im physischen Raum alltäglich erfahrbar: Geplünderte Geschäfte blieben geschlossen, zerstörte soziale Einrichtungen wurden nicht wiedereröffnet, die sich bereits in den 1980er Jahre vollziehende selektive Migration wurde verstärkt (Morrison und Lowry 1994; Cannon 1999), indem die Bevölkerungsteile, deren Einkommen dies erlaubte, *South Central* verließen. Dies wiederum verstärkte die residuale Segregation. Es blieben jene Bevölkerungsteile zurück, die keine Chance hatten, anderswo eine Bleibe zu finden. Entsprechend sanken die örtlichen Steuereinnahmen, was insbesondere die selbständigen Kommunen wie Compton mit besonderer Härte traf. Die Entfremdung der in *South Central* ansässigen Bevölkerung von staatlichen Strukturen zeigte sich auch in der weit verbreiteten Verweigerung, die Ordnungsbehörden bei der Aufklärung von Plünderungen zu unterstützen (Cannon 1999).

5 Symbolische Konnotationen und Machtverhältnisse

Bevorzugtes Ziel der Ausschreitungen während der Riots waren neben Geschäften insbesondere Autos: „Die Zerstörung von Autos, Straßenschildern und Verkehrszeichen beruht nicht allein auf deren Verwundbarkeit. Sie enthüllt auch einen dumpfen Widerstand gegen Polizeikontrollen, gegen unsinnige Beschränkung der Bewegungsfreiheit (wie etwa Ketten am Straßenrand)" (Virilio 1978, S. 66). In Los Angeles erfahren Autos eine besondere symbolische Aufladung. Sie lassen sich als Ausdruck der durch WASPs definierten Normalität interpretieren. Alle Bevölkerungsteile haben sich dieser Normalität unterzuordnen. Die räumliche Organisation des sozialen Lebens ist auf ständige Mobilität ausgerichtet, die aufgrund der geringen Zentrierung von Bevölkerung und Einrichtungen der Daseinsgrundfunktionen eine Automoblisierung erzwingt, was Vanderbilt (2009, S. 16) knapp zusammenfasst: In Los Angeles ist „Verkehr eine Art zu leben geworden". Eine fokussierte (insbesondere erzwungene) Lokalität mit (erzwungen) eingeschränkter Mobilität wird entsprechend als deviant stereotypisiert (Kühne 2012, 2015). Die Zerstörung von Autos während der Riots bedeutete auch die Dekonstruktion der Illusion einer Immunisierung gegen die Risiken und die Kontingenz des Lebens in Los Angeles (Graham 2004).

Die Betrachtung der Riots unter Perspektive der Machttheorie Heinrich Popitz' (1992) lässt die Vielschichtigkeit deutlich werden (Kühne 2012):

Die Riots, geprägt von der Aktionsmacht, lassen sich demnach auf eine fehlgeschlagene Anwendung der Machttypen der instrumentellen, der autoritativen und der Daten setzenden Macht interpretieren[2]. So ist es der ‚herrschenden Klasse' (Bourdieu 1987) nicht gelungen, die systematische Chancenungleichheit insbesondere zwischen WASPs und Schwarzen, versinnbildlicht durch räumliche Symbole (wie Beverly Hills einerseits und Compton andererseits), als individuelles Versagen zu vermitteln. Weder die ‚ideologischen Staatsapparate' (Althusser 1977) wie Schule, Gefängnis et cetera noch die Massenmedien als Repräsentanten autoritativer Macht waren in der Lage, eine solche Interpretation der sozialen Lage in *South Central* zur Inkorporation zu bringen. Insbesondere die Schule stellt ein Instrument der Inkorporation gesellschaftlicher Machtverhältnisse mittels autoritativer Macht dar, indem „den Kindern der beherrschten Klassen der Respekt vor der herrschenden Kultur [beigebracht wird], ohne ihnen den Zugang dazu zu ermöglichen" (Fuchs-Heinritz und König 2005, S. 42). Dabei wird die Kultur der unteren Klassen entwertet, sobald ihre Vertreter „dort ihre Sprache anbieten" (Bourdieu 2005 [1982], S. 49). Gleichfalls ist es nicht gelungen, auf Grundlage technischer Überwachungsmaßnahmen (als Ausdruck Daten setzender Macht) ein von der WASP-Gesellschaft erwartetes Konformitätsverhalten zu erzwingen. Zur Wiederherstellung der ‚Ordnung', das heißt der tradierten gesellschaftlichen Machtverhältnisse, wurde durch den massiven Einsatz von Polizei und Nationalgarde auf eine Machtform zurückgegriffen, die mit der Modernisierung, das heißt der Umwandlung von Außen- in Innenzwänge (Elias 1992), als überholt galt: die Aktionsmacht. Die Verhältnisse zwischen unterschiedlichen Intensitäten von Macht und Mindermacht (Paris 2005) werden dabei immer differenzierter: Aus

---

2 Heinrich Popitz (1992) unterscheidet vier Machttypen:

1. Die Aktionsmacht ist die Macht, andere Menschen zu verletzen. Sie basiert auf der Verletzbarkeit des menschlichen Körpers. Aktionsmacht ermöglicht den Entzug (wie auch das Gewähren) von Subsistenzmitteln und sozialen Teilhabechancen. Ihr typisches Machtverhältnis ist die pure Gewalt.

2. Die instrumentelle Macht basiert auf der Verfügung über Bestrafungen und Belohnungen. Ihr typisches Machtverhältnis ist die Erzeugung von Konformität auf Grundlage von Angst und Hoffnung.

3. Die autoritative Macht bedeutet die Steuerung des Verhaltens und der Einstellung anderer Personen. Sie ist verinnerlicht und damit dem Gesteuerten unbewusst. Das typische Machtverhältnis der autoritativen Macht ist die fraglose und unreflektierte Autorität.

4. Die Daten setzende Macht basiert auf technischem Handeln. Sie entsteht aus der Erzeugung technischer Artefakte und der daraus erwachsenden Möglichkeit, das Handeln anderer zu strukturieren. Ihr typisches Machtverhältnis ist die technische Dominanz. Diese gilt als zumeist unhinterfragtes Faktum.

einem Konflikt zwischen weiß und schwarz wurde ein multiethnischer Konflikt in einem Kontext von differenzierter Armut und radikalisierten Identitätskonstrukten (Cannon 1999; vgl. auch DiPasquale und Glaeser 1996; Abbildung 3). Die Desillusionierung weiter Teile der koreanischstämmigen Bevölkerung infolge der selektiven Anwendung der Aktionsmacht zur Verteidigung des Eigentums von WASPs, in deutlich geringerem Umfang aber das der koreanischstämmigen Ladenbesitzer, trägt zur Dekonstruktion der Mechanismen autoritativer Macht bei: Zentrale Werte des *‚amercian dream‘* wie Rechtsgleichheit, Chancengleichheit, die Abhängigkeit des Erfolges vom eigenen Streben, wurden unterminiert.

Abbildung 3 Die Folgen der vielfach sozial, ökonomisch und ethnisch fragmentierten Konfliktlinie: Aufruf zum Gewaltverzicht an einem Zaun in Watts.

Quelle: Eigene Aufnahme.

Im Gefolge der Riots fanden im Wesentlichen zwei politische Deutungs- und Handlungsmuster eine Aktualisierung:

1. Das konservative Muster deutet die Vorgänge auf Grundlage des Verachtens der Träger der Ausschreitungen und der Angst vor weiteren Riots. Die Ursache der Riots wird hier bei staatlichen Fürsorgeprogrammen gesucht, die zu einer Verkümmerung von Eigeninitiative geführt hätten (Klotkin und Friedman 1993). Ziel einer konservativen Politik ist das Unterbinden-Wollen von weiteren Riots (Flam 2002) auf Grundlage einer Null-Toleranz-Politik, schließlich seien – so die konservative Deutung – die Riots das Ergebnis organisierter Kriminalität gewesen. Die Deutung, die Riots darüber hinaus auf Rassengegensätze zu reduzieren, lässt den Wunsch erkennen, „die wirtschaftlichen und gesellschaftlichen Wurzeln des Konfliktes als sekundär erscheinen zu lassen“ (Thieme und Laux 1995, S. 318).

2 Das linksliberale Muster sieht als Ursache von Bandenkriegen und Riots systematische Chancenungleichheit und hat zum Ziel, diese zu verändern (Thieme und Laux 1995; Cannon 1999). Entsprechend diesem Deutungsmuster werden die Riots als politische Rebellion gegen die politische und ökonomische Benachteiligung, deren Ursache in der anti-interventionistischen Politik der Regierungen Reagan und Bush Senior gelegen hätte, verstanden. In dem Konflikt würden die Gangs in *South Central* als legitime Interessensvertretung der schwarzen Bevölkerung verstanden. Entsprechend werden als Konfliktregelung massive staatliche Unterstützungen zur Entwicklung von *South Central* und vergleichbaren Siedlungsteilen gefordert (Klotkin und Friedman 1993).

Die Strategie des Umgangs mit Riots und den Kämpfen verfeindeter Gangs setzte im Wesentlichen auf Repression: „Zehntausende junge Menschen in unglaublich brutalen, von institutionalisierten Rassenkriegen geprägten Gefängnissen, ohne jeden Anflug von Erziehung, Rehabilitierung oder Hoffnung" (Davis 2004, S. 23). Mike Davis (2004, S. 23) zufolge sei „die wirkliche Funktion des Knastsystems [...] nicht, die Gemeinschaft zu schützen, sondern den Hass bis zu dem Tag einzulagern, an dem er auf die Straße zurückkehrt".

6 Abschließende Betrachtungen

Die Riots von 1992 in Los Angeles lassen sich im Kontext des Prozesses der Postmodernisierung deuten, schließlich zerfällt „im Zeitalter der Postmoderne [...] die Auseinandersetzung mit dem städtischen Lebensraum in die dekonstruierende Interpretation verschiedener Texte sozialer, kultureller, ethnischer oder klassentheoretischer Art" (Soja 1994, S. 7). Konflikte werden nicht mehr allein gemäß tradierter dichotomer Deutungsmuster ausgetragen, sondern werden zunehmend differenzierter. Die Differenzierung der Konfliktlinien steht im Kontrast zu ihrer Repräsentation in den bildbasierten Medien. Auch mehr als 20 Jahre nach den Riots in Los Angeles bleiben die Deutungen des Konfliktes vielfältig und stark von der spezifischen Logik des betrachtenden Systems abhängig. Medial dominiert bis heute das Deutungsmuster einer ‚schwarzen' Angelegenheit im Kontext von Kriminalität und Bandenkriegen (vgl. Kühne 2012). Dieses Deutungsmuster dominiert auch die politische Diskussion um den Raum zwischen der Downtown von Los Angeles und seinem Hafen San Pedro im Süden. Versuche, einem auf Repression basierenden Umgang mit deviantem Verhalten, durch Nutzung von aufgrund der Deindustrialisierung frei werdenden Flächen in Form von Gartenanlagen für die Bewohner von *South LA*, wie *South Central* 2003 vom Stadtrat umbenannt wurde (vgl. Sides 2012), alternative Raum- und Zeitnutzungen zu schaffen, waren zum Scheitern verurteilt. Der Bau des Alameda-Korridors, eines Infrastrukturprojektes, das den Hafen San Pedro mit dem Güterbahnhof von Los Angeles verbindet, und so den Transport von Waren durch den Süden von Los Angeles beschleunigt, machte die Gartenanlagen in diesem Raum zu ‚Zwischennutzungen' (Füller und Marquardt 2010; Kühne 2012). Angesichts der Symbolkraft sich derart im physischen Raum durchsetzenden politisch vermittelten ökonomischen Interessen lassen sich die – auch südlich der Downtown – ab 1999 eingerichteten ‚Neighborhood Councils' zur Beratung der Politik (Musso 2012) als Mittel der ‚De-Sensualisierung' von Machtverhältnissen (vgl. Kühne 2012) interpretieren: In beratender Funktion wird Teilhabe ermöglicht und Engagement gebunden (vgl. hierzu auch Weber 2013), in entscheidender Funktion jedoch werden die klassischen ökonomischen Interessen politisch durchgesetzt. Diese Entwicklungen vollziehen sich vor einem fundamentalen demographischen Wandlungsprozess südlich der Downtown: Mittlerweile (2010) sind in dem ‚schwarzen' *South LA* lediglich 31,8 Prozent der Bevölkerung schwarz, 66,3 Prozent hispanischer Herkunft. Insbesondere die weniger wohlhabenden Schwarzen wurden in den 1990er und frühen 2000er Jahren durch steigende Immobilienpreise verdrängt und siedeln in den Riverside County, das Antilope Valley oder nach Nevada über (Sides 2012). Dieser Prozess einer Art ‚ethnischen Gentrifizierung' bedeutet eine tiefgreifendere Veränderung des Südens von Los Angeles als es die Versuche lokalstaatlicher Einflussnahme gewesen sind.

Literatur

Althusser, L. (1977). *Ideologie und ideologische Staatsapparate*. Hamburg, Berlin: VSA-Verlag.
Amos, S. K. (2007). Das amerikanische ‚Urban Ghetto' als sozialräumlicher Ausdruck prekärer gesellschaftlicher Mitgliedschaft. In F. Kessl (Hrsg.), *Territorialisierung des Sozialen. Regieren über Nahräume* (S. 233-254). Opladen: Barbara Budrich.
Anderson, S. (1998). A City Called Heaven: Black Enchantment and Despair in Los Angeles. In A. J. Scott & E. Soja, (Hrsg.), *The City. Los Angeles and Urban Theory at the End of the Twentieth Century* (S. 336-364). Berkeley et al.: University of California Press.
Berting J., & Villain-Gandossi C. (1999). Rolle und Bedeutung von nationalen Stereotypen in internationalen Beziehungen: ein interdisziplinärer Ansatz. In T. Walas (Hrsg.), *Stereotypen und Nationen* (S. 13-31). Krakau: Internationales Kulturzentrum.
Bierling, St. (2006). *Kleine Geschichte Kaliforniens*. München: Beck.
Bobo, L., Zubrinsky, C. L., Johnson, J. H., & Oliver, M. L. (1994). Public Opinion Before and After a Spring of Discontent. In M. Baldassare (Hrsg.), *The Los Angeles Riots. Lessons for the Urban Future* (S. 103-133). Boulder et al.: Westview Press.
Bourdieu, P. (2005 [1982]). Die feinen Unterschiede. In Bourdieu, P. (Hrsg.), *Die verborgenen Mechanismen der Macht* (S. 31-48). Hamburg: VSA-Verlag (Hrsg. von M. Steinrücke).
Bourdieu, P. (1987 [1979]). *Die feinen Unterschiede. Kritik der gesellschaftlichen Urteilskraft*. Frankfurt (Main): Suhrkamp.
Cannon, L. (1999). *Official Negligence. How Rodney King and the Riots Changed Los Angeles and the LAPD*. Boulder, Oxford: Westview Press
Chang, E. T. (1994a). Jewish and Korean Merchants in African American Neighborhoods: A Comparative Perspective. In E. T. Chang & R. C. Leong (Hrsg.), *Los Angeles – Struggles toward Multiethnic Community* (S. 5-22). Seattle, London: University of Washington Press.
Chang, J. (1994b). Race, Class, Conflict and Empowerment: On Ice Cube's "Black Korea". In E. T. Chang & R. C. Leong (Hrsg.), *Los Angeles – Struggles toward Multiethnic Community* (S. 87-108). Seattle, London: University of Washington Press.
Davis, M. (2002). Burning to few Illusions. In M. Davis (Hrsg.), *Dead Cities* (S. 227-237). New York: New Press.
Davis, M. (2004 [1998]): *Ökologie der Angst. Das Leben mit der Katastrophe*. München, Zürich: Piper.
DiPasquale, D., & Glaeser, E. L. (1996). *The Los Angeles Riot and the Economics of Urban Unrest*. http://www.cityresearch.com/pubs/la_riot.pdf&sa=X&scisig=AAGBfm3AicsZxW6VzOGDICch0n-NGnBQHA&oi=scholarr&ei=RApdVMeiLI_LaO3ggKgD&ved=0CCEQgAMoADAA. Zugegriffen: 07. November 2014.
Eickelpasch, R., & Rademacher, C. (2004). *Identität*. Bielefeld: Transcript-Verlag.
Elias, N. (1992 [1939]). *Über den Prozess der Zivilisation*. Frankfurt (Main): Suhrkamp-Verlag
Fine, D. (2000). *Imagining Los Angeles. A City in Fiction*. Reno, Las Vegas: University of New Mexico Press.
Flam, H. (2002). *Soziologie der Emotionen. Eine Einführung*. Konstanz: UKV-Verlagsgesellschaft.

Foucault, M. (1990). Andere Räume. In K. Barck, P. Gente & H. Paris (Hrsg.), *Aisthesis, Wahrnehmung heute oder Perspektiven zu einer anderen Ästhetik* (S. 34-46). Leipzig: Reclam.

Foucault, M. (2005). *Die Heterotopien. Der utopische Körper*. Frankfurt (Main): Suhrkamp.

Freer, R. (1994). Black-Korean Conflict. In M. Baldassare (Hrsg.), *The Los Angeles Riots. Lessons for the Urban Future* (S. 175-203). Boulder et al.: Westview Press.

Fuchs-Heinritz, W., & König, A. (2005). *Pierre Bourdieu. Eine Einführung*. Konstanz: UKV-Verlagsgesellschaft.

Füller, H., & Marquardt, N. (2010). *Die Sicherstellung von Urbanität. Innerstädtische Restrukturierung und soziale Kontrolle in Los Angeles*. Münster: Westfälisches Dampfboot.

Graham, St. (2004). Postmodern City. Towards an Urban Geopolitics. *City. Analysis of Urban Trends, Culture, Theory, Policy, Action 8* (2), 165-196.

Grant, D. M., Oliver, M. L., & James, A. D. (1996). African Americans. Social and Economic Bifurcation. In R. Waldinger & M. Bozorgmehr (Hrsg.), *Ethnic Los Angeles* (S. 379-412). New York: Russell Sage.

Halle, D., & Rafter, K. (2003). Riots in New York and Los Angeles. 1935-2002. In D. Halle (Hrsg.), *New York and Los Angeles. Politics, Society, and Culture* (S. 341-366). Chicago, London: University of Chicago Press

Hayden, D. (1997). *The Power of Place. Urban Landscapes as Public History*. Cambridge, London: MIT.

Hunt, D. M. (1997). *Screening the Los Angeles 'riots'. Race, seeing, and resistance*. Cambridge et al.: Cambridge University Press.

Johnston, R. J. (1982). *The American Urban System. A Geographical Perspective*. New York: Longman.

Keil, R. (1993). *Weltstadt – Stadt der Welt. Inernationalisierung und lokale Politik in Los Angeles*. Münster: Westfälisches Dampfboot

Keil, R. (1998). *Los Angeles. Globalization, Urbanization and Social Struggles*. Chichester et al.: Wiley

Klotkin, J., & Friedman, D. (1993). *The Los Angeles Riots: Causes, Myths, and Solutions*. www.dlc.org/documents/LA_riots.pdf. Zugegriffen: 07. November 2014.

Kühne, O. (2012). *Stadt – Landschaft – Hybridität. Ästhetische Bezüge im postmodernen Los Angeles mit seinen modernen Persistenzen*. Wiesbaden: Springer VS.

Kühne, O. (2015): The Streets of Los Angeles: Power and the Infrastructure Landscape. *Landscape Research 40* (2), 139-153.

Kühne, O. & Schönwald, A. (2015). *San Diego –Biographien der Eigenlogiken, Widersprüche und Entwicklungen in und von ‚America's finest city'*. Wiesbaden: Springer VS.

Laux, H. D., & Thieme, G. (2006). Ökonomische Restrukturierung in Los Angeles. Ethnischer Arbeitsmarkt und sozialräumliche Polarisierung. In P.Gans, R. Priebs & R. Wehrhahn (Hrsg.), *Kulturgeographie der Stadt* (S. 309-327). Kiel: Geographisches Institut.

Luhmann, N. (1996). *Die Realität der Massenmedien*. Opladen: Westdeutscher Verlag.

Mak, G. (2014). *Amerika! Auf der Suche nach dem Land der unbegrenzten Möglichkeiten*. München: Siedler.

Morrison, P. A., & Lowry, I. S. (1994). A Riot of Color. The Demographic Setting. In M. Baldassare (Hrsg.), *The Los Angeles Riots. Lessons for the Urban Future* (S. 19-46). Boulder et al.: Westview Press.

Musso, J. (2012). *Neighborhood Councils*. In D. C. Sloane (Hrsg.), *Planning Los Angeles* (S. 53-62). Chicago, Washington: APA Planners Press.

Paris, R. (2005). *Normale Macht. Soziologische Essays*. Konstanz: UVK-Verlagsgesellschaft.

Popitz, H. (1992). *Phänomene der Macht*. Tübingen: Mohr.

Rabinovitz, F. F., & Siembieda, W. J. (1977). *Minorities in Suburbs*. Lexington: Lexington Books.

Sides, J. (2012). The Ambiguous Legacies of the 1992 Riots. In D. C. Sloane (Hrsg.), *Planning Los Angeles* (S. 86-91). Chicago, Washington: APA Planners Press.

Soja, E. W. (1995). Postmodern Urbanization: The Six Restructurings of Los Angeles. In S. Watson & K. Gibson (Hrsg.), *Postmodern Cities and Spaces* (S. 125-137). Oxford: Blackwell.

Soja, E. W., & Scott, A. J. (1998). Introduction to Los Angeles. City and Region. In A. J. Scott & E. Soja (Hrsg.), *The City. Los Angeles and Urban Theory at the End of the Twentieth Century* (S. 1-21). Berkeley et al.: University of California Press.

Starr, K. (2006). *Coast of Dreams. California on the Edge, 1990-2003*. New York: Vintage Books.

Steward, E. (1994). Communication between African Americans and Korean Americans: Before and after the Los Angeles Riots. In E. T. Chang & R. C. Leong, (Hrsg.), *Los Angeles – Struggles toward Multiethnic Community* (S. 23-54). Seattle, London: University of Washington Press.

Thieme, G., & Laux, H. D. (1995). Soziale und ethnische Konflikte im Restrukturierungsprozess. Die Unruhen vom Frühjahr 1992 in Los Angeles. *Erdkunde 49*, 315-334.

Thieme, G., & Laux, H. D. (2005). Jenseits von "Black and White". Suburbanisierung ethnischer Minderheiten in den USA. *Geographische Rundschau 57* (10), 40-50.

Tierney, K. J. (1994). Property Damage and Violence. A Collective Behavior Analysis. In M. Baldassare (Hrsg.), *The Los Angeles Riots. Lessons for the Urban Future* (S. 149-173). Boulder et al.: Westview Press.

Vanderbilt, T. (2009). *Traffic. Why We Drive the Way We Do (and What It Says About Us)*. New York: Knopf.

Virilio, P. (1978). *Fahren, fahren, fahren…* Berlin: Merve-Verlag.

Waldinger, R. & Bozorgmehr, M. (1996). The Making of a Multicultural Metropolis. In R. Waldinger & M.Bozorgmehr, (Hrsg.), *Ethnic Los Angeles* (S. 3-38). New York: Russell Sage Found.

Weber, F. (2013). *Soziale Stadt – Politique de la Ville – Politische Logiken. (Re-)Produktion kultureller Differenzierungen in quartiersbezogenen Stadtpolitiken in Deutschland und Frankreich*. Wiesbaden: Springer VS.

Ein Blick auf Chicanos

Mexikaner und ihre Nachfahren in der amerikanischen Stadt

Antje Schönwald

Zusammenfassung

Ein Blick auf die US-amerikanische Metropole San Diego und insbesondere auf das überwiegend von mexikanischstämmigen ‚Chicanos' bewohnte Viertel Barrio Logan zeigt die Bedeutung von Biographien für Stadtteilentwicklungen und Wahrnehmungen verschiedener Prozesse der Veränderung. Das Ermöglichen von Hybridität im Sinne von Verknüpfung und Neugliederung bislang weniger vermischter Kulturen und damit das Zulassen so genannter bedeutungsoffener ‚Third Spaces' kann eine Chance für eine gelingende Integration in Stadtteilentwicklungen darstellen. Die lokale Teilgesellschaft der Chicanos und deren bedeutender Raum, der Chicano Park, zeigen hierfür großes Potential: Selbst wenn Essentialismen in der Selbstbeschreibung der Chicanos sowie in den Darstellungen des Chicano Parks beobachtet werden können, so werden auch immer wieder polyvalente, konstruktivistische Elemente deutlich, die hybride subjektive Anknüpfungen ermöglichen und damit Exklusion vermeiden. Durch aktuelle Gentrifizierungsprozesse im Barrio Logan ist dieses Potential jedoch gefährdet, da der wahrgenommenen Bedrohung auch mit Abgrenzen nach Außen und Betonen essentialistischer Merkmale der Chicano-Kultur begegnet wird.

1 Einleitung

Der Beitrag befasst sich mit der besonderen Stadtentwicklung San Diegos an der US-amerikanisch-mexikanischen Grenze. Fokussiert wird das bislang ‚ethnisch' und sozial nur wenig gemischte Viertel Barrio Logan in San Diego und die Gemeinschaft der ‚Chicanos', zu der sich viele seiner Bewohner mexikanischer Herkunft zählen, um zu analysieren, welche Bedeutung dem besonderen Hintergrund, oder besser: der Biographie, einzelner Bewohner in der Stadtentwicklung zukommt. Die Einbeziehung biographischer Analysen in der Raumforschung ist in jüngerer Vergangenheit insbesondere in den Niederlanden vollzogen worden. Die verknüpfende Betrachtung von Landschaften und Biographien ermöglicht einen Blick auf komplexe Interaktionsprozesse zwischen der Entwicklung des physischen Raums und der Entwicklung von Biographien von Menschen (Kühne und Schönwald 2015a). Unter Landschaft wird dann das Ergebnis eines „lange andauernden und komplexen Interaktionsprozesses zwischen Geschichte von Mentalitäten und Werten, institutionellen und gouvernementalen Veränderungen, sozialen und ökonomischen Entwicklungen und ökologischer Dynamiken" (Roymans et al. 2009, S. 339) verstanden.

Der Beitrag basiert auf einer qualitativen Studie in San Diego und Tijuana aus dem Jahr 2013 (Kühne und Schönwald 2015a). Es wurden biographisch gestützte Interviews mit elf Personen, teilnehmende Beobachtungen und ero-epische Gespräche (Girtler 2001) durchgeführt.

Im Folgenden werden zunächst die verschiedenen Phasen der Biographien San Diegos und Tijuanas – für die Biographie San Diegos ist die Betrachtung der Biographie der mexikanischen Nachbarmetropole aufgrund zahlreicher Verflechtungen unverzichtbar – dargestellt sowie eine kurze Einführung in das Forschungsthema der Hybridität gegeben. Mit diesem Hintergrundwissen werden die heutige Situation der Siedlung als hybride Metropole und die darauffolgenden Erläuterungen zum Barrio Logan und der Chicano-Bewegung verständlich. Analyseergebnisse zur Selbstbeschreibung der Chicanos und zur Bedeutung des Chicano Parks als Ort der Aneignung einer ethnischen Minderheit werden vorgestellt. Abschließend wird in einem Ausblick diskutiert, welche Folgen aktuelle Gentrifizierungsprozesse für die weitere Stadtentwicklung einnehmen könnten.

2 San Diego: hybride Metropole an der US-amerikanisch-mexikanischen Grenze

Unter Hybridität wird im aktuellen wissenschaftlichen Diskurs zumeist eine Vermischung mehrerer, bislang weniger vermischter Kulturen verstanden, bei der es jedoch nicht zu einer „homogenisierende[n] Fusion" (Zapf 2002, S. 40) kommt, sondern vielmehr zu Verkreuzungen, die frühere Differenzen nicht auflösen, sondern neu anordnen und kombinieren, weshalb etwas Neues entsteht (Zapf 2002, S. 55f.; Ackermann 2004). Kulturen werden demnach als Prozesse verstanden, in ihnen ist „das Eine im Anderen enthalten" (Tschernokoshewa 2005, S. 15). Wird Hybridität in diesem Sinne als Gegenkonzept der modernen Ideale Authentizität und Reinheit (Kühne 2012) gefasst, so kann San Diego – so zeigt auch die Darstellung der verschiedenen Dimensionen der Entwicklungspfade im Folgenden – als hybride Siedlung bezeichnet werden. Dabei sind auch die Biographien von Bewohnern von großer Bedeutung, da Landschaftswahrnehmungen durch soziale wie biographische Einflüsse geprägt werden (Kühne und Schönwald 2015a). Die jeweiligen biographischen Erfahrungen der einzelnen Subjekte, die verschiedene Sehnsüchte, Erinnerungen, Stereotype, Images oder Benchmarks zur Folge haben, führen zu jeweils einzigartigen Prozessen der Selektion, Vermischung und Neuanordnung verschiedener kultureller Vorstellungen (Kühne und Schönwald 2015a). Unterschiedliche kulturelle Merkmale werden somit von Subjekten wiederum hybridisiert.

San Diego, die US-amerikanische Metropole an der mexikanischen Grenze, wird im Stadtmarketing häufig als ‚America's finest city' inszeniert. Zur Stärkung dieses Images dienen bestimmte stereotype Landschaftsaspekte wie Sonne, Strand, Urbanität. Nicht ins Bild passen dabei weitere Merkmale San Diegos, wie etwa die Grenzanlage, die hispanische Bevölkerung, Migranten allgemein, benachteiligte Bevölkerungsteile und die von ihnen hauptsächlich bewohnten Gebiete (zum Beispiel San Ysidro im äußersten Süden) oder Grenzpendler. Dabei umfasst San Diego, so Ford (2005, S. 2), „funktional, wenn nicht sogar offiziell, die Stadt Tijuana, Mexiko". Entsprechend groß zeigt sich der Einfluss Tijuanas auf die Biographie von San Diego, die sich in vier Phasen einteilen lässt (Kühne und Schönwald 2015a):

1. Die Phase der labilen Stadt (bis zum Ende des 19. Jahrhunderts): Kennzeichen der labilen Stadt sind Siedlungsverlegungen sowie missglückte Gründungen von Siedlungsteilen. Ebenso prägen die militärischen Auseinandersetzungen zwischen spanischen/mexikanischen Einwanderern und der indigenen Bevölkerung und der mexikanisch-US-amerikanische Krieg, nach dem San Diego

von Mexiko an die USA fiel, die labile Stadt. Es handelt sich um eine Phase wirtschaftlicher Prosperität, jedoch auch um Prozesse gehemmter Industrialisierung (zum Beispiel durch die erst spät erfolgte Anbindung an das Eisenbahnnetz).

2. Die Phase der konsolidierten Stadt (um die Jahrhundertwende vom 19. zum 20. Jahrhundert): Prägend für diese Phase ist das kontinuierliche Bevölkerungs- und Wirtschaftswachstum. Der rund 1000 ha große Balboa Park wurde in dieser Zeit gegründet. Diese große Parkfläche, die bis heute besteht, ist auch Ausdruck der damals beginnenden Selbstbeschreibung San Diegos als ‚schöne' Siedlung. Zunehmende Suburbanisierung sowie der Ausbau San Diegos als Militärstützpunkt prägen diese Phase der Stadtbiographie ebenfalls. Tijuanas Bedeutung für San Diego wuchs insbesondere durch die Prohibition und das verschärfte Vorgehen gegen Prostitution in San Diego: Beides Maßnahmen, die Tijuana als Destination für San Dieganische Besucher attraktiver machte.
3. Die Phase der provisorischen Stadt (zwischen Zweitem Weltkrieg und Übergang zur Postmoderne): Die wachsende Anzahl an Soldaten in San Diego während des Zweiten Weltkriegs sowie der massive Ausbau der Luftfahrtindustrie prägten diese Phase der Stadtentwicklung. Der dadurch wachsenden Nachfrage nach Wohnraum und der Überlastung der Verkehrsinfrastruktur wurde mit dem Ausbau von Suburbiumssiedlungen und dem Bau von Autobahnen begegnet. Tijuana entwickelte sich komplementär, indem es Arbeitskräfte und attraktive Vergnügungsangebote für US-Amerikaner zur Verfügung stellte.
4. Die Phase des pasticheförmigen Stadtlandhybriden[1] (zurückreichend bis in die Anfänge der 1960er Jahre): Diese Phase kennzeichnet bestimmte Besonderheiten der San Dieganischen Entwicklungspfade im Vergleich zu anderen US-amerikanischen Städten. Dazu zählen beispielsweise die umfangreiche Revitalisierung der Downtown von San Diego (beginnend bereits ab den 1960er Jahren), zu der insbesondere die Sanierung des Gaslamp Quarters, die Waterfront-Entwicklung und der Bau des PETCO-Parks, des Stadions der Baseball-Mannschaft der ‚San Diego Padres' am Südrand der Downtown, zählen (dazu Abbildung 1). Aktuell parallel auftretende Prozesse, die den pasticheförmigen Stadtlandhybriden prägen, sind Urbanisierung ehemalig suburbaner Siedlun-

1 So genannte Pastiches im Sinne von „*Differenzbildung[en]*", die „dann zu Hybridkreuzungen, Rekombinationen, Reintegrationen […] führen" (Vester 1993, S. 29, Hervorh. i. O.) sind in der Postmoderne auch im Raum zu beobachten. Beispielsweise sind städtischer und ländlicher Raum nicht mehr länger dichotom zu betrachten, sondern vielmehr als „globale[s] Patchwork von Multifunktionsflächen" (Feustel 2002, S. 71). Kühne (2013) spricht von Stadtlandhybriden, um Räume zu bezeichnen, die weder eindeutig rural noch eindeutig urban gekennzeichnet sind, sondern Elemente von beidem enthalten.

gen (wie Hillcrest), gentrifizierende und urbanisierende Cityrandquartiere (wie Little Italy) und alternative Subkulturen in den Suburbien rund um die Downtown und den Balboa Park. Zahlreiche kulturelle Hybridisierungstendenzen, beispielsweise in Form von pflanzenartenreichen Gärten, kräftigen Gebäudefarben und Wandgemälden stellen ein weiteres Merkmal dieser Phase dar.

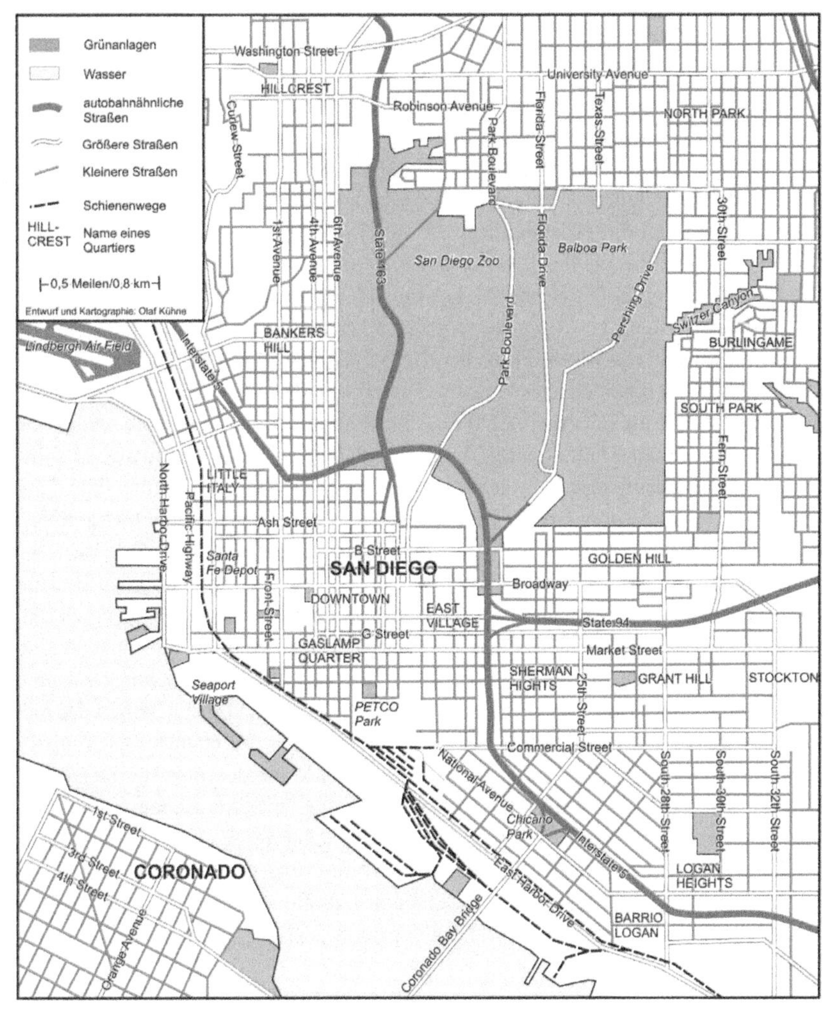

Abbildung 1 San Diego-Karte
Quelle: Kühne und Schönwald 2015a, S. 4.

Im Folgenden wird die Bewegung der Chicanos in San Diego als potentiell hybride, lokale Teilgesellschaft vorgestellt und es werden Interviewanalysen herangezogen, um zu erfragen, welche Rolle der Hybridität einer Gemeinschaft bei der Eingliederung in die Stadtentwicklung zukommt.

3 Chicanos als Beispiel einer hybriden Gemeinschaft?

Mit einem Chicano oder einer Chicana wird zumeist eine Person verknüpft, die in den USA lebt, jedoch mexikanischen Ursprungs ist und sich diesem Ursprung bewusst ist und ihn hervorhebt (Sierra Macarrón 2003). Die Bezeichnung ging aus der in den 1960er-Jahren aufkommenden ‚Chicano-Bewegung' (‚Movimiento Chicano') hervor. Ziel dieser Bewegung, die sich in der gleichen Zeit wie die damals neu gegründete Erntehelfergewerkschaft ‚National Farm Workers Association' formierte (Solloch 2005; Bruns 2011), war die Verbesserung der Rechte der mexikanischstämmigen US-Amerikaner (Sierra Maccarón 2003). In San Diego war die Bewegung ebenfalls sehr aktiv. Ein Denkmal dieses Protestes ist der bis heute existierende und rege genutzte Chicano Park im Stadtteil Barrio Logan. Der Chicano Park wurde am 22. April 1970 errichtet (Ortiz 2007). Er entstand als Protest gegen Prozesse der Stadtplanung, die insbesondere das Barrio Logan und seine überwiegend hispanischstämmigen Bewohner traf: 1963 wurde die Interstate 5 gebaut, 1968/69 die Coronado Bay Bridge. Beide Vorhaben zogen eine massive Veränderung des Viertels und Umsiedlungen nach sich (Falser 2007). Des Weiteren gilt die Errichtung des Chicano Parks auch als Protest gegen die von den Bewohnern wahrgenommene Benachteiligung durch Industrialisierung und Verschmutzung des Stadtteils. Der Plan, unter der Coronado Bay Bridge eine Polizeistation zu errichten, verschärfte den Protest zusätzlich (Ortiz 2007). In der Folge entstand der Chicano Park unter der Auffahrt der Coronado Bay Bridge mit seinen der mexikanischen Tradition folgenden Wandbildern (*murales* beziehungsweise *murals*) an den Brückenpfeilern (siehe Abbildung 2). Die Motive der *murals* sind vielseitig: sie behandeln Themen und zeigen Personen der mexikanischen Geschichte, insbesondere der mexikanischen Revolution, sie zelebrieren das aztekische Erbe (Löffler 2005), sie prangern allgemein Diskriminierung von Minderheiten an, sie zeigen aber auch regionalspezifische Themen (Abbildung 3), was Arreola (1984) als untypisch für mexikanische Wandbilder herausstellt.

Abbildung 2 Ein Spielplatz im Chicano Park im Barrio Logan, San Diego.
Quelle: Schönwald 2013.

Abbildung 3 Wandgemälde im Chicano Park mit der Aufschrift „Barrio Logan it's the most polluted". Die Kunstform der mexikanischen ‚murales' für regionalspezifische gesellschaftskritische Themen, wie hier die Benachteiligung eines Viertels durch Verschmutzung, zu gebrauchen, ist eine Besonderheit im Chicano Park (vgl. Arreola 1984)

Quelle: Schönwald 2013.

Das Selbstverständnis der Chicanos als Protestbewegung ist jedoch nicht kontextunabhängig übertragbar. Vielmehr zeigten die Interviews, dass es sich bei dem Selbstverständnis der Chicanos um ein individuelles, konstruiertes handelt. Das Verständnis der Interviewpartner, was ein Chicano oder eine Chicana sei, unterschied sich teilweise stark. Als eine Gemeinsamkeit konnte bei allen Interviewpartnern die Notwendigkeit der Selbstdefinition einer Person als Chicano/a und die Kenntnisse einer Person zur Chicano-Bewegung und das Bewusstsein der Bedeutung der Chicano-Kultur ausgemacht werden. Dieses konstruktivistische Merkmal wurde jedoch lediglich von einem Interviewpartner als hinreichendes Definitionsmerkmal eines Chicano/einer Chicana gewertet, alle anderen, die sich dazu äußerten, nannten weitere Kriterien – teils konstruktivistisch, teils essentialistisch (Abbildung 4).

Abbildung 4 Merkmale der Definition eines Chicanos: Die Interviewpartner nannten sowohl konstruktivistische Merkmale (die hell gefärbten Kreise) als auch essentialistische Merkmale (die dunkel gefärbten Kreise). Die beiden Aspekte „Berufen auf Aztlán" (als Aztlán wird die Heimat der Azteken verstanden) und „Zweisprachigkeit (spanisch und englisch)" sind weder rein konstruktivistisch noch essentialistisch einzuordnen, da die Merkmale zwar grundsätzlich von jeder Person erworben werden können, jedoch vermutlich eher bei mexikanischstämmigen Personen zu finden sind.

Quelle: Kühne und Schönwald 2015a, S. 285.

Ein Raum, der durch Hybridisierungen neu entstanden ist und in dem es keine Hierarchie der Differenzen gibt, nennt Bhabha (2000) ‚Third Space'. Ob der Chicano Park als hybrider Ort, beziehungsweise nach Bhabha als ‚Third Space', bezeichnet werden kann, lässt sich ebenso wenig eindeutig beantworten wie die Frage nach der Definition eines Chicano/einer Chicana, es hängt mit dieser Überlegung jedoch eng zusammen. Bhabha (2012, S. 68f.) zu Folge kennzeichnet den ‚Third Space' seine fehlende räumliche Begrenzung. Ein weiteres Merkmal erkennt er (ebd.) in seiner besonderen Zeitlichkeit, es handelt sich um einen „Raum andauernden Überquerens [...] und weniger [um] eine Reise, deren Ziel man kennt". Somit fehlen dem Raum auch traditionelle Machtordnungen (Foucault 1983; Bhabha 2012). Der ‚Third Space' kann somit als hybrider Zwischenraum bezeichnet werden, der „allen Bewohnern gleichermaßen [gehört], unabhängig von ihrer Herkunft, Kultur, Religion" (de Toro 2007, S. 379). Beobachtungen und Gespräche im Chicano Park (Kühne und Schönwald 2015a) zeigen den Park als öffentlichen, für jeden zugänglichen Raum. Neben eindeutig mexikanischen oder aztekischen Symbolen lassen sich viele der Symbole der Wandgemälde vieldeutig interpretieren und sind damit nicht ausschließend, sondern für viele Interpretationen anschlussfähig – insbesondere für kulturelle Minderheiten und benachteiligte Personen. Trotzdem, so der Eindruck, der in den Besuchen entstand, zeigen die meisten Besucher des Chicano Parks keinen hohen Grad an kultureller Durchmischung, sondern sind überwiegend mexikanischer oder indigener Herkunft und zumeist männlich. Neben polyvalenten Symbolen bestehen außerdem auch eindeutig essentialistische Zeichen, wie etwa eine Karte, die das Gebiet umfasst, auf das die Chicanos ihrer aztekischen Herkunft wegen Anspruch erheben, das jedoch heute zu den USA zählt (Abbildung 5).

Abbildung 5 US-Karte mit rot eingezeichnetem Gebiet, auf das die Chicanos aufgrund ihrer Herkunft Anspruch erheben.

Quelle: Schönwald 2013.

Der Chicano Park, bis heute das Zentrum der Chicano Bewegung San Diegos, befindet sich im Barrio Logan, einem Viertel nahe der Downtown, das überwiegend von hispanischen Personen bewohnt wird (ERA 2008, S. IIff.). Ein Großteil der im Barrio Logan lebenden Bevölkerung ist stark benachteiligt. Le Texier (2007, S. 203) zu Folge waren im Jahr 2007 68 Prozent der Bewohner „Latinos (zumeist mexikanischer Herkunft); 40 Prozent leben unter der Armutsgrenze". Gemeinsam mit Logan Heights und Sherman Heights verfügt das Barrio Logan über eine dreifach höhere Arbeitslosenquote als der Durchschnitt San Diegos (21,7% gegenüber 6,1%; Le Texier 2007, S. 203). Aktuell können jedoch im Barrio Logan verschiedene (Gentrifizierungs-)Prozesse und Initiativen beobachtet werden, die dieser Entwicklung entgegenzuwirken versuchen, um den Stadtteil, der direkt an die revitalisierte Downtown angrenzt, aufzuwerten. Neue Wohneinheiten und Geschäftsflächen werden erschlossen und bebaut (zu innenstadtnaher Gentrifizierung siehe auch Marchal, Stébé und Bertier in diesem Band). Auffallend bei den zahlreichen Neubauten im Viertel ist, dass Kunstwerke im mexikanischen Stil oder mit mexikanischen (beziehungsweise aztekischen) Symbolen die Gebäude schmücken (Abbildung 6).

Abbildung 6 Die Gentrifizierungsprozesse im Barrio Logan sind gekennzeichnet durch den Versuch, das Viertel zwar ‚aufzuwerten', es jedoch nicht in Gänze seines hispanischen Flairs zu berauben. Neuere Gebäude sind häufig mit Symbolen aus der mexikanischen oder aztekischen Tradition versehen, wie hier dem Adler und den Kakteen.

Quelle: Schönwald 2013.

Trotz der Versuche, die kulturelle Besonderheit des Barrio Logans zu erhalten und sogar weiterhin gezielt zu inszenieren, stehen die Befragten den aktuellen Gentrifizierungsprozessen mit gemischten Gefühlen gegenüber. Die Furcht vor negativen Auswirkungen einer veränderten Bevölkerungsstruktur wird geäußert. Im Postleitzahlbereich 92113, zu dem auch das Barrio Logan gehört, stieg der Anteil der weißen Bevölkerung in der jüngeren Vergangenheit rapide an: von 12% im Jahr 2000 auf 33% im Jahr 2010 (Dotinger 2012, o. S.). Diese Entwicklungen werden verschieden gedeutet: Zwei ältere Interviewpartner (in ihren siebziger Jahren), die beide die Anfänge der Chicano-Bewegung und die Initiierung des Chicano Parks aktiv miterlebten, heute jedoch nicht mehr im Barrio Logan, sondern in anderen Stadtteilen San Diegos leben, bewerten die aktuellen Gentrifizierungsprozesse im Interview deutlich positiver als zwei jüngere Interviewpartner (beide etwa Mitte Dreißig), die heute im Barrio Logan leben (Kühne und Schönwald 2015b). Als Erklärung hierfür dienen die unterschiedlichen biographischen Verknüpfungen der Interviewpartner mit dem Barrio Logan und dem Chicano Park. Die beiden älteren Herren glauben aktuelle Prozesse im Viertel eher als Ergebnis des jahrzehntelangen Engagements, bei dem sie selbst aktiv waren, zu erkennen. Sie heben somit auch ihren eigenen Verdienst für die Stadtteilentwicklung mit Stolz hervor, wohingegen die beiden jüngeren Männer stärker auf die wahrgenommenen Gefahren der aufkommenden ethnischen Heterogenisierung – wie etwa ein Zurückdrängen von Elementen der Chicano-Kultur oder sogar allgemein ein Verdrängen der ansässigen hispanischen Bevölkerung – hinweisen. Als Beispiel nennt ein Interviewpartner die mangelnde Toleranz der Hinzugezogenen für Musikveranstaltungen, wie etwa aztekisches Trommeln, im Chicano Park. Die Folge ist eine ablehnende Haltung gegenüber baulichen Veränderungen und Hinzugezogenen im Barrio Logan, die im Interview geäußert wird. Die Haltung zu den Gentrifizierungsprozessen ist außerdem abhängig davon, ob das Barrio Logan für die Interviewten ihre gewohnte ‚heimatliche Normallandschaft' (Kühne 2008) darstellt (bei den beiden jüngeren dort Lebenden der Fall) und die Gentrifizierung eine Bedrohung dieser ‚heimatlichen Normallandschaft' bedeutet, oder ob die Interviewten eher von außen auf das Barrio Logan blicken und Veränderungen hin zu ‚stereotyp schönen Landschaften' (Kühne 2008) eher begrüßen (Kühne und Schönwald 2015b).

4 Ausblick

Die Gemeinschaft der Chicanos kann als in Teilen hybride Gemeinschaft gedeutet werden. Die Chicano-Bewegung begründet sich auch auf der Sehnsucht nach Identität seitens der Bewohner der USA, die weder als US-Amerikaner noch als Mexikaner gelten und somit nicht eindeutig klassifizierbar und damit auch in keiner der beiden Gemeinschaften als zugehörig akzeptiert sind. In der Stadtentwicklung der Metropole San Diego zeigt sich dies durch die Inszenierung des Barrio Logans und insbesondere des Chicano Parks als Raum der Chicanos. Bis heute erinnern die Wandgemälde an seitens der Bevölkerung kritisierte Stadtteilentwicklungsvorgänge, wie etwa die Zerschneidung des Viertels durch Autobahn- und Brückenbau oder die Verschmutzung durch Industrieansiedelungen. Diese Prozesse führten zu einer eigenen Dynamik, in dessen Folge die (überwiegend sozial benachteiligten) Bewohner den Raum symbolisch aufluden, ihn sich dadurch aneigneten und somit letztlich auch bis heute für sich beanspruchen. Die Versuche, durch Stadtentwicklungsmaßnahmen das Viertel ‚aufzuwerten', zeigen sich deshalb äußerst konfliktbeladen: die Bewohner, so der Eindruck aus der Interviewanalyse, wehren sich gegen Fremdeinwirkungen, von denen sie einen Entzug der Deutungshoheit über die Symbolik ‚ihres' Raums (Barrio Logan, insbesondere aber Chicano Park) vermuten. Auch wenn Symbole der mexikanischen, aztekischen und Chicano-Kultur, wie oben am Beispiel des Adlers gezeigt, aufgenommen werden, so bleiben die Bemühungen doch in den Augen vieler Bewohner Fremdeinwirkungen seitens der weißen Mehrheitsbevölkerung und werden somit kritisch betrachtet oder sogar abgelehnt.

Die Zukunft wird zeigen, ob die Veränderung des Barrio Logans und die damit einhergehende voranschreitende Gentrifizierung bei der jüngeren Bevölkerung, die das Aufkommen der Chicano-Bewegung nicht selbst erlebt hat und häufig bereits seit mehreren Generationen in den USA lebt, eher akzeptiert wird. Nach der Interviewanalyse kann davon jedoch nicht ausgegangen werden. Es gibt sogar Hinweise darauf, dass essentialistische Kategorisierungen, die zu einem Abschirmen der Chicano-Gemeinschaft nach außen führen, durch Gentrifizierungsprozesse erstarken.

Literatur

Ackermann, A. (2004). Das Eigene und das Fremde: Hybridität, Vielfalt und Kulturtransfers. In F. Jaeger & J. Rüsen (Hrsg.), *Handbuch der Kulturwissenschaften, Bd. 3: Themen und Tendenzen* (S. 139-154). Stuttgart & Weimar: Metzler.

Arreola, D. D. (1984). Mexican American Exterior Murals. *Geographical Review 74* (4), 409-424.

Bhabha, H. K. (2000): *Die Verortung der Kultur*. Tübingen: Stauffenburg.

Bhabha, H. K. (2012): *Über kulturelle Hybridität. Übertragung und Übersetzung*. Wien Berlin: Turia und Kant.

Bruns, R. (2011). *Cesar Chavez and the United Farm Workers Movement*. Santa Barbara: Greenwood.

De Toro, A. (2007): Escenificación de nuevas hibridaciones, nuevas identidades: Repensar Las Americas. Reconocimiento – Diferencia – Globalización. "Latino Culture" como modelo de coexistencias híbridas. In A. De Toro et al. (Hrsg.), *Estrategias de hibridez en América Latina. Del descubrimiento al siglo XXI*. (S. 367-394). Frankfurt (Main): Peter Lang.

Dotinger, R. (2012). Where San Diego's Getting Whiter. *Voice of San Diego* 13.06.2012. http://voiceofsandiego.org/2012/06/13/where-san-diegos-getting-whiter/. Zugegriffen: 30. Januar 2014.

Economics Research Associates (ERA) (2008). *Barrio Logan Market Analysis*. ERA Project No. 1764217642. http://www.sandiego.gov/planning/community/cpu/barriologan/documents/pdf/barriologanmarketanalysis1208.pdf. Zugegriffen: 15. November 2013.

Falser, M. S. (2007). *Chicano Park. Bürgerinitiative, Graffiti-Kunst und Traumaverarbeitung*. kunsttexte.de, 4-2007 (15 Seiten). Zugegriffen: 30. Juli 2012.

Feustel, M. (2002): Überlagerungen im Raum. In D. Kornhardt, G. Pütz & T. Schröder (Hrsg.): *Mögliche Räume. Stadt schafft Landschaft*. (S. 70-72). Hamburg: Junius.

Ford, L. R. (2005). *Metropolitan San Diego. How Geography and Lifestyle Shape a New Urban Environment*. Philadelphia: University of Pennsylvania Pr.

Foucault, M. (1983): *Der Wille zum Wissen*. Frankfurt a. M.: Suhrkamp.

Girtler, R. (2001). *Methoden der Feldforschung*. Wien et al.: Böhlau.

Kühne, O. (2008): *Distinktion – Macht – Landschaft*. Wiesbaden: Springer VS.

Kühne, O. (2012). *Stadt – Landschaft – Hybridität. Ästhetische Bezüge im postmodernen Los Angeles mit seinen modernen Persistenzen*. Wiesbaden: SpringerVS.

Kühne, O., & Schönwald, A. (2015a). *San Diego – Biographien der Eigenlogiken, Widersprüche und Entwicklungen in und von ‚America's finest city'*. Wiesbaden: SpringerVS.

Kühne, O., & Schönwald, A. (2015b). Biographische Einflüsse auf das Mobilitätsverhalten und das Landschaftsempfinden in der Grenzregion San Diego –Tijuana. In J. Scheiner & Ch. Holz-Rau (Hrsg.), *Räumliche Mobilität und Lebenslauf. Studien zu Mobilitätsbiografien und Mobilitätssozialisation* (S. 221-238). Wiesbaden: Springer VS.

Le Texier, E. (2007). The Struggle against Gentrification in Barrio Logan. In R. Griswold del Castillo (Hrsg.), *Chicano San Diego. Cultural Space and the Struggle for Justice* (S. 202-221). Tucson: University of Arizona Pr.

Löffler, G. (2005). Der Mythos von Aztlán. In R. Zimmering (Hrsg.), *Der Revolutionsmythos in Mexiko* (S. 198-213). Würzburg: Königshausen und Neumann.

Ortiz, I.D. (2007). „¡Sí, Se Puede!“ Chicana/o Activism in San Diego at Century`s End. In R. Griswold del Castillo (Hrsg.), *Chicano San Diego. Cultural Space and the Struggle for Justice* (S. 129-157). Tucson: University of Arizona Pr.

Roymans, N., Gerritsen, F., Van der Heijden, C., Bosma, K., & Kolen, J. (2009): Landscape Biography as Research Strategy: The Case of the South Netherlands Project. *Landscape Research 34*, H. 3, 337-359.

Sierra Macarrón, L. (2003). Los graffiti en la Frontera Méjico-Americana: estudio comparativo entre el Parque Chicano de San Diego y las calles de Tijuana. *Signo. Revista de Historia de la Cultura Escrita*. 12/2003. Universidad de Alcalá, Alcalá de Henares, 61-80.

Solloch, C. (2005). *Performing Conquista. Kulturelle Inszenierungen Mexikos in europäischen und U.S.-amerikanischen Medien im 20. Jahrhundert*. Berlin: Erich Schmidt Verlag.

Tschernokoshewa, E. (2005). Geschichten vom hybriden Leben: Begriffe und Erfahrungswege. In E. Tschernokoshewa & J. Pahor (Hrsg.), *Auf der Suche nach hybriden Lebensgeschichten. Theorie – Feldforschung – Praxis* (S. 9-42). Münster: Waxmann.

Vester, H.-G. (1993): *Soziologie der Postmoderne*. München: Quintessenz.

Zapf, H. (2002). *Dekonstruktion des Reinen. Hybridität und ihre Manifestationen im Werk von Ishmael Reed*. Würzburg: Königshausen und Neumann.

Muslim Hip-Hop on the rise

Ein Fallbeispiel aus São Paulo, Brasilien

Shadia Husseini de Araújo

Zusammenfassung

Ausgehend von der Beobachtung, dass immer mehr Hip-Hop-Künstler aus São Paulo (Brasilien) zum Islam konvertieren, wird in diesem Artikel den Fragen nachgegangen, wie sie ihre Identität als Muslime konstruieren und diese mit ihrer räumlichen Lebenswelt, der so genannten Peripherie von São Paulo, in Verbindung bringen. Mit Gilroys Konzept des *Black Atlantic* wird die *paulistano Muslim Hip-Hop*-Bewegung als Gegenkultur konzipiert, die sich gegen Rassismus, sozio-ökonomische Marginalisierung und räumliche Exklusion richtet. Die Analyse von Rap-Texten, Blogs, Ausstellungspostern und anderen Dokumenten, in denen die Künstler über sich und die Gesellschaft reflektieren, zeigt, wie die Konversion zum Islam der Bewegung eine neue Bedeutung verleiht. Ermöglicht durch spezifische, lokal verfügbare Diskurse eignen sich die Künstler den Islam als Signifikant für Widerstand und Gerechtigkeit an und konstruieren eine neue, aber ‚authentische' muslimische *Black Atlantic*-Identität. Die Neuerfindung der eigenen Identität ermöglicht der *paulistano Muslim Hip-Hop*-Bewegung auch, die Peripherie und die *favela* auf eine affirmative Art und Weise neu zu entwerfen. Durch islamische Regeln werden ferner Lösungen für ihre Probleme gezeichnet und eine ‚bessere' Lebenswelt imaginiert. Aufbauend auf diesen Ergebnissen wird diskutiert, inwieweit die hier analysierten Identitäts- und Raumkonstruktionen nicht nur kulturell hybrid sind, sondern auch eine translokale Dimension haben. Dadurch soll zum einen ein Impuls für die Debatte über fraktale Metropolen geleistet, und zum anderen zum besseren Verständnis von muslimischen Jugendkulturen und ihren räumlichen Dimensionen beigetragen werden.

1 Einleitung: Fraktale Metropolen, Hip-Hop und Islam

Immer öfter wird beobachtet, dass in unterschiedlichen Städten der Welt Hip-Hop-Künstler_innen[1] zum Islam konvertieren und Hip-Hop zum Medium islamischer Botschaften wird. Dies geschieht nicht nur in Metropolen der so genannten islamischen Welt, nicht nur in Metropolen mit großen Anteilen muslimischer Bevölkerung im so genannten ‚Westen', sondern auch in Städten, die in der Regel wenig mit Islam in Verbindung gebracht werden, wie beispielsweise lateinamerikanische Metropolen. In der deutschsprachigen Geographie wurden Lateinamerika und die islamische Welt für lange Zeit als unterschiedliche Weltregionen betrachtet, die auf kultureller Ebene wenig miteinander zu tun haben. Zwar verfügen solche Regionalisierungen heute kaum noch über Erklärungsgehalte und sind aus kritischer Perspektive als eurozentristische Entwürfe weitgehend dekonstruiert worden (Glasze et al. 2014). Dennoch steht die Entwicklung alternativer geographischer Konzepte und Regionalisierungen immer noch in den Kinderschuhen (vgl. zum Beispiel Sidaway 2013). Die Idee ‚fraktaler Metropolen' ist eine der Vorschläge, die in diesem Zusammenhang diskutiert werden, weil sie einerseits auf Differenz, Vieldeutigkeit und Hybridität als Charakteristika der Postmoderne, sowie andererseits auf weltumspannende Verbindungen abhebt (siehe die Einleitung dieses Sammelbandes). Der vorliegende Beitrag möchte mit dem Fallbeispiel der islamisch inspirierten Hip-Hop-Bewegung in der brasilianischen Metropole São Paulo einen empirischen Beitrag zur Debatte leisten. Gezeigt wird, dass die Konstruktion kulturell hybrider Identitäten und deren Verknüpfung mit urbanen Räumen nicht nach dem Zufallsprinzip geschieht (dazu auch Schönwald in diesem Band), sondern mit bestimmten gesellschaftlichen und räumlichen Strukturen zusammenhängen, die dynamisch sind und einen translokalen Charakter haben.[2] Vor diesem Hintergrund geht dieser Beitrag der Frage nach, warum der Islam gerade für die Hip-Hop-Bewegung aus São Paulo eine zunehmende Rolle spielt, warum gerade hier immer mehr Künstler[3] den islamischen Glauben annehmen, sich selbst als ‚Botschafter

1 Um für einen gendersensiblen Sprachgebrauch einzutreten, wird in diesem Beitrag das Gender_Gap verwendet. Wenn hier Pluralformen im Maskulinum angegeben werden, dann ist explizit das Maskulinum und nicht das generische Maskulinum gemeint.

2 Der Begriff Translokalität bezieht sich hierbei vor allem auf sozio-räumliche Dynamiken und Prozesse, die von Ähnlichkeit und Simultanität geprägt sind und lokale, regionale und nationale Grenzen überschreiten (vgl. zusammenfassend Greiner und Sakdapolrak 2013; Verne 2012; Brickell und Datta 2011 oder Freitag und Oppen 2010).

3 Hier sowie im Folgenden ist von Hip-Hop-Künstl*ern* die Rede, da die Autoren des analysierten Materials männlichen Geschlechts sind. Die MHH-Bewegung in São Paulo ist klar männlich dominiert. Weibliche, bi- oder transgender Künstler_innen der *pau-*

des Islam' verstehen und islamische Themen sowie Koran-Rezitation und arabische Trommeln und Rhythmen zum Bestandteil ihrer Musik machen.

Die sozio-politische Relevanz des Themas liegt vor allem in der politisch kulturellen Sprengkraft, die in der Verbindung von Hip-Hop und Islam liegt: Gerade für junge Menschen repräsentiert *Muslim Hip-Hop* (im Folgenden als MHH abgekürzt) einerseits ein Medium für gewaltfreie Kritik an postkolonialen und westlich kapitalistischen Gesellschaftsstrukturen, und andererseits eine neue, alternative Möglichkeit, den Islam zu interpretieren und zu leben (Mandaville 2010; Aidi 2004, 2009, 2011; Alim 2006). Daher ist es kaum verwunderlich, dass MHH in den vergangenen Jahren zu einem immer wichtigeren Forschungsgegenstand in den Kultur- und Sozialwissenschaften wurde (Shannahan und Hussain 2011; Niang 2010; Aidi 2009, 2004; Mushaben 2008; Abdul Khabeer 2007; Kimminich 2007a,b; Alim 2006, 2005; Solomon 2006; Béthune 2003; Huq 2001). Was hingegen fehlt, sind zum einen Untersuchungen aus stadtgeographischer Perspektive, die die räumliche Dimension von MHH mitdenken, sowie zum anderen Studien in geographischen Kontexten, die bisher nur wenig mit dem Islam assoziiert wurden. Mit diesem Artikel soll dazu beigetragen werden, diese Forschungslücken zu füllen und Impulse für die Diskussion über fraktale Metropolen zu liefern.

São Paulo gilt als das Zentrum des brasilianischen Hip-Hop. Seine Anfänge als kulturelle und politische Bewegung werden gewöhnlich auf die Mitte der 1980er Jahre datiert, als vor allem junge Menschen aus der Peripherie der Metropole begannen, auf öffentlichen Plätzen und an U-Bahn-Eingängen im Zentrum der Stadt *breakdance* und *vocal battles* aufzuführen. Die Künstler waren fast ausschließlich männlich, mehrheitlich Afro-Brasilianer und oft auch im *movimento negro*[4] aktiv. Diese enge Verbindung erklärt den äußerst politischen Charakter des *paulistano* Hip-Hop, der bis heute deutlich spürbar ist und sich vor allem gegen Rassismus und gegen die sozio-ökonomische sowie die räumliche Marginalisierung großer Teile der brasilianischen Gesellschaft richtet (Costa 2006; Pardue 2004). MHH repräsentiert nur einen kleinen Teil der heutzutage recht ausdifferenzierten Hip-Hop-Szene in São Paulo. Seine Geschichte beginnt in den 1990er Jahren mit der Gruppe ‚Black Panthers de São Paulo', die sehr stark durch die afro-amerikanische Bürger_innenrechtsbewegung in den USA beeinflusst war (Tomassi 2011).

---

listano-MHH-Bewegung sind mir bislang nicht bekannt. Doch dies muss nicht heißen, dass es sie nicht gibt.

4 Der Begriff *movimento negro* bezieht sich auf die Gesamtheit der unterschiedlichen afro-brasilianischen Bürger_innenrechtsbewegungen, die im Laufe des 20. Jahrhunderts entstanden sind, vor allem in Rio de Janeiro und São Paulo. Für eine einführende Lektüre siehe Francisco (2013).

Besonders in den vergangenen 15 Jahren hat der Islam unter den *paulistano* Hip-Hoppern an Zulauf gewonnen. Heute zählt die *paulistano* MHH-Bewegung die sehr aktive Gruppe ‚Organização Jihad Racional' sowie eine Reihe an Hip-Hop-Gruppen, deren Mitglieder zu großen Teilen (aber nicht ausschließlich) Muslime sind, wie beispielsweise ‚Posse Hausa', und eine Reihe an individuell arbeitenden Künstlern (Tomassi und Ferreira 2011; Tomassi 2011).

Wie konstruieren die Hip-Hop-Künstler ihre muslimische Identität? Wie bringen sie diese mit ihrer lokalen Lebenswelt in Verbindung? Diese Fragen werden mithilfe von Paul Gilroy's Konzeptualisierung von Hip-Hop als eine der Strömungen des *Black Atlantic* (Gilroy 2000 [1993]) angegangen. Die empirische Basis bilden Texte und Dokumente von Hip-Hop-Künstlern, in denen sie über sich selbst, die Gesellschaft sowie über ihre Lebenswelt reflektieren: Rap-Texte, Gedichte, Poster und weitere Dokumente, die sie in ihren Blogs und Facebook-Accounts veröffentlichen. Diese wurden einer qualitativen Textanalyse unterzogen, die vor allem auf die Herausarbeitung von Bedeutungen und Beschreibungen abhebt, die mit der eigenen Identität sowie mit der eigenen Lebenswelt verknüpft werden. Bevor auf die Ergebnisse dieser Fallstudie eingegangen wird, folgt zunächst eine kurze Skizze der theoretischen Grundlagen.

2 *Paulistano* MHH: eine Black Atlantic-Gegenkultur der Peripherie

Hip-Hop muss nicht grundsätzlich politisch sein, auf Emanzipation und den Kampf gegen Diskriminierung abzielen oder als Sprachrohr benachteiligter Jugendlicher aus benachteiligten Stadtvierteln fungieren (siehe dazu auch den Beitrag von Tijé-Dra in diesem Band). Auf die Hip-Hop-Bewegung in São Paulo treffen diese Charakteristika jedoch (bis heute) in weiten Teilen zu. Die enge Verbindung mit dem *movimento negro* macht viele Bereiche des *paulistano* Hip-Hop zu einer dezidiert politischen Angelegenheit, die sich gegen Rassismus sowie sozio-ökonomische Marginalisierung und Exklusion richtet – das heißt gegen gesellschaftliche Formen von Diskriminierung, die viele der Hip-Hop-Künstler tagtäglich am eigenen Leib erfahren. Vor diesem Hintergrund ist Paul Gilroys Konzeptualisierung von Hip-Hop als eine Gegenkultur des *Black Atlantic* äußerst hilfreich (Gilroy 2000; siehe Costa 2006).

Gilroy (2000) bezieht sich auf den *Black Atlantic* als einen Raum transnationaler Schaffung von Kultur der so genannten *Black Diaspora,* das heißt der Nachkommen der versklavten Afrikaner_innen, die durch den Dreieckshandel über den Atlantik in die Amerikas deportiert worden sind. Der Angelpunkt dieser Diaspora ist weder eine gemeinsame afrikanische Kultur noch eine gemeinsame afrikanische Heimat, sondern die geteilte historische Erfahrung von rassistischer Unterordnung, Ausbeutung, kultureller Hybridisierung und Widerstand. Gilroy versteht Identitäten daher nicht als räumlich verwurzelt, sondern fasst Identitätskonstruktion als Prozess, der basiert auf „movement and mediation that is more appropriately approached via the homonym routes [than roots]" (Gilroy 2000, S. 19). In der Konsequenz sind diasporische Identitäten des *Black Atlantic* immer als hybrid zu verstehen, die beständig neu erfunden und ausgehandelt werden. Zu den zentralen Strategien der Konstruktion einer *Black Atlantic*-Identität gehören neben der ständigen Neuerfindung der eigenen (hybriden) Identität vor allem die Formierung von Widerstand gegen Diskriminierung und Ausbeutung sowie der Entwurf einer ‚besseren Zukunft' (Gilroy 2000). Die Rolle, die innovativer Kunst und Musik dabei zukommt, beschreibt Gilroy wie folgt:

> „For the descendants of slaves, work signifies only servitude, misery, and subordination. Artistic expression, expanded beyond recognition from the grudging gifts offered by the masters as a token substitute for freedom from bondage, therefore becomes the means towards both individual self-fashioning and communal liberation. Poiesis and poetics begin to coexist in novel forms – autobiographical writing, special and uniquely creative ways of manipulating spoken language, and, above all, the music" (Gilroy 2000, S. 40).

Eine der vielen unterschiedlichen Richtungen und Genres der *Black Atlantic*-Kunst und -Musik ist Hip-Hop, „the powerful expressive medium of America's urban black poor which has created a global youth movement of considerable significance" (Gilroy 2000, S. 33). Hip-Hop ist machtvoll, weil es Jugendlichen ermöglicht, eigene Erfahrungen und Vorstellungen von sich selbst und der Gesellschaft in öffentlichen Foren zu artikulieren, weil durch Hip-Hop Begriffe wie ‚schwarz', die im hegemonialen Diskurs negativ konnotiert sind, positiv umgedeutet werden können und zu Signifikanten für Kultur und Widerstand werden. Vor diesem Hintergrund kann Hip-Hop mit Gilroy als Medium für die zentralen Strategien der Konstruktion einer *Black Atlantic*-Identität verstanden werden.

Raum ist in vieler Hinsicht konstitutiv für die Hip-Hop-Bewegung (vgl. dazu den Beitrag von Tijé-Dra in diesem Band). Für die *paulistano* Hip-Hop-Bewegung ist insbesondere die so genannte *periferia* (die Peripherie) von São Paulo zentral, das heißt „the vast areas of habitation and settlement (many of which are in-formal, irregular or illegal) outside the central zones of São Paulo" (UN-HABITAT, Fundação Sistema Estadual de Análise de Dados 2010, S. 110). Der Großteil von São Paulos *favelas* ist Teil der Peripherie, wobei die Abgrenzung zwischen geplanten und ungeplanten, zwischen *favela* und nicht-*favela* Bereichen nicht immer klar sichtbar ist (ebd.). Ihre Bevölkerung gehört zu den ärmeren Schichten der Gesellschaft und gilt im Wesentlichen als ‚nicht-weiß'. Aus einer kritischen Perspektive heraus lässt sich die *paulistano* Peripherie vor allem als räumlicher Ausdruck der Intersektion von Klassen- und Rassendiskriminierung verstehen (vgl. hierzu auch Kühne zu den LA Riots in diesem Band). Als solche ist die Peripherie zentral für die Identitätskonstruktion vieler Hip-Hop-Künstler_innen; sie ist nicht nur deren Lebenswelt, sondern auch räumlicher Ausdruck dessen, gegen das die Hip-Hop-Bewegung ankämpft.

Um diesen Zusammenhang zu verstehen, werden im Folgenden die analysierten Repräsentationen der eigenen Identität, der Gesellschaft sowie der eigenen Lebenswelt dargelegt. Dabei wird gezeigt, wie der Islam mit diesen Repräsentationen verknüpft wird (3). Der darauffolgende Schritt beleuchtet, was die untersuchten Texte über die Aneignung des Islam durch die Hip-Hop-Künstler offenbaren, wie ihre *Black Atlantic*-Identitäten durch den Islam neuerfunden werden und auf welche Weisen Widerstand bekräftigt (4) und neue Entwürfe einer besseren Welt gezeichnet werden (5).

3 Islam als Antwort auf die Peripherie

Um die eigene Identität gegenüber der Gesellschaft zu beschreiben, wird im untersuchten Material immer wieder auf das rassistische und von Vorurteilen geprägte System der Gesellschaft („*o sistema preconceituoso*") verwiesen, auf die Erniedrigung („*humilhações cotidianas*"), auf den Ausschluss aus der Gesellschaft („*ser excluído*") (siehe Kaab al-Qadir, *O outro lado da ponte*), auf die Gewalt und Intoleranz („*violência e intolerância*") (Kaab al-Qadir, *Não me olhe assim, eu sou igual a você*), die das Eigene tagtäglich erfährt. Das Eigene wird als Überlebender („*sobrevivente*") – und nicht als Lebender – in einer Welt betrachtet, die zutiefst ungleich und ungerecht ist (ebd.), „wo Haben mehr zählt als Sein (*onde ter é mais do que ser*)" (Kaab al-Qadir, *Iguais Desigualdades*), wo „der Unterdrücker (*o opressor*)" (Organização Jihad Racional, *Islã*), „der Bourgeois (*o burguês*)" (Said Chakkur el-Hakim, *Jihad*) und „der [kulturell] weiße Mann (*o homen branco*)" herrscht, und wo die Nicht-Weißen, die ausgebeutete Arbeiterklasse und die Armen marginalisiert werden (Kaab al-Qadir, *Negro*).

In dieser Welt sei dem Eigenen der Platz in der Peripherie und in der *favela* zugewiesen. In seinem Song mit dem Titel ‚Von der anderen Seite der Brücke' beschreibt Rapper Kaab al-Qadir seine Erfahrungen ‚dort' wie folgt:

> "Ich bin ein Überlebender des [...] rassistischen Chaos' des Systems / Manchmal fühle ich die Kälte, den Hunger, ein Schaudern beim [bloßen] Anblick der Leute hier, die in der gleichen Situation sind wie ich [...] / Wie oft habe ich im Stillen geweint, in der Hoffnung, dass meine Kinder und meine Frau nicht merken, dass mich die Situation erledigt hat / Wenn die Miete für die Baracke unmöglich zu bezahlen ist / Sie ist 3X4 [m^2 groß] am dreckigen Bach voller Ratten / Die so groß sind wie Katzen / Ich bin nicht integriert, sondern ausgeschlossen [...]"[5] (Kaab al-Qadir, *Do outro lado da ponte*).

Hier, wie in vielen anderen Song-Texten, wird ein recht klares Bild der ‚gelebten Welt' in der Peripherie beschrieben: Der Großteil der ansässigen Bevölkerung lebt in Armut, in extrem schlechten Wohnbedingungen und hat – wenn überhaupt – nur einen sehr beschränkten Zugang zu Gesundheitsversorgung, Ausbildung, ÖPNV oder Freizeiteinrichtungen. Die hohe Umweltverschmutzung vor allem durch Industrieabfälle erschweren die Lebensbedingungen oft. Diese wiederum erscheinen in den untersuchten Songs als Faktoren, die die ansässige Bevölkerung verwundbar macht für Gewalt, Prostitution sowie Drogenhandel und -konsum. „Sag mir: Wo sind unsere Frauen, unsere Mütter, unsere Töchter? / Unsere Väter, unsere Brüder und Söhne? / Sie verkaufen ihre Körper / Sie verkaufen und konsumieren Crack / Konsum des Todes in jeder dunklen Gasse der Stadt"[6] (Said Chakkur el-Hakim, *Jihad*). In einem anderen Text heißt es: „Für eine lange Zeit habe ich die Narben dieses Chaos' mit mir herumgetragen / [...] Der Sohn von Alkohol abhängigen Eltern / Der in der *favela* lebt / Der in der FEBEM[7] ein- und ausgeht [...] / und schließlich Ex-Sträfling ist, tragisch nicht? [...]'[8] (Kaab al-Qadir, *Não me olhe assim, eu sou igual você*).

---

5 Pt.: *„Sou sobrevivente do caos [...] preconceituoso do sistema / Às vezes sinto frio, fome, calafrio de ver as pessoas que se encontram aqui na mesma situação que eu [...] / Quantas vezes não chorei calado para que meus filhos e minha mulher não notassem que a situação me venceu / Quando o aluguel é impossível de pagar o barraco / É de três por qua[t]ro do lado do córrego com ratos / Que dá pra confundir com gatos / Não sou acomodado, sou excluído [...]"*.

6 Pt.: *„Me diz: cadê nossas mulheres, nossas mães, nossas filhas? / Nossos pais, os irmãos e filhos? / Vendendo o corpo, vendendo e usando crack / Consumo da morte em cada beco escuro da cidade"*.

7 Das CASA (Centro de Atendimento Socioeducativo ao Adolescente), früher: FEBEM (Fundação Estadual para o Bem Estar do Menor), ist eine Institution in São Paulo, welche die von der Justiz definierten Erziehungsmaßnahmen für jugendliche Straftäter_innen durchführt.

8 Pt.: *„As marcas do descontrole intempestivo carreguei comigo durante um longo tempo / [...] Filho de pais alcoólatras / Morador de favela / Freqüentador de FEBEM, casa de recuperação / E enfim ex-presidiário, trágico não? [...]"*.

Angesichts dieser Lebensverhältnisse wird der Islam im analysierten Material als Instrument dargestellt, um sowohl die gesellschaftlichen Strukturen, die die Peripherie hervorbringen und reproduzieren, als auch die Probleme der ansässigen Bevölkerung zu bekämpfen. Im Epilog seines Titels *Jihad* sagt Said Chakkur, dass „der Islam die einzige Religion [ist], die sich wirklich um die *favela* kümmert".[9] Der Islam „kümmert sich", weil er nicht zwischen Schwarz und Weiß unterscheiden würde – „Es gibt keine Exklusivität gegenüber Allah[10] / Seine Güte ist unendlich"[11] (Organização Jihad Racional, *Islã*) – und Muslim_innen nicht versklavt oder anderen Menschen untergeordnet werden dürften: „Ein Muslim unterwirft sich nur Allah – und niemand anderem"[12]. Dieser Satz ist in allen Bereichen des untersuchten Materials zu finden: Song-Texte, Poster, Blogs, Facebook-Accounts et cetera. Die christliche Religion hingegen wird als Komplizin des Europäischen Kolonialismus wahrgenommen, die Sklaverei und Rassismus unterstützt hat. „Meine Familie ist katholisch", so Rapper Honerê Oaqd al-Amin, „[a]ls ich historische Nachforschungen begann, stellte ich fest, dass die Kirche die Sklaverei unterstützt hat. [...] Jesus war weiß, die Engel waren weiß, und alles Schlechte war schwarz. Dann fragte ich mich: All das, was von mir kommt, ist schlecht? [...] Und dann habe ich den Islam kennen gelernt"[13] (Honerê al-Oaqd Amin, Hip-Hopper, in Brum 2009).

Über das Verständnis hinaus, dass der Islam anti-rassistisch ist und die Unterordnung von Menschen aufgrund ihrer Klasse oder Religion verbietet, ist die Idee zentral, dass der Islam Reichtum als unrein konzipiert. Eine der fünf Säulen des Islam ist, dass Muslim_innen verpflichtet sind, einen bestimmten Anteil ihres Besitzes an Bedürftige abzugeben (*zakāt*). Insofern erscheint der Islam als ‚Gegengift' sowohl für die Verursachung der Peripherie als Gebiet, in das die Armen, die

9 Pt.: *„O Islã [é] a única religião que se preocupa realmente com os problemas das favelas"*.

10 *Allah* ist das arabische Wort für Gott. Wenn in den untersuchten Texten von ‚Allah' gesprochen wird, wurde bei der Übersetzung ins Deutsche das Wort ‚Allah' beibehalten (entsprechend der Entscheidung der Autoren, das arabische Wort zu verwenden). Wenn sich die Texte auf ‚Deus' beziehen, wurde hier die deutsche Übersetzung Gott gewählt (entsprechend der Entscheidungen der Autoren, das aus dem arabischen übersetzte Wort zu verwenden).

11 Pt.: *„Não há exclusividade perante Allah / Sua bondade é infinita"*.

12 Pt.: *„Um muçulmano só baixa a cabeça para Allah – e para mais ninguém"*.

13 Pt.: *„Minha família é católica, mas comecei a investigar a história e descobri que a Igreja deu sustentação à escravidão. [...] Jesus era branco, os anjos eram brancos. E tudo o que era ruim era negro. Aí eu pensava: ‚Então tudo o que é ruim vem de mim?' Então conheci o Islã"*.

sozio-ökonomisch Marginalisierten und die rassistisch Diskriminierten gepfercht werden. Darüber hinaus wird der Islam auch als ‚Medizin' verstanden, um die Krankheiten der Peripherie zu heilen. Da der Islam – so wie er im untersuchten Material beschrieben wird – Respekt gegenüber dem Anderen lehrt und Gewalt, Drogen, Alkohol sowie Prostitution verbietet, wird er als Mittel gesehen, um die Schlüsselprobleme der Bewohner_innen der Peripherie zu bekämpfen. Die Lösung sei daher „die Bars und all die anderen *haram*[14]-Orte in der Stadt zu schließen"[15] (Said Chakkur, *Jihad*).

4 Islam als Signifikant für Widerstand und Gerechtigkeit

Das bestimmte Verständnis vom Islam, das die Hip-Hop-Künstler reproduzieren, wird von spezifischen islamischen Diskursen und Diskursen über den Islam gespeist, die sowohl lokal verfügbar als auch für die Künstler überzeugend sind. Darüber hinaus erlauben sie ihnen, eine ‚authentische' und ein Stück weit ‚einheimische' muslimische Identität zu konstruieren. Einer dieser spezifischen Diskurse ist der Malcolm-X-Diskurs. Als Afro-Amerikaner, als Muslim und als einer der prominentesten amerikanischen Menschenrechtsaktivisten war es Malcolm X (1925-1964), der zum Vorbild in der muslimischen Hip-Hop-Bewegung in vielen Teilen der Welt wurde (Floyd-Thomas 2003). Dies gilt selbstredend umso mehr für Hip-Hop-Bewegungen, die bis heute sehr stark vom *black movement* beziehungsweise dem *movimento negro* beeinflusst sind. Das Islam-Verständnis der *paulistano* Hip-Hopper ist deutlich durch die Lehren von Malcolm X geprägt, insbesondere durch diejenigen nach seiner Pilgerfahrt. Es ist ein Islam, in dem es keine Rassen- und Klassendiskriminierung gibt und der daher als Instrument für Widerstand fungieren kann. Entsprechend wird Malcolm X in sehr vielen der analysierten Texte zum Inbegriff von (islamischem) Widerstand. Der Song *Negro* von Kaab al-Qadir beschreibt ihn als einen „Schwarze[n] des unaufhörlichen Widerstands gegen rassistische, auf Vorurteilen basierende Unterdrückung"[16]. Mit dem Ziel, seine Arbeit fortzusetzen, heißt es: „Los, wir kämpfen, mit der Hilfe Gottes, dem Barmherzigen"[17] (vgl. auch Dugueto Shabazz, *Fechados e Formados*). Es gibt kaum einen muslimischen Hip-Hopper in São Paulo, der sich nicht mit Malcolm X

14 *Haram* ist ein arabisches Wort, das sich in religiösen Kontexten auf Objekte oder Taten bezieht, die verboten sind.

15 Pt.: *"Feche os bares, e os pontos principais harans da cidade"*.

16 Pt.: *"Negro da eterna resistência contra opressão racista e preconceituosa"*.

17 Pt.: *"Em frente com Deus, o Benevolente, nós guerreamos"*.

identifiziert und ihn als Beispiel für das eigene Engagement heranzieht. Viele der Hip-Hopper haben in Interviews erklärt, dass es vor allem der Film ‚Malcolm X' (1992) war, durch den sie Malcolm X und die islamische Religion kennen gelernt haben (Brum 2009; Tomassi 2011).

Während der Malcolm X-Diskurs einen machtvollen *translokalen* Diskurs repräsentiert, der die muslimische Hip-Hop-Identität als ‚authentisch' untermauert, steht ein anderer für *lokale* Geschichte und ermöglicht den Hip-Hop-Künstlern, eine brasilianisch muslimische Identität zu konstruieren. Hierbei handelt es sich um den Malês-Diskurs. Das Wort Malês[18] bezieht sich auf die muslimischen Afrikaner_innen, die als Sklav_innen nach Brasilien deportiert wurden und mehrere Revolten gegen die Kolonialregierung unternahmen. Ihr berühmtester Aufstand war 1835 in Salvador da Bahia (Reis 2010). Die Kolonialherren konnten die Revolten in Schach halten und letztlich bezwingen, aber die Geschichte dieser Ereignisse blieb am Leben. Sie symbolisieren bis heute muslimisch afrikanischen Widerstand und haben als solche afro-brasilianische Konvertit_innen zum Islam besonders inspiriert. Für die Hip-Hopper wurde die Geschichte der Malês zu einem unverzichtbaren Bestandteil ihrer Identitätskonstruktion, wie beispielsweise der Titel „Malês" von Kaab al-Qadir zum Ausdruck bringt:

> „Widerstand ist Existenz, Bewusstsein ist Kohärenz – Überleben der Malês / [...] Durch ihren Kriegsschrei haben sie [die Malês] dem Unterdrücker die schwarze Kraft der Menschheit offenbart [...] / Und der Schrei der Freiheit hallte als Echo zurück!!! / Bekannt als der Aufstand der Malês / [...] Was die Seelen geprägt hat, ist, dass sich der Kampf ums Leben lohnt / Sowie die Nagôs, die Hausa, die Malês gekämpft haben / Muslime der Vergangenheit in Salvador da Bahia [...] / Träume von Freiheit können nicht gefangen genommen werden / Sie müssen realisiert werden / Und die Islamisierten, geführt von Allah, glaubten und kämpften [...]"[19] (Kaab al-Qadir, *Malês*).

18 Der Ursprung dieses Wortes ist nicht klar und "has been the object of protected debate" (Reis 1993). Für eine Diskussion über seine Bedeutungen siehe das Kapitel ‚Muslims become Malês' in Reis (1993), S. 96-97.

19 Pt.: *"Resistência é existência, consciência é coerência – sobrevivência de malês / [...] No grito de guerra mostrou ao seu opressor a força preta da raça humana de humanos notou! / E o grito de liberdade ecoou!!! / [...] A revolta dos Malês assim como conhecida / [...] Fica marcada na alma que é válida a luta pela vida como Nagôs Hausas malês / Muçulmanos de outrora na Bahia de Salvador / [...] Sonhos de liberdade não podem ser aprisionados / Devem ser concretizados / E os islamizados que por Allah guiados acreditaram e lutaram [...]"*.

Über die Texte hinaus, die über die Malês geschrieben und ihnen gewidmet wurden (siehe auch *Jihad* von Said Chakkur al-Hakim, *Vamos Pra Palmares* von Dugueto Shabazz), beziehen sich viele der Hip-Hopper auch in ihren Blogs auf sie (zum Beispiel Posse Hausa, Organização Jihad Racional), organisieren Ausstellungsreihen und Vorträge über sie[20], und benennen ihre Bands und Gruppen nach ihnen (zum Beispiel Os Malês oder die zitierte Posse Hausa, deren Namen sich auf die Ethnie Hausa bezieht, der viele der Malês angehörten). Auf diese Weise rahmt der Malês-Diskurs nicht nur Schlüsselelemente der muslimischen Hip-Hop-Identität der *paulistano* Peripherie, wie kulturelles Schwarzsein, Islam und Widerstand. Aufgrund des Charakters als *lokale Geschichte* verleiht der Malês-Diskurs ihrer Identität Kohärenz; er macht sie auf lokaler Ebene ‚authentisch' oder gar ‚einheimisch', sodass „[…] jeder neue Konvertit denkt, etwas von den Malês in sich zu haben"[21] (Mano Brown, Hip Hopper, in Brum 2009). Die Entdeckung der Malês durch die Hip-Hop-Künstler wurde ermöglicht durch die Forschungsarbeiten von Historiker_innen, allen voran durch João José Reis und sein Schlüsselwerk über den muslimischen Aufstand von 1835 in Bahia, welches 1989 publiziert wurde. In den darauffolgenden Jahrzehnten wurden diese und andere Studien (Lovejoy 1994, 2002; Reis 1993; Quiring-Zoche 1995) nicht nur in der akademischen Welt bekannt, sondern auch außerhalb von ihr und unter anderem von Anhänger_innen des *movimento negro* aufgegriffen.[22]

Durch den Malcolm X- sowie den Malês-Diskurs konnten sich die Hip-Hop-Künstler den Islam als einen Signifikant für Widerstand und Gerechtigkeit aneignen. Mit der Reproduktion dieser Diskurse durch muslimische Hip-Hop-Künstler sowie durch die wachsenden Möglichkeiten des Austauschs von Informationen und Musik über das Internet wurden diese beiden Diskurse in der *paulistano* Peripherie immer bekannter und damit immer verfügbarer für die eigene Identitätsbildung. Nach 9/11, als das Bild von ‚der islamischen Welt' als ‚das Andere des Westens' die außenpolitischen Diskurse der USA und ihrer Allianzen zu dominieren begann und die Kriege gegen Afghanistan und den Irak mit solchen geopolitischen Entwürfen legitimiert wurden (Reuber und Strüver 2009; Reuber und Wolkersdorfer 2004), ist die Idee des Islam als ein Weg für Widerstand nur noch weiter gestärkt worden. Dekodiert und neu kodiert begann der Islam umso mehr für Widerstand gegen (Post-)Kolonialismus, Westzentrismus, Neoliberalismus und Kapitalismus zu stehen: „Genug damit, Sklaven der Heuchelei zu sein / Ein Ende

20 Siehe http://possehausa.blogspot.com.br/2008/01/revolta-dos-mals-em-1835.html

21 Pt.: "*Cada novo convertido acredita ter dentro de si um pouco de malê*".

22 Siehe http://possehausa.blogspot.com.br/2008/01/revolta-dos-mals-em-1835.html für eine Literaturliste, auf die sich das movimento negro in São Paulo bezieht.

mit dieser kranken, kapitalistischen, separatistischen Anomalie / Dessen Macht gegen uns gerichtet ist"[23] (Organização Jihad Racional, *Carta Ao Poder*). In einem anderen Text heißt es: „Die Muslime zeigen Widerstand, sind beharrlich, wie in der Vergangenheit / Und Allah bringt uns SIEG!!!"[24] (Organização Jihad Racional, *Islã*, siehe auch Kaab al-Qadir, *Novo Tempo*; Said Chakkur al-Hakim, *Jihad*; Dugueto Shabazz, *Fechados e Formados*, *Apogeu* oder *Brilho Estelar*).

Diese wenigen Beispiele zeigen, dass die *paulistano* MHH-Bewegung höchst politisch ist. Gleichzeitig hat sie im Grundsatz wenig mit dem zu tun, was gewöhnlich als politisch islamische Bewegung bezeichnet wird (für eine Definition von politischem Islam siehe beispielsweise Mandaville 2007). Der zentrale Unterschied zu Letzterer ist, dass sie sich – zumindest den öffentlich gemachten Prinzipien nach – als nicht-exklusiv versteht, sondern offen für nicht-Muslim_innen ist. Dieser Ansatz zeigt sich im Slogan „Muslime und nicht-Muslime [kämpfen] für das gleiche Ideal"[25] von Organização Jihad Racional[26] oder auch darin, dass viele Gruppen ‚gemischte' Gruppen sind. Darüber hinaus zeichnen viele der Künstler explizit eine Grenze zwischen sich selbst und Islamismus in seiner absolutistischen Form und verurteilen jede Form von Gewalt, die religiös legitimiert wird (siehe jihadracional.blogspot.com).

5 Vorstellungen von einer besseren Lebenswelt

Die Art und Weisen, wie die Künstler ihre Religion leben und ihre Identifikation mit dem Islam zum Ausdruck bringen, sind vielfältig. Über die Bezüge zum Islam in ihren Texten hinaus integrieren manche Hip-Hop-Künstler Koran-Rezitation in ihre Rap-Musik. Es ist ferner üblich, dass die konvertierten Künstler einen islamischen Namen annehmen und Kleidung tragen, die mit dem Islam verbunden wird (siehe Tomassi 2011, S. 82ff.)[27]. Gerade diejenigen, die Elemente der Religion zum integrativen Bestandteil ihrer Performance' machen, verstehen sich selbst

23 Pt.: *"A força do muslim universal [...] / Basta a sermos escravos da hipocrisia / Um basta a essa anomalia doentia, capitalista, separatista / Que usa contra nós seu poder".*

24 Pt.: *"Os muçulmanos resistem, persistem como outrora / E Allah fará as partes nos dando a VITÓRIA!!!".*

25 Pt.: *"Muçulmanos e não Muçulmanos pelo mesmo ideal"*

26 Siehe beispielweise ihr Blog http://jihadracional.blogspot.com.br/.

27 Siehe beispielsweise den Auftritt von Organização Jihad Racional auf dem Kunstmarkt 2010 in Embu: http://www.youtube.com/watch?v=DFK6LBIDuD4&list=PL6D142D599F736FFF

oft auch als Botschafter des Islam (Tomassi und Ferreira 2011). Dabei stehen in den Botschaften, die als Text publik gemacht werden, weniger die spirituelle Seite der muslimischen Identität im Vordergrund, sondern vielmehr die Macht und das Potenzial des muslimischen Subjekts, sich selbst und die Gesellschaft und damit die Peripherie und die Welt zu verändern. „Unsere Kritik hört nicht auf [...] / Es ist der Muslim der agiert", wie Rapper Said Chakkur al-Hakim in einem seiner Songs bekräftigt (Said Chakkur al-Hakim, *Jihad*). In diesem Kontext geht die Aneignung des Islam als Signifikant für Widerstand und die Erfindung der eigenen muslimischen Identität mit einer Re-Interpretation der Peripherie sowie mit neuen utopischen Wünschen einher, die sich auf die eigene Lebenswelt beziehen.

Die Peripherie und die *favela* werden von den Hip-Hop-Künstlern als ‚Adresse' betrachtet, die zum einen „eine Narbe [darstellt], du musst lernen sie zu verstecken"[28] (Kaab al-Qadir, *Não me olhe assim, eu sou igual você*). Sie wird als etwas wahrgenommen, für das man sich schämt, für das man zahlt, wenn man sie offenbart. Aber durch die Augen des muslimischen Hip-Hop re-interpretiert wird sie auch zu etwas Positivem. Der Islam wird als „die am meisten wachsende Religion in der Welt" verstanden, „[d]essen Anhängerschaft mehrheitlich aus den Ghettos und den Peripherien kommt"[29] (Organização Jihad Racional, *Islã*). In anderen Worten: Die Peripherie wird auch positiv konnotiert, weil die Mehrheit der Muslim_innen aus Peripherien stammt, weil sie Großteile der muslimischen Bevölkerung hervorbringt und formt: „Wenn ich dich jemals verlassen muss / Wo immer ich auch hingehe / Werde ich immer mit Stolz von dir sprechen / Denn alles was ich weiß und bin / Ist wegen dir, meine geliebte *FAVELA*!!!'[30] (César Jihad, *Ela*, siehe auch Said Chakkur al-Hakim, *Jihad*). Damit – und zusammen mit dem Hip-Hop-Diskurs, in dem *favela* und Peripherie auch für *street credibility* stehen – ist die eigene Adresse nicht mehr die Narbe, die versteckt werden muss. Sie wird zu einer Adresse, die sogar zur Schau gestellt werden kann, sei es, um das eigene Selbstbewusstsein zu stärken oder sei es, um andere zu ermutigen.

Die Hip-Hop-Künstler stellen ihren Erfahrungen in der gegenwärtigen Welt eine imaginierte, bessere Welt gegenüber, wobei sie eine große Vielfalt an verschiedenen utopischen Wünschen zum Ausdruck bringen, die manchmal mehr, manchmal weniger konkret sind. Was viele dieser Vorstellungen gemeinsam ha-

28 Pt.: *"[um] rótulo, é como uma cicatriz, tem que aprender a escondê-la".*

29 Pt.: *"[...] a religião que mais cresce no mundo onde sua maioria / em adeptos são dos guetos das periferias".*

30 Pt.: *"Se algum dia eu tiver que lhe deixar / Onde quer que eu for / Sempre falarei de você com orgulho / Pois tudo que sei e sou / É por sua causa, minha amada FAVELA!!!"*

ben, ist der Wunsch nach einer gerechten Gesellschaft, die nicht unbedingt islamisch sein muss, und nach einem friedlichen Leben: „Weißt du, was ich gerne haben würde / Ein Zuhause, Würde und Respekt / Dann würde ich friedlich schlafen / Ich müsste nicht zu meiner Familie sagen / Esst langsam, denn es ist der letzte Happen …“[31] (Kaab al-Qadir, *Do outro lado da ponte*, see also Dugueto Shabazz, *Vamos pra Palmares*). Andere träumen von einem Islamischen Staat, ohne diesen genau zu beschreiben oder zu konzeptualisieren. Das einzige, was konkretisiert wird, ist, dass es in diesem Staat keinen Platz für Drogen, Kriminalität und Prostitution gibt (Said Chakkur al-Hakim, *Jihad*). Implizit verschwindet die Zentrum-Peripherie-Dichotomie in fast allen dieser Projektionen.

6 Schlussbetrachtung

Ausgehend von der Beobachtung, dass immer mehr Hip-Hop-Künstler aus São Paulo zum Islam konvertieren, ist der Artikel den Fragen nachgegangen, wie sie ihre Identität als Muslime konstruieren und diese mit ihrer räumlichen Lebenswelt, der so genannten Peripherie von São Paulo, in Verbindung bringen. Mit Gilroy's Konzept des *Black Atlantic* (2000 [1993]) wurde die *paulistano* MHH-Bewegung als Gegenkultur konzipiert, die sich zum einen auf die historische Erfahrung von Sklaverei und rassistischer Unterordnung bezieht, und sich zum anderen gegen die aktuellen Formen von Rassismus, sozio-ökonomischer Marginalisierung und räumlicher Exklusion richtet. Die Peripherie São Paulos ist Ausdruck dieser sozio-räumlichen Strukturen und als solche konstitutiv für die Bewegung: Sie ist als Lebenswelt der Künstler eine zentrale Referenz für ihre Identitätskonstruktion und gleichzeitig Resultat dessen, was die Künstler bekämpfen und verändern wollen. Die Analyse von Rap-Texten, Blogs, Ausstellungspostern und anderen Dokumenten, in denen die Hip-Hopper über sich und die Gesellschaft reflektieren, hat gezeigt, wie die Konversion zum Islam der Bewegung eine neue Bedeutung verleiht. Ermöglicht durch lokal verfügbare islamische Diskurse sowie Diskurse über den Islam mit Überzeugungskraft – allen voran der Malcolm X- und der Malês-Diskurs – eignen sich die Künstler den Islam als Signifikant für Widerstand und Gerechtigkeit an und konstruieren eine neue, aber ‚authentische', sogar in Teilen ‚einheimische' muslimische *Black Atlantic*-Identität. Diese Neuerfindung der eigenen Identität ermöglicht der *paulistano* MHH-Bewegung auch, die Peripherie und die

31 Pt.: *"Sabe o que eu queria / Um lar, dignidade e respeito / Então dormiria tranquilo sossegado / E não precisaria falar a minha família / Comam de vagar porque é o último pedaço..."*.

favela auf eine affirmative Art und Weise neu zu entwerfen. Durch islamische Regeln werden ferner Lösungen für ihre Probleme gezeichnet und eine ‚bessere' Lebenswelt imaginiert.

Mit diesen Ergebnissen trägt die Studie nicht nur zur Beantwortung der Frage bei, warum gerade in São Paulo Hip-Hop-Künstler zum Islam konvertieren. Sie zeigt damit auch, dass die islamische Welt in der Peripherie von São Paulo präsent ist – genauso wie Afrika, Lateinamerika und der Westen. Es ist ein Beispiel für die Hybridität politisch kultureller Identitätskonstruktionen, deren räumliche Bezüge sich über den Globus erstrecken, wobei diese wiederum genutzt werden, um die lokale Lebenswelt, die Peripherie São Paulos, mit neuen Bedeutungen aufzuladen und zu verändern. Abstrahiert heißt dies, dass Identitäts- und Raumkonstruktion komplexer werden und dadurch zur Konstitution fraktaler Metropolen beitragen.

Der Vergleich dieser Ergebnisse mit denjenigen anderer Studien über Hip-Hop und Islam zeigt darüber hinaus noch eine weitere, den Globus umspannende Dimension, die mit dem Begriff Translokalität gefasst werden kann. Viele MHH-Bewegungen kämpfen an unterschiedlichen Orten der Welt ebenfalls mit der ‚postkolonialen Gegenwart'. Untersuchungen haben bestätigt, dass muslimische Rapper_innen in den USA, in Frankreich, Deutschland und Großbritannien – sowohl Konvertit_innen als auch nicht-Konvertit_innen – oft Segregation, Stigmatisierung und postkolonialen Rassismus erfahren (haben), der nicht nur gewaltvoll, sondern auch strukturell ist (Swedenburg 2009, 2001; Mushaben 2008; Kimminich 2007; Solomon 2006; Aidi 2004; Kaya, 1997). Auch sie kommen häufig aus benachteiligten Stadtvierteln, seien es die *ghettos* US-amerikanischer Innenstädte oder die *banlieues* von Paris (Devilla 2011; Aidi 2004; Huq 2001; Kimminich 2007). Innerhalb der MHH-Bewegungen werden Kategorien ‚ethnischer' Identität – *black*, *beur*, türkisch, Muslim – dekodiert und mit positiven Bedeutungen versehen. Auch hier steht der Islam oft als Signifikant für Widerstand und Gerechtigkeit, durch den das Eigene, die Gesellschaft und die (eigene Lebens-)Welt umgedeutet und verändert werden soll (Aidi 2004). Mit anderen Worten: Trotz aller Verschiedenheit der MHH-Bewegungen sowie ihrer sozialen und räumlichen Kontexte lassen sich für weite Teile bestimmte strukturelle Ähnlichkeiten erkennen.

Angesichts ihrer kulturellen Hybridität sowie ihrer translokalen Dimension können die Identitäts- und Raumkonstruktionen der *paulistano* MHH-Bewegung als Ausdruck fraktaler Metropolen verstanden werden, die traditionelle Regionalisierungen von Weltkulturerdteilen nicht nur vollkommen obsolet machen, sondern auch Anhaltspunkte für neue sozio-räumliche Analysen liefern. Im Zusammenhang mit zukünftiger Forschung über MHH-Bewegungen hieße dies beispielsweise, dass neben der Hybridität insbesondere auch die translokale Dimension sowohl der Bewegungen selbst als auch ihrer räumlichen und sozialen Kontexte stärker in das Blickfeld gerückt werden muss. Vor allem eine solche translokale Perspektive trägt letztlich dazu bei, die Rolle und Bedeutung von MHH als urbane politische Jugendkultur besser zu verstehen, die an vielen unterschiedlichen Orten der Welt an Zulauf und kultureller Sprengkraft gewinnt.

Literatur

Abdul Khabeer, S. (2007). Rep that Islam: The Rhyme and Reason of American Islamic Hip Hop. *The Muslim World 97*, 125-141. doi: 10.1111/j.1478-1913.2007.00162.x

Aidi, H. D. (2004). 'Verily, there is only one Hip-Hop Umma': Islam, cultural protest and Urban marginality. *Socialism and Democracy 18*, 107-126. doi: 10.1080/08854300408428402

Aidi, H. D. (2009). Jihadis in the Hood: Race, Urban Islam, and the War on Terror. In M. Marable & H. D. Aidi (Hrsg.), *Black routes to Islam* (S. 283-298). New York: Palgrave Macmillan.

Aidi, H. D. (2011). The grand (hip hop) chessboard. Race, rap and raison d'etat. *Middle East Report* 260, 25-39. http://www.merip.org/mer/mer260/grand-hip-hop-chessboard. Zugegriffen: 28. Juni 2015.

Alim, S. H. (2005). A New Research Agenda: Exploring the Transglobal Hip hop Umma. In M. Cooke & B. B. Lawrence (Hrsg.), *Muslim networks from Hajj to Hip Hop* (S. 264-274). Chapel Hill: University of North Carolina Press.

Alim, S. H. (2006a). Re-Inventing Islam with Unique Modern Tones: Muslim Hip-Hop. Artists as Verbal Mujahidin. *Souls 8*, 45-58. doi: 10.1080/10999940601057341

Alim, S. H. (2006b). Roc the MIC Right. The Language of Hip Hop Culture. New York: Routledge.

Béthune, C. (2003). Sacré et profane. In C. Béthune (Hrsg.), *Le Rap. Un esthétique hors-la-loi* (S. 185-204). Paris: Autrement.

Brickell, K., & Datta, A. (Hrsg.). (2011). *Translocal geographies. Spaces, places, connections*. Farnham: Ashgate.

Brum, E. (31. Januar 2009): *Islã* cresce na periferia das cidades do Brasil. Jovens negros tornam-se ativistas islâmicos como resposta à desigualdade racial. O que pensam e o que querem os muçulmanos do gueto. *Época*. http://revistaepoca.globo.com. Zugegriffen: 01. Februar 2015.

Costa, S. (2006). *Dois Atlânticos. Do anti-racismo às diference as cosmopolitas*. Belo Horizonte: UFMG Humanitas.

Devilla, L. (2011). 'C'est pas ma France à moi...': identités plurielles dans le rap français. *Synergies Italie 7*, 75-84. http://ressources-cla.univ-fcomte.fr/gerflint/Italie7/lorenzo.pdf. Zugegriffen: 01. Februar 2015.

Floyd-Thomas, J. M. (2003). A Jihad of Words. The Evolution of African American Islam and Contemporary Hip Hop. In A. B. Pinn (Hrsg.), *Noise and spirit. The religious and spiritual sensibilities of rap music* (S. 49-70). New York: New York University Press.

Floyd-Thomas, J. M. (2003). A Jihad of Words. The Evolution of African American Islam and Contemporary Hip Hop. In A. B. Pinn (Hrsg.), *Noise and spirit. The religious and spiritual sensibilities of rap music* (S. 49-70). New York: New York University Press.

Francisco, F. T. S. (2013). Die Dekonstruktion der *democracia racial* und der Aufstieg des *movimento negro* in Brasilien. In S. Husseini de Araújo, T. Schmidt & L.Tschorn (Hrsg.), *Widerständigkeiten im ‚Land der Zukunft'. Andere Blicke auf und aus Brasilien*. (S. 58-67) Münster: Unrast.

Freitag, U., & Oppen, A. von (2010). Introduction. 'Translocality': An Approach to Connection and Transfer in Area Studies. In A. von Oppen & U. Freitag (Hrsg.), *Translocality. The study of globalising processes from a southern perspective* (S. 1-21). Leiden: Brill.

Gilroy, S. (2000[1993]). *The black Atlantic. Modernity and double consciousness*. Cambridge, Mass: Harvard University Press.

Glasze, G., Füller, H., Husseini de Araújo, S., & Michel, B. (2014). Regionalforschung in der Geographie und interdisziplinäre *area studies* nach dem *cultural turn*: eine Einführung. *Geographische Zeitschrift 102*, 1-6.

Greiner, C., & Sakdapolrak, S. (2013). Translocality: Concepts, applications and emerging research perspectives. *Geography Compass 7*, 373-384. doi: 10.1111/gec3.12048.

Huq, R. (2001). Rap à la française: hip-hop as youth culture in contemporary post-colonial France. In A. Furlong & I. Guidikova (Hrsg.), *Transitions of youth citizenship in Europe. Culture, subculture and identity* (S. 41-60). Strasbourg: Council of Europe.

Kaya, A. (1997). Constructing diasporas: Turkish hip-hop youth in Berlin. (Unpublished doctoral dissertation). University of Warwick, Warwick (UK). http://openaccess.bilgi.edu.tr:8080/xmlui/bitstream/handle/11411/96/Constructing%20Diasporas%20%20Turkish%20Hip-Hop%20Youth%20in%20Berlin.pdf?sequence=2. Zugegriffen: 01. Februar 2015

Kimminich, E. (2007). Rap(re)publics: Transglobale Gemeinschaften und alternative Formen der Wissensvermittlung. In A. Gunsenheimer (Hrsg.), *Grenzen. Differenzen. Übergänge. Spannungsfelder inter- und transkultureller Kommunikation* (S. 91-114). Bielefeld: Transcript.

Kimminich, E. (2007). Rassismus und RAPublikanismus - Islamismus oder Welt'bürger'tum? Geschichte, Wahrnehmung und Funktionsmechanismen des französischen RAP. In A. Gunsenheimer (Hrsg.), *Grenzen. Differenzen. Übergänge. Spannungsfelder inter- und transkultureller Kommunikation* (S. 59-74). Bielefeld: Transcript.

Lovejoy, S. E. (1994). Background to rebellion. The origins of Muslim slaves in Bahia. *Slavery and Abolition 15*, 151-180. doi: 10.1080/01440399408575130

Lovejoy, S. E. (2002). *A escravidão na África*. Rio de Janeiro: Civilização Brasileira.

Malcolm X, & Haley, A. (2001). The Autobiography of Malcolm X. New York et al.: Penguin.

Mandaville, S. G. (2007). *Global political Islam*. London: Routledge.

Mandaville, S. G. (2010). The Rise of Islamic Rap. *YaleGlobal Online*. http://yaleglobal.yale.edu/content/rise-islamic-rap. Zugegriffen: 01. Februar 2015.

Mushaben, J. M. (2008). Gender, HipHop and Pop-Islam: the urban identities of Muslim youth in Germany. *Citizenship Studies 12*, 507-526. doi: 10.1080/13621020802337931

Niang, A. (2010). Hip-hop, musique et Islam: le rap prédicateur au Sénégal. *Cahiers de recherche sociologique* 49, 63-94. doi: 10.7202/1001412ar

Pardue, D. (2004). 'Writing in the Margins': Brazilian Hip-Hop as an Educational Project. *Anthropology and Education Quarterly 35*, 411-432. doi: 10.1525/aeq.2004.35.4.411

Quiring-Zoche, R. (1995). Glaubenskampf oder Machtkampf? Der Aufstand der Malé von Bahia nach einer islamischen Quelle. *Sudanic Africa 6*, 115-124. http://www.jstor.org/stable/25653268. Zugegriffen: 15.07.2015.

Reis, J. J. (1986): *Rebelião escrava no Brasil. A história do levante dos malês, 1835*. São Paulo: Editora Brasiliense.

Reis, J. J. (1993). A greve negra de 1857 na Bahia. *Revista USP 18*, 6-29. http://www.revistas.usp.br/revusp/article/view/25988. Zugegriffen: 15.07.2015.

Reuber, P., & Strüver, A. (2009). Diskursive Verräumlichungen in deutschen Printmedien. Das Beispiel Geopolitik nach 9/11. In Döring, J., & Thielmann, T. (Hrsg.), *Mediengeographie. Theorie – Analyse – Diskussion* (S. 315-332). Bielefeld: transcript-Verlag.

Reuber, P., & Wolkersdorfer, G. (2004). Geopolitische Leitbilder als diskursive Konstruktionen – konzeptionelle Anmerkungen und Beispiele zur Verbindung von Macht, Politik und Raum. In Gebhardt, H., & Kiesel, H. (Hrsg.), *Weltbilder* (S. 367-388). Heidelberg: Springer.

Shannahan, D. S., & Hussain, Q. (2011). Rap on 'l'Avenue': Islam, aesthetics, authenticity and masculinities in the Tunisian rap scene. *Contemporary Islam 5*, 37-58. doi: 10.1007/s11562-010-0134-7

Sidaway, J. (2013). Geography, Globalization, and the Problematic of Area Studies. *Annals of the Association of American Geographers 103*(4), 984-1002.

Solomon, T. (2006). Hardcore muslims: Islamic themes in Turkish Rap in Diaspora and in the Homeland. *Yearbook for Traditional Music 38*, 59-78. http://www.jstor.org/stable/20464972. Zugegriffen: 15.07.2015.

Swedenburg, T. (2001). Islamic Hip hop vs. Islamophobia. Aki Nawaz, Natacha Atlas, Akhenaton. In T. Mitchell (Hrsg.), *Global noise. Rap and hip-hop outside the USA* (S. 57-85). Middletown, Conn: Wesleyan University Press.

Swedenburg, T. (2009): Fun^Da^Mental Islamophobic Fears: Britain's 'Suicide Bomb Rappers'. *Vis-à-vis: Explorations in Anthropology 9*, 123-132. http://vav.library.utoronto.ca/index.php/vav/article/view/5250/2154. Zugegriffen: 15.07.2015.

Tomassi, B. C. T. (2011). *'Assalamu aleikum favela': A performance islâmica no movimento Hip Hop das periferias do ABCD e de São Paulo* (Unpublished master's thesis). Universidade de Campinas, Campinas (Brazil).

Tomassi, B. C. T., & Ferreira, F. C. B. (2011). Dos primeiros aos Últimos Poetas: A intersecção Hip Hop - Islã. *Revista de Antropologia Social dos Alunos do PPGAS-UFSCar 3* (2), 30-50. http://200.144.182.143/napedra/wp-content/uploads/2013/01/02.BIAFRANCIROSY.pdf. Zugegriffen: 15.07.2015.

United Nations Human Settlements Programme (UN-HABITAT); Fundação Sistema Estadual de Análise de Dados (2010). *São Paulo. A tale of two cities.* Nairobi: United Nations Human Settlements Programme. http://mirror.unhabitat.org/pmss/listItemDetails.aspx?publicationID=2924. Zugegriffen: 15.07.2015.

Verne, J. (2012). *Living translocality. Space, Culture and Economy in Contemporary Swahili Trade.* Stuttgart: Franz Steiner Verlag.

Autorinnen und Autoren

Marc Bertier ist promovierter Soziologe und Architekt. Er arbeitet zu Interpretationsweisen der Architektur durch die breite Öffentlichkeit und zu Effekten, die diese Interpretationen im menschlichen Zusammenleben hervorrufen können. Er untersucht die Architektur sowohl in ihrer urbanen als auch ihrer sozialen Dimension.

Diedrich Bruns ist Landschaftsplaner und vertritt die Professur Landschaftsplanung | Landnutzung an der Universität Kassel. Er absolvierte unterschiedliche Stationen der Lehr- und Forschungstätigkeit in Europa, Afrika, Asien und Nordamerika und verfügt zudem über eine langjährige Planungspraxis. Derzeit sind verschiedene Projekte methodischer Weiterentwicklung öffentlicher Mitwirkung bei räumlicher Planung sowie Publikationen über Planungs- und Forschungsmethoden in Bearbeitung.

Claire Carriou hat im Bereich Raum- und Stadtplanung promoviert und arbeitet als ‚*mâitre de conférences*' (Dozentin) an der Universität Paris Ouest Nanterre La Défense, eine der Pariser Universitäten im Westen der französischen Hauptstadt. Sie gehört zu den Forschungseinheiten Mosaïques und UMR LAVUE 7218. Ihre Forschung ist hauptsächlich auf Wohnungspolitiken, deren Institutionalisierung und Funktionsweisen ausgerichtet, wobei gerade Veränderungen dieser Prozesse über längere Zeiträume betrachtet werden. Aktuelle Arbeiten rücken Alternativen zu ‚klassischen' Formen des Wohnens in den Mittelpunkt, wovon beispielsweise ein Themenheft der Zeitschrift *Metropolitics* zeugt, das sie im Jahr 2012 zum

‚Mutual Housing. Cooperative experiments in France' koordiniert hat. Seit 2009 führt sie darüber hinaus eine umfassende Studie zu einem sozial-partizipativen Prozess, dem ‚Le Grand Portail', in Nanterre durch.

Thomas Franke studierte Geographie, Soziologie und Städtebau in Würzburg und Bonn. Seine Promotion folgte am Geographischen Institut der Universität Bonn. Nach seinem Studium arbeitete er in einem Beratungsbüro zum Thema Institutionenentwicklung in Osteuropa. Bis 2000 war er freier Mitarbeiter der Friedrich-Ebert-Stiftung. Seit 1996 ist Thomas Franke wissenschaftlicher Mitarbeiter und Projektleiter im Deutschen Institut für Urbanistik (Difu) in Berlin mit den Arbeitsschwerpunkten Evaluierung, Integrierte Stadt- und Quartiersentwicklung (im internationalen Vergleich) sowie Governance/neue Formen von Steuerung und Akteursbeteiligung. Von 1999 bis Ende 2014 gehörte er zum Team der Programmbegleitung Soziale Stadt und leitete zuletzt die Bundestransferstelle Soziale Stadt beim Difu.

Susanne Freitag-Carteron arbeitet als Korrespondentin im ZDF-Studio Paris. Sie studierte Politikwissenschaft und Germanistik in Stuttgart. Im Anschluss absolvierte sie ein zweijähriges Volontariat bei Sat. 1 in Baden-Württemberg. Von 1995 bis 2002 war sie als freie Redakteurin im ZDF-Studio Düsseldorf und beim WDR tätig. 1998 reiste sie im Rahmen eines Journalistenstipendiums der Heinz-Kühn-Stiftung drei Monate in den Senegal. Sie recherchierte zum Thema Islambruderschaften und arbeitete in diesem Rahmen einen Monat beim senegalesischen Radio Sud Fm. Seit 2002 ist sie in Paris im ZDF-Studio Südwest-Europa und berichtet aus den Ländern Frankreich, Spanien, Portugal, Tunesien, Algerien und Marokko. Sehr schnell wurde das Thema der Vorstädte zu einem ihrer journalistischen Schwerpunkte. Bereits vor den landesweiten Unruhen von 2005 berichtete sie über die *banlieues* und die Probleme Frankreichs mit der Integration. Bis heute ist sie mit Kamerateams immer wieder in unterschiedlichen Vorstädten unterwegs. 2003 wurde sie mit dem deutsch-französischen Journalistenpreis ausgezeichnet.

Stephen Hall has worked at the Faculty of Environment and Technology, University of the West of England Bristol, since 2009. He was previously Lecturer in Urban and Regional Economic Development at the Centre for Urban and Regional Studies (CURS) at the University of Birmingham, having completed his doctoral thesis on local economic policy there in November 1993. His principal research interests are in local economic development and urban regeneration policy in England and France. He has undertaken research for the Economic and Social Research Council, Joseph Rowntree Foundation, Department for Communities and

Local Government, Homes and Communities Agency, Local Government Association, European Commission, British Academy, British Council, Plan Urbanisme Construction Architecture (PUCA), Centre National des Recherches Scientifiques (CNRS) and has wide experience of evaluation of local projects in different cities in England.

Shadia Husseini de Araújo studierte Geographie und Islamwissenschaften an der Westfälischen Wilhelms-Universität Münster. Dort promivierte sie im Fachbereich Geographie über Imaginative Geographien des Eigenen und des Anderen in arabischen Printmedien. Im Anschluss an ihre Tätigkeit als akademische Rätin auf Zeit an der Friedrich-Alexander-Universität Erlangen-Nürnberg führte sie ein Postdoc-Projekt über muslimische Gemeinden in Brasilien an der Universität von São Paulo (Brasilien) durch. Seit Herbst 2014 hat sie eine Assistenzprofessur im Fachbereich Wirtschaftsgeographie an der Universität von Brasília (Brasilien) inne. Zurzeit arbeitet sie zu den Themen ‚Globaler *Halal*-Markt' und ‚Alternative Ökonomien'. Zu ihren aktuellen Forschungsinteressen gehören Islam in Brasilien, Migration, Postkoloniale Theorie und Postneoliberalismus in Lateinamerika.

Rainer Kazig ist Humangeograph. Er hat an der TU München mit einer Dissertation zu Straßenzeitungen im Feld der Geographie der Begegnungen promoviert. Nach Anstellungen als wissenschaftlicher Assistent am Geographischen Institut der Universität Bonn und als Vertretungsprofessor am Department für Geographie der LMU München arbeitet er seit 2013 als Wissenschaftler beim CNRS in der Forschungsgruppe UMR 1563 ‚Ambiances, Architectures, Urbanités' in Grenoble. Seine aktuellen Forschungsschwerpunkte liegen in den Bereichen städtische Atmosphären, Alltagsästhetik und Umweltwahrnehmung: Im Bereich der Atmosphärenforschung haben seine Beiträge zu einer stärker empirischen Orientierung dieses zunächst in den Geisteswissenschaften angesiedelten Forschungsfeldes beigetragen. Im Bereich der Alltagsästhetik ist er mit dem Vorschlag einer situativen Umweltästhetik um die Etablierung einer sozialwissenschaftlich-empirischen Ästhetikforschung bemüht. Derzeit arbeitet er an Projekten zum Erleben von Nachverdichtung sowie zum Zusammenhang von Wohnen und Partizipation. Rainer Kazig ist seit 2015 Co-Direktor des internationalen Atmosphärennetzwerkes ‚Ambiances' (http://www.ambiances.net/home.html).

Thomas Kirszbaum ist Soziologe und arbeitet als Wissenschaftler am *Institut des Sciences sociales du politique*, dem Institut sozialwissenschaftlicher Studien des Politischen (*École normale supérieure* von Cachan/Forschungseinheit 7220 des nationalen Forschungszentrums). Er unterrichtet an der Universität Paris Ouest Nanterre La Défense und an der öffentlichen Hochschule und Forschungseinrichtung unter der Schirmherrschaft des französischen Ministeriums für Hochschulwesen und Forschung, dem *Conservatoire national des arts et métiers*. Seine Forschungsarbeiten befassen sich mit der Stadtpolitik *politique de la ville*, dem Kampf gegen Diskriminierungen und Integration – Aspekte, die er in einer international vergleichenden Perspektive, besonders in Bezug auf die USA, untersucht.

Olaf Kühne studierte Geographie, Neuere Geschichte, Volkswirtschaftslehre und Geologie an der Universität des Saarlandes und promovierte in Geographie und Soziologie an der Universität des Saarlandes und der Fernuniversität Hagen. Nach Tätigkeiten in verschiedenen saarländischen Landesbehörden und an der Universität des Saarlandes ist er seit 2013 Professor für Ländliche Entwicklung/Regionalmanagement an der Hochschule Weihenstephan-Triesdorf und außerplanmäßiger Professor für Geographie an der Universität des Saarlandes in Saarbrücken. Seine Forschungsschwerpunkte umfassen Landschafts- und Diskurstheorie, soziale Akzeptanz von Landschaftsveränderungen, Nachhaltige Entwicklung, Transformationsprozesse in Ostmittel- und Osteuropa, Regionalentwicklung sowie Stadt- und Landschaftsökologie.

Simone Linke studierte Landschaftsarchitektur an der Fachhochschule Weihenstephan und absolvierte anschließend den Masterstudiengang Urban Design an der Technischen Universität Berlin. Neben ihrer Beschäftigung in einem Stadt- und Regionalplanungsbüro arbeitet sie als wissenschaftliche Mitarbeiterin an der Technischen Universität München. Seit 2013 beschäftigt sie sich mit dem postmodernen Wandel in ländlich bezeichneten Räumen und promoviert hierzu in Geographie an der Universität des Saarlandes. In ihrer Dissertation beschäftigt sie sich mit der Frage, wie sich der gesellschaftliche Wertewandel mit der räumlichen Entwicklung in ländlich bezeichneten Räumen in Verbindung setzen lässt und welche Herausforderungen und Chancen sich daraus ergeben.

Hervé Marchal ist habilitierter *maître de conférences* (Dozent) in Soziologie an der Universität Lothringen. Innerhalb des lothringischen Labors der Sozialwissenschaften, dem *Laboratoire lorrain de sciences sociales* (2L2S), forscht er zu Stadt, Bewohneridentitäten, Stadtwachstum und sozialräumlichen Segregrationsprozessen.

Laurent Mucchielli ist Forschungsdirektor am nationalen Zentrum für wissenschaftliche Forschung (*Centre National de la Recherche Scientifique*, CNRS). 1997 begann er seine Karriere am Forschungszentrum für Recht und Strafvollzug (*Centre de recherches sur le droit et les institutions pénales*, CESDIP), dem französischen Hauptforschungszentrum in diesem Bereich, das in der Region um Paris liegt. 2010 wurde er Teil des Laboratiums für Soziologie im Mittelmeerraum (*Laboratoire méditerranéen de sociologie*, LAMES) mit Sitz in Aix-en-Provence. Er lehrt zudem Kriminalitätssoziologie an der Universität Aix-Marseille. Seine aktuellen Forschungsinteressen umfassen die Kriminalitätssoziologie im weiteren Sinne: Untersuchungen zu Normen, Übertretungen und soziale Reaktionen. Vielfältige Veröffentlichungen zeugen von seinem Schaffen.

Martin Schneider studierte Katholische Theologie, Philosophie und Germanistik. An der Ludwig-Maximilians-Universität München promovierte er zum Verhältnis von Raum, Mensch und Gerechtigkeit. Seine Dissertation erhielt 2012 den Lorenz-Werthmann-Preis des Deutschen Caritasverbandes. Martin Schneider arbeitete mehrere Jahre als Bildungsreferent bei der Katholischen Landvolkbewegung Bayerns und als Projektentwickler in der Dorf- und Regionalentwicklung. Neben seinen Tätigkeiten als theologischer Grundsatzreferent des Diözesanrats der Katholiken der Erzdiözese München und Freising und als Lehrbeauftragter an der Katholischen Stiftungsfachhochschule München, Abt. Benediktbeuern, ist er derzeit wissenschaftlicher Mitarbeiter am Lehrstuhl für christliche Sozialethik, Ludwig-Maximilians-Universität München. Er ist Mitglied des vom Bayerischen Staatsministerium für Bildung und Kultus, Wissenschaft und Kunst geförderten Forschungsverbundes ForChange (www.forchange.de) und der Bayerischen Akademie Ländlicher Raum. Seine Forschungsschwerpunkte liegen in der Gerechtigkeitstheorie und in Fragen einer räumlichen Gerechtigkeit. Darüber hinaus setzt er sich mit dem diskursethischen Ansatz von Jürgen Habermas und der Anerkennungstheorie von Axel Honneth auseinander. In den letzten Jahren verlagerte sich sein Interesse auf das Verhältnis von Sozialethik und Gesellschaftsanalyse. Ein konkretes Beispiel für die Umsetzung dieses Ansatzes ist seine Beschäftigung mit der Prekarisierung der Arbeitswelt. Im Rahmen des Forschungsverbundes ForChange greift er Resilienz-Ansätze auf, um sie für eine Ethik der Transformation fruchtbar zu machen.

Olaf Schnur ist Stadtforscher in Berlin und derzeit Gastwissenschaftler am Institut Sozialplanung und Stadtentwicklung in Basel (Schweiz). Nach einem Studium der Geographie, der Soziologie und des Städtebaus an den Universitäten Würzburg sowie Bonn und einem Studienaufenthalt an der University of Southern California in Los Angeles (USC) promovierte und habilitierte er sich am Geographischen Institut der Humboldt-Universität zu Berlin zu stadtgeographischen Themen. Er arbeitete unter anderem als Projektleiter im Forschungsbüro empirica beratend für

Kommunen sowie die Wohnungs- und Immobilienwirtschaft und vertrat Professuren für Human- und Stadtgeographie in Berlin, Potsdam und Tübingen. Seine Arbeitsschwerpunkte liegen in der Stadt- und Sozialgeographie sowie in vielen Bereichen der Quartiersforschung, wie zum Beispiel Neighbourhood Governance, soziale Stadtentwicklung, lokales Sozialkapital, demographische Fragstellungen wie Ageing in Place, Migration und Integration, Segregation, Nachhaltigkeit oder Resilienz. Er ist Sprecher des interdisziplinären Arbeitskreises Quartiersforschung der Deutschen Gesellschaft für Geographie (DGfG), Herausgeber einschlägiger wissenschaftlicher Buchreihen und tätig als Gutachter für Förderinstitutionen und als Reviewer wissenschaftlicher Zeitschriften.

Antje Schönwald studierte Europäische Ethnologie/Kulturwissenschaft, Friedens- und Konfliktforschung und Spanisch an der Philipps-Universität Marburg und der Universidad de Extremadura in Cáceres. Sie promovierte anschließend in Anthropogeographie an der Universität des Saarlandes zu Identitäten und Stereotypen in grenzüberschreitenden Verflechtungsräumen. Seit 2011 ist sie wissenschaftliche Mitarbeiterin in der Nachhaltigkeitswissenschaft/Fachrichtung Geographie an der Universität des Saarlandes. Forschungsschwerpunkte sind Identitäten, Grenzräume, Hybridität, Landschaften sowie der Demographische Wandel.

Jean-Marc Stébé ist Soziologieprofessor an der Universität Lothringen. Im *Laboratoire lorrain de sciences sociales* (2L2S) führt er zahlreiche Untersuchungen zu Quartieren des sozialen Wohnungsbaus, sozialräumlicher Fragmentierungen, Periurbanisierung und urbanen Utopien durch. Bis heute hat er mehr als 15 Werke (allein oder zusammen mit anderen) veröffentlicht.

Andreas Tijé-Dra ist wissenschaftlicher Mitarbeiter am Institut für Geographie der Universität Erlangen-Nürnberg. Seine aktuellen Forschungsinteressen liegen in Aushandlungsprozessen territorialer Stigmatisierung in Frankreich an der Schnittstelle von Stadt-, Sozial- und Kulturgeographie.

Hervé Vieillard-Baron ist Universitätsprofessor an der Université Paris Ouest-Nanterre-La Défense und dort Direktor des Geographie- und Raumplanungs-Masterstudiengangs. Bevor er die Universitätslaufbahn einschlug, arbeitete er für 13 Jahre als Geschichts- und Geographielehrer im technischen Gymnasium von Sarcelles. Nach dem erfolgreichen Abschluss seines Promotionsverfahrens im Jahr 1990 an der Sorbonne zum ‚Risiko eines Ghettos in der Region Paris' wurde er zunächst in das nationale Forschungszentrum CNRS, danach an die Universität berufen.

Er ist Mitglied der interdisziplinären Forschungseinheit ‚Labor Architektur, Stadt, Urbanismus und Umwelt' des CNRS. Er veröffentlichte vier Monografien, mehr als vierzig Artikel und begleitete mehrere Forschungsprogramme. Bis heute ist er Redaktionsmitglied mehrerer Zeitschriften, darunter ‚Les Annales de la Recherche urbaine' und ‚Ville, école, intégration, diversité'.

Seine Forschungsschwerpunkte liegen auf den ‚*quartiers sensibles*', der Stadtpolitik *politique de la ville* und auf Migrationsbewegungen. Er befasste sich mit sozialem Wohnungsbau, der Verortung religiöser Bauwerke im *département* Seine-Saint-Denis und der Ansiedlung maghrebinischer, sephardischer und assyrisch-chaldäischer *communities* in Sarcelles sowie Integrationsaspekten von Jugendlichen mit Migrationshintergrund und Stadtumbau in Frankreich und Deutschland.

Florian Weber studierte Geographie, Betriebswirtschaftslehre, Soziologie und Publizistik an der Johannes Gutenberg-Universität Mainz. An der Friedrich-Alexander-Universität Erlangen-Nürnberg promovierte er zu einem Vergleich deutsch-französischer quartiersbezogener Stadtpolitiken aus diskurstheoretischer Perspektive. Von 2012 bis 2013 war Florian Weber als Projektmanager in der Regionalentwicklung in Würzburg beschäftigt. Anschließend arbeitete er an der TU Kaiserslautern innerhalb der grenzüberschreitenden Zusammenarbeit im Rahmen der Universität der Großregion. Seit Herbst 2014 ist er als wissenschaftlicher Mitarbeiter und Projektkoordinator an der Hochschule Weihenstephan-Triesdorf tätig. Seine Forschungsschwerpunkte liegen in der Diskurs- und Landschaftsforschung, erneuerbaren Energien, grenzüberschreitenden Kooperationen sowie quartiersbezogenen Stadtpolitiken in Deutschland und Frankreich.